广西高校人文社会科学重点研究基地基金资助

造办处
紫禁城里的技术史

IMPERIAL WORKSHOPS: A HISTORY OF TECHNOLOGY IN THE FORBIDDEN CITY

张学渝 著

SPM
南方传媒 | 广东人民出版社
·广州·

图书在版编目（CIP）数据

造办处：紫禁城里的技术史／张学渝著. -- 广州：
广东人民出版社，2025.3（2025.8 重印）. -- ISBN 978-
7-218-18445-6

Ⅰ. K249.06; N092

中国国家版本馆 CIP 数据核字第 2025K1A427 号

ZAOBANCHU：ZIJINCHENG LI DE JISHUSHI

造办处：紫禁城里的技术史

张学渝　著

出 版 人：肖风华

责任编辑：黎　捷
装帧设计：李桢涛
责任技编：吴彦斌

出版发行：广东人民出版社
地　　址：广州市越秀区大沙头四马路 10 号（邮政编码：510199）
电　　话：(020) 85716809（总编室）
传　　真：(020) 83289585
网　　址：http://www.gdpph.com
印　　刷：广州市豪威彩色印务有限公司
开　　本：889mm×1194mm　1/16
印　　张：21.25　插　页：10　字　数：330 千
版　　次：2025 年 3 月第 1 版
印　　次：2025 年 8 月第 2 次印刷
定　　价：98.00 元

如发现印装质量问题，影响阅读，请与出版社（020-85716849）联系调换。

张学渝 重庆巴南人，工学博士，广西民族大学科技史与科技文化研究院副教授、博士生导师，主要从事技术史与技术遗产教学与研究工作，在《自然科学史研究》《中国科技史杂志》《自然辩证法通讯》等期刊发表论文20余篇，主持国家社科基金项目1项，荣获中国工艺美术学会首届物质文化与设计研究青年学者优秀论文一等奖。

審曲嚴謹
辨杭圖記
呂氏所書
得其真美
鈐印乃

彩图1　李渡元代烧酒作坊遗址（近处遗址仅供游客参观，远处遗址既供游客参观又是酒厂生产区。张学渝摄）

ZYREEDER.　29

Het zyde pinsel van de wormen,
Kan ik de poel en werk zy vormen,
Waar van, alse uit myn handen raakt,
Het zyde laken werd gemaakt.

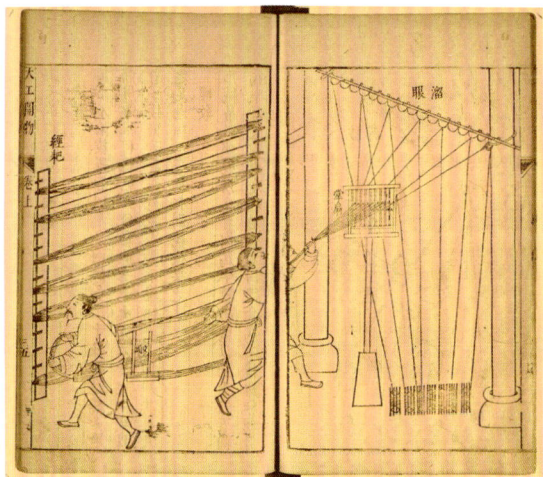

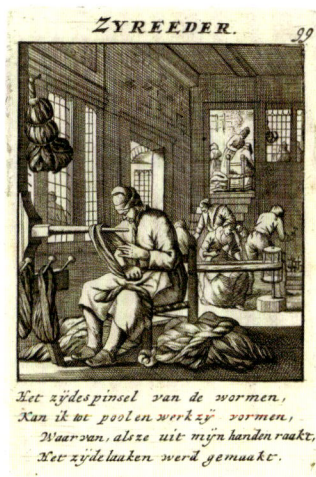

彩图2　中西文明中的制丝场景［左图：1637年，明宋应星著《天工开物》，涂绍煃刊本。右图：1695年，荷兰版画师安东尼·德温特（Anthonie de Winter）《制造丝绸》版画印刷品，119毫米×82毫米。大英博物馆藏］

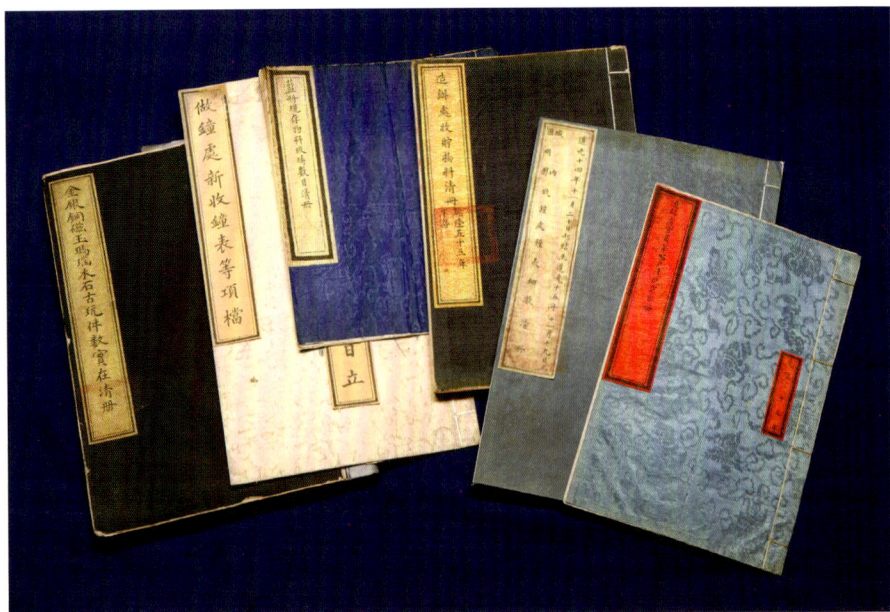

彩图3　造办处各类清册（中国第一历史档案馆藏）

彩图4　造办处《各作成做活计清档》（中国第一历史档案馆藏）

彩图5　西汉·东织令印（侧面和底面）（铜质，鼻钮，印面长1厘米，宽0.9厘米。汉景帝阳陵博物院藏）

彩图6　唐·蕾钮摩羯纹三足架银盐台（通高27.9厘米，重576克。银盐台足上铭文：咸通九年文思院造银金涂盐台一只，并盖，共重十一二两四钱。四字号，小焊药。判官臣吴弘悫，使臣能顺。法门寺博物馆藏）

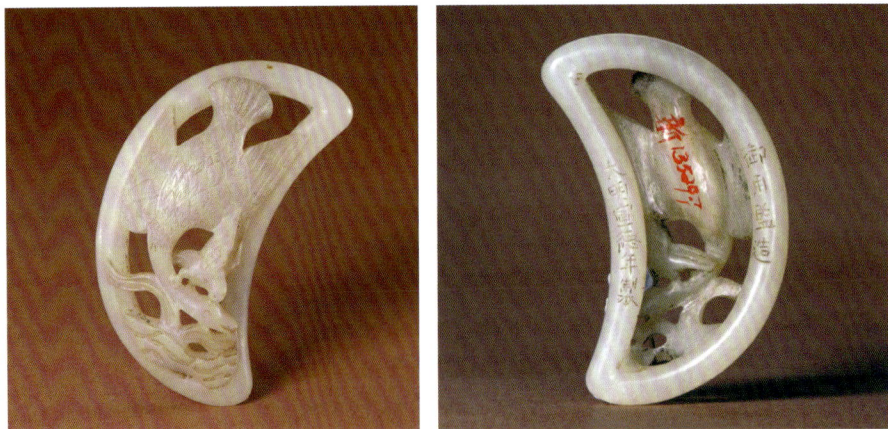

彩图7　明宣德款白玉芦雁纹带扣式佩（长5.5厘米，宽3.5厘米，厚1.4厘米。玉饰暗白色，月牙形，中间透雕一海东青啄大雁头，迫其降落于水，下部有水波与苇叶纹。背面边柱上有阴线"御用监造""大明宣德年制"款识。故宫博物院藏）

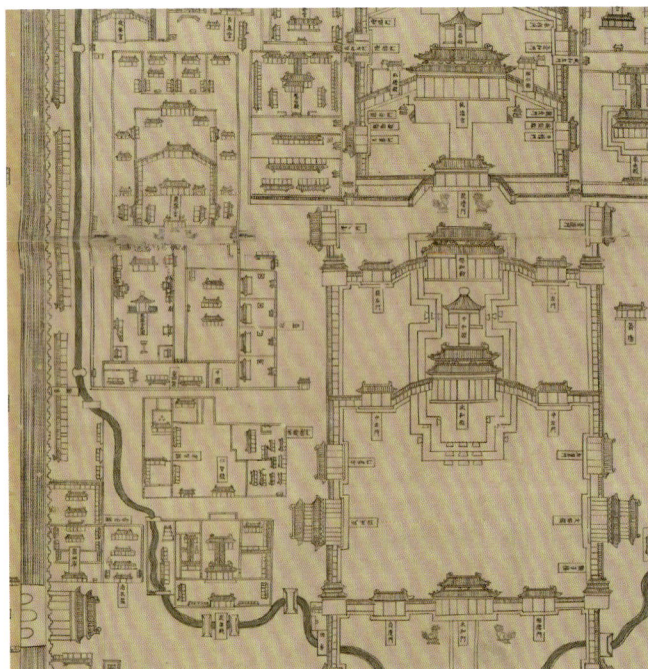

彩图8　《皇城宫殿衙署图》（外西路）［现知最早的有关古都北京皇城建筑布局的皇家舆图，据王其亨和张凤梧考证，此图绘于康熙八年（1669），长285厘米，宽187.6厘米。台北"故宫博物院"藏］

彩图9 清人画玄烨常服像轴（宫廷画家绘，绢本，设色，纵138厘米，横106.5厘米。故宫博物院藏）

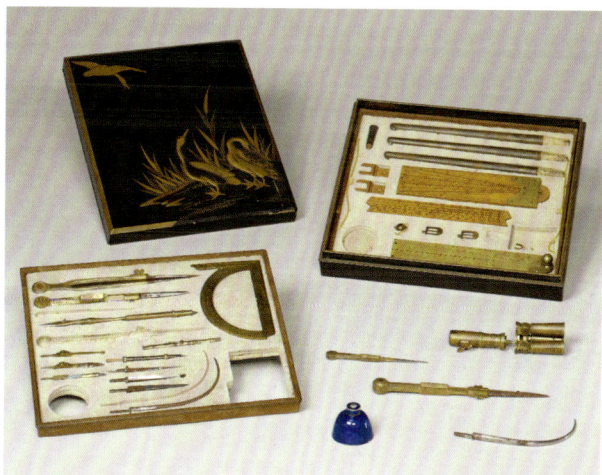

彩图10 清康熙·黑漆盒绘图仪器（长25.5厘米，宽22厘米，厚5.5厘米。盒内分上、下两层，内装绘图仪器三十余件，其中，蓝色水丞底镌"康熙年制"款，清宫造办处制。故宫博物院藏）

彩图11　清·铜直柄纽"养心殿造办处图记"及拓印（通高9厘米×5厘米，印面5.7厘米×5.5厘米，汉满文，四行各四字，阳文篆字。故宫博物院藏）

彩图12　20世纪初造办处外景和内景（照片，各长16.4厘米，横21.4厘米。故宫博物院藏）

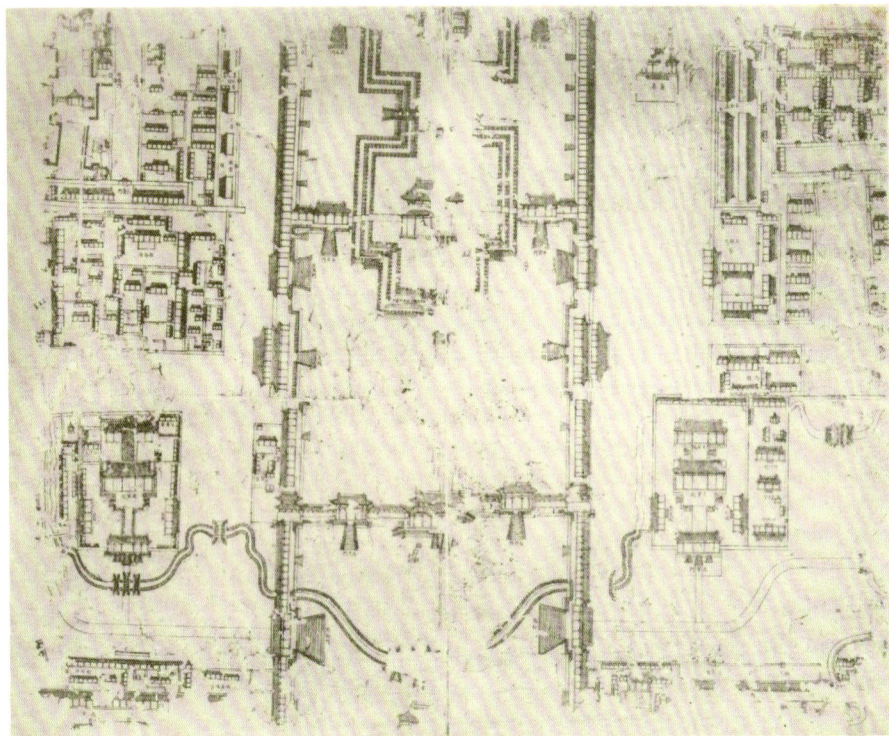

彩图13 《乾隆京城全图》中的造办处(《乾隆京城全图》第八排六行。首都图书馆藏)

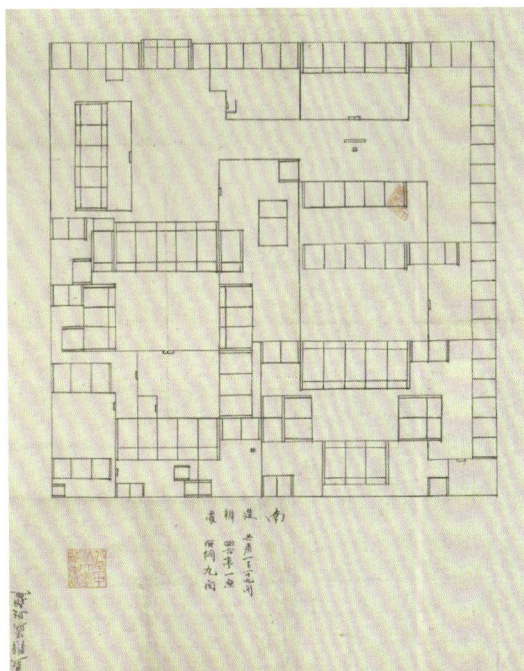

彩图14 造办处地盘图(故宫博物院藏)

彩图15　清宫造办处圆明园作坊（1860）（图片来源：侯仁之. 北京历史地图集：政区城市卷［M］. 北京：文津出版社，2013：112.）

造办处

紫禁城里的技术史

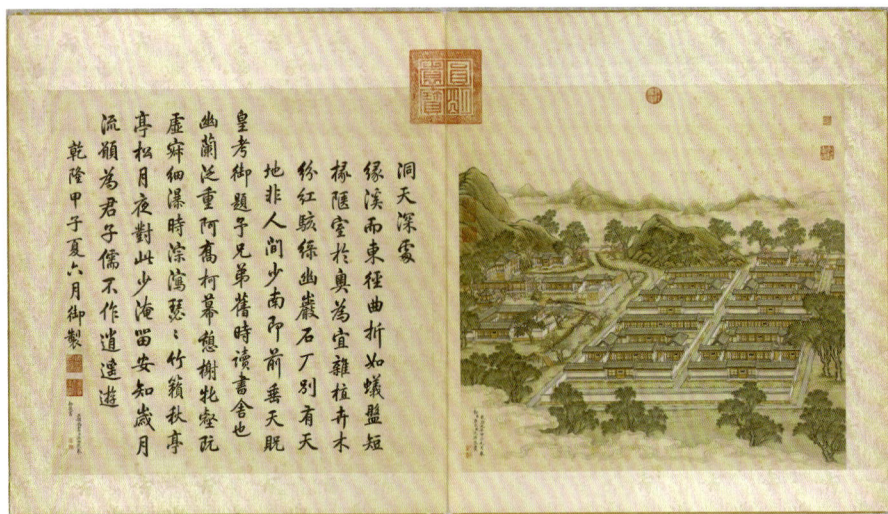

彩图16　《圆明园四十景图咏》中位于洞天深处的如意馆（清唐岱、沈源合画，乾隆吟诗，汪由敦代书，乾隆九年绢本工笔彩绘本，82.5厘米×148.4厘米上覆木板。法国国家图书馆藏）

彩图17　布达拉宫下方的"雪堆白"（1936）（照片，"雪堆白"位于红山下，偏城墙左侧的一个四合院落。大英博物馆藏）

彩图18　《胤禛行乐图册》之观花听鹂（雍正皇帝是清代帝王中留下最多"行乐图"的一位。故宫博物院收藏有尺寸稍异的各式雍正行乐图册共6套。此套《胤禛行乐图册》由16幅独立的绢本画页构成，简称"十六像本"，每开37.5厘米×30厘米。故宫博物院藏）

彩图19　清中期·白色玻璃缠丝纹瓶（高30.4厘米，口径10.5厘米，底径8.5厘米。故宫博物院藏）

彩图20　清雍正·赤铜暖砚（故宫博物院藏）

彩图21　清雍正·寿山石雕夔龙瓦纽"雍正御笔之宝"及拓印（寿山石质，雕夔龙瓦纽，汉文篆书"雍正御笔之宝"。面13.2厘米见方，通高15厘米，纽高6.5厘米。此宝体量硕大，瓦纽上雕出没于云间的九条夔龙，形态各异，宝周边浅浮雕博古夔龙纹饰，古朴典雅，做工精细。故宫博物院藏）

彩图22　清乾隆·乾隆款脱胎朱漆御制诗菊瓣式盘（口径14厘米，底径9.4厘米，高3.5厘米。盘呈菊花瓣形，敞口，浅腹，平底，矮圈足。通体髹朱漆，盘心刀刻填金隶书乾隆御制诗《咏仿永乐朱漆菊花盘》："吴下髹工巧莫比，仿为或比旧还过。脱胎那用木和锡，成器奚劳琢与磨！博士品同谢青喻，仙人颜似晕朱酡。事宜师古宁斯谓，拟欲搞吟愧即多。"末署"乾隆甲午御题"及"乾""隆"二方印章款。甲午是乾隆三十九年（1774）。外底髹黑漆，刀刻填金"大清乾隆仿古"楷书款。故宫博物院藏）

彩图23　清同治·湖绿地墨彩加粉花鸟纹荷花缸（南京博物院藏，张学渝摄）

彩图24　清乾隆·无量寿佛（附紫檀屏风式佛龛）（底宽9.8厘米～10.6厘米，高14.8厘米～15.2厘米；佛龛长100.5厘米，宽21厘米，高57厘米。这五尊无量寿佛是西藏专门为皇帝祝寿而制造，进宫廷以后，由造办处重新添配紫檀木屏风佛龛和底座，原放乾隆花园。故宫博物院藏，张学渝摄）

彩图25　乾隆皇帝与孝贤纯皇后（出自《心写治平图》，又名《乾隆帝后妃嫔图卷》，绢本设色，长卷宽53.8厘米，长1154.5厘米，清郎世宁绘，绘制了乾隆皇帝与他的十二位后妃半身画像。美国克利夫兰艺术博物馆藏）

彩图26　康熙款白色玻璃八棱水丞（通高7厘米，口径2.8厘米。水丞由透明白玻璃吹制而成，器底阴文篆书"康熙御制"四字款。故宫博物院藏）

彩图27　清乾隆·铜镀金赤道式日晷（盘边长15厘米，最宽9.5厘米，清宫造办处制。故宫博物院藏）

彩图28　清乾隆·紫檀重檐楼阁式嵌珐琅更钟（高150厘米、宽70厘米、厚70厘米。钟壳上嵌夔龙纹玉片和五蝠流云珐琅片。珐琅钟盘上为走时、报时、报刻、发更、打更五组齿轮系的上弦孔，钟盘上方左边小盘是定更盘，右边小盘是节气盘。此钟白天走时、报时、报刻，夜间发更、打更。这座钟是造办处的代表作之一。故宫博物院藏）

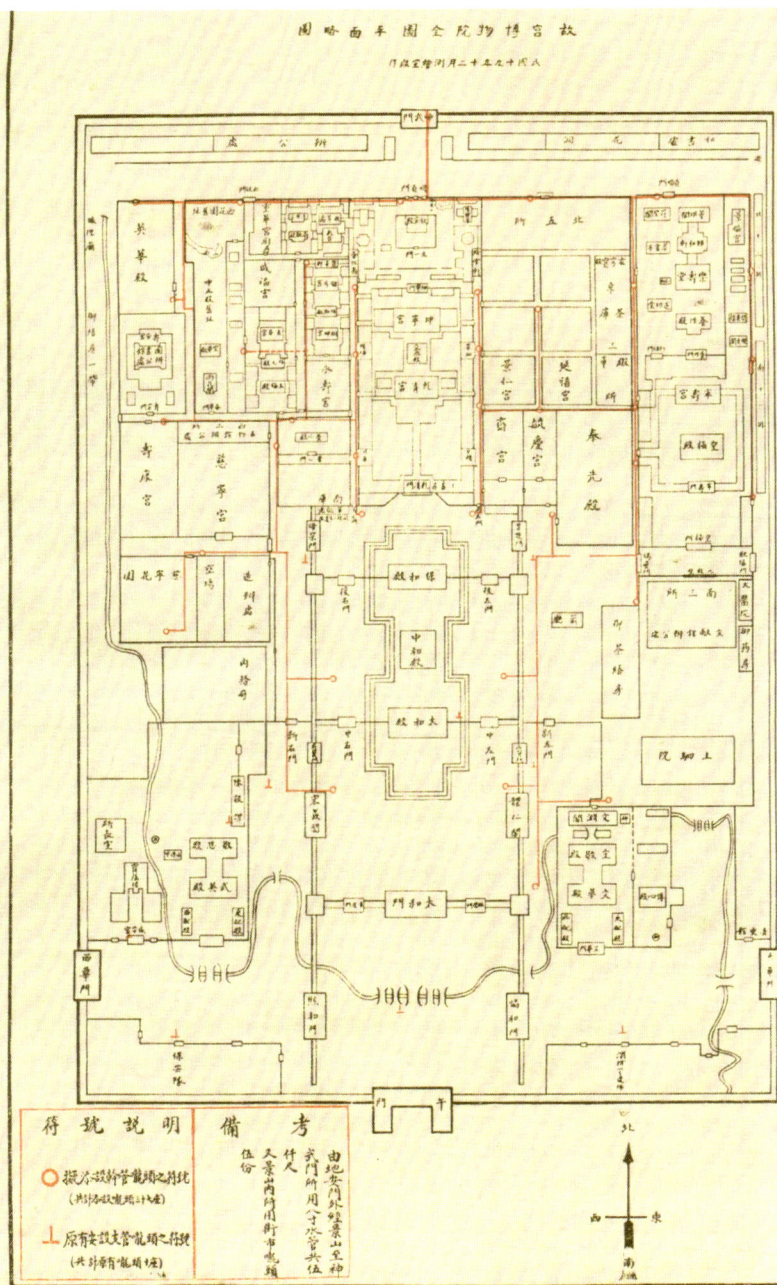

彩图29 故宫博物院全图平面略图（1930）（图片来源：故宫博物院. 故宫博物院档案汇编·工作报告（一九二九至一九四九年）第1册［M］. 北京：故宫出版社，2015：143.）

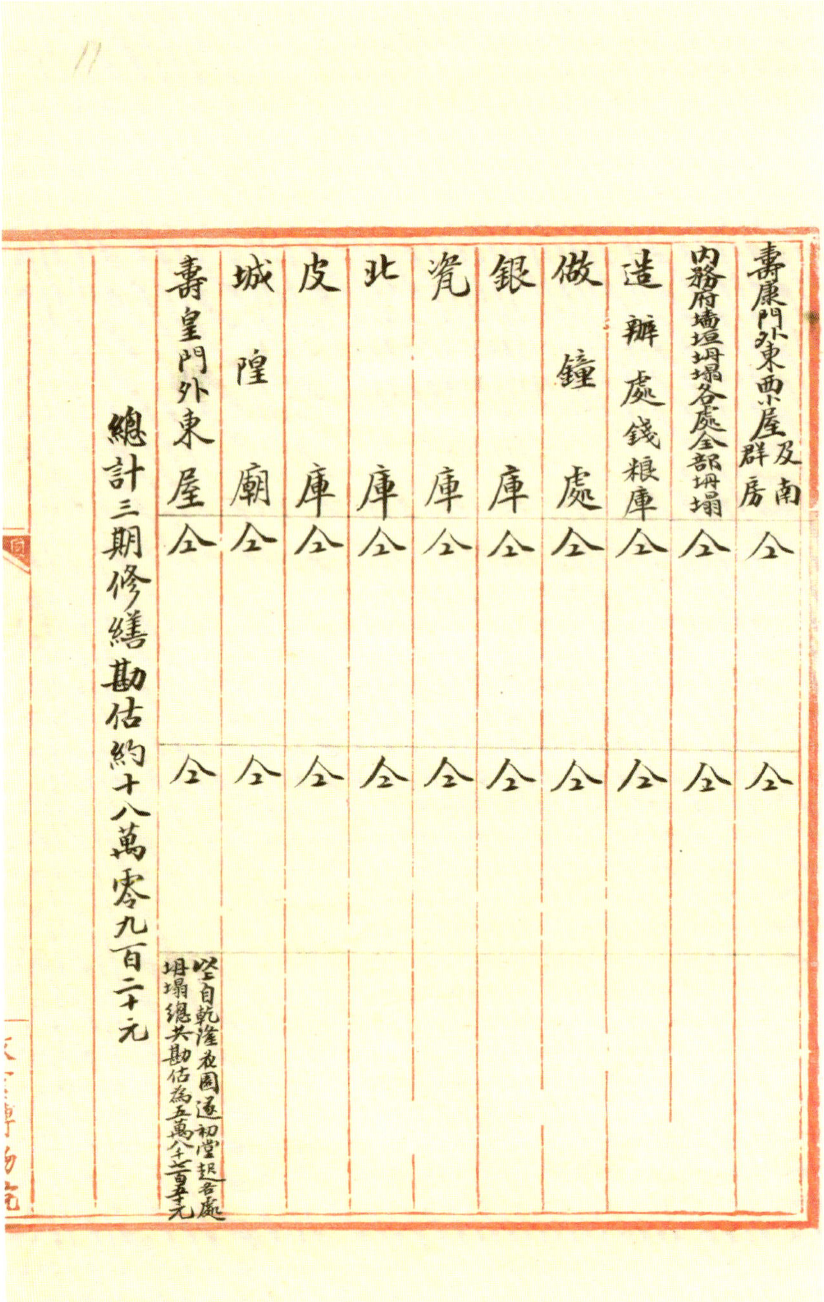

項目		
壽康門外東西小屋及南群房	全	全
內務府墻垣坍塌各處全部坍塌	全	全
造辦處錢粮庫	全	全
做鐘處	全	全
銀庫	全	全
瓷庫	全	全
北庫	全	全
皮庫	全	全
城隍廟	全	全
壽皇門外東屋	全	全

總計三期修繕勘估約十八萬零九百二十元

坍自乾隆夜園遑和暢起各處坍塌總共勘估為五萬零壹百壹元

彩图30　修复造办处钱粮库和做钟处旧址（1943）（图片来源：故宫博物院．故宫博物院档案汇编·工作报告（一九二八至一九四九年）第3册［M］．北京：故宫出版社，2015：1020．）

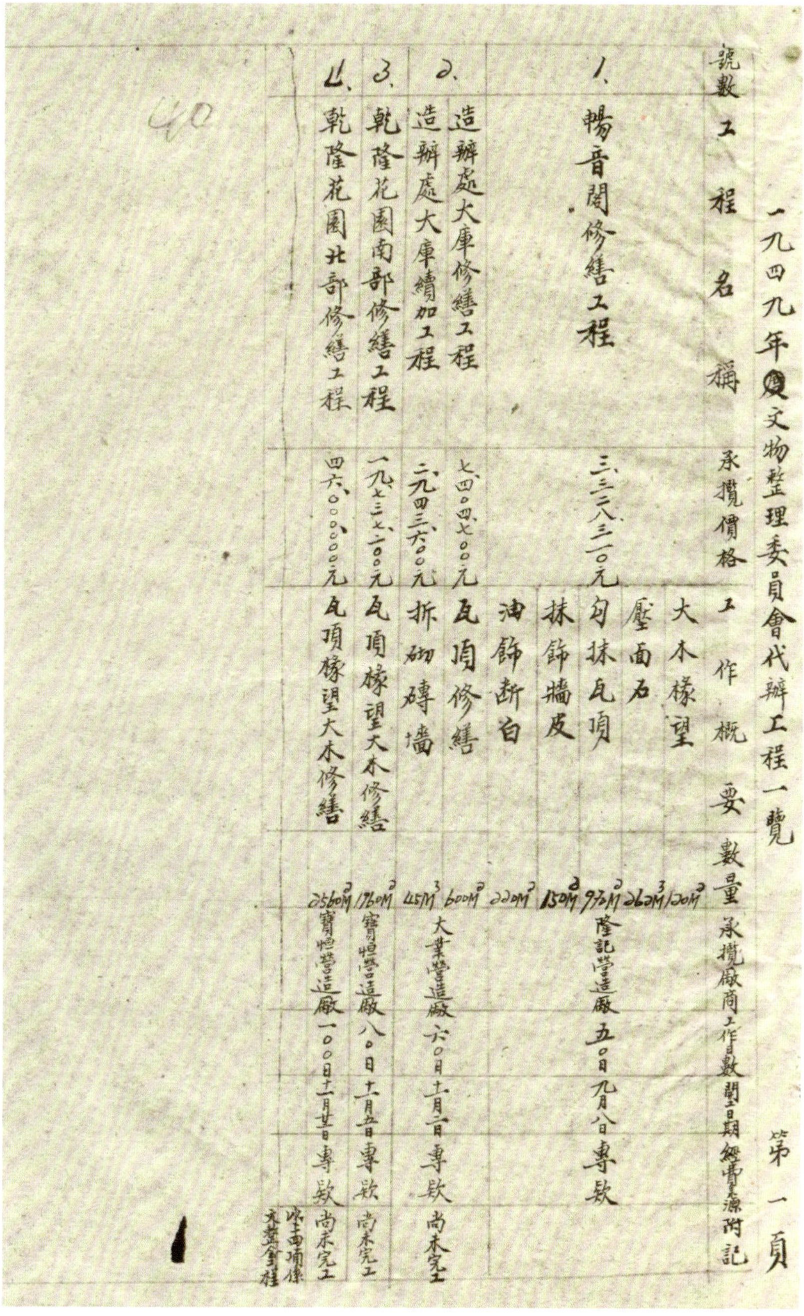

一九四九年夏文物整理委員會代辦工程一覽　　第一頁

號數	工程名稱	承攬價格	工作概要	數量	承攬廠商工作數開工日期竣工備源附記
1.	暢音閣修繕工程	三三二八三〇元	大木椽望 壓面石 勾抹瓦頂 抹飾牆皮 油飾斷白	26M³ 93M² 150M²	隆記營造廠五〇日九八日專欵尚未竣工
2.	造辦處大庫修繕工程	七四〇七〇〇元	瓦頂修繕	600M²	大業營造廠六〇日十月二日專欵尚未竣工
3.	造辦處大庫補加工程	二九四三六〇元	拆砌磚牆	45M³	大業營造廠八〇日十月五日專欵尚未竣工
4.	乾隆花園南部修繕工程	一九三三二〇〇元	瓦頂椽望大木修繕	176M²	寶德營造廠一〇〇日十一月廿二日專欵尚未竣工
5.	乾隆花園北部修繕工程	四六〇〇〇〇〇元	瓦頂椽望大木修繕	90M²	寶盛營造廠一〇〇日十二月廿二日專欵尚未竣工

彩图31　修缮造办处大库（1949）（图片来源：故宫博物院. 故宫博物院档案汇编·工作报告（一九二八至一九四九年）第4册［M］. 北京：故宫出版社，2015：1332.）

序　一

造办处是清代皇家御用器物制造机构，有丰富的历史文化内涵。难能可贵的是，时至今日，还保留了完整的造办处工作记录。然而，过去的中国技术史研究却没有关注到这一重要机构。2007 年，故宫博物院与德国马普科学史研究所合作开展"中国古代宫廷与地方技术交流史"研究项目，我有幸作为专家参与评审。关于造办处的研究，在艺术史论、宫廷史和民俗史领域已有一定的成果，但这些研究多是从单个作坊的角度切入，缺乏对造办处整体面貌的揭示。因此，清宫造办处的真实历史，还是一个亟待探索的领域。

2012 年，学渝入学后，我为她提供了两个博士论文选题，一是造办处研究，二是传统工艺理论研究。最终她选择了造办处研究。这一选择面临两个困难：第一个困难是史料方面。一般的历史研究面临的问题是资料不够，而造办处研究面临的困扰则是资料过于庞杂。如何从繁芜的史料中找出有用的线索，对其进行有效的研读，对研究者的史料查找能力和判别能力都是一个挑战。第二个困难是理论方面。北京科技大学的技术史研究有悠久的实验实证传统，如何在这个研究传统的基础上，将以文字为主的研究往前推到新的高度，对造办处进行整体研究和理论分析，是摆在她面前的又一挑战。

当时北京科技大学还没有造办处档案出版物。经过学渝的不懈努力，通过师友的帮助，堆积如山的造办处档案资料被移回了科技史与科技文化遗产研究院的资料室。她也找到了把档案读薄的方法——量化分析。此外，她还运用了技术社会史这一理论武器，对造办处进行全面的整体分析。本书的研究成果，充分体现了她的史料解读能力和理论思考能力。她的博士论文完成后，受到了许多专家学者的好评，她是第一个从整体着手研究造办处的学者。

本书的亮点主要体现在以下几个方面：第一，史料翔实。该书全面利用了造办处《各作成做活计清档》，描述了清宫造办处从成立到消亡的全过程，是目前对造办处工作档案利用最充分的专著。第二，论证严密。本书分析了造办处的御制传统、成立背景、分期、制造网络、认识运作、职能等主题，由此延伸到造办处的技术遗产，多个角度的描述，使得造办处的历史面貌更加生动和丰富。第三，理论到位。本书对技术社会史的理论讨论和具体实践，进行了恰当合理的运用。第四，结论合理。本书提出清宫造办处是中国历史上最集中的技艺交流平台，它形成了一种有别于地方的"宫廷技艺"，它的技术遗产至今仍然为人们所传承。

学渝这本书从选题、论证到结论均具有重要的学术意义和价值。该书不仅描述了一段完整的造办处历史，还描绘了一幅造办处整体画像，同时，清宫造办处也为近现代技术史研究提供了一个全新的案例和研究视角。作者在书中展现的创造性思考与写作才华令人赞赏，成果对清宫造办处和中国技术史研究有重要推进和贡献。该书是学渝的用心之作，我非常乐意把它推荐给广大读者。

李世岑

国际科学史研究院通讯院士
南京信息工程大学二级教授
2024 年 7 月 28 日

序二　技术社会史研究的最新力作

——《造办处：紫禁城里的技术史》

约一年前，学渝来信，问我能否为其新著《造办处：紫禁城里的技术史》作序，我以知之甚少为由婉拒。但学渝仍执其请，并强调其研究与"李约瑟之问"关系密切，从而勾起了我的好奇心，窃思这或许不失为学习长进之机，也就应承了她。于是，静下心来，把她的书稿细细读了下来。原以为这是一件比较轻松的事，但实际远非如此，因为这本书所包含的内容之丰富、所展现的历史场景之复杂、所提出的问题之尖锐，使你不得不不断地停下来思考。这样一种阅读的体验，让我感受到了这部书稿的用心和厚重。我很庆幸我答应了学渝，让我自己有机会享受这样一种不断停下来思考的阅读体验。

《造办处：紫禁城里的技术史》脱胎于学渝在北京科技大学所作的博士论文，其题为《技艺与皇权：清宫造办处的历史研究》。学渝是 2012 年入学的，当时我还在北京科技大学冶金与材料史研究所任所长，也给学渝上过课。勤思、好学、好问，是当时学渝留给我的印象。相比于她的同龄人，她对学术研究似乎更多一份发自心底的喜好和亲近。我记得她曾很纠结其博士论文选题，当李晓岑老师给出了"清宫造办处"这一选题后，她也犹豫再三，因为这一选题与一般技术史的研究题目相去甚远，既不是特定技术的历史，也谈不上是现代意义上的"机构史"。与清宫造办处相关的档案资料非常庞大而繁杂，从何处着手才能做出有学术价值的成果来，对学渝这样的初入道者来讲，无疑是巨大的挑战，不困惑、不苦恼也是不太可能的。

令人欣慰的是，学渝勇敢地面对了这一挑战，从困惑和苦恼中逐渐走了出来。她不仅从纷乱的档案中凝练出"宫廷与地方"、"帝王与工匠"、

"'家'与'国'"这样三组关系主题，构成了论文聚焦的主体，而且从技术社会史的视角揭示了"宫廷技艺"的学术内涵和社会意义。2016年年底，学渝历尽艰难地完成了她的博士论文，顺利地通过了论文答辩。当时我已经离开了北京科技大学，但学渝还惦记着把她的博士论文送给了我一本。

时隔数年，已经就职于广西民族大学的学渝决定出版她的博士论文，这真是一件值得恭喜和庆贺的事！这不仅是因为这篇博士论文独到的学术价值所在，更是因为在过去数年间，学渝有了更为宽阔的学术视野，更扎实的学术积累，她所思考的学术问题更为深刻，所提出的学术见解也更具穿透力！

相比于2016年写成的博士论文，摆在读者面前的这本新著《造办处：紫禁城里的技术史》有了许多令人惊喜的改变：

首先，章节的设置有了全新的面貌：（1）增设了第一章"绪论"，论述了"作坊"作为技术史研究对象的意义，结合对"李约瑟之问"的思考，强调了技术社会史研究视角的特殊价值；（2）原来博士论文中的第三章"清宫造办处的成立及历史分期"，现在则被扩充成为第二章"旧制与新需：清宫造办处的概念与成立"和第三章"数据与意义：清宫造办处的历史分期"；（3）第四章"宫廷与地方：清宫造办处的制造网络"和第五章"帝王与工匠：清宫造办处的人事运作"，虽大致保留了原有的格局，但内容却有了显著的扩充，原博士论文的讨论集中在雍乾时期，现在的讨论则延伸至清末。不仅如此，第五章中的个别小节还做了细分，使内容结构更为清晰，比如"工匠：清宫中的技艺主体"这一节就包括了"旗匠"、"南匠"、"西洋人"、"招募匠"等细分类别，而且在这一章的最后还增加了一个小节，题为"造办处工匠的一天"，以模拟自述的口吻描述了工匠在清宫中工作的场景，既生动又有趣；（4）增设了第六章"皇权与技艺：清宫造办处的器物制造"，从而大大弥补了原博士论文技术内涵不足的缺憾；（5）在第七章"家事与国事：清宫造办处的双重职能"中，过去的"内廷制造"改成了"皇家生活制造"，而"政治制造"则改变为"国事功用制造"，使各个小节所包含的内容更为准确，值得注意的是，"科学仪器"原来归为"政治制造"，而在新著中，则被划归在"皇家生活制造"中；（6）增设的第八章"历史的余响：清宫造办处的技术遗产"尤为必要，是把造办处的历史研究延伸到了当代，展现了故宫和宫廷技艺作为文化遗产在当代社会中的价值和意义。

其次，这部新著所展现的思考深度远超从前。如果说学渝博士论文中的不少论述还脱不了一些稚气，那么在这本新著中，尤其是在增补的章节中，我们可以看到学渝的思考和见解已经显得相当成熟而新颖。令我感触较深的是她对"李约瑟之问"的理解和解读，在她看来，"李约瑟之问"如今已经成为一种思想遗产，暗含了两对概念的比较：一是"中国"与"欧洲"，或"东方"与"西方"；二是"科学"与"技术"。她说："李约瑟用'李约瑟之问'这样高度凝练的表述，将中西科学文明进行了比较，启发了有关古今中西科技文明发展演化的思考"。她还认为李约瑟对中国历史技术的认识存在以"科学"为参照系的倾向，并指出："从技术史的角度看，李约瑟思想中的中心论不是'欧洲的'而是'科学的'"。正是因为认识到了中国技术史研究存在以"科学"为参照系这样一种理论倾向及其所带来的局限性，学渝才有如此大胆的断言："'科学'参照系这个标尺，无法准确衡量出类似清宫造办处这样的中国社会和科学技术近代历程的见证者"。由此看来，学渝的"清宫造办处研究"不仅是对特定个案的综合性研究，更是对技术社会史研究理论方法的全新探索，其核心就是要回到中国技术自身发展的脉络中，来把握清宫造办处兴起、存在和演变的内在逻辑！

第三，新增的章节展现了更为宽阔的研究视野。以第六章"皇权与技艺：清宫造办处的器物制造"为例，其所论及的主题有两个：一是皇权控制的技艺：通草花，二是皇权之外的技艺：钟表。从造办处活计档留下的记录看，通草花的制作颇具代表性，其制作活动在清代早期呈现出明显的"雍兴乾衰"现象。学渝以这样一个生动的案例，揭示了皇帝及其家人的个人偏好或兴趣对清宫造办处器物制造活动的巨大影响。相比之下，钟表制造活动被称之为"皇权之外的技艺"，其所展现的人与物的互动场景更为丰富、复杂和有趣。清宫造办处与当时正在欧洲兴起的近代科学技术发生交集的表征之一正是钟表制造。在这一章节中，学渝以"呈进"、"采办"、"造办"和"陈设"这样四个小节，论述了西洋机械钟表技术传入清宫、并在清宫中被成功仿制的全过程，这一过程不仅包括了西洋钟表实物的持续输入，也包括了有能力制作和维修钟表的西洋工匠的引入，这些工匠大多是"以技艺服务宫廷以求换得帝王对在华传教事业庇护的传教士"。清宫造办处钟表制造的兴与衰，既与皇帝本人的兴趣相关，也与清朝与当时欧洲各国的外交联系有关。所以钟表制造所展现出来的历史场景及其演变，其实从侧面映射出清廷已经开始走向自我封闭了，未能认识到外面的世界已经发生了根本性的改变，即工业革命的兴起已经重塑了东西方文明演进的轨迹和力量对比的格局。

学渝的这本著作还有很多引人瞩目的特点，这里难以一一枚举。但有一点还是值得特别提及，那就是学渝对清宫造办处档案资料的高度重视和深入挖掘。她对档案的查询、整理和利用经历了纸质到缩微胶卷、再到数据库等阶段，最终获得了非常全的造办处工作档案资料。她费心费力对这些海量的档案资料做了整理，把其中一部分资料浓缩成了书中的图表，还有很多则成为书中引述的史料。她将档案读薄，将史料解透，通过图表数据与文本互证，对清宫造办处的演变历史、遗产价值和当代意义做了深入的考察和探讨，从而形成了这样一部论据扎实、观点鲜明的学术佳作！毫无疑问，这本书将启发和推动更多有关清宫造办处的研究和技术社会史的研究。不仅如此，由于清宫造办处涉及的技术门类众多，关联的地域广阔，时间跨度较长，这本书也将能为相邻学科的研究提供重要的参考。

掩卷而思，我不由心喜不已！学渝为学不凡，其阅读之广、思考之深、识见之博让人惊异！数年不见，她已经成长为一位对技术史研究有自己独到见解和丰富实践感悟的青年学者！这部新著集中展现了她近年来对技术社会史研究的思考和探索，值得每一位有志致力于科技史研究的青年学子阅读和学习。学渝是一位善思、有识、好疑、执着和坚持不懈的青年学者，我相信这本书的出版必将给她带来更高的学术声誉！我衷心祝愿并期待她在今后的学术道路上取得更丰硕的研究成果！

剑桥李约瑟研究所所长

2025 年 2 月 18 日

目　录

绪　论 …………………………………………………………… 1

一、作坊：一个中国技术史的研究对象 …………………… 2

（一）近代的起点 ……………………………………… 2

（二）"遇见"李约瑟 ………………………………… 7

（三）连续与断裂 ……………………………………… 13

（四）观察作坊 ………………………………………… 16

二、本书主要内容与结论 …………………………………… 19

（一）主要内容 ………………………………………… 19

（二）主要结论 ………………………………………… 20

三、造办处档案概况和利用说明 …………………………… 21

（一）清宫造办处档案保存现状 ……………………… 21

（二）《各作成做活计清档》记录特点 ……………… 25

（三）《各作成做活计清档》数据化原则 …………… 31

第一章　御制的传统：中国内廷制造机构简史 …………… 32

一、秦汉魏晋南北朝：少府（尚方）…………………… 32

二、隋唐：少府（尚署）、殿中省 …………………… 35

三、两宋：少府（文思院） ·· 37

四、辽金元：多样化 ··· 38

五、明清：二十四衙门（御用监）、内务府（造办处） ········· 40

本章小结 ··· 42

第二章　旧制与新需：清宫造办处的概念及成立 44

一、清宫造办处相关概念辨析 ·· 44

（一）清宫造办处的文本表达及含义 ······························· 44

（二）清宫造办处发展阶段 ·· 48

二、清宫造办处的成立背景 ·· 53

（一）明代以来养心殿的御制传统 ··································· 53

（二）康熙皇帝对"西学"的个人兴趣 ······························ 54

本章小结 ··· 57

第三章　数据与意义：清宫造办处的历史分期 ·············· 58

一、成立期（1689—1722）：康熙皇帝的科学实验室 ··········· 60

（一）"科学院" ·· 60

（二）养心殿的作坊 ·· 63

二、发展期（1723—1735）：雍正皇帝的托物言志所 ·········· 68

（一）收权 ··· 68

（二）定式 ··· 70

（三）躬亲 ··· 71

三、鼎盛期（1736—1798）：乾隆皇帝的多宝工作坊 ········· 71

（一）作坊增多 ·· 72

（二）督催房、查核房 ··· 73

（三）"京外九处" ·· 73

（四）大建大造 ·· 74

四、守成期（1799—1908）：嘉道诸帝的生活御制所 ········· 75

（一）圣制节俭论 ·· 75

（二）在京买办 ·· 77

（三）裁撤职官 ·· 79

（四）制造小高峰 ·· 80

五、消退期（1909—1924）：末代皇帝的器用维修处 ·········· 80

本章小结 ·· 82

第四章　宫廷与地方：清宫造办处的制造网络 ·············· 83

一、清宫造办处的京内作坊体系 ·························· 83

（一）"作"的专业性与弹性 ·························· 83

（二）"城园两重格局" ·························· 88

（三）大大小小的作坊 ·························· 101

二、清宫造办处的全国制造网络 ·························· 107

（一）京外制造地的分布 ·························· 107

（二）烫手的"御活儿" ·························· 110

三、清宫造办处与拉萨"雪堆白" ·························· 114

（一）工匠交流 ·························· 115

（二）器物交流 ·························· 120

本章小结 ·························· 123

第五章　帝王与工匠：清宫造办处的人事运作 ·············· 124

一、帝王的技艺生活 ·························· 124

（一）帝王的参与热情 ·························· 125

（二）作为设计师的帝王 ·························· 132

（三）作为管理者的帝王 ·························· 151

二、细致得力的管理群体 ·························· 156

（一）官员设置 ·························· 156

（二）官员晋升 ·························· 158

　　　　（三）"技艺官员" ·································· 160

　　　　（四）专司太监 ································ 168

　　三、工匠：清宫中的技艺主体 ······················ 170

　　　　（一）旗匠 ······························· 171

　　　　（二）南匠 ······························· 173

　　　　（三）西洋人 ······························ 176

　　　　（四）招募匠 ······························ 177

　　　　（五）工匠规模 ···························· 179

　　　　（六）工匠管理 ···························· 184

　　　　（七）工匠待遇 ···························· 185

　　四、帝王与工匠之间 ···························· 188

　　　　（一）"帝王—官员—工匠"交流模式 ············ 188

　　　　（二）"样"和"稿" ······················ 189

　　五、造办处工匠的一天 ·························· 191

　　本章小结 ···································· 195

第六章　皇权与技艺：清宫造办处的器物制造 ············ 197

　　一、皇权控制的技艺：通草花 ···················· 197

　　　　（一）花儿作 ···························· 198

　　　　（二）花儿匠 ···························· 200

　　　　（三）种类及用途 ························· 203

　　　　（四）"雍兴乾衰" ······················· 206

　　二、皇权之外的技艺：钟表 ···················· 210

　　　　（一）呈进 ····························· 211

　　　　（二）采办 ····························· 213

　　　　（三）造办 ····························· 218

　　　　（四）陈设 ····························· 225

　　本章小结 ···································· 227

第七章　家事与国事：清宫造办处的双重职能 ················· 228

一、皇家生活制造 ················· 229

（一）穿戴日用 ················· 229

（二）廷园陈设 ················· 229

（三）文玩雅器 ················· 230

（四）陵寝祭祀 ················· 230

（五）科学仪器 ················· 231

二、国事公用制造 ················· 232

（一）典章礼器 ················· 232

（二）赏赐美器 ················· 233

（三）宗教法器 ················· 234

（四）军工兵器 ················· 234

三、"家"与"国"的权衡 ················· 235

本章小结 ················· 237

第八章　历史的余响：清宫造办处的技术遗产 ················· 239

一、从清宫器物到国家文物 ················· 240

（一）位于外朝的古物陈列所（1914—1948） ················· 242

（二）位于内廷的故宫博物院（1925—1948） ················· 245

（三）"完整故宫"理念（1930年至今） ················· 250

二、从清宫技艺到国家非物质文化遗产 ················· 253

（一）民国时期古物馆的文物整理 ················· 254

（二）20世纪50年代保管部文物修整组 ················· 256

（三）20世纪60—70年代文物修复厂 ················· 258

（四）20世纪80年代以来文保科技部 ················· 259

三、紫禁城唯一连续传承的宫廷技艺：钟表修复 ················· 260

本章小结 ················· 263

结　语 ·· 264

尾　声 ·· 268

附录 1　清宫造办处大事记 ·························· 270

附录 2　《各作成做活计清档》各条目分类标准 ·········· 274

附录 3　《内务府造办处各作匠役人名录》（光绪二十二年） ····· 278

附录 4　清宫造办处署名工匠花名册（雍正元年至乾隆六十年） ····· 291

附录 5　清内务府三院等处公题额缺统计表（道光二十年） ·········· 310

附录 6　清代皇帝年表 ······························ 316

附录 7　清代纪年表 ································ 319

后　记 ·· 325

目
录

图表目录

图 1　开在社会中的"技术之花" ……………………………………… 13

图 2　《各作成做活计清档》书影 …………………………………… 26

图 3　清代内务府所属制造机构一览图 ……………………………… 54

图 4　清宫造办处各作承办工作总量统计图（1723—1911） ……… 59

图 5　"内庭恭造之式"谕旨 ………………………………………… 70

图 6　雍正朝清宫造办处活计承办流程图 …………………………… 71

图 7　《活计清档》中的同一活计不同记载现象对比图 …………… 85

图 8　雍乾时期清宫造办处作坊名称演变图 ………………………… 87

图 9　北京城官手工业局及作坊布局图（1750） …………………… 89

图 10　乾隆时期的紫禁城 …………………………………………… 94

图 11　雍正朝造办处常设性作坊承办工作量统计图 ……………… 103

图 12　乾隆朝造办处各作承办工作量统计图 ……………………… 104

图 13　造办处管理部门职掌图 ……………………………………… 104

图 14　清宫造办处京外制造地活计承办流程图 …………………… 108

图 15　雍正朝清宫造办处官员指示工作量统计图 ………………… 157

图 16　清宫造办处职官晋升图 ……………………………………… 159

图 17　清宫造办处四大类通草花制造数量统计图（1723—1795） … 206

图 18　清宫造办处通草花承办工作量统计图（1723—1795） …… 207

图 19　清宫造办处通草戴花、娃娃制造数量图（1736—1795） …… 208

图 20　清宫造办处通草片实用数量图（1736—1795） …………… 208

图 21　紫禁城南北区域全部开放（1925） ………………………… 249

表 1　《清宫内务府造办处档案总汇》档案统计表……………………… 22

表 2　《各作成做活计清档》体例一览表…………………………………… 27

表 3　清宫造办处发展阶段名实对应表…………………………………… 48

表 4　康熙朝清宫造办处管理人员变化统计表…………………………… 66

表 5　雍正朝清宫造办处作房设置一览表………………………………… 69

表 6　雍乾时期清宫造办处相似作坊名称异同统计表…………………… 86

表 7　雍正朝清宫造办处作房增减修缮统计表…………………………… 92

表 8　乾隆皇帝对六名"藏里人"的赏赐 ………………………………… 118

表 9　乾隆时期北京创建的藏传佛教寺庙统计表 ……………………… 120

表 10　清宫造办处帝王参与度统计表（1723—1911）………………… 125

表 11　清宫造办处一天承办工作量统计表（1728）…………………… 126

表 12　雍正皇帝的一天技艺生活 ……………………………………… 128

表 13　清代帝王对尺度的要求 ………………………………………… 135

表 14　清宫造办处官缺统计表 ………………………………………… 158

表 15　雍正朝典型"技艺官员"海望制样统计表 …………………… 162

表 16　雍正朝非典型"技艺官员"承办活计统计表………………… 165

表 17　各处各作各房苏拉匠役花名数目总册（1799）………………… 180

表 18　粤海关监督任职情况表（1750—1795）………………………… 213

表 19　做钟处新收钟表统计表（1757—1760）………………………… 224

绪　论

2016 年伊始，一部名为《我在故宫修文物》的纪录片，登陆中央电视台纪录频道，后经互联网传播，成为火遍大江南北的现象级纪录片。

与一般的文物纪录片不同，这部片子将镜头对准了国宝背后的"神秘"修复者。导演用平视的镜头，将历史与现实、伟大与日常不断在国宝和修复者之间切换。观众跟着镜头，自然地来到国宝的背后，进到故宫博物院文保科技部的工作室，看到青铜器、钟表、陶瓷、木器、漆器、百宝镶嵌、织绣、书画等文物修复大师们的工作身影。他们在宽敞明亮的现代文物修复室，延续着器物的生命，恢复器物昔日的光彩。

这部纪录片的英文名叫"Masters In Forbidden City"。紫禁城的器物不论是在今天还是在历史上，都是由许多大师共同制造与维护的。

2020 年 10 月，一件不为大众所知的考古工作，在紫禁城静静展开。故宫博物馆的考古工作者掀开了一角造办处的隐秘面纱。造办处是历史上紫禁城器物制造与维护大师们的"工作室"，承担御用器物的制造与维护，位于紫禁城外西路，慈宁宫以南、武英殿以北、隆宗门西南区域。

今天，造办处旧址北区主要为故宫博物院修缮技艺部的办公区，南区为地下文物库房通道。考古发掘区域位于造办处旧址的东南部，发掘面积约 1000 平方米，是一个元明清三代叠加的建筑遗址。

遗址最上层为清代造办处建筑遗迹，发掘区南部有较完整的建筑基础，建筑基础西边有排水沟。发掘区东南部有一座砖砌的由灶门和灶膛组成的小型残灶，灶膛北端的灰坑内出土了大量的碎玻璃片、青花瓷碗（盅）、陶器（缸）、铜质钟表配件、铁器、木炭、动物骨骼等遗物。其中，青花瓷器的风格属清中晚期民窑产品，铜质钟表配件中可分辨出钟表机芯和西洋人物剪影片等类。考古学者推测，这里应为小型硬山布瓦顶值房类或作坊类建筑，灰坑遗迹应是清代造办处工匠生产生活的证明。①

紫禁城建于明永乐四年到永乐十八年（1406—1420），是明清两朝二十四位皇帝的皇宫。如果器物会说话，它们眼中的紫禁城六百年时空一定与帝王眼中的有所不同。让我们跟着文物修复师手里的文物、造办处旧址的考古现场，走进造办处的历史档案，"回到"清代宫廷器物制造和修复的地方，一起探寻紫禁城里的技术与社会。

一、作坊：一个中国技术史的研究对象

在"走进"历史之前，还得有许多前期准备工作要做。我们得了解，已有的研究路径是否能通达至清宫造办处的历史现场。

清宫造办处形成了系统而丰富的历史档案，这是我们认识清代宫廷技术与社会的基础。借助当下保存的档案去认识档案中的历史，并不是一件十分容易的事，它要求历史观察者，攻破当下观念的层层阻隔，爬梳卷帙浩繁的档案之山，直到踏出一条观察宫廷技术与社会历史的路径。

在探寻清代宫廷技术与社会之路的过程中，可能涉及三个问题。首先，摆在面前的是时代划分问题，这决定了定位造办处历史的时空坐标。其次，涉及中国技术史研究的理论选择，它体现了观察造办处的角度。最后，还涉及在今天的分科观念下如何恰当认识复杂历史对象的问题，它暗含了造办处历史认识的多样性。

（一）近代的起点

中国史学萌芽于先秦时期。中国史学史经历了两大转变：一是魏晋南北朝时期，史部史学从经学和子学中独立出来，确立了中国传统史学的基本面貌；二是 20 世纪初期，以梁启超"新史学"主张为代表的近代史学

---

① 徐海峰，吴伟，赵瑾. 紫禁城考古重大收获：清宫造办处旧址发现面积最大遗址区，再现古今重叠型建筑［EB/OL］. 文博中国，2021－03－22. https：//mp. weixin. qq. com/s/Pef-Yr6luZuucfzdepuHtQ .

的产生，确立了中国近代史学的基本面貌。①

20 世纪以来，许多历史学者围绕中国近代史起于何时，产生了大量讨论。陈恭禄（1900—1966）说："'近代'二字本无确定解说（史期区分，原极牵强，不过因其便利而已），史家划分史期，不相同。"② 民国时期的历史教科书，留下了当时学者对这个问题的不同看法。

第一种历史教科书不言"近代"，直接沿用传统史学的朝代分期，如李泰棻（1896—1972）在 1924 年出版的《新著中国近百年史》，把当时中国近百年的历史分成"道光时代""咸丰时代""同治时代""光绪时代""宣统时代"③。

第二种历史教科书采用明末为起点。如郑鹤声（1901—1989）在 1931 年出版的《中国近世史》序言中，将明至清末三百年称为"近世期"。④ 陈训慈（1901—1991）⑤、陆光宇⑥的教材也采用这个标准。

第三种历史教科书采用鸦片战争为起点。持该观点的学者较多，如李鼎声（1907—1966）《中国近代史》（1930）⑦、陈恭禄《中国近代史》（1934）⑧、范文澜（1893—1969）《中国近代史》（1938）⑨、蒋廷黻（1895—1965）《中国近代史》（1938）⑩、宋云彬（1897—1979）《中国近

---

① 谢贵安. 中国史学史 ［M］. 武汉：武汉大学出版社，2012：7.

② 陈恭禄. 中国近代史：上册 ［M］. 北平：商务印书馆，1934：序言 2.

③ 李泰棻. 新著中国近百年史：第 1 册 ［M］. 北京：商务印书馆，1924.

④ 郑鹤声. 中国近世史（上）［M］. 上海：上海书店，1992：序言 1.

⑤ 陈训慈. 中国近世史 ［M］. 南京：美丰祥印书馆，1931.

⑥ 陆光宇. 中国近世史 ［M］. 北平：文化学社，1933.

⑦ 李鼎声. 中国近代史 ［M］. 上海：上海书店出版社，1930：2-3.

⑧ 陈恭禄. 中国近代史：上册 ［M］. 北平：商务印书馆，1934.

⑨ 范文澜. 中国近代史：第 1 分册 ［M］. 北平：生活·读书·新知三联书店，1938. 范文澜笔名武波。武波. 中国近代史：第 1 分册上编 ［M］. 上海：读书出版社，1947.

⑩ 蒋廷黻. 中国近代史 ［M］. 北京：人民文学出版社，2021.

百年史》（1948）①、华岗（1903—1972）《中国近代史》（1949）②。李鼎声解释，之所以采用鸦片战争而不以明末清初为近代史的起点，理由很简单：明末清初是朝代交替，"而鸦片战争却是中国开始为国际资本主义的浪涛所袭击，引起社会内部变化的一个重大关键"③。

此外，还有一种看法介于第二和第三种之间，如郭廷以（1904—1975）在《近代中国史》（1940）中认为，造成近代中国大转变的中心因素是中西关系，鸦片战争是这个转变的关键，他将起点定于16世纪葡萄牙传教士入华。④

至20世纪50年代，鸦片战争是中国近代史的起点成为学界共识，并被写入中学历史教科书，学者们进而转向讨论中国近代史的终点和分期问题。⑤中国历史学学科的划分中，鸦片战争前的历史统称为古代史，鸦片战争至辛亥革命或中华人民共和国成立的历史称为近现代史。清代历史被分成古代与近代两个时段，分属中国历史学的不同学科。

中国科技史学者面对如何处理"近代科学"的起点问题更加棘手。因为涉及两个标准的斟酌，即西方科学史的近代标准和中国近代史的标准。前者为1543年哥白尼《天球运行论》的出版引发了"科学革命"，成为世界古代科学史与近代科学史的分期线，后者为1840年鸦片战争标志着中国社会的近代化。

中国科技史学者在研究和教学中也存在三种处理方式。第一种，采用鸦片战争为中国近代科学的起点。如杜石然等《中国科学技术史稿》（1982）⑥、

① 宋云彬. 中国近百年史［M］. 上海：新知书店，1948.

② 华岗. 中国近代史［M］. 上海：华东新华书店，1949.

③ 李鼎声. 中国近代史［M］. 新加坡：光明书局，1949：2-3.

④ 郭廷以. 近代中国史：第1册［M］. 重庆：商务印书馆，1940：1-2.

⑤ 胡绳. 中国近代历史的分期问题［J］. 历史研究，1954（1）：5-15. "历史研究"编辑部. 中国近代史分期问题讨论集［M］. 北京：生活·读书·新知三联书店，1957.

⑥ 杜石然，范楚玉，陈美东，等. 中国科学技术史稿：下册［M］. 北京：科学出版社，1982.

郭文韬（1930—2005）和曹隆恭《中国近代农业科技史》（1989）①、吴熙敬（1932—1994）《中国近现代技术史》（2000）②。其中，杜石然等《中国科学技术史稿》影响甚大，被当作科技史专业的考研指定书目，是一部中国科学技术通史的经典著作。

第二种，采用明末清初为中国近代科学的起点。如美国科学史家席文（Nathan Sivin，1931—2022）（1987）③、董光璧《中国近现代科学技术史论纲》（1992）④、樊洪业（1942—2020）《耶稣会士与中国科学》（1992）⑤、任定成《中国近现代科学的社会文化轨迹》（1997）⑥。他们在具体选择标志性历史事件时有所不同。董光璧、任定成都认为，1582年耶稣会士利玛窦来华是中国近代科学的起点，樊洪业选择1607年《几何原本》的翻译出版作为中国近代科学的起点。

第三种，不分期，用朝代表示，如在"中国全史"（1994）的框架下，明代、清代、民国的科技作为十种文化现象之一进行分册叙述。⑦

上述三种处理方式中，第三种不常用，第一和第二种方式是争论的焦点：中国社会的近代与中国科学的近代是否同步？第一种处理方式是默认这种同步。蒋廷黻认为，中国近代史就是西方科学和机械文化的发展史。

---

① 郭文韬，曹隆恭. 中国近代农业科技史［M］. 北京：中国农业科技出版社，1989：1.

② 吴熙敬. 中国近现代技术史［M］. 北京：科学出版社，2000.

③ 席文. 为什么科学革命没有在中国发生——是否没有发生？［C］//李国豪，张孟闻，曹天钦. 中国科技史探索. 上海：上海古籍出版社，1986：109.

④ 董光璧. 中国近现代科学技术史论纲［M］. 长沙：湖南教育出版社，1992：1-2，10-12.

⑤ 樊洪业. 耶稣会士与中国科学［M］. 北京：中国人民大学出版社，1992：210，211，214.

⑥ 任定成. 中国近现代科学的社会文化轨迹［J］. 科学技术与辩证法，1997（2）：37.

⑦ 汪前进. 中国明代科技史［M］. 北京：人民出版社，1994. 沈毅. 中国清代科技史［M］. 北京：人民出版社，1994. 何艾生，梁成瑞. 中国民国科技史［M］. 北京：人民出版社，1994.

他在《中国近代史》中，描述了自鸦片战争以来的西方科学和机械文化在中国的发展。① 第二种处理方式则体现出不同步的态度。樊洪业认为，中国近代科学史的起点应该是在中国自己的历史中，以中国传统科学为参照系来确定。②

董光璧指出，"中国近现代科学技术史"的字面含义有两种：含义一"科学技术在近现代中国的发展史"；含义二"近现代科学技术在中国的发展史"。也就是说"近代"是针对"社会"的还是"科学技术"的，显然他所指的是后者。他的著作"不是论述科学技术在近现代中国的发展史，而是近现代科学技术在中国的发展史"③。

有时候，"近代""社会""科学技术"三个概念的关系，会交织在一起。如上述郭廷以的观点中就体现出这种交织。

事实上，在中国科技通史和教学领域，中国近代科技史的起点问题的确是必答题。由于1840年鸦片战争是中国近代社会的开端这一观点被写入历史教科书，它成为今天所有接受义务教育的国人心中"近代"和"古代"观念的基本来源。很显然，用人们普遍接受的对这个问题的回答，来考察清宫造办处，存在一些观念隔阂。

造办处成立于清康熙时期，结束于清王朝覆灭后民国时期的逊帝溥仪"小朝廷"的灭亡。它是中国社会和科学技术近代历程的一个见证者。过去的中国史和科学技术史学科中，对类似的历史见证者未曾有一个恰当的认识方式，它们完整的历史被依据不同的重要性，拆分进"古代"或"近代"的叙述话语中，成为"古代"或"近代"的注脚。

近年来，中国近代史学者开始反思，以1840年鸦片战争为上限所形成的中国近代史的研究格局，即以革命的和爱国的事件和人物为主。章开沅（1926—2021）提出"走出中国近代史"，强调社会是一个整体，经济、政治、文化不能割裂，在时间上应当走出80年或110年这个时段，"在基础

---

① 蒋廷黻. 中国近代史［M］，北京：人民文学出版社，2021：126.

② 樊洪业. 中国近代科学社会史研究的几个问题［J］. 自然辩证法通讯，1987（3）：36.

③ 董光璧. 中国近现代科学技术史论纲［M］. 长沙：湖南教育出版社，1992：2.

知识与学术视野两方面至少要向上延伸到清史乃至明史，而尤其需要重视明清之际经济、文化的内在变迁"，"向下延伸到 1949 年以后"。① 这一观点虽然与民国时期的"近世史"相似，但不同的是，这是中国学人经过长时间实证研究的结果。

经上述学者讨论，逐渐形成一个共识：理解近代中国要从中西关系开始，而中西关系的首要体现领域是中西的科学和技术。"科学"和"技术"由此成为认识中国近代历史的重要切入点。

当我们讨论到近代中西科学和技术的有关问题时，我们便与著名的英国生物化学家、科学史学家李约瑟（Joseph Terence Montgomery Needham，1900—1995）"相遇"了，进入"李约瑟之问"的问题域。

（二）"遇见"李约瑟

中国技术史研究兴起于 20 世纪初。1917 年，上海商务印书馆发行了许衍灼（约 1880—1944）编译的《中国工艺沿革史略》，这是第一本现代意义上的中国技术史专著，书中的"工艺"一词包含了中国古代以来的手工艺，以及清末从欧洲引进的以电力、油气为动力的机器工艺。该书将中国技术史划分为太古、上古、中古和近古四个时代，又分门别类地记述了不同类别的技术及在当时的发展情况，还涉及中国技术传出去、西方技术引进来等主题。该书篇幅不长，却提供了一份有关中国技术史既通达又综合的写作纲领。

但中国技术史研究轨迹并没有沿着许衍灼铺下的这块"砖"前行，甚至大多数技术史学者并不清楚这块"砖"的存在。在历史的洪流中，这块"砖"成为书写中国工艺美术史的重要思想来源，化身为对早期中国技术史的积极探索。

中国技术史学科的产生，伴生于"科技"这个耳熟能详的概念，而非"工艺"概念。"科技"这一概念杂糅了现代中国人对西方现代科学和现代技术的艰苦求索。李约瑟的中国科学与文明研究，影响了中国科学技术史学科的建制化进程。

---

① 章开沅. 发刊词［J］. 近代史学刊，2001，第 1 辑：4.

约 1938 年，李约瑟开始酝酿写作一部系统权威的专著，讨论中国的科学和技术的历史，意识到一个最重要的问题："为什么现代科学没有在中国（或印度）文明中发展，而只在欧洲发展出来？"这个问题后来不断充实完善，扩充成为两个部分。1943 年 5 月，他在重庆的一次演讲中明确提出"李约瑟之问"。其经典表述被收入 1964 年《东方的科学与社会》这篇文章：

> 为什么现代科学没有在中国（或印度）文明中发展，而只在欧洲发展出来？……为什么从公元前 1 世纪到公元 15 世纪，在把人类的自然知识应用于人的实际需要方面，中国文明要比西方文明有成效得多？①

"李约瑟之问"中的两个"为什么"包含了正、反两个问题。正问题看到了古代中国文明在应用自然知识方面所拥有的成效，反问题看到了中国文明没有诞生现代科学。

他身体力行，从生物化学领域转向中国科学史研究，并积极寻找合作者，制定了系统且庞大的《中国的科学与文明》（*Science and Civilisation in China*）丛书。《中国的科学与文明》计划出版 7 卷 34 册，他生前（1995 年）出版了其中 16 个分册（分属于第一至第六卷）。后来鉴于各种情况，李约瑟研究所把出版计划调整为 7 卷 28 册。到目前（2025 年）为止，一共出版了 7 卷 25 个分册，还有 3 个分册（有色冶金、盐业和纺织机械）在写作中；中译本出版了其中 15 个分册（分属于第一、二、四、五、六卷）。②

在李约瑟提出"李约瑟之问"之前，也有其他中外学者发出过类似的疑问，尤其是在反问题方面。1915 年，任鸿隽（1886—1961）在《科学》第 1 卷第 1 期发表文章《说中国无科学之原因》，后来竺可桢（1890—1974）在 1935 年和 1946 年多次讨论这个问题。1931 年，德国历史学家和汉学家魏特夫（Karl August Wittfogel，1896—1988）讨论了"中国为什么

---

① 李约瑟. 文明的滴定［M］. 张卜天，译. 北京：商务印书馆，2018：176.

② 最新的中译本为陶瓷技术分册. 详见：柯玫瑰（Rose Kerr），武德（Nigel Wood）. 李约瑟中国科学技术史·第五卷，化学及相关技术·第十二分册，陶瓷技术［M］. 陈铁梅，等译. 北京：科学出版社，2025. 感谢英国李约瑟研究所梅建军所长提供数据。

没有产生自然科学"①。这些讨论是在中国人致力于引进西方的现代科学知识的背景下进行的，有着强烈的以史为鉴的目的。虽然在当时，这些讨论没有引起广泛的社会关注，但却内化进中国人努力建立中国的科学学科和科学事业的实践。

至 20 世纪 80 年代初，这个问题以"难题"为名传入中国，引起了广泛的讨论，并持续不断吸引着各领域学者和社会关注。如果讨论者过度关注"李约瑟之问"的反问题，那么必然会发生视角转换，即变为中国近代科学的落后问题。据王国忠（笔名王钱国忠）统计，1980—1998 年间，国内外讨论中国近代科学落后问题的论文有 264 篇，出版著作 34 部。② 其中一大类型的研究是从科学的角度回应，直接回答有没有的问题、回答落后的问题。如 1982 年 10 月 16 日至 22 日，中国科学院《自然辩证法通讯》杂志社，在四川成都召开"中国近代科学技术落后原因"学术讨论会③。这些讨论，除了基于学术的原因外，还夹杂了复杂的现实原因。

随着讨论的深入，"李约瑟之问"背后的社会意义逐渐超过学术意义，形成另一大类型的回应：从文明的角度回应，质疑发问的合理性，认为不同的文明会形成不同的文化。如刘钝和王扬宗编著的《中国科学与科学革命》论文集中，有大半的文章反映了学界对这个问题的这种看法。④

李约瑟用"百川归海"来比喻世界各文明中的科学知识与近代科学的关系。孙小淳指出，许多人都去关注"李约瑟之问"中的反问题，而忽视了正问题。他认为，对中国古代科学与文明的研究不能局限于欣赏"百川归海"的壮丽图景，而是要溯流而上，领略"河岸风光"，要探讨中国文明之河中的知识流水，是如何在中国的土壤中产生，并滋润中国社会与文

---

① 刘钝，王扬宗. 中国科学与科学革命：李约瑟难题及其相关问题研究论著选［M］. 沈阳：辽宁教育出版社，2002：31-62.

② 王钱国忠. 李约瑟研究的回顾与瞻望［C］//李约瑟文献中心. 李约瑟研究：（第 1 辑）开拓李约瑟研究兼及东亚科学史. 上海：上海科学普及出版社，2000：212.

③ 中国科学院自然辩证法通讯杂志社. 科学传统与文化：中国近代科学落后的原因［M］. 西安：陕西科学技术出版社，1983.

④ 刘钝，王扬宗. 中国科学与科学革命：李约瑟难题及其相关问题研究论著选［M］. 沈阳：辽宁教育出版社，2002.

化的土壤的。① 孙小淳的见解无疑有益于将人们的目光引向"李约瑟之问"的正问题，关注中国古代"有"什么。《文明的积淀：中国古代科技》一书集中体现了他的这一思想。②

20世纪初以来，中西关系解释模式经历了从"西方中心""冲击—回应"到"内生—外激"的转变。中国历史在这个漫长的认知转变中被更多中西方学者"看见"。董光璧认为，中国传统科学的近代化萌芽为"内生"因素，明末传教士带来的西方科学技术为"外激"因素，共同催生了中国科学和技术的近代化。

从这个意义上讲，如果我们立足中国历史技术的角度，关注中国古代"有"的技术在近代社会如何变化了这一问题，那么"中国近代科学技术史"这个概念，还可以在董先生定义之外衍生出第三层含义：古代技术在近现代中国社会的发展史。

时至今日，"李约瑟之问"已经成为一种思想遗产③，学者们也不再热衷于去"解答"李约瑟的问题，它早已成为中国科学技术史学史上一座丰碑。当我们今天"再看"它时，我们需要去避开问题中的潜在矛盾，重启它对于新时期中国科学技术史研究的学术意义。

"李约瑟之问"深刻暗含了两对概念的比较。第一对概念是"中国"与"欧洲"，经常被表述为"东方"与"西方"。李约瑟认为近代科学是普遍性、进步性和世界性的，认为"不同文明的古老的科学细流，正像江河一样奔向近代科学的汪洋大海。近代科学实际上也包纳了旧世界所有民族的成就，各民族的贡献源源不断地注入，或者来自古希腊、罗马，或者来自阿拉伯世界，或者来自中国和印度的文化"④。

---

① 孙小淳. 从"百川归海"到"河岸风光"：试论中国古代科学的社会、文化史研究［J］. 自然辩证法通讯，2004（3）：95-100，112.

② 孙小淳. 文明的积淀：中国古代科技［M］. 北京：中国科学技术出版社，2024.

③ MEI J J. Introduction：Needham's intellectual heritage［J］. Cultures of Science，2020，3（1）：4-10.

④ Needham. The roles of Europe and China in the revolution of oecumenical science［J］. Journal of Asian history，1967（1）：1，3-12. 转引自刘钝，王扬宗. 中国科学与科学革命：李约瑟难题及其相关问题研究论著选［M］. 沈阳：辽宁教育出版社，2002：16.

　　李约瑟用"百川归海"的科学观，成功将中国的科学与文明带到西方读者面前，让那些带有"西方中心主义"的中国科技史观点不攻自破。李约瑟用"李约瑟之问"这样高度凝练的表述，将中西科学文明进行了比较，启发了有关古今中西科技文明发展演化的思考。他向东西方学术界提供了一个过去未曾重视的新的中西文明比较的视角——科学。

　　"李约瑟之问"中包含的第二对概念是"科学"与"技术"。普遍认为，"科学"是一种诞生于近代欧洲的有关自然探索的知识形式，而"技术"则是一种与人类社会同样古老的改造自然的活动。那种批评李约瑟的思想带有"欧洲中心论"的观点并不成立，这恰恰是他的科学史研究要打破的认知顽疾。但，他对中国历史技术的认识存在"科学"参照系。《中国的科学与文明》丛书的大多卷册都将"技术"视为"科学的应用"。该书的中文译名《李约瑟中国科学技术史》中"科学技术"一词正好把李约瑟心中的这个"科学"参照系表露无遗。从技术史的角度看，李约瑟思想中的中心论不是"欧洲的"而是"科学的"。

　　中国科学史学者对李约瑟用"技术"替代"科学"的做法有过清晰评述。为了更好揭示中国科学的历史，领略"河岸风光"，吴国盛倡导用"博物学"去认识中国的传统科学①。

　　学术界围绕"李约瑟之问"背后两对概念有过热烈讨论，但一个值得留意的现象是，这些讨论以科学史学者居多，技术史学者显得较为"沉默"。我认为，"沉默"背后原因之一是深处现代社会的技术史学者的无意为之。这种"无意"体现在两方面：一方面，"科学"伴随着现代教育，早已融入人们的思想结构中，用"科学"认识"技术"是一件自然而然的事；另一方面，"科学"在当今社会里早就超越了一种知识类型，变成一种话语评价标准，用"科学"认识"技术"是一件毋庸置疑的事。

　　技术史学者又是如何看待历史技术的呢？美国技术史家埃里克·沙茨伯格（Eric Schatzberg）反思了历史中的"技术"概念，他看到现代"技术"（technology）概念背后的三重历史内涵，即工业艺术（industrial arts）、

---

① 吴国盛. 博物学：传统中国的科学［J］. 学术月刊，2016（4）：13.

应用科学（applied science）和技巧（technique）①。沙茨伯格对"技术"概念的分析表明，技术在历史的发展中呈现出多种形态。我曾将技术分为本能性技术、经验性技术和解释性技术三种类型②。

1956年，英国科学史、医学史、技术史家查尔斯·辛格（Charles Singer，1876—1960）主持编纂的《技术史》第一卷出版。这比李约瑟《中国的科学与文明》第一卷《导论》出版晚两年。李约瑟与辛格有着相似的成长环境、学科背景和学术生涯，他们也是亦师亦友的关系③。但二者对"技术"看法有所不同：李约瑟眼中的"技术"是"应用科学"的代表，属于一种单一技术观；辛格眼中的"技术"呈现的是多样技术观。

长期以来，中国技术史研究在理论选择上一直以"科学"参照系这个标尺来观察中国历史技术。中国技术史的研究选题、概念工具到历史认识等受其影响。例如在中国古代技术史领域，"科学"标准曾一度成为筛选或评价历史技术的唯一标准，用"先进"与"落后"去定位历史技术。"技术含量"高低成为评价历史技术的不二指标，而"技术含量"背后其实指的是"科学含量"。这就不难理解，中国近现代技术史领域的选题多为西方现代科学影响下的外来技术的本土化研究，这些技术类型通常为科学的技术，技术载体为现代工厂，关注的话题多为历史技术与"国家""民族""赶超"等。

"科学"参照系这个标尺，无法准确衡量出类似清宫造办处这样的中国社会和科学技术近代历程的见证者。因此，过去没能将清宫造办处纳入中国技术史的研究对象，也就不足为奇。

现在，我们将清宫造办处看作中国技术史的研究对象，意味着对长期以来中国技术史中潜在参照系的审辨，并尝试调整观察历史技术的视角，

---

① SCHATZBERG E. Technology：critical history of a concept［M］. Chicago and London：The University of Chicago Press，2018：13.

② 张学渝. 技艺社会史：传统工艺研究的另一种视角［J］. 东北大学学报（社会科学版），2017（1）：15-19.

③ 张喆. 李约瑟学术转型中的"辛格因素"［J］. 自然辩证法研究，2023（6）：118-123.

从"科学"参照系回到"技术"本身，稍微扩充一点观察历史技术的视野，以期揭示出一角中国技术史研究的不同面貌。

（三）连续与断裂

回到"技术"本身认识中国技术的历史，意味着用技术的方式观察技术，那么这里的"技术"就不再只是一种具体的、分科的个体，更是一种多样的、综合的整体。因此，所谓技术史就不仅仅是技术发展史，而是技术产生（发明与创新）、发展（更新与成熟）与影响（消失与流传）的生命史。

如上所述，由于中国近代技术史研究长期以来的理论选择和选题偏好，"技术"在实际研究中被具象为工具/设备、工艺流程、配方、原料等。我在研究传统工艺时发现，这种描述只涉及"技术"的若干方面。技术哲学对什么是"技术"这个问题有过多种回答。不过，从哲学解释到历史研究还有很大的实践空白，有待填补。我曾尝试描绘过"技术"的模样，对它进行了可视化再现。（见图1）

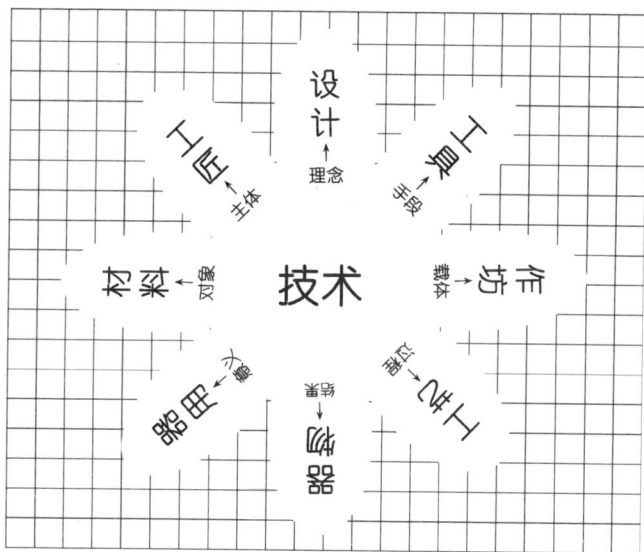

图 1　开在社会中的"技术之花"①

————————

① 本书所有图表，除注明来源外，其他未注明来源的均为作者绘制。

当我们认真在历史中去描述"技术"的模样时，会发现：技术竟无处不在——每个"花瓣"都是它的具象，但又无法描述——它是一朵空心的"花"，只能呈现一种抽象的整体！华觉明先生曾基于传统工艺研究，呼唤一种整体的技术观和技术史观①。

中国近现代史和中国科技史领域有关近代起点问题的讨论，核心焦点在于如何理解"近代"所处的领域问题：由过去采用较多的社会性质领域转向以"科学"为代表的新"文化"领域，以此理解中国的"近代"乃至"现代"。这个问题暗含了"科学""技术"与"社会"的关系。回到历史技术本身理解历史，就是将技术回归到一种活动。

20 世纪六七十年代，西方学界兴起技术的社会史研究。国内也在自己的技术史研究传统中出现相关探索。1997 年，姜振寰在《技术社会史引论》中率先在国内倡导这一研究视角，并在技术编年史等多部技术史研究中加入社会文化的视角②。这是中国第一代职业技术史学者对技术社会史的理论探索。2010 年，方一兵对汉冶萍公司进行了个案研究③，在关注西方钢铁技术转移时的"本土化"概念，反映的就是技术与社会的问题。张柏春、梅建军、孙小淳等学者在不同场合表达过对技术社会史研究的期待④。这可以看作中国第二代职业科技史学者对技术社会史研究和憧憬。刘妍《编木拱桥：技术与社会史》⑤ 成为中国技术社会史的经典案例，是

① 华觉明. 传统工艺研究、保护和学科建设［M］//张柏春，李成智. 技术史研究十二讲. 北京：北京理工大学出版社，2006：117.

② 姜振寰. 技术社会史引论［M］. 沈阳：辽宁人民出版社，辽宁教育出版社，1997：357. 姜振寰. 哲学与社会视野中的技术［M］. 北京：中国社会科学出版社，2005：1. 姜振寰. 社会文化科学背景下的技术编年史：远古—1900［M］. 北京：高等教育出版社，2015.

③ 方一兵. 汉冶萍公司与中国近代钢铁技术移植［M］. 北京：科学出版社，2010.

④ 张柏春. 对中国学者研究科技史的初步思考［J］. 自然辩证法通讯，2001（3）：93. 陈坤龙，梅建军. 上下求索探青铜之路　兼容并蓄架沟通之桥：梅建军教授访谈录［J］. 广西民族大学学报（自然科学版），2018（4）：7. 孙小淳. 中国的科技史研究：写在中国科学技术史学会成立 40 周年之际［J］. 中国科技史杂志，2020（3）：257.

⑤ 刘妍. 编木拱桥：技术与社会史［M］. 北京：清华大学出版社，2021.

中国第三代职业技术史学者对技术社会史的有益探索。

技术社会史中的"社会"指构成技术实施(起源、演变、应用和传播)和物化技术应用(流通、使用、收藏)的各种人事网络,尤其关注人在沟通技术要素和社会网络之间的作用。由于关注的点从物的要素扩展至人的要素,以及技术要素之外的社会网络,衡量技术发展水平的指标也由技术高低度(即常说的"技术含量"),转变为技术社会度,即技术活动在社会网络中的嵌入情况。

当我们把"技术"从高低度"解放"出来后,技术史研究视野就会有新拓展。技术社会史视角将带来三个显著变化:第一,语境化。是什么让过去/现在的技术成为那样/这样的语境化问题,在技术史研究中得到重新关注。第二,动态化。技术的语境化让技术的起源、演变、应用和传播等问题变得生动,易于形成一种对技术从一个社会历史空间的产生,到另一个社会历史空间扩展的动态认知。第三,多维化。从过去只关注技术的发明,少量地关注技术的使用,拓展到技术的维持、创新,甚至倒退等维度,关注人在技术发明与使用中的认识与心理。如此,可以揭示有关技术更多的信息。技术本身就暗含了权力,技术物也是一种权力的代表。

至此,我们提出了一个技术史研究的新主题:连续与断裂。

今人阅读中国科技史著作存在两种极端体验:"新鲜感"与"异域感"。这是因为,历史上的中国科学和技术,与当下人们接触到的现代科学和技术知识体系之间,存在"连续"与"断裂"。

"李约瑟之问"本质上涉及了中国科技史的断裂问题。和一般的中国历史相比,写作和阅读中国科技史的"异域感"更强烈,原因就在于中国历史上的科学和技术进入当下基础教育的内容很少。这种教育现状,促使更多的学人去续接中国科技史。这种续接式研究,多是基于今天的立场出发。

与之不同的是,技术的"连续"主题,更加强调历史的立场,关注历史技术自身的发展演变问题。近代,中国技术传统遇到了西方近代科学,中国人积极引进西方近代科学技术,在中国技术的自身发展脉络中,产生了一类新的"科学的技术"。于是,出现了"传统的技术"与"科学的技术"并行的局面,一度体现为后者"革"前者的"命"。

历代中国宫廷都有御制传统，清代宫廷的御制机构因为档案完整而成为最佳的研究对象。造办处的历史跨越清代初期至民国，它不仅是中国历代宫廷御制传统的延续，也是今天宫廷技艺的来源。清宫造办处所代表的宫廷技艺，成为观察中国技术史连续与断裂的最佳对象之一。

（四）观察作坊

"作坊"是技术的载体，是手工制造的场所。今人对历史作坊的观察依赖考古遗址、图像和文字记载。由于观察手段的不同，作坊的研究分属于考古学、技术史、科学史和艺术史等学科。

迄今所知中国最早的大型围垣官营作坊区，发现于河南洛阳偃师二里头遗址。二里头遗址距今约 3800—3500 年，相当于古代文献中的夏、商王朝时期，由宫殿区、作坊区、祭祀区、居住区和墓葬区组成。二里头遗址发现的中国最早的宫城（后世宫城直至明清紫禁城的源头）、城市干道网、中轴线布局的宫室建筑群、大型多进院落和"四合院"宫室建筑、青铜礼器群、大型围垣官营作坊区、青铜礼器铸造作坊、绿松石器作坊共同构成了中国最早王朝国家的证据，被称为"最早的中国"。①

浙江富阳泗洲宋代造纸作坊遗址是迄今所知世界范围内最早的造纸作坊遗址。作坊遗址发掘总面积 22000 平方米，由作坊区和生活区组成。作坊区内有鹅卵石摊晒场、浸泡原料的沤料池、蒸煮原料的皮镬、浆灰水的灰浆池、抄纸房、焙纸房等，石砌的道路、排水沟、水井和灰坑等，呈现了完整的造纸工艺流程②。

江西进贤李渡元代烧酒作坊遗址是迄今所知世界范围内最早的烧酒作坊遗址，发掘总面积约 300 平方米，清理出元代至现代的水井、炉灶、晾堂、酒窖（圆形、腰形和长方形）、蒸馏设施、墙基、水沟、路面、灰坑和砖柱等遗迹，其中明代酿酒遗迹布局完整，配套齐全，再现了当时白酒

---

① 许宏. 最早的中国：二里头文明的崛起 [M]. 北京：生活·读书·新知三联书店，2021.

② 唐俊杰. 杭州富阳泗洲发现宋代造纸遗址 [N]. 中国文物报，2009-01-07 (2).

的生产工艺，6 个圆形明代酒窖至今还在使用。① （见彩图 1） 李渡元代烧酒作坊遗址证明了白酒起源于元代的观点。

作坊遗址这一场所，是今人能够进入历史技术现场的最佳方式。它为研究历史技术提供了非常具象的空间和物，成为认识历史技术、历史技术与社会关系的第一物证。然而，考古证据的获取并非轻而易举，受制于考古实践，发掘区域往往是一个作坊的局部，甚至是很少的一部分。

湖南桂阳桐木岭清代炼锌作坊遗址是为数不多的主动全面发掘、完整揭露的实例。该遗址由于位于丘陵地带，考古发掘不会对当下的生产生活产生影响。作坊遗址的冶炼平台面积达 3000 平方米，分为焙烧区和冶炼区。焙烧区内有焙烧台和圆形焙烧炉；冶炼区为两个单独的作坊，冶炼区有炼锌炉、精炼灶、储料坑、搅拌坑、和泥坑、堆料区、碎料区、环形护围、柱洞、房址等遗迹②。桐木岭清代炼锌作坊遗址填补了我国炼锌技术史研究的多项资料空白，对完整复原古代炼锌技术将起到关键作用。③

另一类较为直观呈现作坊信息的是作坊图像。在西方科学史中，"作坊"（workshop）是早期现代科学史研究的重要对象，科学史家将作坊里的身体技能（bodily skill）看作是理解当今实验自然科学的具身性和隐性维度的早期现代来源④。西方艺术史家将"作坊"视为工匠—艺术家时代艺术作品的诞生之地。由于中西文明对作坊实践的定位不同，作坊图像在绘制动机、方式和内容两方面差别明显。（见彩图 2）

历史作坊图像是作坊实践场景的再现，提供了有关工匠的身体姿态、工匠与工匠的相互配合、物料在空间里的表达方式等丰富信息。早期现代社会，作坊不仅仅是一个技术活动空间，也伴随着自然探索与艺术表达。

---

① 樊昌生，杨军. 江西进贤县李渡烧酒作坊遗址的发掘 ［J］. 考古，2003 （7）：618-625，683-684.

② 莫林恒，陈建立，罗胜强，等. 湖南桂阳县桐木岭矿冶遗址发掘简报 ［J］. 考古，2018 （6）：51-39，128.

③ 周文丽，罗胜强，莫林恒，等. 从蒸馏罐看湖南桂阳桐木岭遗址炼锌技术 ［J］. 南方文物，2018 （3）：165-173.

④ SMITH P H. *From lived experience to the written word：reconstructing practical knowledge in the early modern world* ［M］. University of Chicago Press，2022：5.

因此，作坊成为技术、科学与艺术实践的学问综合体。作坊不仅是物质生产空间，更是一种知识生产空间和文化空间。

历史文本是历史学家利用得更多的论据。和考古遗址、作坊图像相比，历史文本所记载的作坊信息更加侧重管理职掌、工艺流程、人员任命、器物生产、器物使用等。中国历史上，有文献直接或间接地记录作坊信息。典型的文献如宋应星（1587—约1666）《天工开物》（1637），图文并茂地描述技术过程。还有一些分散文献，如中国历史中的二十四史介绍内廷职掌时，会涉及服务帝王的作坊设置、管理信息（详见第一章）。欧洲历史上，也有很多技术文献，并在早期现代形成了一股出版热潮。如琴尼诺·德安德烈·琴尼尼（Cennino d'Andrea Cennini，约1360—1427）《艺匠手册》（*Libro dell'arte*，1400）、安德烈·帕拉第奥（Andrea Palladio，1508—1580）《建筑四书》（*I Quattro Libri dell'Architettura*，1570）、乔治·阿格里科拉（Georgius Agricola，1494—1555）《矿冶全书》（*De re metallica*，1556）。

值得注意的是，历史文本记载的技术活动，与今天在博物馆能够看到的大量文物之间，存在很大的距离。也就是说，今天的文物很少能追寻到它生产的作坊，但清宫文物是其中的例外之一。

雍正元年（1723），清宫造办处开始设立工作档案，被称为《养心殿造办处各作承做活计清档》或《内务府造办处各作承做活计清档》（以下简称《活计清档》），记录各作承办活计的全部过程。由于雍正皇帝制定了严格的档案记录、整理和保管制度，《活计清档》从雍正元年至宣统三年（1723—1911），除了若干年份没有记录外，均有连续且规范的记录。受益于这批工作档案，许多清宫文物得以还原它们当时的生产过程。但即便如此，还是存在大量清宫档案记载之物，无法在博物馆的馆藏中找到现实对应之物。因此，在理解《活计清档》的时候，不能忽略文本的世界和实物的世界之间的认知空间。

清宫造办处作为研究对象的独特性在于，它同时拥有清代紫禁城作坊的考古遗址、图像、文本和大量的宫廷文物，围绕它发生了多线程的跨越不同社会背景的技术、科学和艺术故事。清宫造办处作为研究对象论据的丰富性，让它在世界历史中也独树一帜，成为认识中国技术史、科学史、艺术史的重要窗口，也成为认识世界技术史、科学史、艺术史的中国镜像。

二、本书主要内容与结论

本书采用技术社会史视角考察清宫造办处，书中多处使用的"技艺"概念意在强调是一种技术类型，这类技术以手工为主，技术活动与艺术活动多杂糅一起。

（一）主要内容

本书着重关注的是清宫造办处为何、如何及它意味着什么。研究的核心在于通过揭示清宫造办处的历史演变，来探讨它——作为中国古代官营手工业作坊的代表和宫廷技艺的代表——是如何成立并如何影响周边的，进一步探讨清宫造办处在中国技术史中的意义。

本书的结构分为绪论、正文八章、结语以及附录。

绪论部分有三个内容：一是提出在中国技术史脉络中认识清宫造办处遇到的挑战和理论调试，以及清宫造办处对于中国技术史研究而言的意义；二是概述本书的主要内容与结论；三是介绍造办处的档案和利用方式。

第一部分（第一章）：回顾中国历史上的御制传统，以二十四史中的内廷机构记录为主，梳理中国历史上的内廷制造机构，尤其是御制机构的发展线索和核心，总结中国历史上内廷制造机构的工部体系和内府体系。

第二部分（第二至三章）：清宫造办处的成立及历史分期。一方面，澄清了清宫造办处的相关概念、作坊地点的分布和转移、成立时间、成立背景等重要问题；另一方面，利用系统的《活计清档》描绘出一幅清宫造办处的兴盛衰时间轴，并结合其他档案，对清宫造办处的历史进行分期，总结了每个时期的技艺特点。这部分可以看作是描绘了清宫造办处的整体外在形象。

第三部分（第四至七章）：以雍乾时期清宫造办处为考察重点，关注清宫造办处的作坊设置、人事运作、器物制造和职能等问题。第四章讨论了雍乾时期造办处京内作坊"城园两重格局"的设置，京外制造地的分布；以拉萨金铜制造技艺为案例，讨论造办处制造网络中宫廷与地方的技艺交流的两种模式（人员、器物）。第五章讨论了帝王、管理群体和工匠的人事互动方式，三大群体分别对应制器的设计—协调—实施三环节，他们以不同的方式影响到技艺的选择和技术活动的实施，促成了"宫廷技艺"的形成。第六章重点以通草花和钟表为例，讨论了清宫造办处器物制造中的技艺与皇权关系，表明皇权对技艺的影响并非是单方面的，原因有多种，影响效果也是多样。第七章讨论造办处的制造职能具有"家国二象性"的特点。这部分可以看作是描绘清宫造办处的内在纹理。

第四部分（第八章）：清宫造办处的技术遗产。本部分考察民国时期清宫造办处解散后留下的技术遗产（宫廷器物和宫廷技艺），在 20 世纪是如何从皇宫之物与技演变为国家之物与技。在物与技文化意义的时代转换中，首先得到转换的是物。宫廷器物在社会变革中，从皇家之私物转换为人民之文物。物的文化意义之转换是民主革命的成果。与之不同的是，技的转换则显得滞后且漫长，是社会"遗产"观念扩大的结果。时至今日，紫禁城唯一连续传承的宫廷技艺只有钟表修复技艺，还有若干技艺经历了从紫禁城到地方，再回到紫禁城的曲折过程。这部分可以看作是对清宫造办处历史的延续性认识。

结语部分总结了清宫造办处的历史意义和它对于近现代技术史研究的意义。清宫造办处是中国历史上最集中的技艺交流平台。这一平台的搭建完成于乾隆时期，体现为技术来源多元、审美宫廷化、技艺交流复杂。清宫造办处为近现代技术史研究提供了一个全新的案例。

（二）主要结论

本书利用《活计清档》，结合历史文献和已有研究，爬梳了清宫造办处的历史，并对清宫造办处的含义、历史分期、作坊、帝王—官员—工匠的角色、职能及历史评价等方面进行了论述。通过本研究，可以对清宫造办处形成如下认识：

第一，清宫造办处发端于康熙初年养心殿的作坊，其成立与康熙皇帝的"西学"活动直接相关。在清宫造办处的发展历史中，其名称先后使用了"造办活计处""武英殿造办处""养心殿造办处""内务府造办处"等称呼，很多时候多个称呼并用；造办处的作坊位置也经历了从养心殿到慈宁宫外茶饭房的变化。从建制化的角度看，康熙二十八年（1689）养心殿设立刷印"造办处"字样红票制度标志着清宫造办处正式成立。

第二，清宫造办处历史分为五个时期：成立期（1689—1722）、发展期（1723—1735）、鼎盛期（1736—1798）、守成期（1799—1908）和消退期（1909—1924）。较其他时期而言，发展和鼎盛期的清宫造办处在作坊、管理机构、匠役种类和人数、管理者任职情况、帝王参与情况、承办工作量等方面均有明显优势。雍正和乾隆两位皇帝以设计师和管理者形象，出现在清宫造办处的活计造办中，他们积极参与造办处活动，充分展示了帝王传统政治形象之外的技艺形象。清宫造办处的作坊在京城内呈"城园两重格局"分布，京城外以"京外九处"为中心。乾隆时期，清宫造办处与拉萨金铜制造技艺在工匠和物料的往来，是宫廷与地方交流的代表。

第三，清宫造办处的制造职能包括皇家生活制造和国事公用制造，具有"家国二象性"的特点。皇家生活制造包括穿戴日用、廷园陈设、文玩雅器、陵寝祭祀、科学仪器等方面的修造，是清宫造办处成立的初衷，也是其基本职能；国事公用制造主要体现在典章礼器、赏赐美器、宗教法器、军工兵器等方面的修造，是帝王赋予造办处器物"野心"的外化，也是清宫造办处的根本职能。

第四，清宫造办处是中国历史上最集中的技艺交流平台，"宫廷技艺"是这个平台留给今人的宝贵历史遗产。清宫造办处是一个被动的具有宫廷审美的交流平台，多元化的技术在这里发生着化学反应。清宫造办处成立、发展、鼎盛的过程，亦是宫廷技艺产生、形成、巩固的过程。虽然清宫造办处这个机构在历史中消亡了，但宫廷技艺却以新的姿态流行于当下，成为具有中国特色的传统手工技艺家族中的重要一支。

本书对于中国科技史、工艺美术史、宫廷史、故宫学、博物馆学、物质文化研究等领域有参考价值。

三、造办处档案概况和利用说明

（一）清宫造办处档案保存现状

清宫造办处形成的档案集中保存于中国第一历史档案馆。根据文书形式，可分为簿册与折件两种，约计档簿五千余册、折件七万余件①，其时间始自康熙年间，止于 1924 年。

清宫造办处簿册类档案是造办处各作房、机构围绕造办活计而形成的档案汇抄。（见彩图 3）2005 年，香港中文大学和中国第一历史档案馆将其中雍正元年至乾隆六十年的造办处簿册类档案，合编为《清宫内务府造办处档案总汇》（以下简称《总汇》）共 55 册，由人民出版社出版，是目前已出版的最全的清宫造办处档案。

清宫造办处的折件类档案是造办处与相关机构在公务往来过程中自然形成的档案，如谕旨、奏折、宫中进单、题本、奏案、奏销档、堂谕、来文、呈稿、公文等等。这两类档案各有特色，又是一个有机的整体；既相对独立，又互为补充。

从《总汇》一书可知，清宫造办处簿册类档案的内容包括造办活计、文移、库贮、人事、贡品、财务等六大部分（见表 1）。

表 1　《清宫内务府造办处档案总汇》档案统计表

类别	名称	部门/性质	时间
造办活计	各作成做活计清档	造办处活计库	Y01-Q61②
文移方面	各处行文	造办处文移	Y09、Q29、Q37、Q38、Q40、Q42、Q54、Q57
	随围档（进哨、东西陵、热河）	造办处活计库	Q52、Q60
	热河信帖档	造办处文移	Q52、Q59、Q60

---

①　《总汇》编辑委员会拟定了档案出版计划：第一期簿册类，辑录雍正至宣统八朝的造办处档簿约 5000 余件，总计出版 110 册，其中，雍正、乾隆两朝 55 册，嘉庆至宣统朝 55 册；第二期折件类，辑录康熙至宣统九朝有关造办处的谕旨、奏折、公文、清单等折件类档案 70000 余件。

②　为了统计的便利，本书用首字母加数字的方式代替年号日月的历史纪年，康熙—K、雍正—Y、乾隆—Q、嘉庆—J、道光—D、咸丰—XF、同治—T、光绪—G、宣统—XT、闰—r，如宣统元年十一月初一日缩写为 XT011101，乾隆五十一年闰七月三十日缩写为 Q51r0730。

续表

类别	名称	部门/性质	时间
文移方面	三处织造织来锦档	造办处杂项	Y2-4
	粤海关采买紫檀木档	造办处文移	Q45-49
	上谕档簿	造办处杂项	Q14—17
库贮方面	养心殿造办处收贮物件清档	内务府堂清册	K61-Y1、Y11-13、Q01-12、Q15-22、Q24-35、Q37-57、Q59-60
	养心殿造办处行取物件清档	内务府堂清册	Y11-13、Q01-02、Q04-06、Q08-15、Q17—20、Q22、Q24-25、Q29、Q32、Q43-47、Q49、Q51、Q53-54、Q56、Q60
	活计库存贮各项备用活计细目总册	内务府堂清册	Q28、Q30-32、Q34-40、Q42-43、Q46-49、Q50、Q52、Q54-56、Q60
	古玩件数新收清册	内务府堂清册	Q47-53、Q55-58
	西洋金花纸档	造办处活计库	Y05-10
人事方面	考勤簿	造办处人事	Q1112、Q1202、Q1203
	［调查在京西洋人登记簿］	造办处人事	
	乾隆年间已故大臣	造办处人事	Q60
	养心殿造办处京察官员他达笔帖式花名等次册	内务府堂清册	Q41、Q56
贡品方面	杂档（满汉文）	宫中档簿	Q10-16、Q18-36、Q39-47、Q56
	贡档	宫中档簿	Q59、Q60
财务方面	［四柱清册］	造办处钱粮库	Q30
	余平戥头暂领戥头三项银两档	造办处钱粮库	Q45、Q59-60
	蓝册（销算蓝册、蓝册物料档）	造办处钱粮库	Q19-20、Q22-23、Q25-27、Q30-60
	奏销银两档	内务府杂件	Q15-40

类别	名称	部门/性质	时间
财务方面	[工料银两档]	造办处钱粮库	Q25
	杂项买办库票	造办处钱粮库	Y11、Q01、Q04、Q06、Q08、Q11、Q19
	现发杂项材料档	造办处钱粮库	Q13、Q14、Q17
	各作暂领档	造办处钱粮库	Y07-Q08、Q10、Q27-34、Q36-40、Q51-60
	发用银档	造办处钱粮库	Q06
	实用暂领现存材料档	造办处钱粮库	Q32－34、Q46、Q50、Q54、Q56-60
	[月总档]	造办处钱粮库	Q32
	余平银档	造办处钱粮库	Q37
	[炮枪处为往圆明园备用转云游等册]	造办处钱粮库	Q39
	各作还炮档	造办处钱粮库	Q52、Q57
	添销金银材料档	造办处钱粮库	Q55
	按月新进金银材料档	造办处钱粮库	Q55
	现办行稿档	造办处钱粮库	Q55
	添销金银材料档	造办处钱粮库	Q57
	行稿底档	造办处钱粮库	Q57
	月总	造办处钱粮库	Q58
	流水过月底档	造办处钱粮库	Q58
	添销金银材料档	造办处钱粮库	Q58
	紫檀木楠木红木回残档	造办处钱粮库	Q55-59
	黄册	造办处钱粮库	Q55-60
	跟银档	造办处钱粮库	Q57-59
	新进金银材料档	造办处钱粮库	Q59

续表

类别	名称	部门/性质	时间
财务方面	添销金银材料档	造办处钱粮库	Q59
	流水过月底档	造办处钱粮库	Q59
	结止	造办处钱粮库	Q59
	行稿底档	造办处钱粮库	Q59
	银赈草底	造办处钱粮库	Q59-60
	流水直领档	造办处钱粮库	Q60
	找领交回档	造办处钱粮库	Q60
	官员开库档	造办处钱粮库	Q60

在清宫造办处的各类档册中，以《各作成做活计清档》最为系统和珍贵，共计一千余册。目前，《各作成做活计清档》以纸质和缩微胶卷两种形式公开：纸质版起止时间为雍正元年至乾隆六十年，已于 2005 年由人民出版社出版；缩微胶卷起止时间为雍正元年至宣统三年，可在中国第一历史档案馆用缩微阅读器查阅。

不同学者在引用两类不同形式的档案时，要么简称为"活计档"，要么简称为"清档"。这两个简称其实并不准确。"活计档"是缩微胶卷的提法，已出版的《总汇》一书包含了多种"清档"，如《各作成做活计清档》《养心殿造办处收贮物件清档》《养心殿造办处行取物件清档》等。为了论述的准确与便利，本书将雍正至宣统朝《各作成做活计清档》统一简称为《活计清档》。

《活计清档》是清宫造办处承办各项御用活计的具体记录，自雍正元年（1723）开始，直到宣统三年（1911）清帝溥仪退位，是清宫造办处历史的最直接体现。因所记活计多是奉旨承办，故此类档册亦称《旨意题头清档》。清宫造办处官员承接活计后，依次登录成册，形成最初的《旨意题头底档》，最终整理出供皇帝御览和内廷查阅的《活计清档》。

（二）《各作成做活计清档》记录特点

《活计清档》（见彩图 4、图 2）是清宫造办处所有档案类别中数量最

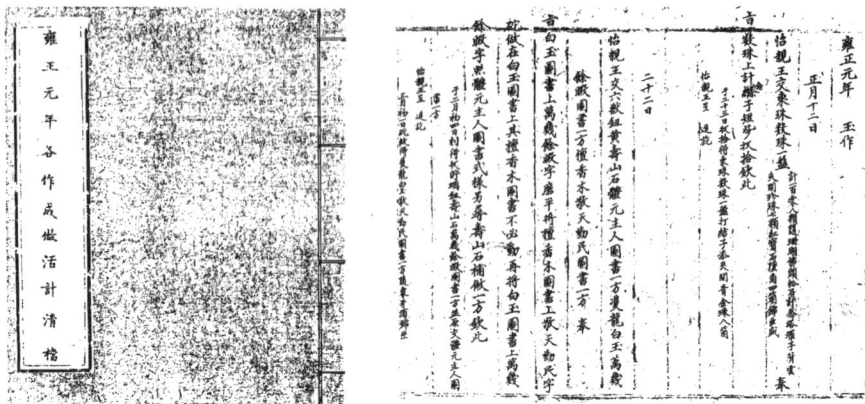

图 2 《各作成做活计清档》书影

大的一类，直接记录了技艺、匠人、管理者、帝王等信息，也是本书着重考察的档案。

《活计清档》大致存在 A、B 两种记载方式：

A 类：朝年—月日—活计—作别（单个或多个）。如：

雍正元年正月初一，郎中保德奉怡亲王谕：将备用做下的福寿如意江山万年盆景一件预备着今日呈进，遵此。入杂活作①

嘉庆二十二年十月十七日，木作持来堂抄一件奉常大人谕：奉三无私现有添安夹毡帘，著交衣库迅速成做，即日交进，所有应用物料等件，著该库先行照数作速领取发给该领催等赶紧成做，克期交进再行具稿核销，其帘板亦著造办处预期妥为备办，均不得互相推诿，致有遗误，干咎不贷等谕特交。铜錽作、油木作呈稿②

B 类：朝年—作别（单个）—日月—活计。如：

雍正元年（杂活作）正月初一日，郎中保德奉怡亲王谕：将备用

① 香港中文大学文物馆，中国第一历史档案馆. 清宫内务府造办处档案总汇 1 [M]. 北京：人民出版社，2005：1. 为了全文引文的便利，将上述引文缩写为"01-1Y010101 杂活作"，其中"01-1"表示《总汇》第一册第一页，"Y010101"指雍正元年正月初一，"杂活作"指该条内容入作情况。下文同。

② 中国第一历史档案馆藏《活计档》卷 2924-缩 0007《嘉庆二十二年清档十月十一月十二月》。

做下的福寿如意江山万年盆景一件预备着今日呈进，遵此。于正月初
一日随预备得福寿如意江山万年盆景一件系碧玉如意洋漆盒，怡亲王
呈进讫。①

可以看到，《活计清档》的A、B两种记载方式在内容上大体相同，分
别记载了活计的时间、来源、内容等信息，但B类档案还记载了活计的完
成情况。相比而言，B类档案的记载更为详细。《活计清档》的记载方式
历代有所不同，雍正朝的《活计清档》记载方式A、B两类都有，乾隆朝
的《活计清档》多采用B类记载方式。嘉庆朝至宣统朝的《活计清档》则
按A类记载方式。从《总汇》的编纂来看，雍正、乾隆两朝的《活计清
档》记录情况和保存情况均较为完备，仅有极小部分散佚或残缺。《活计
清档》与造办处的其他簿册在内容上可互为补充。

从档案记载内容看，《活计清档》的记录非常规范，遵循一定的体例，
有其固定的句型（见表2）。

表2 《各作成做活计清档》体例一览表

条目类别	一般体例	举例
作坊类	时间+人物+要求内容（作坊的工作要求）	乾隆十二年十月二十九日，七品首领太监萨木哈来说，太监胡世杰交海灯一件，传旨：着配铅托子四件，钦此。于十一月二十日，司库白世秀将海灯一件配得铅托子四件持进交讫。②
记事类	时间+人物+要求内容（赏罚、人物等事宜）	乾隆十二年四月初七日，太监赵玉来说，奏事总管王常贵等传旨：着赏湖广总督塞楞额大分锭子药一分，钦此。于本日太监赵玉持去讫。③

① 01-120Y010101 杂活作。

② 15-288Q121029 铜作。

③ 15-68Q120407 记事录。

续表

条目类别	一般体例	举例
库贮类	时间+人物+要求内容（存贮）	乾隆元年正月初五日，太监毛团交玻璃门紫檀木柜一对、加官凤嘴一件，传旨：交造办处收贮有用处用，钦此。于本日库使李元将玻璃门柜一对、加官凤嘴一件持去存库讫。①
行文类	时间+人物+要求内容（各地方承办机构）	乾隆十二年正月二十六日，司库白世秀来说，太监胡世杰传旨：着海望寄信与三处织造并各钞关，嗣后呈进宝座时靠背、扶手不必做格子，钦此。②

　　"时间+人物+要求内容"是共同的体例，各类条目之间的区分表现在"要求内容"的不同。其中，作坊类档案最为系统复杂，其句型也多样。下面对作坊类档案做进一步句型分析。

　　句型1：（某时）（某人）传旨/奉旨（旨意内容）。雍正元年（1723），圆明园设作坊，档案中新增"圆明园来帖"字样。如：

　　　　雍正三年十二月二十三日，总管太监张起麟传旨：做鹌鹑笼子一件，钦此。③

　　　　雍正四年正月十五日，据圆明园来帖内称：总管太监郑忠来说太监常玉传旨：将四宜堂一室春和匾持出挂在养心殿东暖阁内，再照此字文收小些的匾补做一面挂在四宜堂内，钦此。④

　　句型2：（某时）（某人）交/交来/持来（某物）传旨（旨意内容）。包括"圆明园来帖"信息。如：

　　　　雍正元年正月初九日，奏事太监刘玉、贾进禄交文都里纳石小盒五件，传旨：配匣子，钦此。⑤

　　句型3：（某时）（某人）持出/持来/送来/请出（某物）来说/说（某

---

① 07-184Q010105 库贮。

② 15-88Q120126 行文。

③ 01-508Y031223 木作。

④ 01-698Y040115 雕銮作。

⑤ 01-3Y010109 匣作。

人）传旨（旨意内容）。这个句型也可另表述为：（某时）（某人）来说（某人）交（某物）传旨（旨意内容）。包括"圆明园来帖"信息。如：

　　雍正三年十二月二十二日，太监张进喜持出花玛瑙橐两件（随锦匣两个）说，太监杜寿传旨：着往好里收拾，钦此。①

　　雍正元年七月初一日，首领太监赵进忠来说，总管太监张起麟交镶玛瑙金累系项圈一副（上嵌养珠七颗），传旨：配做紫线瓣背云坠角，钦此。②

句型4：（某时）（某人）来说（某人）传旨（某事），于（某时）完成，（某人）持进，呈览，奉旨（某事），于（某时）完成，交（某人）讫。或者，（某时）（某人）交（某物）传旨（旨意内容），（某人）理合声明。乾隆元年新增。如：

　　乾隆二年四月十一日，七品首领萨木哈来说，太监毛团、胡世杰、高玉传旨：着海望将好款式大些寿意盆景并寿意活计酌量各做些，盆景内不必用象牙，不可过费钱粮，钦此。于本年七月初一日做得牛油石年年吉庆盒一对、纱罩漆盆通草盆景四件，七品首领萨木哈持进，交太监毛团、胡世杰、高玉呈进，奉旨：牛油石盒嗣后不必再做，其余五盆景做完时以后亦不必做，钦此。于本年七月初八日做得纱罩漆盆通草盆景五件，七品首领萨木哈交太监胡世杰、高玉呈进讫。③

　　雍正十年四月十六日，司库常保、首领太监萨木哈来说，宫殿监副侍刘玉交西洋玻璃烧珐琅白供番花五彩人物盃一件（口上有坏处），传旨：此拱花甚好，做珐琅鼻烟壶时墙子上照样烧造。钦此。催总张自成、柏唐阿邓八格等诉成：照此珐琅白拱番花于珐琅鼻烟壶墙子上仿造过并未造成等语，理合声明。④

句型5：（某时）（某人）做得（某物）（某人）呈上/呈进/呈览，奉

---

①　01-508Y031222 玉作。

②　01-53Y010701 玉作。

③　07-816Q020411 镶嵌作。

④　05-471Y100416 珐琅处。

旨（旨意内容）。包括"圆明园来帖"信息。如：

> 雍正四年二月二十二日，做得方洋漆彩金罩盖盒两对，素退光漆罩盖盒三个，员外郎海望呈进，奉旨：洋漆方盒做的甚好，着赏彩漆匠秦景贤银十两，钦此。①
>
> 雍正四年二月二十九日，员外郎海望奉旨画得高七尺大座灯一对呈览，奉旨：灯架或用紫檀木做黄杨木做尔等商量，款式做吊挂香袋，灯上画片着蛮子画，钦此。②

每个句型都表达了一个技术活动"任务流"。如果从造办命令的发出者到造办任务的执行者之间的距离来看，上述五个句型的表达内容各自有所侧重：

句型 1 意为造办处工作任务直接来源于帝王的口头旨意。

句型 2 意为造办处工作任务除了来源于帝王的口头旨意外，还有实物旨意。

句型 3 和句型 4 意为帝王的口头旨意和实物旨意以中间人的方式传达至造办处。

句型 5 意为造办处完成（阶段性）工作向帝王汇报征询修改意见。

前四个句型所反映的均是造办任务从帝王到匠役的自上而下的执行方式，这是清宫造办处造办任务最主要的表达方式；最后一个句型反映了造办任务由匠役到帝王的自下而上的流动方式。

不论哪个句型，《活计清档》都表达了一个技术活动"任务流"，记录一件活计的发起者、经手者、管理者、制作者等信息，这些信息最终以档案的形式归档收藏。

特别值得注意的是，清宫造办处档案的生成不是面向工匠的，如果那样的话，一定会有与工匠活动相关的原理、细节、配方、流程等信息。清宫造办处档案也不是面向外在藏家，不然会介绍器物的独特设计、物料的珍贵、收藏的注意事项等。清宫造办处档案也不是面向一般读者，它并没有公开，只作为工作档案保存在宫廷内部。事实上，清宫造办处档案是面

---

① 01-719Y040222 记事档。

② 01-723Y040229 杂活作。

向技术物的持有者皇帝，本质上是在讲技术物的原料、形成工作动线、钱粮等问题，为技术管理者提供一份查验核对的依据，向技术物的使用者传达一种物的由来。

清宫造办处所保存下来的档案是了解清宫造办处历史的基础。《活计清档》在记载方式和记录内容中的上述特点，是我们认识清宫造办处技术活动的前提，也为进一步的文献量化分析工作提供了可能。

（三）《各作成做活计清档》数据化原则

从雍正元年到宣统三年（1723—1911），清宫造办处形成了系统的《活计清档》。其记载内容可分为常设性作坊类、临时性作坊类、记事库贮类和行文类四类信息（见附录 2《各作成做活计清档》各条目分类标准）。由于各类信息体例相对统一，因而可以进行统一的量化转换。

转换原则：将"时间+人物+要求内容"视为一条记录。如雍正元年正月十七日，怡亲王持来有簧报匣一件，谕：照此匣放大些，内要容下本折，定准尺寸做一百个。[①]

将一条记录作为一个统计单位，单位为回。这样，档案中的一条工作信息将转换成为一个统计单位，实现了文字档案到统计数据之间的转换。

该转换原则适用于以时间为序的四类信息的统计。需要特别强调的是，该统计单位的含义仅表示某分类标准下的工作量，并不代表器物的制造数量和某器物多次修改工作量。因此，《活计清档》数据化之后可以反映某一时段内清宫造办处承办工作的总体情况。

依据上述文字档案转换的原则，亦可设定其他的统计参数，如根据任务发布者的不同，可将清宫造办处的工作来源分为皇帝指示、亲王指示、其他官员指示等。同理，这样得出的统计数据仅表明该统计参数下清宫造办处承办的工作量，并不代表该统计参数下参与造办处的实际工作量。

在正式认识造办处这一清代内廷制造机构之前，我们先来了解一下中国内廷制造机构简史，以便理解清宫造办处的制度传统。

---

① 01-6Y010117 皮作。

第一章　御制的传统：
中国内廷制造机构简史

　　中国历史上，技术同家国政治密切相关。我国现存最早的手工业技术典籍齐国官书《考工记》开篇就有"国有六职，百工与居一焉"。

　　历代王朝的内廷用度即来源于"百工"。秦始皇建立统一的封建王朝后，内廷用度由采办为主变为造办为主。"百工"也逐渐分化出服务于国家的"百工"和服务于帝王的"百工"。造办阶段的内廷制造是中国历代手工技艺水平、器物品位、器用制度等官营手工业中的优秀代表。

　　然而，详细追述中国历朝历代的内廷制造机构是一件十分困难的事。诚如史书所言："官生于职，职沿于事，而名加之。后世沿名，不究其实。"① 中国历史上"职"和"官"名实不一现象十分普遍，历代帝后服务机构并无定式。我们抓住"御制"这个中心，围绕历代御制机构（作坊）的权力归属问题，梳理出中国内廷制造机构的演变脉络。

一、秦汉魏晋南北朝：少府（尚方）

　　公元前221年，秦王嬴政称帝，建立秦朝，开启了中国帝制时代。秦设少府管理天子事务。对于少府名称的由来，东汉学者应劭（约153—196）曾分析道："山海池泽之税，名曰禁钱，以给私养，自别为藏。少者，小也，故称少府。"② 唐代史学家颜师古（581—645）注解："王者以

---

① 脱脱，等. 辽史：第2册［M］. 北京：中华书局，1974：685.

② 班固. 汉书：第3册［M］. 颜师古，注. 上海：中华书局，1962：732.

租税为公用，山泽陂池之税以供王之私用。"① 这表明秦代在国家财政"公养"之外单列出服务帝王的"私养"。源于先秦的"百工"也由于财政和服务对象的公私之别而产生了国之"百工"和帝之"百工"。

秦少府为九卿之一，具体部门设置并不清楚。《汉书》记载了西汉初期少府的设置情况："少府，秦官，掌山海地泽之税，以给供养，有六丞。属官有尚书、符节、太医、太官、汤官、导官、乐府、若卢、考工室、左弋、居室、甘泉居室、左右司空、东织、西织、东园匠十六官令丞，又胞人、都水、均官三长丞，又上林中十池监，又中书谒者、黄门、钩盾、尚方、御府、永巷、内者、宦者八官令丞。"② 根据"汉承秦制"可知，秦少府大致相当于西汉初年少府。

西汉初期少府所属制造部门有"考工室"（主作器械）、"左右司空"、"东织"（见彩图5）、"西织"、"东园匠"（主作陵内器物）、"尚方"（主作禁器物）和"御府"（主天子衣服），其中，"尚方"和"御府"主要为皇帝服务。这是后世内廷制造格局的开端。

两汉诸帝对少府进行了内部调整。公元前104年，汉武帝将考工室更名为考工；公元前28年，汉成帝撤销东织，将西织更名为织室；王莽新政时，少府更名为共工。③ 东汉光武帝刘秀将原西汉少府考工纳入九卿之一的太仆管理④；而少府的御制职能在此时被明确提出"少府，卿一人，中两千石。掌中服御诸物，衣服宝货珍膳之属"。东汉少府其下属负责制造的职官有：守宫令（主御纸笔墨，及尚书财用诸物及封泥）⑤、御府令（典官婢作中衣服及补浣之属）⑥ 和尚方令（主作手工作、御刀剑、玩好器物及宝玉作器）⑦。东汉末年，又分尚方为"中尚方""左尚方""右尚

① 范晔. 后汉书：第12册［M］. 李贤，等注. 上海：中华书局，1965：3592.

② 班固. 汉书：第3册［M］. 颜师古，注. 上海：中华书局，1962：731.

③ 班固. 汉书：第3册［M］. 颜师古，注. 上海：中华书局，1962：732.

④ 范晔. 后汉书：第12册［M］. 李贤，等注. 上海：中华书局，1965：3581.

⑤ 范晔. 后汉书：第12册［M］. 李贤，等注. 上海：中华书局，1965：3592.

⑥ 范晔. 后汉书：第12册［M］. 李贤，等注. 上海：中华书局，1965：3595.

⑦ 杜佑. 通典：第1册［M］. 王文锦，王永兴，刘俊文，等点校. 北京：中华书局，1988：759.

方"三尚方。由于部门的变动，少府的制造职能被削弱，而少府所属制造部门的制造内容则更为详细。

两晋时期，少府的制造职能被进一步减少。西晋时，秦汉少府之东园匠、御府、守宫等令归入九卿之一的光禄勋，少府的制造部门仅剩中、左、右三尚方；东晋时，仅置一尚方①。

南北朝时期，少府的制造部门又被重新规整。420 年，宋高祖刘裕登基后，将原东晋尚方改为右尚方，又将原相府有关作部组成左尚方，共同负责军器制造②。宋孝武帝刘骏大明中期，改尚方为御府，下分左御府和右御府二部，各置令、丞一人③。宋后废帝刘昱初年（473 年左右），曾一度取消御府，设中署，隶属于右尚方。总的来说，宋少府品秩很高，在二品到三品之间。

宋少府的变化相当复杂，有两点值得注意。其一，"尚方"和"御府"职名交织。秦汉时，尚方负责制器，御府负责制衣，二者同隶少府，各司其职；而宋少府出现用"御府"命名尚方所司之事。其二，秉承了东汉制器的考工与尚方的区分。东汉考工令属太仆官，尚方令属少府职官。南朝宋尚方如同东汉考工令，中署如同东汉尚方令④。

齐少府在左右尚方、御府、东冶、南冶⑤之外增设左右银锻署⑥。梁少府所属左中右尚方、东西冶、细作、纸官、染署⑦承担内廷制造。

北朝北魏初设少府，二品官⑧，孝文帝太和中期（487 年左右）改少

---

① 房玄龄，等. 晋书：第 3 册 [M]. 北京：中华书局，1974：376-377.

② 沈约. 宋书：第 4 册 [M]. 北京：中华书局，1974：1232.

③ 杜佑. 通典：第 1 册 [M]. 王文锦，王永兴，刘俊文，等点校. 北京：中华书局，1988：743.

④ 沈约. 宋书：第 4 册 [M]. 北京：中华书局，1974：1232.

⑤ 萧子显. 南齐书：第 1 册 [M]. 北京：中华书局，1972：318.

⑥ 杜佑. 通典：第 1 册 [M]. 王文锦，王永兴，刘俊文，等点校. 北京：中华书局，1988：758.

⑦ 魏征，令狐德棻. 隋书第 3 册 [M]. 北京：中华书局，1973：725.

⑧ 魏收. 魏书：第 8 册 [M]. 北京：中华书局，1974：2979.

府为太府①。北齐内廷制造由门下省（掌献纳谏正，及司进御之职)② 和太府寺（掌金帛府库，营造器物)③ 负责，具体为门下省的主衣局和殿中局，太府寺的左中右三尚方署、司染署、诸冶东西道署和细作署。

由上可知，秦汉时少府职能非常广，可分为三大类：第一类为政务型职能，如尚书、符节、若卢等令丞；第二类为服务型职能，如太医、太官、汤官等令丞，胞人、都水、均官等长丞；第三类为制造型职能，如考工室、东织、西织、东园匠、尚方等令丞。少府职能在历代发展中逐渐被规整和弱化，从东汉开始少府的御制职能被明确；至北朝时期，内廷制造分由少府（太府寺）和门下省共同承担。

二、隋唐：少府（尚署）、殿中省

秦汉内廷制造以少府为主的情况，在隋唐时期发生了改变。受北朝官制影响，隋初内廷制造由门下省和太府寺（少府）承担。其中，门下省统领城门、尚食、尚药、符玺、御府、殿内等六局④。门下省六局为专门服务皇帝的机构。太府寺统领左尚方、内尚方、右尚方、司染、掌冶、甄官等署⑤。隋炀帝杨广即位后，机构又几经调整。大业三年（607），将殿内监改为殿内省，正四品，仍隶门下省，负责供奉帝王事宜，并将御府改为尚衣、殿中局改为尚舍，此时殿内省统领尚食、尚药、尚衣、尚舍、尚乘、尚辇等六局⑥。大业五年（609），又改太府寺为少府监⑦。少府监，

①　马端临. 文献通考第 3 册　职官［M］. 上海师范大学古籍研究所，华中师范大学古籍研究所，点校. 北京：中华书局，2011：1681.

②　魏征，令狐德棻. 隋书：第 3 册［M］. 北京：中华书局，1973：753.

③　魏征，令狐德棻. 隋书：第 3 册［M］. 北京：中华书局，1973：757.

④　魏征，令狐德棻. 隋书：第 3 册［M］. 北京：中华书局，1973：774.

⑤　魏征，令狐德棻. 隋书：第 3 册［M］. 北京：中华书局，1973：777.

⑥　马端临. 文献通考：第 3 册　职官［M］. 上海师范大学古籍研究所，华中师范大学古籍研究所，点校. 北京：中华书局，2011：1677.

⑦　马端临. 文献通考：第 3 册　职官［M］. 上海师范大学古籍研究所，华中师范大学古籍研究所，点校. 北京：中华书局，2011：1681.

从三品，统左尚、右尚、内尚、司织、司染、铠甲、弓弩、掌冶等署；后又改为少府令，并改司织、司染为织染署，废铠甲、弓弩二署。① 太府寺诸多制造职能分属少府监后，仅管京都市五署、平准等署②。隋炀帝改制使内廷制造形成了少府和殿中省并立的局面。

唐内廷制造机构比隋更进一步，少府和殿中省职能更明确。

首先是少府。少府监这一职官名在唐代多次变更：废弃（唐高祖武德初年，相关部门归入太府寺）→少府监（627）→内府监（662）→尚方监（685）→少府监（唐中宗神龙年间）。③ 据《新唐书》载：少府，监一人，从三品，掌百工技巧之政，统领中尚、左尚、右尚、织染、掌冶五署及诸冶、铸钱、互市等监，"供天子器御、后妃服饰及郊庙圭玉、百官仪物"。其中，中尚署"掌供郊祀圭璧及天子器玩、后妃服饰雕文错彩之制"④，左署负责车辇、伞扇、胶漆、画镂等作，右署负责皮毛胶墨杂作、席荐等事⑤。值得注意的是，中尚署另设金银作坊院负责制造金银器物。唐宣宗大中八年（854）又创建了文思院，成立之初文思院的职责不甚清楚，但考古资料表明，至迟在唐懿宗咸通九年（868），文思院像金银作坊院一样是一个为宫廷打造金银器的作坊⑥。（见彩图6）

其次是殿中省。殿中省源于北魏殿中监，和少府监一样，其名称也经历了多次变更：殿中监（北魏）→殿中局（北齐）→殿内省（隋）→殿中省（唐武德年间）→中御府（662）→殿中省（唐咸亨年间）⑦。唐殿中

① 魏征，令狐德棻. 隋书：第3册［M］. 北京：中华书局，1973：799.

② 魏征，令狐德棻. 隋书：第3册［M］. 北京：中华书局，1973：798.

③ 马端临. 文献通考：第3册　职官［M］. 上海师范大学古籍研究所，华中师范大学古籍研究所，点校. 北京：中华书局，2011：1681.

④ 欧阳修，宋祁. 新唐书：第4册［M］. 上海：中华书局，1975：1268–1269.

⑤ 杜佑. 通典：第1册［M］. 王文锦，王永兴，刘俊文，等点校. 北京：中华书局，1988：759.

⑥ 卢兆荫. 关于法门寺地宫金银器的若干问题［J］. 考古，1990（7）：640.

⑦ 马端临. 文献通考：第3册　职官［M］. 上海师范大学古籍研究所，华中师范大学古籍研究所，点校. 北京：中华书局，2011：1677.

省设监一员，较隋官职略高一级，从三品，"掌天子服御"①，依旧统领尚食等六局。

和秦汉相比，隋唐内廷制造机构在少府之外新增了殿中省。同时，还存在少府监和太府寺名称反复更换。从二者实际承担的任务可知，太府寺强调贮藏，少府监强调制造。然而，太府寺与殿中省又有职能交叉处。少府监、太府寺和殿中省三者的微妙关系使隋唐内廷制造机构错综复杂。在唐中期，定名少府监和殿中省后，宫廷器用的制造与贮藏开始明朗。

三、两宋：少府（文思院）

两宋时，内廷制造机构又发生了重大调整。北宋初，少府监仅仅负责"造门戟、神衣、旌节，郊庙诸坛祭玉，法物，铸牌印诸记，百官拜表案、褥之事"，而御前工巧之事，如进御器玩、后妃服饰、雕文错彩等事由文思院和后苑造作所承担②。文思院和绫锦院、染院、裁造院、文绣院一样人事上隶属于少府监。和唐代不同，宋代文思院是一个大型制造机构，负责制造"金银、犀玉工巧之物，金采、绘素装钿之饰，以供舆辇、册宝、法物凡器服之用"③。所属作坊多达四十二作，分为上、下界两院，"上界，造作金、银、珠、玉；下界，造作铜、铁、竹、木、杂料"④。造作所，隶属内侍省，专门负责"造作禁中及皇属婚娶之名物"。⑤ 宋神宗元丰年间，朝廷大改官制，少府监借此得以重掌"百工技巧之政令"。⑥ 南宋建炎三年（1129），"少府监并归工部"⑦，同时将作监和军器监亦并入，工部制造力量大为充实。

---

① 刘昫，等. 旧唐书：第6册［M］. 上海：中华书局，1975：1863.

② 脱脱，等. 宋史：第12册［M］. 上海：中华书局，1977：3917.

③ 脱脱，等. 宋史：第12册［M］. 上海：中华书局，1977：3918.

④ 龚延明. 宋史职官志补正：上［M］. 增订本. 北京：中华书局，2009：330.

⑤ 脱脱，等. 宋史：第12册［M］. 上海：中华书局，1977：3941.

⑥ 脱脱，等. 宋史：第12册［M］. 上海：中华书局，1977：3917.

⑦ 马端临. 文献通考：第3册 职官［M］. 上海师范大学古籍研究所，华中师范大学古籍研究所，点校. 北京：中华书局，2011：1683.

殿中省，监一人，统领尚食、尚药、尚酝、尚衣、尚舍、尚辇六局。宋徽宗崇宁二年（1103），御药院、尚衣库、内衣物库、新衣库、朝服法物库并入殿中省①，殿中省的贮藏职能得到扩张。

此外，两宋时期内廷制造机构还包括太仆寺的鞍辔库，负责制造御用和赏赐用金玉鞍勒②。

总的来说，两宋时期内廷制造机构的演变十分有意思。一方面，秦汉以来"天子之私府"的少府在南宋机构调整中被纳入国之"百工"的工部，这意味着内廷制造的工部体系形成；另一方面，各藏库归入殿中省，使殿中省贮藏职能确立，殿中省也因此退出内廷制造体系。两宋内廷制造机构的格局充分表明，御用制造并非独立存在，而是附着于国家制造之中。

四、辽金元：多样化

辽金元三代内廷制造机构除了部分继承前朝外，还有很多少数民族政权的特点。辽金元三代实行"两都巡幸"制，即皇帝不同时节在不同都城办公。以元代为例，每年三至九月，皇帝和大批扈从由大都（北京）到上都（内蒙古锡林郭勒）办理朝政，秋凉以后回到大都，每年往返一次。"两都巡幸"制使得内廷制造机构十分复杂，正所谓"一事而分数官，一官而置数员"③。

辽代以南、北面官分治中国，"官分南、北，以国制治契丹，以汉制待汉人"。设宣徽院，视同唐朝工部④，分南、北二院，掌御前祗应之事⑤。仍设少府监⑥，属于南面官⑦，负责内廷制造。

金代内廷制造机构分秘书监（从三品）和少府监（正四品）两部分。

---

① 脱脱，等. 宋史：第12册 [M]. 上海：中华书局，1977：3880-3882.

② 脱脱，等. 宋史：第12册 [M]. 上海：中华书局，1977：3894.

③ 柯劭忞. 新元史 [M]. 影印本. 北京：中国书店，1988：278.

④ 脱脱，等. 辽史：第2册 [M]. 北京：中华书局，1974：685-686.

⑤ 脱脱，等. 辽史：第2册 [M]. 北京：中华书局，1974：693-694.

⑥ 脱脱，等. 辽史：第2册 [M]. 北京：中华书局，1974：789.

⑦ 脱脱，等. 辽史：第2册 [M]. 北京：中华书局，1974：772.

具体为：秘书监的笔砚局、书画局①；少府监的尚方署（掌造金银器物、亭帐、车舆、床榻、帘席、鞍辔、伞扇及装钉之事）、图画署（掌图画缕金匠）、裁造署（掌造龙凤车具、亭帐、铺陈诸物，宫中随位床榻、屏风、帘额、绦结等，以及陵庙诸物并省台部内所用物）、文绣署（掌绣造御用并妃嫔等服饰及烛笼照道花卉）、织染署（掌织纴、色染诸供御及宫中锦绮币帛纱縠）、文思署（掌造内外局分印合、伞浮图金银等尚辇仪鸾局车具亭帐之物并三国生日等礼物，织染文绣两署金线）。②

元代统治者对手工业十分重视，设置了庞杂的手工业管理机构，中国历史上的"匠籍"制度肇于此时。元代内廷制造网络分布很广，包括工部、太医院、异样局总管府、大都留守司、利用监、上都留守司兼本路都总管府六大机构。

（1）工部，正三品，掌天下营造百工之政令③。工部系统中负责内廷制造的部门有：提举右八作司（掌出纳内府漆器、红瓷、捎只等，并在都局院造作镔铁、铜、钢、鍮石④，东南简铁，两都支持皮毛、杂色羊毛、生熟斜皮、马牛等皮、鬃尾、杂行沙里陀等物）、提举左八作司（掌出纳内府毡货、柳器等物）⑤ 和别失八里局（掌织造御用领袖纳失失等缎）。⑥

（2）太医院，正二品，其下属御香局，负责御用诸香的加工与配置。⑦

（3）异样局总管府，正三品，掌御用织造，包括异样文绣提举司、绫绵织染提举司、纱罗提举司和纱金颜料总库。⑧

（4）大都留守司，正二品，至元二十一年（1284）"并少府监入留守司"⑨ 后，大都留守司成为元代的"少府"。其中，负责内廷制造的部门

① 脱脱等. 金史：第 4 册 ［M］. 北京：中华书局，1975：1269-1270.

② 脱脱等. 金史：第 4 册 ［M］. 北京：中华书局，1975：1274-1275.

③ 宋濂. 元史：第 7 册 ［M］. 北京：中华书局，1976：2143.

④ 鍮石：早期指自然铜矿石，元代以后用于特指黄铜。

⑤ 宋濂. 元史：第 7 册 ［M］. 北京：中华书局，1976：2146.

⑥ 宋濂. 元史：第 7 册 ［M］. 北京：中华书局，1976：2149.

⑦ 宋濂. 元史：第 7 册 ［M］. 北京：中华书局，1976：2222.

⑧ 宋濂. 元史：第 7 册 ［M］. 北京：中华书局，1976：2228-2229.

⑨ 宋濂. 元史：第 8 册 ［M］. 北京：中华书局，1976：2277.

有祇应司、器物局和犀象牙局。祇应司负责帝王寺观房屋修建，包括油漆局、画局、销金局、裱褙局、烧红局。器物局负责帝王寺观器物的制造，包括铁局（掌诸殿宇轻细铁工）、减铁局（掌造御用及诸宫邸系腰）、盒钵局（掌制御用系腰）、成鞍局（掌造御用鞍辔、象轿）、羊山鞍局（掌造常课鞍辔诸物）、网局（掌成造宫殿网扇之工）、刀子局（掌造御用及诸宫邸宝贝佩刀之工）、旋局（掌造御用异样木植器物之工）、银局（掌造御用金银器盒系腰诸物）、轿子局（掌造御用异样木植鞍子诸物）、采石局（掌夫匠营造内府殿宇寺观桥插石材之役）。犀象牙局专门负责元代两都宫殿象牙龙床的制造，包括雕木局和牙局。①

（5）利用监，正三品，"掌出纳皮货衣物之事"。其中，负责内廷制造的部门有杂造双线局（造内府皮货鹰帽等物）、软皮局（掌内府细色银鼠野兽诸色皮货）和斜皮局（掌每岁熟造内府各色野马皮胯）。②

（6）上都留守司兼本路都总管府，正二品，其中，负责内廷制造的部门有修内司（掌营修内府之事）、祇应司（掌妆銮油染裱褙之事）和器物局（掌造铁器，内府营造钉线之事）。③

由上可知，辽金元时期内廷制造机构繁多，尤其是元代的内廷制造机构多样化特征明显。总的来说，此时虽无特定体系可言，但少府依旧属于内廷制造的重要部门。

五、明清：二十四衙门（御用监）、内务府（造办处）

内廷制造机构经过辽金元时期的膨胀，到明清时期开始缩减。明代的内廷制造机构全部集中在二十四衙门及其附属库场。二十四衙门是由宦官掌控下的明代宫廷事务管理机构，包括十二监、四司和八局，即司礼监、御用监、内官监、御马监、司设监、尚宝监、神宫监、尚膳监、尚衣监、印绶监、直殿监、都知监，惜薪司、宝钞司、钟鼓司、混堂司；兵仗局、

---

① 宋濂. 元史：第8册［M］. 北京：中华书局，1976：2278-2281.

② 宋濂. 元史：第8册［M］. 北京：中华书局，1976：2293-2294.

③ 宋濂. 元史：第8册［M］. 北京：中华书局，1976：2298.

巾帽局、针工局、内织染局、酒醋面局、司苑局、浣衣局、银作局。

在庞大的机构中，负责内廷制造的部门有御用监（见彩图 7）、尚衣监、银作局、内织染局和位于江南的织造。据《明史》载：御用监，正四品，负责造办御前所用围屏、床榻诸木器，以及紫檀、象牙、乌木、螺甸诸玩器；尚衣监，正四品，负责造办御用冠冕、袍服及履舄、靴袜之事；银作局掌打造金银器饰；内织染局掌染造御用及宫内应用缎匹①，蓝靛厂为其在北京城西的外署机构；织造分设于南京、苏州、杭州，掌织造御用龙衣②。

清初，承明旧制。"国初，统设御用监，嗣分定六库。银库掌金钱珠玉珊瑚玛瑙及诸宝石，缎库掌龙蟒等缎纱绸绢布，皮库掌貂狐猞猁狲水獭银鼠等皮及哆啰呢氆氇绒氆羽缎象牙犀牛角凉席，茶库掌茶叶人参香纸颜料绒线，衣库掌朝衣端罩各色衣服，瓷库掌瓷器及铜锡器皿。"③ 顺治十一年（1654）命工部立十三衙门，即司礼、御用、御马、内官、尚衣、尚膳、尚宝、司设八监，尚方、惜薪、钟鼓三司，兵仗、织染二局；并三旗牛羊群牧处，置员外郎六人。

康熙元年（1662），改革十三衙门，建立以三旗包衣为主的内务府。康熙十六年（1677），改御用监为广储司、尚膳监为都虞司、钟鼓司为掌仪司、三旗牛羊群牧处为庆丰司、内官监为会计司、司薪司为营造司、尚方司为慎刑司，铸给司印。④ 康熙二十三年（1684），内务府七司三院主体格局形成，即广储司、都虞司、掌仪司、会计司、营造司、庆丰司、慎刑司，上驷院、武备院、奉宸院。至乾隆年间，内务府大小司院处所多达 55 个。清代内廷制造机构包括养心殿造办处、御书处、武备院北鞍库、织染局、江南三织造等部门。

---

① 张廷玉，等. 明史：第 6 册 ［M］. 北京：中华书局，1976：1819—1820.

② 张廷玉，等. 明史：第 6 册 ［M］. 北京：中华书局，1976：1822.

③ 托津，等. 近代中国史料丛刊三编：第 70 辑　钦定大清会典事例（嘉庆朝）：卷 898—908　内务府 ［M］. 台北：文海出版社，1992：7149-7150.

④ 托津，等. 近代中国史料丛刊三编：第 70 辑　钦定大清会典事例（嘉庆朝）：卷 885—897　内务府 ［M］. 台北：文海出版社，1992：6456、6462、6464、6466、6468、6470、6473.

养心殿造办处是清代最大的内廷制造机构，主要负责"造办供御物件、监督工作、管理储藏之事"①，下设作坊众多，顶峰时期作坊数达60多个。乾隆二十年（1755），造办处经过内外整合后，仍有20多个作坊，它们是灯裁作、金玉作、铜镀作、匣裱作、油木作、鞍甲作、炮枪处、铸炉处、舆图房、做钟处、自鸣钟处、大器作、锭子药作、珐琅作、玻璃厂、画院处、盔头作、如意馆、铜板处、五辂处、造经处。御书处"掌敬刊御笔裱拓之事"。武备院北鞍库"掌御用鞍辔、伞盖、幄幕"，包括伞房处、账房处和鞍板作②。另外，织染局和江南三织造负责上用缎匹衣物的制造③。

明清内廷机构众多，不论是二十四衙门还是内务府，其服务对象均不限于帝王及家室，某些部门职能与工部、礼部等重叠。例如，二十四衙门中的内官监与工部营缮司在宫室陵寝营造方面有重合，内织染局与工部织染所在宫中缎匹染制方面有重合。明清内廷制造机构的这种变化，说明隋唐以来国之"百工"的工部体系逐渐退出内廷制造，帝王之"百工"的内府体系得到发展。

本章小结

从秦汉到清代的内廷机构变化中可以看到，历代内廷制造机构的设置是内廷和外朝、制造和贮藏、皇帝和百官等诸多因素相互权衡与调节的结果。现将这条中国历代内廷制造机构演变发展线索总结如下：

首先，中国内廷制造机构发展线索如下：秦少府是一个综合性的内廷服务大机构。隋唐时期在少府之外出现了殿中省，使得少府和殿中省分别承担内廷制造和贮藏的职能，内廷制造也开始趋于细化分工。然而两宋时，少府职能弱化并归入工部，工部下属文思院成为工部体系的核心；同时殿中省的贮藏职能得到扩张，退出了内廷制造体系。辽金元时期，内廷

---

① 纪昀. 历代职官表：上［M］. 上海：上海古籍出版社，1989：695.

② 赵尔巽，等. 清史稿：第12册［M］. 北京：中华书局，1977：3434.

③ 纪昀. 历代职官表：上［M］. 上海：上海古籍出版社，1989：690.

制造机构开始多样化，这在中国历史上比较少见。明清内廷制造机构开始回归内府系。

其次，中国历史上内廷制造机构存在两套体系：工部体系和内府体系。内廷制造始于内府体系，从秦汉、隋唐到北宋时期均是内府体系；到南宋少府监并入工部形成了工部体系；辽金元三代中，金代为内府体系，辽代和元代均为内府工部双体系；至明清时期，内廷制造回归内府体系，清代养心殿造办处集万千种类工种于一处，在高度集中的作坊内实现多种内廷制造的需求，正是内府体系发展至极的表现。

内廷制造机构的演变历史即为工部体系和内府体系消长的历史。历史中不同朝代内廷职官"名"和"职"不一现象，很大程度上体现着工部与内府之间职能的变化。这种变化实则反映了"家"与"国"之间制造需求的冲突与调和。皇帝与国家之间的制造事务并非一成不变，而是历代政治斗争的结果。历代内廷制造机构官秩都很高，可见不论内廷制造机构以何名何职出现，受何管辖，内廷制造并未受到威胁，始终受国家重视，只是受皇权控制的程度不同而已。

再次，中国古代内廷制造的核心部门是尚方。所谓"天子之物曰尚"，"百工"之物为器。因此，"尚器"是内廷制造的核心。由此观之，在秦代至清代的众多内廷制造部门中，尚方是内廷制造的核心部门。

然而，尚方的核心地位是内廷制造机构历经分化与综合的结果。第一次分化：东汉时考工与尚方的分化，让宫廷与皇室器用相区分。第二次分化：隋唐时期尚方分为左、中（内）、右三尚方，让皇帝与妃嫔器用相区分。第三次分化：元代皇帝器用分散于六大机构。最后到清代造办处实现服务对象和制器部门的双重综合。如果说工部是国之"百工"，那么尚方就是帝之"百工"。中国历史上的御制传统主要由秦代尚方演化为清代造办处。

如果以清代造办处作为中国内廷制造机构发展的终点可以看到，清代造办处是一个大一统的内廷制造机构，它不但包括金属和非金属器用的制造，也包括软物和硬物器用的制造，其技艺丰富程度为历代内廷制造机构之最。从这个意义上来说，清代的造办处是中国历史上技艺最集中的机构。同时，还因它在担负为帝王服务之外衍生出为国家服务的新职能，因此，清代造办处真正实现了"百工"的"国"与"家"的统一。

第二章　旧制与新需：
清宫造办处的概念及成立

清宫造办处在中国内廷制造机构的历史中扮演了独特的作用。清宫造办处何时成立？这看似是一个简单的问题，却在很长一段时间内困扰学界。学者们在研究中或采用"康熙十九年"（1680）一说，或采用"康熙十七年"（1678）一说，或认为成立时间更早一些。不论持哪种观点，学者们未对成立时间做进一步论述。在具体研究中采取搁置争议，适时而用，或者直接采用清代官书《钦定大清会典事例》载"康熙三十年"（1691）的观点。

如果仔细分析可以发现，清宫造办处成立时间背后的不同观点产生的原因有两个：其一，历史文献中记载混乱，如"造办处""养心殿造办处""内务府造办处""武英殿造办处"等；其二，学者对清宫造办处的性质认定不一。因此，有必要认真梳理清宫造办处相关概念，通过对概念进行界定来认识何时成立的问题。

一、清宫造办处相关概念辨析

（一）清宫造办处的文本表达及含义

清代是中国历代档案最全的时代——这既是清代历史研究的优势，也是劣势。优势，不言而喻体现为资料丰富，言说有据，而劣势则体现为引证庞杂，如档案调查不全，随意引用就会出现认知偏差。

对清宫造办处成立时间的记载，在同一个档案的不同位置出现了不同记录。仅以《钦定大清会典事例》为例可发现，"造办处"这一名称出现在不同机构中：康熙初年"养心殿设造办处"，康熙十九年（1680）"武英殿设造办处"，康熙二十九年（1690）"西华门内文书管立造办处"，康熙三十年（1691）"慈宁宫茶饭房做造办处"。①

《大清会典》是清代官修的大型政书，主要记载清代各种国家机构的行政职能和规章制度，一共有康熙朝、雍正朝、乾隆朝、嘉庆朝和光绪朝五部。清宫造办处的记录最早出现于这五部中的嘉庆朝，该条记载内容被光绪朝《大清会典》全文转录。《大清会典》是考证清宫造办处成立时间最主要的文献来源，因而这些不同的时间分别代表了清宫造办处成立时间的不同观点。

然而，如果仔细甄别上述几条文献会发现，它们分别在《会典·内务府·官制》的"养心殿造办处""武英殿修书处"和"御书处"条目下。这三个机构均成立于康熙年间。由此可见，康熙年间清廷内出现过多个以"造办处"命名的机构。这也就意味着康熙年间"造办处"之名并非清宫造办处独有。其中，养心殿是最早和"造办处"相关的地方。

虽然《钦定大清会典事例》对造办处成立的时间记载混乱模糊，但为考证清宫造办处的成立时间提供了两条重要线索：一是明确了养心殿这一地点，一是康熙初年这一时间。

顺着《钦定大清会典事例》给出的线索，我们将考察的焦点聚于康熙初年养心殿的造办活动。据康熙五十三年（1714）拟写的奏折《内务府奏请将委校对刘文林等并入派差内分份银折》记载，康熙十五年（1676）养心殿已有刻书匠梅玉峰等人当差，"查得：刘文林、高启朋、陈思祥、初洪谋，于康熙二十五年起，郭永林于康熙二十八年起调来抄写、核对武英殿之书，梅玉峰于康熙十五年起，沈龙、张万明、朱贵于康熙十七年起调到养心殿。"②

---

① 托津，等. 近代中国史料丛刊三编：第70辑 钦定大清会典事例（嘉庆朝）：卷885—897 内务府 [M]. 台北：文海出版社，1992：6549、6556、6559、6550.

② 中国第一历史档案馆. 康熙朝满文朱批奏折全译 [M]. 北京：中国社会科学出版社，1996：985-986.

康熙朝学者王士禛①在《池北偶谈》中又载：康熙十七年（1678）"八月入直，又同陈、叶、张三学士和御制《赐辅国将军俄启诗》，仍命次日携名字印章入内，各书一幅，即发养心殿装潢，随御笔同赐之，皆异数也"。

清末学人陈康祺②《郎潜纪闻初笔二笔三笔》载："康熙十九年（1680），召内大臣觉罗武默讷入养心殿，命工绘其像，即以赐之。谕曰：'将此像给尔子孙，世世供享，以昭加恩之意。'"

上述文献表明，至少在康熙十五年（1676）以来，养心殿内的确开展过装裱、绘画、刻书等活动。然而问题是，上述活动是否以固定的作坊形式开展？显然，此时有关作坊设立的信息还并未出现。

相较《钦定大清会典事例》的模糊记载和各史料的细枝旁证而言，盛行于乾隆时期宫廷的《钦定总管内务府现行则例》的记载更为准确：（康熙朝）"初在养心殿造办活计"③。同时期的《皇朝通典》也表达了"养心殿造办活计"的类似意思："养心殿造办处郎中三人、员外郎二人、主事一人、委属主事一人、库掌六人、笔帖式十五人，掌造办供御物件、监督工作、管理贮藏之事，初设造办活计处，管理事务无定员。"④

由此可见，嘉庆朝和光绪朝《大清会典》中所言，康熙初年"养心殿设造办处"的表述并不准确。康熙初年，养心殿仅有造办活计的史实，并未设立"造办处"这一机构。

上述文献透露出这样一个信息：康熙中期以前，清廷内存在多个包含

---

① 王士禛（1634—1711），字子真，一字贻上、豫孙，号阮亭，又号渔洋山人，清初杰出诗人、文学家。博学好古，能鉴别书、画、鼎彝之属，精金石篆刻，诗为一代宗匠，与朱彝尊并称"南朱北王"。王士禛. 池北偶谈［M］. 文益人，校点. 济南：齐鲁书社，2007：28-29.

② 陈康祺（1840—1890），字钧堂，清代鄞县（今属浙江）人。同治十年进士，累官刑部员外郎。后任江苏昭文知县。藏书颇丰，博学多识，尤熟悉清代掌故。陈康祺. 郎潜纪闻初笔二笔三笔：下［M］. 晋石，点校. 北京：中华书局，1984：778.

③ 钦定总管内务府现行则例［M］//故宫博物院. 故宫珍本丛刊：第309册. 海口：海南出版社，2000：287.

④ 皇朝通典·二十九·职官七内务府。

"造办处"之名的机构。此时的"造办处"泛指制造和办理活计的场所。"造办"是相对于"采办"而言；"处"泛指场所，并非特指某一地、某一作坊。

显然，这种重名的做法在管理中出现了指代不清的状况。康熙二十八年（1689）十二月，养心殿的作坊为了向各部门取用物料的方便，实行了新的"红票"制度。

> 十二月奏准：本处为照验领取应用物料设立刷印"造办处"字样红票，凡行取应用物料，开明数目，向各该处领用。①

"红票"是养心殿作坊行取物料的凭证，养心殿的"造办处"字样红票制度形成后，其他以"造办处"指称的部门相继改名以示区分。康熙二十九年（1690），"西华门内文书馆，立造办处。又奏准：文书馆改名御书处，派司员兼管，设监造四人"②。雍正七年（1729），将设立于康熙十九年（1680）的武英殿"造办处"改名为"武英殿修书处"。

可见，康熙朝后期宫廷对"造办处"一词的使用进行了规范，调整了与之相关的部门并改名加以区分，独留养心殿的"造办处"这一个称呼。这样一来，"红票"制度以后，"造办处"获得了特指，即位于养心殿的作坊。

虽然武英殿的作坊和西华门内的作坊都做了名称上的改动，但同位于养心殿的"造办处"一样，它们都肩负为皇帝御用笔墨纸砚墨刻书画的制造和维修的任务，是清代内廷制造体系中的重要机构。武英殿修书处下设铜字库（专司铜字、铜盘及摆列等事）、书作（专司内庭交出及进呈陈设各种新旧书籍，并托裱界划等事）、印刷作（专司钩摹御书、刊刻书籍、写样、刷印、折配、齐订等事）和露房（专司合药、蒸露、造鼻烟及西洋

---

① 钦定总管内务府现行则例［M］故宫博物院. 故宫珍本丛刊：第 309 册. 海口：海南出版社，2000：291.

② 托津，等. 近代中国史料丛刊三编：第 70 辑　钦定大清会典事例（嘉庆朝）：卷 885—897　内务府［M］. 台北：文海出版社，1992：6559.

胰子等事）①。御书处下设刻字作（专司双钩顶朱镌刻填写等事）、墨作（专司成造朱墨等事）、裱作（专司托裱、墨刻、染造各色笺纸等事）和墨刻作（专司拓印墨刻）②。

由于清廷对诸多"造办处"进行了规范，到康熙朝后期，位于养心殿的"造办处"被简称为"养心殿造办处"，有时也以"养心殿"代称。

康熙初年，养心殿的"造办处"应是小规模的书刻、裱绘等活动。康熙二十八年（1689），"造办处"红票制度的实施意味着养心殿内的造办活动更加规范。从建制化的角度看，"红票"制度标志着清宫造办处正式成立。养心殿成为康熙皇帝的"几暇"之地③。

（二）清宫造办处发展阶段

事实上，清宫造办处不单是在成立初期名称混乱，在历代的发展中也呈现出多种名称共用的情形。清宫造办处发端于康熙朝，结束于1924年溥仪"小朝廷"的解散。在长达236年的历史中，清宫造办处的多个名称和工作地点，交替形成了四个发展阶段（见表3）。

表3 清宫造办处发展阶段名实对应表

阶段	名称	使用时段	地点	备注
养心殿阶段	造办活计处	康熙初年至二十八年	养心殿	
武英殿造办处阶段	武英殿造办处	康熙十九年至二十八年	武英殿	
	武英殿	康熙十九年至雍正七年	武英殿	即武英殿修书处
养心殿造办处阶段	养心殿造办处	康熙二十八年至四十七年	养心殿	

① 托津，等. 近代中国史料丛刊三编：第70辑 钦定大清会典事例（嘉庆朝）：卷898—908 内务府［M］. 台北：文海出版社，1992：7423-7424.

② 托津，等. 近代中国史料丛刊三编：第70辑 钦定大清会典事例（嘉庆朝）：卷898—908 内务府［M］. 台北：文海出版社，1992：7439.

③ 李燮平. 明至清初时期的养心殿［J］. 紫禁城，2016（12）：71.

续表

阶段	名称	使用时段	地点	备注
养心殿造办处阶段	养心殿	康熙十五年至乾隆三十七年	养心殿	
	造办处	康熙二十八年至三十年	养心殿	
		康熙三十年至1924年	慈宁宫以南	
	内务府造办处	乾隆九年至嘉庆三年	慈宁宫以南	仅用于官方部门间文书往来
	圆明园造办处	雍正二年至咸丰十年	圆明园	
内务府造办处阶段	内务府造办处	嘉庆四年至1924年	慈宁宫以南	通用于宫廷内外各部门

养心殿阶段是清宫造办处的初创阶段。在某种程度上，养心殿阶段的清宫造办处是养心殿和武英殿造办活动的总和，其中又以养心殿为主，这一阶段并无"造办处"一说，只有小规模的造办活动。

养心殿为明代嘉靖年间所建，一直有着制造的传统。明代被用作"二十四衙门"之司礼监掌印太监的值房，殿外无梁殿为嘉靖皇帝的炼丹之所。据明人刘若愚《酌中志》载：

> 过月华门之西，曰膳厨门，即遵义门。向南者曰养心殿。前东配殿曰履仁斋，前西配殿曰一德轩。后殿涵春室，东曰隆禧馆，西曰臻祥馆。殿门内向北者，则司礼监掌印秉笔之直房也。其后曾尚有大房一连，紧靠隆道阁后，祖制宫中膳房也。魏忠贤移膳房于怡神殿，将此房亦改为秉笔直房。养心殿之西南，曰祥宁宫。宫前向北者，曰无梁殿，系世庙（按：嘉靖皇帝）炼丹药之处也。其制不用一木，皆砖石砌成者。[1]

武英殿在明代为"二十四衙门"之御用监的工作地，其仁智殿（按：白虎殿，见彩图8）设监工一员"掌武英殿中书承旨所写书籍画册等，奏进御前"。因而在康熙二十八年（1689）前，养心殿和武英殿都肩负着制

---

[1]　刘若愚. 明宫史［M］. 吕毖，编. 北京：北京出版社，2018：15.

造的任务。

武英殿造办处阶段是清宫造办处历史的第二个阶段，是由养心殿阶段到养心殿造办处阶段的过渡阶段。有趣的是，清代文献表明，清廷先在武英殿设置了"造办处"而非养心殿。这应当是从武英殿的制造传统和当时管理西洋人之便考虑的。在康熙时期，养心殿和武英殿均设有专人负责管理西洋人。孙立天指出，康熙皇帝让内务府管理西洋人，而不是交由管理宗教人士的礼部，这表明皇帝将西洋人纳入满人传统的主仆关系之中而非君臣关系。①

值得注意的是，康熙时期武英殿和养心殿的造办活动旗鼓相当。随着养心殿造办处的设立及在雍乾时期的发展，清廷的御制活动更为集中于养心殿造办处，武英殿则逐渐形成以修书为主的御制机构。

养心殿造办处阶段是清宫造办处历史的第三个阶段，也即通常意义上提到的清宫造办处。地点主要在养心殿和慈宁宫以南（内务府北侧）的工作区域。其中，"养心殿造办处"这个名称使用时间有一百多年，历经清代康雍乾三大盛世期，是清宫造办处历史上最为辉煌的阶段。因而，后人在称呼清宫造办处的时候往往以"养心殿造办处"代称。

康熙朝时期，除了在紫禁城内有作坊以外，在热河行宫还出现过"热河造办处"。据《内务府奏请热河工程另派官员前往折》（康熙五十四年八月二十一日）载：

> 窃准热河造办处都统孙扎齐来文内称：我等奏曰现将修缮旷观等处，估计钱粮督修时，欲取郎中李延席、员外郎全保监修等因奏入。奉旨：著行取，钦此。速令员外郎全保、郎中李延席赴热河造办处。②

奏折所言"热河造办处"其实是养心殿造办处的临时分支机构，其匠人来源于紫禁城内的养心殿造办处，具有工程性质，工匠往返于北京城和

---

① 孙立天. 康熙的红票：全球化中的清朝［M］. 北京：商务印书馆，2024：124-125.

② 中国第一历史档案馆. 康熙朝满文朱批奏折全译［M］. 北京：中国社会科学出版社，1996：1049.

热河之间，热河的工程完工即撤销回京。①

康熙三十年（1691），养心殿造办处工作地点有了变化。"奉旨：东暖阁裱作，移在南裱房，满洲弓箭匠，亦留在内，其余别项匠作，俱移出在慈宁宫茶饭房，做造办处。"② 养心殿的作坊至此开始逐渐向位于内务府衙署北侧的慈宁宫茶饭房区域移动，至康熙四十七年（1708），"养心殿匠役人等，俱移于造办处"。

1722 年康熙皇帝逝世后，新上任的雍正皇帝将养心殿变成了自己的寝宫。按照清朝礼制的规定，新任皇帝应居住在乾清宫，而非其他地方。把养心殿变成新任皇帝的寝宫，并不符合清朝的礼制。雍正皇帝为他的这一变动特意进行了说明：

> 谕内务府总管等诸王大臣金云，朕持服二十七日后，应居乾清宫。朕思乾清宫，乃皇考六十余年所御。朕即居住，心实不忍。朕意欲居于月华门外养心殿，着将殿内略为葺理，务令素朴，朕居养心殿内，守孝二十七月，以尽朕心。③

雍正皇帝以"孝"解释其变更住处的说法，显然不能让许多历史学者信服④。但无可否认的是，更换寝宫事件无疑是清宫造办处历史上具有重要意义的事。因为，至此之后，雍正皇帝这位清宫造办处的新主人，投入了比历代所有帝王都多的精力在管理造办处上，清宫造办处的辉煌历史与之紧紧相连。

最典型的就是圆明园造办处的增设。雍正二年（1724），雍正皇帝在圆明园"增设造办处"。和热河造办处的工程式性质不同，圆明园造办处有固定的匠人和管理人员。圆明园造办处的成立标志着清宫造办处"城园

---

① 中国第一历史档案馆. 康熙朝满文朱批奏折全译［M］. 北京：中国社会科学出版社，1996：1546.

② 托津，等. 近代中国史料丛刊三编：第 70 辑　钦定大清会典事例（嘉庆朝）：卷 885—897　内务府［M］. 台北：文海出版社，1992：6550.

③ 本书编者. 清实录：第 7 册　世宗宪皇帝实录（一）：卷 1 至卷 76　康熙六十一年至雍正六年［M］. 影印本. 北京：中华书局，1985：5897.

④ 许多历史学者猜测雍正皇帝更换寝宫的行为与"八王夺嫡"的皇位之争有关，或为安全，或为心虚。

两重格局"的形成。

至乾隆时期，乾隆皇帝对清宫造办处的名称又进行了规范。乾隆三十七年（1772），乾隆皇帝下旨：

> 本日栋文奏起解凤阳关节省归公等语折内有"交养心殿充公"字样甚属不通，此等银两原系应交造办处充公之项，即或写作"养心殿造办处"亦尚使得，今并提及"造办处"字样，但写"养心殿"，于理殊为不合，着传旨申饬，嗣后务须照式书写，毋得仍前疏略，钦此。①

至此之后，清宫造办处多个名称中的"养心殿"叫法被摒弃。清宫造办处开启了远离内廷（养心殿）而倾向内府（内务府）的时代，并出现了"内务府造办处"的叫法。

"内务府造办处"这一用法首见于乾隆朝。乾隆朝的"内务府造办处"用法是在内务府与礼部、工部等部门间行文时，意指该项工作由内务府下属造办处制造。例如，乾隆四十九年（1784），有关禁止粤海关进贡钟表的奏折有记载："……洋货内钟表等项不过备验时刻，向来粤海关原有官买之例，而广东督抚监督等往往于土贡内亦有呈进者，今内务府造办处皆所优为，更无事外洋购觅，既经查明自应严谕裁禁，嗣后督抚等于钟表一项永不准再行呈进。"②

除此之外，均用"养心殿造办处"的表达。这种情况也表明，清宫造办处在乾隆时期作为重要的中央机构出现在官方的部门沟通文书中了。

内务府造办处阶段是清宫造办处历史的第四个阶段，也是最后一个阶段。这一时期，清宫造办处越来越趋向于内府化、行政化、程式化。

清宫造办处的四个发展阶段充分说明，清宫造办处的历史并非一个线性的自然而然的单向发展史，而是受多种因素影响的历史。

---

① 中国第一历史档案馆. 军机处上谕档：造办处（447）［M］. 乾隆三十七年十一月二十一第 1、2 条，盒号 644 册号 2.

② 王文素、孙翊刚，洪钢. 十通财经文献注释：皇朝文献通考：第 4 册［M］. 北京：中国社会科学出版社，2018：555.

二、清宫造办处的成立背景

内廷制造机构是中国历代王朝中央机关的重要部分。中国历代内廷机构的历史表明，内廷制造机构在工部体系和内府体系两大力量集团间转移。清宫造办处的成立正是这两个体系不断整合与交互的结果。在清宫造办处的成立过程中，康熙皇帝在养心殿的"西学"活动是关键。清宫造办处的成立背景至少包括以下两个内容：养心殿的御制传统和康熙皇帝的"西学"活动。①

（一）明代以来养心殿的御制传统

清朝开国初期，国家机构沿袭明代旧制。顺治元年（1644），设制造库，其掌制造之事有"皇上御用金瓶、金盆、香炉、香盒、唾壶等项，乘舆、銮驾、仪仗、椅杌、所钉事件，并鞍辔等项"②。顺治二年（1645），"定御前管理雕刻匠之官二员，管理铁匠之官二员，管理银匠之官二员及掌鞍官二员"。滕德永认为，御前管理工匠之官员的设定标志着宫中作坊与皇帝御用作坊的分离。③ 顺治十六年（1659），制造库改归工部。这是清代初年内务府还未成立之前皇帝御用器物的制造情况，属于工部系统负责。

顺治十一年（1654），顺治皇帝在宦官吴良辅等人的建议下，设立"十三衙门"作为内廷的服务机构。很显然，"十三衙门"受明代内廷旧制的影响，是明代"二十四衙门"的变体。然而，其成立不久，便受到了来自满洲贵族的反对。后经多方协定，康熙十六年（1677）始形成具有清代内府特点的清代内务府"七司三院"格局，至乾隆朝"奉天子之家事"的

---

① 张学渝，李晓岑. 清宫造办处成立若干问题新探［J］. 广西民族大学学报（自然科学版），2015（4）：7.

② 伊桑阿，等. 近代中国史料丛刊三编：第73辑 大清会典（康熙朝）：卷127—134 刑部、工部［M］. 台北：文海出版社，1993：6641-6642.

③ 滕德永. 乾隆朝清宫造办处的经费管理［J］. 明清论丛，2016（1）：318-319.

清代内府得以完善。内务府大小机构 50 多个，其负责制造的部门有广储司、营造司、武备院等所属作房（见图 3）。

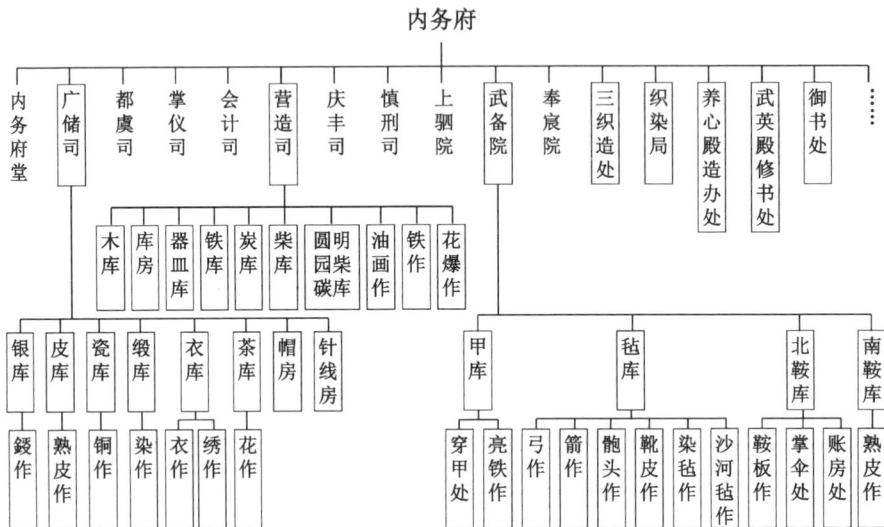

内务府

内务府堂　广储司　都虞司　掌仪司　会计司　营造司　庆丰司　慎刑司　上驷院　武备院　奉宸院　三织造处　织染局　养心殿造办处　武英殿修书处　御书处　……

木库　库房　器皿库　铁库　炭库　柴库　圆明园柴碳库　油画作　铁作　花爆作

甲库　毡库　北鞍库　南鞍库

银库　皮库　瓷库　缎库　衣库　茶库　帽房　针线房

穿甲处　亮铁作　弓作　箭作　鞄头作　靴皮作　染毡作　沙河毡作　鞍板作　掌伞处　账房处　熟皮作

鋄作　熟皮作　铜作　染作　衣作　绣作　花作

图 3　清代内务府所属制造机构一览图

养心殿的御制活动顺治时期已见诸档案。据内务府档案记载，"顺治十二年（1655）于养心殿东暖阁设裱作"（《内务府册》）[①]。康熙朝，养心殿的制造活动得到延续。例如，康熙十五年（1676），有刻书匠梅玉峰等人在内当差；康熙十七年（1678），在养心殿内对《赐辅国将军俄启诗》进行了装潢；康熙十九年（1680），养心殿工匠为大臣觉罗武默讷绘像。

顺治至康熙初年，养心殿内进行的造办活动是清内廷制造体系的一部分，其匠役、物资等应源于内务府的相关制造部门，从造办工艺的种类上看，属于内务府营造司的可能性更大。养心殿的御制传统为清宫造办处的成立提供了技艺和人员支持。

（二）康熙皇帝对"西学"的个人兴趣

明末清初，西方近代科学、技术和艺术通过传教士传入宫廷。作为清

---

① 郭威．清宫御制文物述略［M］//故宫博物院．清宫收藏与鉴赏：故宫博物院《天府永藏》展图论．北京：故宫出版社，2012：136.

朝入关的第二位皇帝，康熙皇帝对之表现出浓厚的兴趣，并在传教士的指导下学习"西学"（见彩图9）。与此同时，康熙皇帝也让汉族大臣指导学习"中学"。

从学习进度看，康熙皇帝的"西学"活动前后集中在两个时段：早期始于康熙七年（1668）"历狱事件"，止于康熙十二年（1673）准噶尔内乱爆发；后期始于康熙二十七年（1688）白晋等五名法国"国王数学家"①进内廷讲学，止于康熙四十三年（1704）《御制三角形推算法论》颁布。

康熙三年到康熙八年（1664—1669）发生了科学史上著名的"历狱事件"。这一事件让康熙皇帝"开始认识到西洋科学的价值"②。康熙七年（1668），康熙皇帝以利类思③、安文思④及南怀仁⑤编纂辑录的《御览西方要纪》为启蒙，正式开始了"西学"活动。郭永芳认为，从这部书的内容看，康熙是学习了比较全面的西方知识的⑥。为了配合康熙皇帝的学习，

---

① 五名法国"国王数学家"分别是：洪若（Jean de Fontaney，1643—1710）年纪稍长，天文学素养非常高，来中国前已发表过一些天文学著作；白晋（Joachim Bouvet，1656—1730）后给康熙教课，与莱布尼茨来往较多；张诚（J. F. Gerbillon，1654—1707）在尼布楚条约谈判时任翻译；刘应（Claude de Visdelou），是个语言学家；而李明（Louisle Comte）精通自然史。详见：韩琦. 科学、知识与权力：日影观测与康熙在历法改革中的作用［J］. 自然科学史研究，2011（1）：3. 韩琦. 未能把握的机会：从中法科学交流看康熙皇帝的功与过［N］. 文汇报，2014-10-31.

② 白晋. 康熙皇帝［M］. 赵晨，译. 刘耀武，校. 哈尔滨：黑龙江人民出版社，1981：30.

③ 利类思（Ludovic Bugli，1606—1682）。意大利籍耶稣会传教士。1636年来华。1651年，设立北京东堂。汉语造诣高，所遗著作、讲作达20余种。

④ 安文思（Gabriel de Magalhaens，1609—1677）。葡萄牙籍耶稣会传教士。1640年来华。在顺治、康熙两朝，曾多次为清宫制造自鸣钟和机械人。

⑤ 南怀仁（Ferdinand Verbiest，1623—1688）。字就伯，又字勋卿，比利时耶稣会传教士。1658年来华。1660年到北京参与汤若望修证历法工作。曾掌钦天监，制造天文仪器。

⑥ 郭永芳. 康熙与自然科学［J］. 自然辩证法通讯，1983（5）：51.

宫廷内开始了相关的制造活动，如"徐日升①用汉语编写了教材，并指导工匠制造各种各样的乐器，而且教康熙皇帝用这些乐器演奏两三支乐曲"②。

目前，尚没有文献表明康熙初年这些配合"西学"学习的制造活动地点在哪。除此之外，也不清楚西方传教士进行的其他制造活动地点在哪。比如，康熙十二年（1673），南怀仁在清政府的领导下是在哪里制造了六台大型天文仪器？

康熙十九年（1680），武英殿设立"造办处"。根据康熙皇帝早期的"西学"情况，武英殿的造办处应当是为配合康熙皇帝"西学"之用。此时武英殿的作坊与养心殿的作坊同时存在，应是"养心殿造办处"成立的一个过渡之策。《庭训格言》中准确记载了康熙皇帝"西学"的动机：

> 朕幼时，钦天监汉官与西洋人不睦，互相参劾，几至大辟。杨光
> 先、汤若望于午门外九卿前当面赌测日影，奈九卿中无一知其法者。
> 朕思己不知，焉能断人之是非，因自愤而学焉。③

皇帝既是当权者，亦是裁定者。不论是以杨光先为代表的"中学"，还是以汤若望为代表的"西学"，当权初期的康熙皇帝均没有裁定的能力，这两种学问对于他这位年幼的满洲统治者而言，都是新的、重要的。

众所周知，这场历法的争论最终以汤若望为代表的"西学"取胜。由此，近代"西学"对传统"中学"的补充与挑战，成为康熙皇帝对"西学"保持持续热情的重要原因。

为了学习"西学"，更多的传教士被请入宫廷。康熙二十七年（1688），带着"国王数学家"头衔的传教士白晋等五人进入清廷讲学，开启了康熙皇帝第二阶段的"西学"学习。在这种背景下，在明代养心殿旧

---

① 徐日升（Thomas Pereira，1645—1708），葡萄牙籍耶稣会传教士。1672年来华，精通音乐。

② 白晋. 康熙皇帝［M］. 赵晨，译. 刘耀武，校. 哈尔滨：黑龙江人民出版社，1981：32.

③ 雍正皇帝. 康熙皇帝告万民书；康熙皇帝教子格言（文白对照）［M］. 李健，译. 长沙：湖南人民出版社，1999：235.

有御制传统的基础上成立"养心殿造办处"成为必然。

第二年（1689），养心殿造办活动实施"红票"制度，意味着这种"西学"活动的扩大化，也标志着清宫造办处的成立。

康熙皇帝的"西学"活动是清宫造办处成立的直接动因。在传教士白晋眼中，清宫造办处的这种西洋背景使它带有法国"皇家科学院"的镜像。而造办处以满足帝王的需求为主，这一点也让它与清廷其他制造机构相区别。整个康熙朝清宫造办处的造办活动，都与康熙皇帝的"西学"活动密切相关，这也是近代中国与西方科学技术亲密、温情接触的关键时刻。然而，随着康熙皇帝的去世，继任的清代帝王并未保持如同其先辈康熙皇帝般对"西学"的浓厚学习兴趣，清代宫廷内中西科学技术交流的步子亦越走越远，以至分道扬镳。直至清代末期，近代西方科学与技术以另一种方式强力出现，让清政府措手不及。近代西方科学技术出现在清初和清末的两种截然不同的身份，暗示了中国近代化的曲折过程。

本章小结

清代初期内廷制造在工部系与内府系交替。清宫造办处的成立实现了清代内廷制造向内府体系的转变。清宫造办处是在明代以来养心殿的御制基础上，配合康熙皇帝对"西学"的个人兴趣背景下成立的。

从名称变化上看，经历了"造办活计处""武英殿造办处""养心殿造办处"到"内务府造办处"的变化，也相应经历了养心殿、武英殿造办处、养心殿造办处和内务府造办处四个阶段。从工作主要地点变化上看，经历了从紫禁城内养心殿到慈宁宫茶饭房的变化，并在雍正年间实现了"城园两重格局"的工作模式。

从建制化的角度来看，康熙二十八年（1689）养心殿刷印"造办处"字样红票，标志着清宫造办处正式成立。今人谓之"清宫造办处"是指以康熙朝"养心殿造办处"为主体发展而来的内廷制造单位。

第三章　数据与意义：
清宫造办处的历史分期

法国历史学家雅克·勒高夫（Jacques Le Goff，1924—2014）问："我们要为历史分期吗？"[①] 他认为，由于历史"教学"的需要，出现了历史的分期。所有的分期，都是试图对某一对象，在时间演变中各种形态，建立一个完整认识，认可对象具有时段上的封闭性，围绕某一个中心进行。阿拉伯著名历史学家伊本·赫勒敦[②]对王权的历史演进有过精辟的概说。他说：

> 家族荣耀的缔造者知道从事这一事业要付出什么样的代价，他会继续保持那些缔造了他的荣耀并使之延续的品质。在他之后，他的儿子因为与父亲存在有直接的联系，因而学习到了父亲身上的那些品质。第三代一定满足于模仿，尤其是依赖于传统。第四代在各个方面都不如前代，其成员已丧失了维持其辉煌大业的素质。他认为这种大业并非通过勤奋努力所建立。在他看来，从一开始，凭借单纯的血统这一事实，他的人民就属于他。[③]

伊本·赫勒敦对王权演变的四代论断，可以用来描述清宫造办处的历

① 勒高夫. 我们必须给历史分期吗？[M]. 杨嘉彦，译. 上海：华东师范大学出版社，2018.

② 伊本·赫勒敦（1332—1406），全名为阿布·扎伊德·阿卜杜勒拉赫曼·本·穆罕默德·本·赫勒敦·哈德拉米，出生于今天的突尼斯，阿拉伯穆斯林学者、史学家、经济学家、社会学家，被称为人口统计学之父。

③ 欧立德. 乾隆帝[M]. 青石，译. 北京：社会科学文献出版社，2014：72.

史大体轮廓。清宫造办处 236 年的历史，每个阶段都有丰富的时代特征，有其自身的历史演变轨迹。其中，康熙皇帝无疑是缔造者；雍正皇帝作为继承者是清宫造办处发展的中坚力量；乾隆皇帝是第三代，在建制上承袭祖辈的遗产并将之扩大化；嘉庆皇帝是第四代，遵循历代的定例但无创新，对清宫造办处的管理趋于程式化。

如果想让清宫造办处的历史分期更加清晰且准确，我们还得考虑清宫造办处各个历史时期承办活计的情况。为此，我全面统计了雍正元年至宣统三年（1723—1911）的《活计清档》，获得了一幅清宫造办处各作历年承办工作总量图（见图4）。

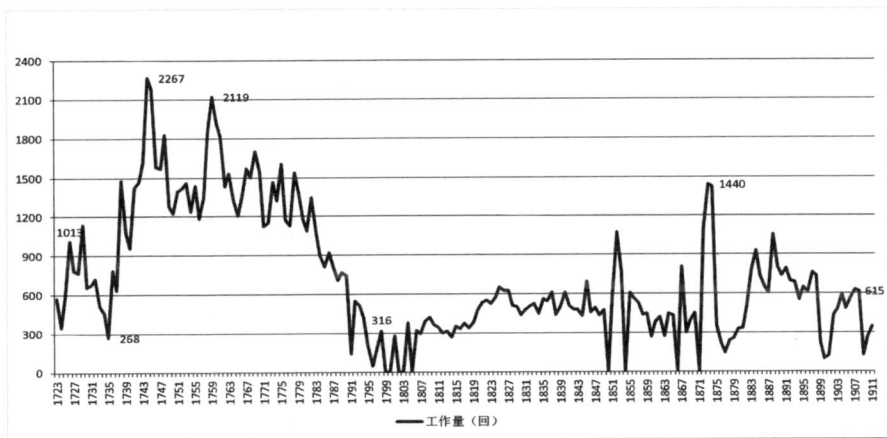

图 4　清宫造办处各作承办工作总量统计图（1723—1911）

清宫造办处历年承办工作量统计图的起伏趋势，与清代皇权的更替趋势几乎一致。这表明了清代的皇帝权力对技艺活动的影响和控制。如要更准确地解释和理解这种"契合"，还需要透过数据，认识背后的意义。

这些数据来自各个作坊。根据对清宫造办处雍正和乾隆时期不同作坊承办工作量的统计发现，雍乾两朝的大作坊有七个，分别是油木作、金玉作、铜鋄作、匣裱作、灯裁作、珐琅作、铸炉处，它们承担了主要的工作量。这些作坊有一个明显的技术特点：要么是造办不易朽坏的玉石金属器物，如金玉作、铜鋄作、珐琅作、铸炉处，要么是造办需常年维护的木、纸器物，如油木作、匣裱作、灯裁作。也就是说，器物的材质决定了不同作坊的工作频次。

根据清宫造办处历年承办工作总量统计图、不同技术的工作性质，再结合清宫造办处建制化的程度，如管理机构、作坊设置、匠役种类和人数、官员任职情况和人数、帝王关心情况等，可将清宫造办处的历史分为五个时期：成立期（1689—1722）、发展期（1723—1735）、鼎盛期（1736—1798）、守成期（1799—1908）和消退期（1909—1924）。每个时期清宫造办处都有很大的变化（见附录1清宫造办处大事记），对于不同皇帝而言意义不同。由此，我们看到了不同皇权对同类技艺的不同影响，看到了清宫造办处虽然是御制机构，但在不同历史阶段它扮演的角色是不同的。

一、成立期（1689—1722）：康熙皇帝的"科学实验室"

清宫造办处的成立期从康熙二十八年到康熙六十一年（1689—1722年），历时大半个康熙朝。这一时期的重要事件是：清宫造办处正式设立作坊，选派人员管理，实现建制化。

（一）"科学院"

清宫造办处作坊的设立和规范，得益于康熙皇帝"西学"活动的深入。在康熙皇帝经历了早年的"西学"训练后，康熙二十七年（1688），白晋、张诚等五名"国王数学家"进内廷讲学开启了康熙皇帝第二阶段的"西学"活动。传教士白晋和张诚详细介绍了这时候养心殿的情况。

白晋《康熙皇帝》（*Portrait historique de l'Empereur de la Chine*）记载道："为了便于讲授，皇上在皇宫内赐给我们一个房间。这个房间是父皇顺治帝的寝宫，现在是皇上的御膳处。"文中所言的"房间"即为养心殿。他们进宫的任务是"向皇上讲解传教士所屡次进献的或为皇上仿制的欧式数学仪器的用途"①。

张诚在《张诚日记》中还详细记载了此时养心殿造办活动的情况：

---

① 白晋. 康熙皇帝［M］. 赵晨，译. 刘耀武，校. 哈尔滨：黑龙江人民出版社，1981：33.

1690 年（康熙二十九年）1 月 15 日，徐日升神甫、安多神甫和我遵旨进宫。我们被领到皇宫内一处名为养心殿的地方。那里有一部分最巧的匠人，如漆画匠、木匠、金匠、铜匠等等在工作。他们把数学仪器拿给我们看。这些都是遵照陛下的谕旨，放在用纸板特制的精致小匣或抽屉内。仪器并无特异之处。只有几副两脚规，差不多都有些损缺，几副大小和种类不同的罗针仪或罗盘，一些木匠用的角尺和几何勾尺，一座直径半尺，有刻度，并附准星的刻度圆尺。所有仪器全部制造粗糙，远不如我们带去的那些精致而准确。皇帝的官员们于我们到来时检视我们所带仪器之后，也承认这一点。皇上传旨要我们备细检查仪器的用途，以便我们能向他明白解释。他还令我们于次日把家里的仪器全部都带去，以测量土地的高低远近和星宿的距离。

第二天，他在日记中还记载了养心殿的布局：

> 它（养心殿）包括当中的正殿和两翼的配殿。正殿朝南，有一大厅和两大间耳房，一边一间。……大厅的两个耳房都是大间，约三十尺见方。我们进入左手一间，看见里面满是画匠、雕刻匠、油漆匠。……另一间耳房是皇上临幸此殿时晏息之处。……这间房内的……炕几，光滑洁净，放着上用的砚台、几本书和一座香炉。旁边小木架上置碾细的香末。香炉是用合金铸造的……旁边多宝格上，陈设各种珠宝和珍玩。有各色各样的玛瑙小杯，白玉或红宝以及各种名贵宝石，琥珀小摆设，甚至手工精雕的桃核。我还见到皇上的大部分印玺，都放在极为精致的黄缎袱印匣中。里面的印章大小不一，种类各异，有玛瑙、白玉、碧玉、水晶等，上刻文字大半是汉文。……这座宫殿的一部分屋宇是供工匠们使用的，专作扎器玩，其制造之精巧令人惊奇不已。①

张诚的记载十分珍贵，是目前今人对康熙朝养心殿造办处详细制造活动认知的唯一来源。从张诚的记录中可以看到，同康熙初年相比，此时养心殿的造办活动不论是工匠种类还是技艺种类都增加了。（见彩图 10）

---

① 张诚. 张诚日记：1698 年 6 月 13 日—1690 年 5 月 7 日［M］. 陈霞飞，译. 陈泽宪，校. 内部读物. 北京：商务印书馆，1973：62-64.

这些西方传教士的记录在清代官方文献中也得到相关印证。《钦定大清会典事例》中文文献显示，"康熙二十九年，增设笔帖式一人"①，开始负责文移工作，"增设笔帖式"说明造办活动的规模得到了扩张。

第二年即康熙三十年（1691），养心殿的造办活动经历了历史上最大的一次变动。② 这次变动使得造办处的作坊主体，从养心殿移至位于内务府以北、慈宁宫以南的慈宁宫茶饭房。

吴焯认为，这次调整与耶稣会士的游说有关③。因为白晋《康熙皇帝》一书记载道：

> 约在五年前（1691），中国皇帝仿此（按：法国"皇家科学院"）范例，开始在他自己的宫殿里建立起绘画、雕刻、塑雕以及为制造时钟和其他计算工具的铜、铁工匠之类的科学院。④

白晋口中的"科学院"根据后文的描述可知就是养心殿造办处。

通常意义上，传教士的记录与清代官书所载内容能对接上的情况较少，清代官书对事件的记载简明扼要，传教士的记录则较为详细，这种特点主要源于他们各自记载的不同目的。然而，康熙三十年（1691），养心殿作房移至慈宁宫茶饭房这一事件，中西人士均做了详细记录，可见这是一个对当事人有着重要意义的事件。康熙三十二年（1693），"造办处设立作房"，结束了康熙初年"工作毫无系统，诸匠纷杂，宛如列市"⑤ 的局面。

1693 年，受康熙皇帝委托，白晋从北京动身，回法国招募耶稣会士来华。在法国期间，他撰写了《康熙皇帝》。这是一本面向法国读者尤其是国

---

① 托津，等. 近代中国史料丛刊三编：第 70 辑　钦定大清会典事例（嘉庆朝）：卷 885—897　内务府 ［M］. 台北：文海出版社，1992：6549.

② 托津，等. 近代中国史料丛刊三编：第 70 辑　钦定大清会典事例（嘉庆朝）：卷 885—897　内务府 ［M］. 台北：文海出版社，1992：6550.

③ 吴焯. 来华耶稣会士与清廷内务府造办处 ［M］//郑陪凯. 九州学林. 上海：复旦大学出版社，2004（夏季）：69.

④ 白晋. 康熙皇帝 ［M］. 赵晨，译. 刘耀武，校. 哈尔滨：黑龙江人民出版社，1981：43.

⑤ 崇璋. 逊清御用工厂之造办处 ［N］. 中华周报，1945，2（18）：14-15.

王路易十四介绍中国皇帝和中国的书。书中再次提到"科学院"的设想：

> 这位皇帝的意图是让已在中国的耶稣会士和新来的耶稣会士在一起，在朝廷组成一个附属于法国王室科学院的科学院。我们用满语起草了一本小册子，介绍了法国王室科学院部分文化职能后，皇上对这些职能有了更深刻的认识。他平时就考虑编纂关于西洋各种科学和艺术的汉文书籍，并使之在国内流传。因此，皇上希望这些著作的一切论文从纯粹科学的最优秀的源泉，即法国王室科学院中汲取。所以康熙皇帝想要从法国招聘耶稣会士，在皇宫中建立科学院。[①]

显然，书中所言"在朝廷组成一个附属于法国王室科学院的科学院"，只是白晋的说辞。这个设想符合法国国王路易十四的意图，能够容易获得他的支持从而派遣耶稣会士到中国。1699 年，巴多明、杜德美、傅圣泽等人来华。

1713 年，康熙在畅春园蒙养斋建立算学馆，编纂《历象考成》《数理精蕴》等大型科学著作，并在全国范围内进行测量。韩琦认为，蒙养斋算学馆的成立很可能受到法国皇家科学院的影响。[②]

从康熙皇帝的角度，讲习"西学"的耶稣会士，一方面向他传播西方近代科学、技术和艺术的知识，另一方面也促使他在宫廷制度里寻找检验和应用"西学"知识的方式，例如紫禁城内成立养心殿造办处、紫禁城外设立蒙养斋算学馆，乃至进行全国范围的大地测量。

（二）养心殿的作坊

康熙时期，清宫造办处的作坊就有了中西匠人。传统作坊以养心殿旧有的御制传统为主，有砚作（康熙四十四年由武英殿改归）、珐琅作（康熙五十七年由武英殿改归），以及《张诚日记》中提及由弓箭匠、装裱匠、木匠、金匠、铜匠、画匠、雕刻匠、油漆匠等匠役形成的作坊（只是此时

---

① 白晋. 康熙皇帝［M］. 赵晨，译. 刘耀武，校. 哈尔滨：黑龙江人民出版社，1981：61.

② 韩琦. 中国科学技术的西传及其影响［M］. 石家庄：河北人民出版社，1999：27.

并无具体名称）。如在康熙朝的满文奏折中记载了关于养心殿造佛的事：

（康熙三十五年九月二十四日，皇太子臣胤礽）"奉谕：沿途蒙古
人甚多，养心殿所造之佛像即将赐完，若造毕，多送些来，钦此"钦
遵。问羌国忠："上围猎所携之佛像，模型未定。今模型尚未修整毕，
故此未造。今仍用旧模型赶造，急速送之。待新模型成功后，另造急
速送往。"①

皇上钦谕：谨送养心殿所造佛像五十六尊。（朱批：知道了。）厄
鲁特工匠锤制鞍辔甲叶之铁片已嵌金完竣，遣送奏览。或钉于原马辔
头后鞦或另钉之，请旨。（朱批：所造甚好，入系原鞍辔之铁片者，
则钉于原鞍辔，新造者则暂待。）

皇太子胤礽曾在康熙朝一度管理养心殿造办处事务。因而，康熙皇帝
在围猎时，在奏折中下旨养心殿负责制造赐蒙古人佛像之事由他负责。

另外，也有不知名的作坊制造珊瑚金玉等器物：

（康熙四十四年）十二月初四日，武英殿总监造员外郎赫世亨等
来文，养心殿造金累丝手帕结子两个，为嵌花领去珊瑚四钱，绿松石
四钱二分。

初七日，武英殿总监造员外郎赫世亨等来文，养心殿造金累丝簪
子七双，为嵌花领取金箔二两八钱二分，琥珀八钱，珊瑚圆子儿三
颗，重七钱一分，珊瑚二钱，绿松石三钱。

初十日，武英殿总监造员外郎赫世亨等来文，养心殿造金累丝簪
子十双，为嵌花领去珊瑚圆子儿六颗，重七钱五分，珊瑚两钱五份，
金箔三两一钱，琥珀一两一钱，绿松石四钱三分。②

还有制造西式药品的作坊和玻璃厂。亦有相关史料为证："将养心殿
所造西洋如勒伯伯喇都御用药谨封十两，上等生姜四斤，连同此文抵达之

---

① 中国第一历史档案馆. 康熙朝满文朱批奏折全译［M］. 北京：中国社会科学
出版社，1996：105.

② 中国第一历史档案馆. 康熙朝满文朱批奏折全译［M］. 北京：中国社会科学
出版社，1996：405.

事一并送宫，自京城具奏，五月初二日辰时到。"①

白晋《康熙皇帝》中也记载了这时的药物制造情况。"（我们）在宫内皇上指定的房间，设置了类似实验室的设备。其中有各种形状的炉灶，适于化学实验用的各种器皿、用具之类的物品。皇上毫不吝惜，要用白银制造这些实验用具。我们领导了这项工作，在这三个月里，指导中国人制成了干燥剂、糖浆制剂、浸膏等几种试剂。皇上时常驾临实验室观察制药作业。这项工作一结束，皇上就满意地旨谕把这些试剂，全部留作御用药品。皇上旨谕用金银制造了旅行药壶。皇上特别喜欢在旅途中把这些药品赐给随驾的皇子、朝廷王侯及侍从人员。"②

玻璃厂设立于康熙三十五年（1696）③。在此之前，清廷的玻璃品制造由工部负责。玻璃厂设立以后，清宫造办处正式负责清廷玻璃制品的承制。创建玻璃厂的关键人物是来自德国的纪理安神父（Bernard-Kilian Stumpf，1655—1720）④。这时期玻璃厂主要承担着制造内廷陈设和赏赐的玻璃器皿，以及应用于数学和天文学方面的光学玻璃仪器。⑤

鉴于作坊的设立与规范，清宫造办处的管理人员也随之得到增加（见表4）。成立时期的管理人员较少，管理大臣为兼职，监造负责具体工作的监督，笔帖式负责文移。

---

① 中国第一历史档案馆. 康熙朝满文朱批奏折全译 ［M］. 北京：中国社会科学出版社，1996：84.

② 白晋. 康熙皇帝 ［M］. 赵晨，译. 刘耀武，校. 哈尔滨：黑龙江人民出版社，1981：42.

③ 钦定大清会典事例（光绪重修本）卷一千一百七十三·内务府/官制/养心殿造办处条.

④ 林业强. 清内务府造办处玻璃厂杂考 ［M］//林业强，虹影瑶辉. 李景勋藏清代玻璃. 香港：香港中文大学文物馆，2000：15.

⑤ 库尔提斯. 清朝的玻璃制造与耶稣会士在蚕池口的作坊 ［J］. 米辰峰，译. 故宫博物院院刊，2003（1）：63.

表4 康熙朝清宫造办处管理人员变化统计表

名称时间		K 初	K29	K35	K36	K42	K44	K48	K49	K56	K57
职务及数量	管理大臣	无定	无定	1	1	1	1	1	1	1	1
	监造	4	4	4	6	6	8	6	8	10	11
	笔帖式	1	2	2	2	3	3	3	4	4	4
总量		5	6	7	9	10	12	10	13	15	16

清宫造办处的成立是基于自明代以来养心殿旧有的制造传统和为配合康熙皇帝"西学"活动而开展的，是康熙皇帝主导下的内廷制造人员与"西学"讲授人员通力合作的结果。清宫造办处诞生于康熙皇帝"西学"的过程中，担当了康熙皇帝的"科学实验室"。

康熙年间，清宫造办处所带有的"科学实验室"属性，在清宫造办处的历史上显得十分特别。但如果认为，清宫造办处是康熙皇帝为了发展西方科学和技术，而成立了中国的"皇家科学院"，那就犯了一个历史常识性错误。

不论康熙皇帝对"西学"的学习与认知有多大的深度与广度，他作为一国之主的角色并未有过动摇。这 角色赋了了他作为帝国的裁判和权威形象，甚至有时候带有一种满族君主对汉族大臣的文化"示威"之意①，为己所"用"一直是他学习"西学"的主要目的。因此，我们可以看到康熙皇帝对中西技艺的各种利用。可以说，这个有着"科学实验室"外号的清宫造办处，是康熙皇帝为满足他对近代"西学"的好奇，和对近代技术的有用而存在的。

西方近代科学技术的强大社会性影响，是科学家的科学探索跨越到社会应用的结果，这一过程与各种支持这种跨越的社会建制化进程紧密相连。科学知识的社会化过程是艰难、多重、长时、多力量综合的结果。科

---

① 韩琦. 科学、知识与权力：日影观测与康熙在历法改革中的作用 [J]. 自然科学史研究，2011（1）：6.

学家将知识为己所用和当权者（统治者或资本家）将知识为民所用有着本质区别。

董光璧指出，从1582年利玛窦进入中国，国人开始接触西方近代科学技术，到1928年中央研究院的设立，科学技术在中国进入体制化发展期，有三百多年的科学启蒙期。其间经历了传教士的科学输入、洋务运动的技术引进和知识分子的科学文化运动启蒙"三部曲"，才让产生自欧洲的近代科学技术在中国得以真正落地。①

丁海斌用"官科技"概念指中国古代的科技主体、科技活动、科技成果的形成与流传等，多以官方为主或与官方有密切联系的一切现象。② 这种现象连同续接式科技史研究，让今人面对康熙皇帝的"西学"活动时，总会有意无意地，将科技政策制定者身份集合进他科学知识爱好者、学习者、探索者身份，尤其是把他放在同一时期欧洲帝王坐标系中，由此得到一些哀叹康熙皇帝"错失"发展近代科学技术机遇的观点。这背后的逻辑，其实就是"李约瑟之问"的反问题。

杜石然指出："从汉代的少府尚方到清代内务府造办处，历代的官府内廷对历代的科学技术发展，都做出了贡献。特别是对刀剑制造、瓷器制造、纺织品织造、宫廷园林建造等方面的创新、创造是人所共知的。"③ 孙立天指出，康熙朝的中西交流是双向的，传教士们在中外之间传递各自所缺的科学和技术，如中国瓷器烧制技术的传出和欧洲玻璃技术的传入。④ 清宫造办处早期的历史，的确与西方近代科学和技术有过交集，这也是西方近代科学和技术传入中国的早期形态，具有重要的历史意义。

---

① 董光璧. 中国近现代科学技术史论纲［M］. 长沙：湖南教育出版社，1991：5.

② 丁海斌. 清代"官科技"群体的养成与结构研究［M］. 北京：中国社会科学出版社，2008：序5.

③ 杜石然. 中国科技通史的若干问题：科学技术. 历史. 文化. 社会［J］. 自然科学史研究，2013（3）：330.

④ 孙立天. 康熙的红票：全球化中的清朝［M］. 北京：商务印书馆，2024：144-145.

二、发展期（1723—1735）：雍正皇帝的"托物言志所"

清宫造办处在雍正朝进入发展期。主要特征为：清宫造办处作坊增多，库房设立完毕，出现专职管理人员，实现工作独立。这些变化主要得益于雍正皇帝对清宫造办处开展的"改革三部曲"，即收权于清宫造办处、定"内庭恭造之式"和管理事必躬亲。

（一）收权

一方面，设立库房，立档备案，使制造活动有章可查、有例可循。雍正元年（1723），"奏准：设六品库掌一人。又奏准：造办处立库，将炮枪处、珐琅处、舆图处、自鸣钟处俱归并造办处管理，增设六品库掌三人，八品催总九人，笔帖式八人"①。

库房的设立使得清宫造办处有了更多自主性，在制造器物方面可以不经过内务府其他部门，直接在部门内实现物料钱粮领用并制造。雍正元年（1723）七月二十九日，怡亲王对这一情况进行了统一说明：

> 怡亲王谕：历来造办处成做活计，俱向各司院咨行红票，内开"照样做给"等语。想来该管处指称"照样做给"之语，其中恐有冒销材料等弊。今造办处既设立库房，如有应用材料，俱向各该处行来，本库预备使用，则材料庶不致靡费。再本处一应所做活计，俱系御用之物，其名色亦不便声明写出，嗣后凡给各司院等处行文红票内，俱不必写出各名色等。因我已奏明，奉旨准行，钦此。②

另一方面，调整作房（见表5），聚集资源，并最终构建了紫禁城、圆明园两地作房办公的"城园两重格局"。雍正二年（1724），圆明园设造办处。

---

① 托津，等. 近代中国史料丛刊三编：第70辑　钦定大清会典事例（嘉庆朝）：卷885—897　内务府［M］. 台北：文海出版社，1992：6551-6552.

② 01-61Y010729记事录。

表5　雍正朝清宫造办处作房设置一览表

作房性质	作房名称①
常设作房	鞍作、裱作、玻璃厂、大器作、雕銮作、锭子药作、镀金作、珐琅作、弓作、花儿作、画作、甲作、刻字作、累丝作、炉作、木作、炮枪处、皮作、撒花作、铜作、錽作、匣作、香袋作、镶嵌作、绣作、镟作、眼镜作、砚牙作、油漆作、舆图处、玉作、杂活作、自鸣钟处
临时作房	圆明园头所档、圆明园四所档、圆明园六所档、圆明园接秀山房档、南熏殿档
记事类	记事录、库贮

至雍正七年（1729），清宫造办处有了自己的行文图记。（见彩图11）

"雍正七年十一月，奏准：铸给图记。凡添裁钱粮、取送物料、出入禁门等事，俱钤押图记自行，每月底景运门护军统领将本处咨行印文移送内务府转交本处查核。"② 造办处图记的具体样子为："养心殿造办处铜图记，方一寸七分，厚四分五厘，悬针篆"③。

2020年，故宫博物院举办了"丹宸永固：紫禁城建成六百年"大展，

---

① 其中，"裱作"又见档案"表作"，"玻璃厂"又见档案"玻璃作""烧造玻璃厂"，"锭子药作"又见档案"锭子作"，"珐琅作"又见档案"珐琅处"，"炉作"又见档案"铸炉作"，"炮枪处"又见档案"炮枪作""枪炮作""枪炮处"，"砚牙作"又见档案"砚作""牙作"，"油漆作"又见档案"油作""漆作"，"舆图处"又见档案"舆图作"，"自鸣钟处"又见档案"自鸣钟"。"圆明园四所档"又见档案"四所等处档"，"圆明园六所档"又见档案"六所""六所档"。"记事录"又见档案"记事档""记事杂录""杂录""杂录档"，"库贮"又见档案"库档""库""库贮档""库贮材料""交库存收档""交库存材料"。

② 钦定总管内务府现行则例［M］//故宫博物院.故宫珍本丛刊：第309册.海口：海南出版社，2000：288.

③ 赵尔巽，等.清史稿：卷84—卷130［M］.许凯，等标点.长春：吉林人民出版社，1995：2090.

展出了"养心殿造办处图记"印章。① 图记的颁发标志着清宫造办处与内务府其他部门真正意义上实现了平级，成为受皇权控制下的由诸多作房组成的御用器物制造机构。

（二）定式

雍正初年大肆开展的清宫造办处作房调整活动，必然会导致宫廷御用器物制造数量的增加。由此带来了进一步的问题：作品的参差不齐与"匠气"。对此，雍正皇帝早有防范，对活计进行了大量的规范。

雍正五年（1727）闰三月初三日这一天，雍正皇帝正式下达了制造要符合宫廷体制的"内庭恭造之式"的谕旨（见图5）：

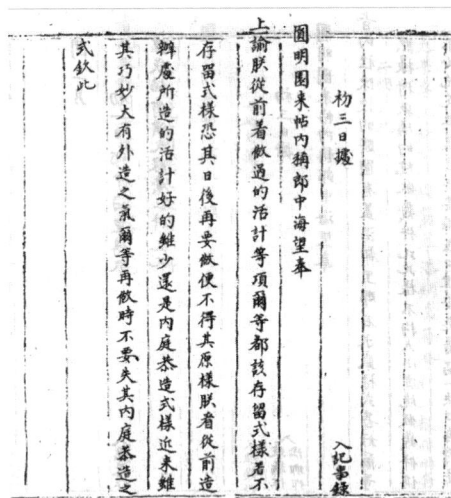

图 5 "内庭恭造之式"谕旨

> 朕从前著做过的活计等项，尔等都该存留式样，若不存留式样，恐其日后再要做便不得其原样，朕看从前造办处所造的活计好的虽少，还是内庭恭造式样，近来虽其巧妙，大有外造之气，尔等再做时，不要失其内庭恭造之式，钦此。②

所谓"内庭恭造之式"，杨伯达（1927—2021）总结为，"指材料、工艺、款式、色彩、风格中符合皇帝的口味、爱好的那部分"，"内廷作坊为皇帝制造的用品中所体现的皇家标准形式"③。这样的界定是较为准确的。

雍正皇帝对器物制造的这一谕旨，成为后代宫廷御制器物的最高标

---

① 展览名称："丹宸永固：紫禁城建成六百年"；展览时间：2020 年 9 月 10 日至 11 月 15 日；展览地点：故宫博物院午门正楼展厅。

② 02-456Y05r0303 记事录。

③ 杨伯达. 清代造办处的"恭造式样"［J］. 上海工艺美术，2007（4）：15.

准。在"内庭恭造之式"标准的指导下，海内之器被规整为帝王之器，四方之匠逐渐演化为内廷之匠，而四海技艺也转变为宫廷技艺。

（三）躬亲

雍正皇帝除了对清宫造办处的机构进行了调整，对制器标准进行规范，他还深入造办处的人事和器物制造方面。比如，亲派信得过的人担任造办处管理要职，怡亲王允祥即是他的派遣。事实证明，怡亲王对清宫造办处的管理是行之有效的。

事必躬亲的管理还表现在他对器物制造整个流程的把握（见图6）。

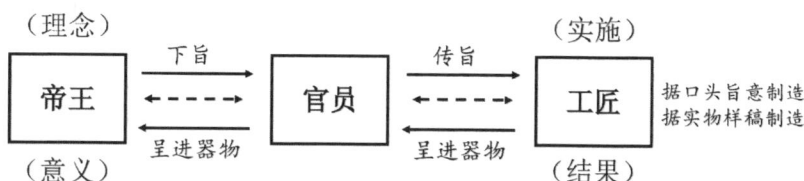

注：实线箭头表示上一步直接导致下一步，虚线箭头皇帝会根据工匠的制作
　　情况反复提意见，与工匠有多次互动，器物最终由皇帝下旨安置去处

图6　雍正朝清宫造办处活计承办流程图

雍正皇帝通过收权、定式和事必躬亲的管理等"改革三部曲"实现了皇权对技艺的控制，也使得清宫造办处在作房设置、匠人管理、人员配备方面均为后代奠定了基础，并开创了这一时期"雍正制"器物典雅秀美的风格，成为清代宫廷器物制造的典范。发展时期的清宫造办处，诸项事宜生机勃勃。清宫造办处也成为雍正皇帝的"托物言志"之所，承载了他以器载道的家国情怀。

三、鼎盛期（1736—1798）：乾隆皇帝的多宝工作坊

清宫造办处的鼎盛期从乾隆元年至嘉庆三年（1736—1798），这是乾隆皇帝在位及太上皇三年时期。这一时期造办处的总体特征是：大。具体有以下三方面的变化：一是作坊数量最多，遍布紫禁城和圆明园；二是管理机构最全，管理体系完整；三是宫廷与地方联系紧密，形成全国性的制造网络。

（一）作坊增多

1736 年，乾隆皇帝即位后，清宫造办处制器任务大大增加。与此同时，清宫造办处的作坊数量也跟着增多。乾隆朝新增的作坊名称有 18 个："摆锡作""裁作""成衣作""刀儿作""灯作""雕作""广木作""画院""画院处""盔头作""启祥宫""如意馆""绦儿作""镟床作""錾花作""铸炉处""装修处""做钟处"。

作坊增多是作坊分工更加精细化的表现。但由于宫廷制器数量的增加，雍正时期所建立的作坊专业性被打破，导致新时期的精细化作坊在承接活计中应接不暇，出现同类活计由不同作坊兼做的场面。例如乾隆九年（1744）二月和十月造办处接到制造通草戴花四十匣、通草娃娃十匣的任务，但分别由花儿作和皮作负责①。作坊的精细化带来了作坊管理混乱的新问题。

到乾隆中期，乾隆初年活计膨胀带来的作坊管理混乱问题得到遏制。乾隆二十年（1755）三月，清宫造办处作坊发生了一次重大变化。据《钦定总管内务府现行则例》载：

> 将本处三十余作择其作厂相类者归并五处，每作派库掌、催长、委署催总，令其专视活计、领办钱粮，使伊等互相稽查。酌定：
>
> 将匣作、裱作、画作、广木作此四作归并一作，木作、漆作、雕銮作、镟作、刻字作此五作归并一作，灯作、裁作、花儿作、绦儿作、穿珠作、皮作、绣作此七作归并一作，镀金作、玉作、累丝作、錾花作、镶嵌作、牙作、砚作此七作归并一作，铜作、錽作、杂活作、风枪作、眼镜作此五作归并一作。
>
> 以上共二十八作归并五作，其余如意馆、做钟处、玻璃厂、铸炉处、炮枪处、舆图房、弓作、鞍甲作、珐琅作、画院处等十作仍各为一作。②

---

① 13-27Q090210 花儿作，13-25Q091030 皮作。

② 钦定总管内务府现行则例［M］//故宫博物院. 故宫珍本丛刊：第 309 册. 海口：海南出版社，2000：295.

其归并后的五作名称不详，但据嘉庆朝《钦定大清会典事例》卷九百十七内务府载：

> 原定造办处预备工作，以成造内庭交办什件。其各作有铸炉处，如意馆，玻璃厂，做钟处，舆图房，珐琅作，盔头作，及金玉作所属之累丝作、镀金作、錾花作、砚作、镶嵌作、摆锡作、牙作、油木作所属之雕作、漆作、刻字作、镟作，匣裱作所属之画作、镟作、广木作，灯裁作所属之绣作、绦儿作、花作、皮作、穿珠作，铜錽作所属之凿活作、刀儿作、风枪作、眼镜作，炮枪处所属之弓作。①

可知，所属归并后的五作为：匣裱作、油木作、灯裁作、金玉作、铜錽作。这五大作，也成为后世清宫造办处作坊的基础，不管其他作坊如何变动，这五个大作基本没有变。

（二）督催房、查核房

在作坊增多的同时，设立了新的管理机构进行配套。

乾隆十三年（1748）十一月，设立了督催房和查核房。"设立督催、查核二房，专设人员办理，凡各作成做活计有查核人员大量查看，务令确实报销，又有督催人员计日勒限不使旷工迟滞。"

督催房负责办理"年总奏销折稿、各作勒限号簿、催办活计档案，并活计房如意馆呈报题头稿件等项"。到乾隆后期，所处理的文件逐渐增多，嘉庆初年出现多次申请置办装档案的木格的申请。一般，木格高 8 尺，面宽 5 尺，进深 2 尺 2 寸，用铁叶包角并行黄油墩布单帘。②

督催、查核二房的设立，意味着清宫造办处建立了"钱粮—物料—作坊—查核—督催—存贮—建档"系统的管理链条，标志着清宫造办处建制的全部完善。

（三）"京外九处"

鼎盛时期，除了京内造办处作坊的增多和管理机构的完善，京外的制

---

① 托津，等. 近代中国史料丛刊三编：第 70 辑 钦定大清会典事例（嘉庆朝）：卷 909—920 内务府 [M]. 台北：文海出版社，1992：7926.

② J060929 记事录，卷 3705-缩 156《嘉庆六年各作成做活计清档（记事录）》。

造地也不断被纳入清宫造办处的业务管理内，出现以"京外九处"为核心的全国性制造网络。

所谓"京外九处"，指分布于地方的"两盐政、三织造、四监督"，即两淮盐政（位于今江苏扬州）、长芦盐政（位于今天津）、苏州织造（位于今江苏苏州）、杭州织造（位于今浙江杭州）、江宁织造（位于今江苏南京）、九江关监督（位于今江西九江）、淮关监督（位于今江苏淮安）、凤阳关监督（位于今安徽凤阳）、粤海关监督（位于今广东广州）。此外，西藏和新疆也曾作为匠人和原材料的供给地，在清宫造办处的制造网络中扮演过重要角色。作为京内作坊的补充，上述地点承接京内下派的各种器物。"江南三织造"、江西景德镇和粤海关是所有京外制造地中，承办任务最多的地方。

（四）大建大造

清宫造办处在乾隆时期的上述变化，直接成就了这时期器物制造数量的增加。李宏为统计了乾隆钦定的刻款玉器，多达 557 件①。

清入关以后，紫禁城内悉沿前明之旧，顺治、康熙两朝仅缮饰而居，很少别有兴筑。单纯的室内陈设与日用，并不能产生如此之高的制造工作量。乾隆时期，造办处的高峰与新的宫殿苑囿的营建修缮互为一体。乾隆年间，新建、扩建一批宫殿，土木丹青，穷极宏丽。嘉庆十一年（1806）成书的《国朝宫史续编》记录了乾隆二十七年（1762）以后紫禁城修建的情况：

> 宁寿宫：乾隆三十七年修建。
>
> 毓庆宫：康熙时为皇太子允礽特建。弘历十二岁入居此宫，十七岁结婚后移居重华宫。弘历即位后，毓庆宫作为"龙潜发迹"圣第，其他人不能再居住此处，闲置起来。至乾隆六十年九月，嘉庆帝即位，重新修葺，住此宫。
>
> 乾清宫：嘉庆二年十月失火重建。三年十月竣工。
>
> 文渊阁：明时已毁于火。乾隆三十九年重建，仿宁波天一阁。

---

① 李宏为. 乾隆与玉［M］. 北京：华文出版社，2013：543-548.

紫光阁：乾隆二十五年重修，二十六年一月落成，四十一年展接前庑。①

更不用说还有圆明园等苑囿的修建与维护。

整个乾隆时期，清宫造办处呈现出一派繁荣景象。"大清帝国"这一形象通过器物体现出它的时代威严。这一时期，清宫造办处已经变成乾隆皇帝的不二"多宝"工作坊，是清宫造办处历史中最辉煌的阶段。

四、守成期（1799—1908）：嘉道诸帝的生活御制所

守成期为嘉庆四年至光绪三十四年（1799—1908），这一时期造办处的总体特点是：发展趋弱，但能够做到维持有序。

（一）圣制节俭论

宫廷的风尚引领地方潮流，所谓"上有所好，下必甚焉"。为了杜绝地方官员的奢靡投好，雍正十二年（1734），皇帝曾禁止广东进贡象牙席：

四月庚午，谕大学士等：朕于一切器具，但取朴素适用，不尚华丽工巧，屡降谕旨甚明，从前广东曾进象牙席，朕甚不取，以为不过偶然之进献，未降谕旨切戒，今则献者日多，大非朕意，夫以象牙编织为器，或如团扇之类，其体尚小，今制为座席，则取材甚多，倍费人工，开奢靡之端矣，著传谕广东督抚，若广东工匠为此，则禁其毋得再制，若从海洋而来，从此屏弃勿买，则制造之风，自然止息矣。②

乾隆后期也曾下旨斥责织造进贡之玉质器皿雕空无实用。清宫造办处也开始减少活计量，杜绝奢靡浪费。乾隆六十年八月初六日，造办处奏请年例糊饰宫内殿窗，皇帝下旨："各殿座窗槅换糊之处太多，恐系该管官

---

① 庆桂，等. 国朝宫史续编：上［M］. 左步青，校点. 北京：北京古籍出版社，1994：序言10.

② 本书编者. 清实录：第8册 世宗宪皇帝实录（二）：卷77至卷159 雍正七年至十三年［M］. 影印本. 北京：中华书局，2012：7784.

员借端糜费。著寄信伊龄阿，将朕不常临幸之处再加删减。"①

乾隆皇帝归政太上皇后明确表示，"朕御宇六十年来，国家升平昌阜，大内存贮，珍物骈罗，即佛像无可供奉之处"，嘉庆皇帝"以简朴为天下先，原不宜贵奇与奢华之物"，谕令王公大臣地方官员不必进贡。②

事实上嘉庆皇帝的确倡导简朴。在潜邸时"深有鉴于宫室服御宜征巧而戒奢"，曾做御试之作《圣制节俭论》：

俭，美德也。

古昔帝王莫不崇俭则治。然俭贵乎有节，而节用又以爱人为本，非所谓聚敛掊克也。夫治国者理财为要，足食足兵，非用财乎？是当用而不应节也。宫室服御，备物而已，若逞巧盈侈，蒿国正用，是所当节也。而又必以勤政亲贤之念主于中，得其当止之道，无过不及矣。

治天下者，先言节俭。创业之君，茅茨土阶，不期俭而自俭。守成之主，安富尊荣，易至于骄奢，而怠心生，敬念懈，政不纲矣。洪惟龙兴东海，甲奋十三，混一海宇，敬瞻盛京故宫，不斩不雕，葛灯土壁，万世景仰。钦惟帝政，裁汰冗费，于养民治实惠不惜帑金，普免天下钱粮，于用兵之赏劝又数千万，内外臣民，涵泳圣德。而躬行节俭，法先启后，垂念深远。圣人执中建极，无所偏倚，以节俭为政本，以祖宗之心为心，斯可以开万年之鸿规，用溥渥泽于无涯也夫。③

嘉庆皇帝在《圣制节俭论》中充分表达了"守成"的思想。嘉庆皇帝倡导节俭的原因是多方面的：一是践行其父乾隆皇帝晚年禁止奢靡的主张，二是宫廷现有物料充足，三是来自现实的治国压力。仅人口来说，顺治初年，各省民数只有一千零六十三万余口，至嘉庆中期增至二万八千余

① 庆桂，等. 国朝宫史续编：下［M］. 左步青，校点. 北京：北京古籍出版社，1994：650（卷之七十一 经费三）.

② 庆桂，等. 国朝宫史续编：下［M］. 左步青，校点. 北京：北京古籍出版社，1994：651（卷之七十一 经费三）.

③ 庆桂，等. 国朝宫史续编：下［M］. 左步青，校点. 北京：北京古籍出版社，1994：653.

万口，增加了二十多倍。因此，他多次下发了有关节俭的政令、措施、谕旨。嘉庆十三年（1808），将历来宫廷每年元旦筵宴，改为十年一届①。嘉庆十七年（1812），因造办处所贮玉丰富，将和阗叶尔羌每年采进贡玉四千余斤减少至二千斤，至道光元年（1821），皇帝直接命令停止采玉进贡。②

这些节俭的倡议在实施中往往会遇到困难。嘉庆皇帝在多次的节俭论中表达出天子节俭的不易。"天子之节俭与庶人不同矣。世道人心，日流日下，逢君之欲者多，引君以道者寡。"③

（二）在京买办

道光朝开始，清宫造办处的造办量减少，在京买办成为造办处的任务之一。"买办"是中国历史上已有的词语，明代指专司宫廷供应的商人。但在近代中国语境中，"买办"一词的含义几经变迁。

清代，凡官宦家族的采购人员称为"买办"，即"公家采办员"。在广州十三行时代对外贸易中，招待外国商人的商馆中办事人员统称"买办"，意为"采买者"。道光二十二年（1842），清政府签订中英《南京条约》，被迫废除了十三行独揽中国对外贸易的制度。咸丰六年（1856），第二次鸦片战争之后，"买办"逐渐用来形容外商企业在中国从事经济侵略活动的代理人和工具④。

造办处在京买办，采用的旧称，为宫廷采办器物，采买的范围除了当地的商品，还包括进口的商品。

道光十八年（1838）三月二十九日，炮枪处照牛角烘药葫芦样买办烘

---

① 庆桂，等. 国朝宫史续编：下［M］. 左步青，校点. 北京：北京古籍出版社，1994：652.

② 本书编者. 清实录：第 33 册　宣宗成皇帝实录（一）：卷 1 至卷 63　嘉庆二十五年至道光三年［M］. 影印本. 北京：中华书局，1986：322-323.

③ 庆桂，等. 国朝宫史续编：下［M］. 左步青，校点. 北京：北京古籍出版社，1994：652.

④ 黄逸峰，姜铎，唐传泗，等. 旧中国的买办阶级［M］. 上海：上海人民出版社，1982：1-3.

药葫芦 1 件①；十月初八日，铜作买铜水壶 1 把②；

道光十九年（1839）七月十二日，金玉作和油木作买办 16 块小玻璃镶安于同乐园正殿西间和东耳殿③；

道光二十九年（1849）五月二十二日，活计房按照笔样买笔 30 支④；

咸丰二年（1852）十二月十八日，金玉作买办茜牙光红顶 3 个⑤；

咸丰三年（1853）十一月初一日，金玉作买办洋玻璃 1 块安于养心殿后殿寝宫窗户⑥；

咸丰七年（1857）二月十一日，金玉作买办绿玉珊瑚松石品级圈 20 个⑦。

咸丰皇帝在避暑山庄时，依然下旨指挥紫禁城内的造办处买办，要求造办处买办高丽伞两把、蓝布面长靶伞两把，要竹靶，轮头要大，再买办广东鸡几对，越小越好⑧。

这些买办活动很频繁，至咸丰年间，造办处专设"买办达"负责在京买办之事。咸丰十年（1860）闰三月二十一日，买办达接到在齐华门天恩帽铺买办凉朝冠的谕旨：

> 候补员外郎文琦、太监王福寿来说，太监金环传旨：在齐华门外买办凉朝冠三四顶，明日清早呈览，钦此。

> 于二十二日员外郎广英、太监王福寿来说，太监杨如意传旨：著成做凉朝冠一顶，要白罗面大红芝麻纱里上好红圆金月子，其提梁帽带帽圈俱按照上用朝冠式样成做，问天恩帽铺便知，赶紧要得，钦此。⑨

同治六年（1867）五月初二日，慈禧太后宫内的钟条坏了，太监安龄

---

① 卷 3004-缩 0021《道光十八年清档正月 二月 三月》D180329 炮枪处。

② 卷 3007-缩 0021《道光十八年清档十月 十一月 十二月》D181008 铜作。

③ 卷 3010-缩 0021《道光十九年清档七月 八月 九月》D190712 金玉作、油木作。

④ 卷 3049-缩 0027《道光二十九年清档四月 闰四月 五月 六月》D290522 活计房。

⑤ 卷 3060-缩 0030《咸丰二年清档十月 十一月 十二月》XF021218 金玉作。

⑥ 卷 3064-缩 0030《咸丰三年清档十月 十一月 十二月》XF031101 金玉作呈稿。

⑦ 卷 3073-缩 0032《咸丰七年清档正月 二月 三月》金玉作。

⑧ 卷 3089-缩 0033《咸丰十一年清档正月 二月 三月》XF110301。

⑨ 卷 3085-缩 0033《咸丰十年清档正月 二月 三月 闰三月》XF10r0321 买办达。

山交钟条 3 盘传旨造办处做钟处和铜鋄作照样买办钟条 3 盘①。不但对宫廷日用进行采办，连一些赏赐物也靠在外采办。同治八年（1869）十二月十五日，活计房和活计库收到谕旨买办小刀 1 把、火镰 100 把②。

造办处买办活动的增多，也从侧面反映了制造能力的急剧下降。此外，造办处的应对能力也减弱，同治年间出现许多急活计③。造办处在与京外织造沟通的几则行文中，透露出了京内造办的无力感。同治六年（1867）八月二十七日，造办处绣活处一天之内陆续收到皇帝给淮关监督和江南三织造下达的催促活计的谕旨，催促他们急速办理上用五色洒金绢 500 张（长 6 尺宽 3 尺 400 张，长 1 丈 6 尺宽 6 尺 100 张）、朱红绢福方 100 张（四龙）。这批活计在五月二十二日的时候已经传过旨，但并没有按时完成，故三个月后又下旨催促④。

（三）裁撤职官

道光年间，造办处开始裁撤大批管理人员和匠人。

道光十八年（1838）五月，奏准：本处原设公缺总管郎中两缺、郎中一缺，缘本处近年差务较少，将公缺郎中两员内裁撤一缺，公缺郎中一缺、题缺郎中一缺均作为总管郎中。

道光二十三年（1843）五月，奏准：裁撤南匠十一名。

道光二十六年（1846）二月，奏准：裁撤本处匠役五十二名。⑤

由于工匠的减少，很多活计无法开展。咸丰元年（1851）爆发的太平天国，导致清政府财政危机。咸丰三年（1853），清政府开始大规模发行

---

① 卷 3112-缩 0036《同治六年旨意题头清档五月 六月》T060502 做钟处、铜鋄作呈稿。

② 卷 3122-缩 0037《同治八年清档十月 十一月 十二月》T081215 活计房、活计库呈稿。

③ 卷 3113-缩 0036《同治六年旨意题头清档七月 八月 九月》T060918 匣裱作、如意馆呈稿。

④ 卷 3113-缩 0036《同治六年旨意题头清档七月 八月 九月》T060827 绣活处。

⑤ 钦定总管内务府现行则例［M］//故宫博物院. 故宫珍本丛刊：第 309 册. 海口：海南出版社，2000：288，307.

官票代替白银，用以抵补财政支出。咸丰三年（1853）三月十九日，造办处接到户部制造试行官票刻铜板 2 块的任务，但当时造办处没有刻铜字的匠役，如行文让粤海关传令刻字匠来京制造，时间又来不及。最后，这个任务转到礼部铸印局。礼部铸印局的外雇刻字匠张良说，铜板的字迹和花纹要求精细，需要三个月才能完成，另外找匠役也没有人能做。最终，商定改为木板刊刻①。造办处缺人、时间紧、任务重且急，是这一时期造办处工作的常态。

光绪三十年（1904），内廷诸多政令已经在当时的报刊公开发布。《东方杂志》刊登一则《政务处奏遵议裁并内务府司员差缺折》，文中显示"查原设造办处六品库掌十员，于雍正年间原设六员，嘉庆年间增设四员，今拟裁撤四员"。②

（四）制造小高峰

如果细分守成期的承办工作量，还可以发现其中有一个小高峰期，即咸丰二年至光绪二十四年（1852—1898）。其中，咸丰二年（1852）、同治十一年（1872）、同治十二年（1873）、同治十三年（1874）和光绪十四年（1888）这 5 年的承办量为本阶段最高。这一小高峰期和慈禧太后当权相对应，"慎德堂""大雅斋"等款瓷器的烧制和颐和园的修建均发生在这一时期。

然而，这个小高峰也只是清宫造办处辉煌历史中的一个"回光返照"。咸丰十年（1860），圆明园被烧。圆明园所属造办处亦没有了，圆明园的如意馆迁入紫禁城北五所。守成时期的清宫造办处实则沦为嘉道诸帝的生活御制所，仅仅成为维持宫廷礼制必需的制造机构。

五、消退期（1909—1924）：末代皇帝的器用维修处

光绪三十四年十一月初九日（1908 年 12 月 2 日），年仅三岁的爱新觉

---

① 卷 3061-缩 0030《咸丰三年清档正月 二月 三月》（1853）XF030319。

② 政务处奏遵议裁并内务府司员差缺折［J］. 东方杂志，1904，1（11）。

罗·溥仪登基，继承皇位，史称宣统皇帝。

这是宣统皇帝登基后，造办处的第一条旨意活计，由匣裱作和铜錽作承办：

> 光绪三十四年十一月十一日，值班库掌荣锟由懋勤殿太监刘双全传旨：著造办处进匠赴体顺堂殿内起揭下字画条斗横披对共十六件，格眼四槽，赶紧从新托裱换边，俟本日糊得时还贴，钦此。①

这是宣统三年十二月二十五日（1912 年 2 月 12 日）宣统皇帝退位前，造办处记录的最后一条旨意活计，由金玉作和灯裁作承办：

> 宣统三年十二月二十一日，活计房值班接收库掌顺庆、恒顺持来报单一件内开：金玉作、灯裁作为具报题头事，今为宣统三年十二月十二日四执事太监刘得顺交大正珠朝珠一盘、雕珊瑚朝珠一盘、东珠朝珠一盘、金珀朝珠一盘、小正珠朝珠一盘、光珊瑚朝珠一盘、光珊瑚朝珠一盘、小光珊瑚朝珠一盘、碧牙西朝珠一盘，传旨：著造办处从新传办，放长五分，背云宝盖出土见新，镀金点翠打红白珠纳纱三蓝绕绒结子，其朝珠子粒除传办外下余子粒交四执事太监刘得顺查验，数目相符一并持进，为此具报等因，呈明总管，准行，记此。②

很显然，这些"旨意"并不是来自时年五岁的宣统皇帝，而是摄政王爱新觉罗·载沣和隆裕太后。清宫造办处成为帝室的器用维修处，成为维护风雨飘摇的清皇室威严的最后一道保障。

民国元年十二月二十五日（1912 年 2 月 12 日），清帝被迫退位。依据民国政府给予清王室的优待条件，清帝退位后暂居在紫禁城乾清门广场以北的内廷，史称"小朝廷"。"小朝廷"的基本用度由民国政府拨给，服务人员方面"以前宫内所用各项执事人员可照常留用，惟以后不得再招阉人"③。逊帝溥仪退居紫禁城内廷，清宫造办处作为器用制造和维修机构得以留下来，同宫廷其他服务性机构一起服务"小朝廷"，但规模已大不如

---

① 卷 3270-缩 0058《光绪三十四年十一十二月旨意题头清档》G341111 匣裱作、铜錽作。

② 卷 3279-缩 0059《宣统三年十冬腊月旨意题头清档》XT031221 金玉作、灯裁作。

③ 中国第一历史档案馆. 宣统三年清皇室退位档案［J］. 历史档案，2011（3）：41.

前。（见彩图 12）

随后，清宫造办处作坊陆续没落以至消失。清宫造办处紫禁城外的作坊相继改为他用。1913 年，东直门内东北隅造办处所属之铸炉处存房二十余间，半已倾倒，其地被辟为菜园瓜圃。坐落西安门外大街的玻璃厂，有房舍约四十间，用于安置贫户居住。紫禁城内的作坊虽然被保留了下来，但也遭到裁撤。1914 年，溥仪对"小朝廷"内府官员进行了裁撤："常年经费既有定数，常年用款自当量入为出，方为持久之计。……造办处六品库掌六员，裁四员。"[1] 1922 年，又对内府官员进行了裁撤，由 616 名裁到 308 名。

1924 年，溥仪对内务府进行了第三次裁撤，将内务府七司三院的庞大机构裁改为四科，即总务科、文书科、会计科、采办科。然而，这次裁撤没多久，溥仪"小朝廷"也不复存在。在清王朝覆灭后的一纪之后，清宫造办处的历史正式结束。

本章小结

依据《活计清档》统计得到的清宫造办处历年承办工作量，是认识清宫造办处发展历史的基础。结合造办处不同作坊的不同技术性质和造办处建制化的程度（即管理机构、作坊设置、匠役种类和人数、官员任职情况和人数、帝王关心情况等），清宫造办处的历史可分为五个时期：成立期（1689—1722）、发展期（1723—1735）、鼎盛期（1736—1798）、守成期（1799—1908）和消退期（1909—1924）。

清宫造办处的不同时期对于不同皇帝而言意义不同，它是康熙皇帝的"科学实验室"，是雍正皇帝的"托物言志所"，是乾隆皇帝的"多宝工作坊"，也是嘉道诸帝的生活御制所，还是末代皇帝的器用维修处。这些意义与清宫造办处历年承办工作总量数据一起，共同揭示了皇权对技艺的影响，构成了清宫造办处跌宕起伏的历史。

---

① 秦国经. 逊清皇室轶事 [M]. 北京：紫禁城出版社，1985：10-12.

第四章 宫廷与地方：
清宫造办处的制造网络

清宫造办处的作坊分散于北京城内外不同区域，有宫廷作坊、皇城作坊、内城作坊和圆明园作坊。清帝王还充分利用全国各地的地缘优势，在多个地方布下制造和采办网点。雍乾时期，清宫造办处在宫廷与地方之间构建了全国性的制造版图。乾隆皇帝甚至借助通商口岸和传教士形成清宫造办处与欧洲制造者的长距离、长时段的造物联动。

一、清宫造办处的京内作坊体系

（一）"作"的专业性与弹性

"作"是中国传统手工技艺中的特有用语，表达专业工种之意。从历史上看，至迟在宋代"作"这一概念已经成熟。宋人李诚《营造法式》一书记录了12个"作"名，即石作、大木作、小木作、雕作、旋作、锯作、竹作、瓦作、泥作、彩画作、砖作、窑作①。

在《活计清档》及其他清代文献中常常出现"作房"二字。仔细分析可以发现，"作房"在文本中有三层含义：其一，同"作坊"，意为生产场所，如"传旨：着萨木哈立作房承办《秘殿珠林》字画手卷收拾见新胚囊

---

① 李诫. 营造法式：手绘彩图修订版［M］. 方木鱼，译注. 重庆：重庆出版社，2018.

配袱，钦此"①；其二，房屋建筑，如"传圆明园造办处各作房屋盖造年久俱有渗漏，着粘补收拾"②；其三，工匠生活场所，如乾隆九年（1744），西洋人沙如玉由于天冷申请在居住"作房"内打一铺地炕③。第一种含义强调"事"——专业分工；第二种强调"物"——房屋处所；第三种较少见，将工匠安排在工作地居住仅发生在西洋工匠身上，应当是在特定时期的临时措施。

值得注意的是，在传统手工技艺的分类中，"作"除了规定了工种上面的专业分工，还同时规定了对相应工种工匠的管理。因此，"作"还是最小的工匠管理单位。

清宫造办处的诸多作坊中，除了各种以"作"命名的作坊外，还有以"处""厂""馆""房"等命名的作坊。前者如"玉作""裱作""铜作"，后者如"铸炉处""玻璃厂""如意馆""舆图房"。

"处"表示处所，可能涉及的制造活动独立性较强，拥有较为独立的制造空间，如"铸炉处"。"厂"和"作"的含义最为接近。"馆"和"房"原为房屋名称用词，由于该房屋内有器物的制造活动，后引申为"作"之意，例如"如意馆"的作坊名即由此来。

《活计清档》中第一次出现的"如意馆"之名即为宫殿名。"（雍正四年八月）二十三日，据圆明园来帖内称，海望传旨：着照如意馆内陈设的一对书炕桌样式尺寸做高丽木边紫檀木心炕桌几张，再比此尺寸收小些炕桌亦做几张，钦此。"④ 此处的"如意馆"指的是圆明园内的宫殿。

"如意馆"由宫殿名变为作坊名发生在乾隆朝。乾隆皇帝在如意馆展开了雕刻绘画等活动，之后圆明园内的"如意馆"便与紫禁城内的"启祥宫"共同指称清宫造办处内负责雕刻绘画的作坊。二者相互呼应、相互指

---

① 12-686Q090216 画作。

② 10-286Q060327 记事录。

③ 乾隆九年九月十一日，首领孙祥为西洋人沙如玉等回称：京内居住作房1间，时天气寒冷，因我等身俱有疾难以忍寒，请欲打地炕一铺等语启怡亲王、内大臣海望、御前侍卫安宁，准行遵此，回明侍读学士沈嵛、色勒、李英、白世秀、沈嵛、郎中色勒、员外郎李英、司库白世秀：准行，记此。（12-307Q090911 记事录）

④ 02-27Y040823 木作。

代，工匠在紫禁城办公则为"启祥宫"，在圆明园办公则为"如意馆"。

严格说来，"处""厂""馆""房"等称呼和"作"的称呼没有本质区别，都是对分工的一种表达。然而，在清宫造办处的诸多作坊中，它们之间有细微的不同。一般来说，以"作"为名的作坊较为固定、单一、准确，以"处""厂""馆""房"命名的作坊较为多样、复杂、不定。当然，这种区别也只是相对的，有的时候"处"和"作"互为通用。如雍正时期《活计清档》出现"舆图处"和"舆图作"两种称呼，仔细对比文献可知，二者实指一处（见图7）。

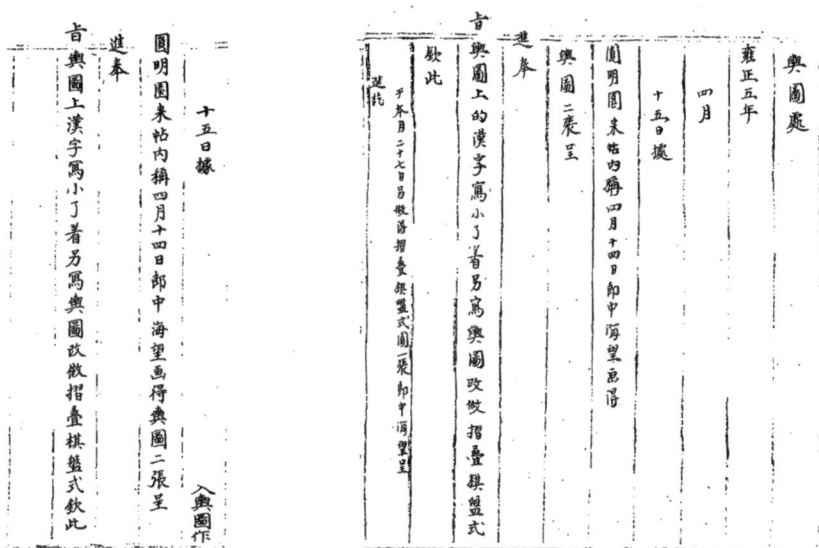

图7　《活计清档》中的同一活计不同记载现象对比图
（左：2-467Y050415 舆图作，右：2-744Y050415 舆图处）

有时候"厂"和"作"同时用于某种工种，表达位于不同位置的作坊，如位于内城的"玻璃厂"和位于圆明园的"玻璃作"。

"舆图处"和"舆图作"这种名称相似又实指同一作坊、"玻璃厂"和"玻璃作"名称相似指同一工种的现象在清宫造办处内非常典型。然而，清宫造办处存在许多作坊名称相似，但实指作坊异同不定的情况（见表6）。

表6　雍乾时期清宫造办处相似作坊名称异同统计表

相似作坊名称	异同性	文献出处
玻璃作、玻璃厂	同	2-698Y050116 烧造玻璃厂和 2-423Y050116 玻璃作；9-179Q040411 玻璃作
珐琅作、珐琅处	同	5-214Y100129 珐琅作和 5-466Y100129 珐琅处
炉作、铸炉作	同	2-510Y050816 炉作和 2-696Y050816 铸炉作；乾隆年间出现"铸炉处"
炮枪作、炮枪处、枪炮处	同	5-219Y100205 炮枪作和 5-553Y100205 炮枪处 1-161Y011024 炮枪作和 1-80Y011024 枪炮处
舆图作、舆图处	同	2-467Y050415 舆图作和 2-744Y050415 舆图处；乾隆年间改为"舆图房"
启祥宫、如意馆	同	位于不同地点的同一综合型作坊
画作、画院处	不同	画院处位于咸安宫，是较为独立的画画的地方，南熏殿、圆明园的春雨舒和等宫殿内的画画处亦归画院处管。画作归匣裱作负责
自鸣钟（处）、做钟处	不定	雍正年间，"自鸣钟（处）"承担存贮、修造自鸣钟等钟表的任务。乾隆年间，宫廷钟表增多，"自鸣钟（处）"逐渐转变为存贮钟表和发布钟表添减的命令、钟表匠人的管理沟通的作坊；"做钟处"承担钟表的存贮、修造任务

　　表6所反映的现象非常值得关注。通常来说，作为专业分工的依据，作坊的名称具有唯一性。然而，表6所示现象似乎是对这种唯一性的挑战。

　　事实上，如果仔细分析《活计清档》的文字表述可知，这种相似作坊名的异同现象仅仅是一种文本写作所造成的。在清宫造办处内部，部分作坊名称存在口头语和书面语、规范语和习惯语之间的细微差别。这些细微差别表达的是帝王、匠人、记录人员对作坊命名的不同认识；同时这种细微差别也表明，作坊名称并不是一成不变的"死规定"，而是具有表达上的弹性。当然，这种弹性更多是由帝王和记录人员在用，作为专业匠人，作坊的专业分工仍然是一种唯一性的体现。作坊命名的唯一性和表达上的弹性正好是清宫造办处技艺专业性与灵活性的表现。

清宫造办处作坊名称命名方式多样，有按工艺命名的，如绣作、镀金作、累丝作、镶嵌作、錽作、裱作、匣作、画作、镟作、刻字作、雕銮作；有按器形命名的，如花儿作、砚作、眼镜作、鞍作、甲作、锭子药作、弓作、铸炉作、炮枪处、香袋作、舆图处、自鸣钟处；还有按材质命名的，如皮作、牙作、玉作、铜作、油作、漆作、木作、玻璃厂、珐琅作等。

作坊的名称体现了作坊的性质。清宫造办处的历史很大程度上是作坊变化的历史，表现为作坊名称的细分与整合（见图8）。"作"是清宫造办处最小的技艺单位。

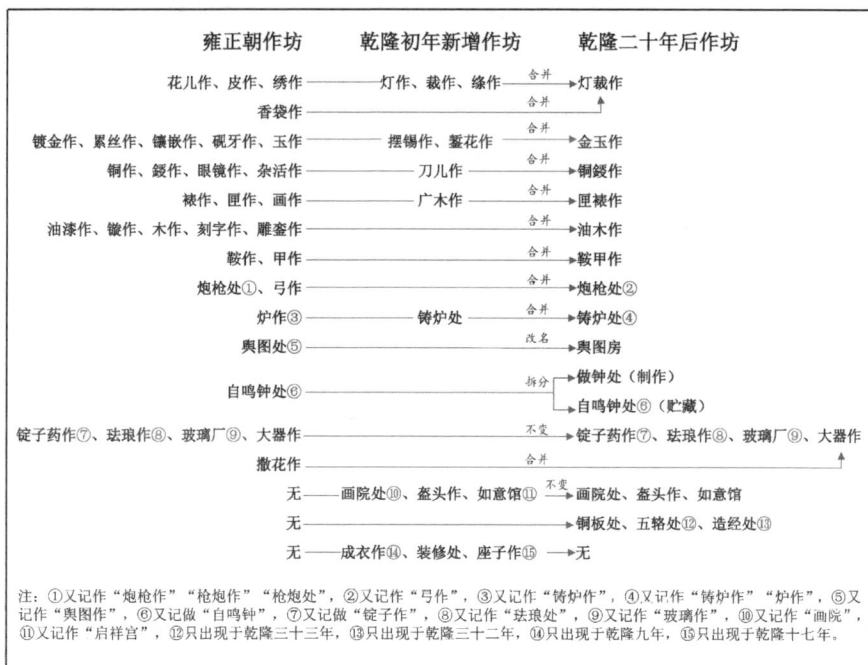

图 8 雍乾时期清宫造办处作坊名称演变图

从雍乾时期清宫造办处作坊名称的演变过程中可以看到，作坊名称在文本中的表达弹性不断被崩断，以致乾隆中期以后逐渐趋于消失。作坊名称弹性存在与消失的过程，与清宫造办处手艺分类的专业化与程式化过程相一致。作坊专业化，意味着器物制造分工的精细化。

雍乾时期，一件器物由多个作坊共同完成的情况很常见。这其实是某种程度上的流水作业模式。多个作坊分工制造，缩短了器物制造周期。乾隆时期，清宫造办处器物制造量达到历史之最高，与这种分工密不可分。清宫造办处内不同作坊独成体系又相互协作，实现了器物制造过程的最优，是传统手工技艺高度发达的表现。

（二）"城园两重格局"

翻开清代北京地图，你会轻易被北京城的凸字形布局吸引。它由四个部分组成，凸字上端有三层，最外层为内城，由八旗分向而住，外国人亦居内城；中间层为皇城，这里分布着大大小小的宫廷服务机构和国家机关；居中央的是紫禁城，众所周知这里是皇帝的住所和处理朝政之处，是普通民众的禁区。凸字下端为外城，这里居住的是民人，外城是清北京城的商业中心，四方之物会聚于此。

清宫造办处在北京城内的作坊大部分分布在凸字形的上端（见图9），它们包括宫廷作坊、皇城作坊和内城作坊。此外，还有位于北京城郊区圆明园内的作坊——圆明园造办处，构成了一个庞大的作坊体系。

1. **宫廷作坊：造办处、启祥宫、南熏殿、咸安宫**

宫廷作坊是清宫造办处的主要作坊区。位于紫禁城西路慈宁宫以南、武英殿以北的区域——造办处——是清宫造办处的核心所在。这一区域明代属于司礼监经厂直房，清代属于内务府办公区，在管理上有很多便利之处，尤其是在作坊扩大的情况下。

康熙三十年（1691），造办处作坊由养心殿第一次搬迁至内务府区域时，作坊数有一百五十一楹。康熙四十七年（1708），养心殿的作坊全部搬迁至此处。第二年（1709）又增加了附近的白虎殿后房百楹①。这是康

---

① 于敏中，英廉，窦光鼐，等. 日下旧闻考：第4册［M］. 北京：北京古籍出版社，1983：1192.

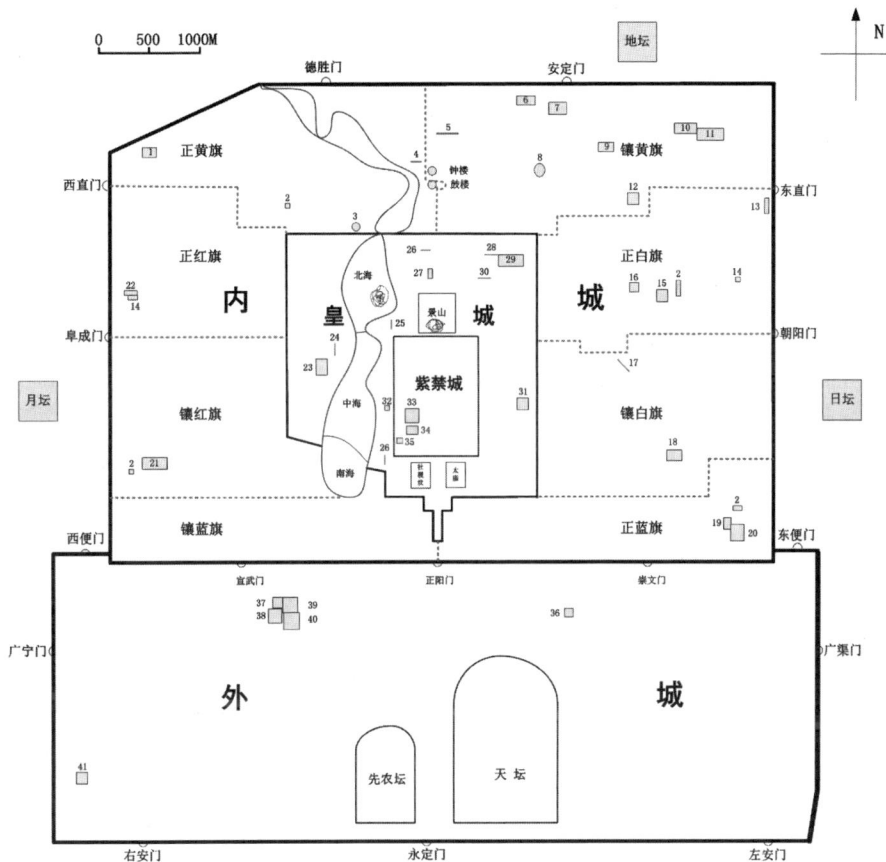

1-正红旗汉军砲局、正黄旗汉军砲局；2-铁匠营；3-宛平县衙门；4-铸钟厂胡同；5-玉作儿胡同；6-宝泉局西厂；7-工部砲局；8-顺天府衙门；9-钱局北作厂；10-铸炉处；11-镶黄旗砲局、正白旗砲局、镶白旗砲局、正蓝旗砲局；12-宝泉局；13-弓箭营；14-弓匠营；15-东作厂钱局；16-西作厂钱局；17-箭厂胡同；18-宝源钱局；19-宝源局；20-盔甲厂；21-镶蓝旗砲局、镶红旗砲局；22-鞍匠营；23-玻璃厂；24-小石作胡同；25-石作胡同；26-油漆作胡同；27-花爆作；28-织染局胡同；29-织染局；30-铁匠营胡同；31-盔头作；32-营造司镂作；33-造办处；34-武英殿；35-御书处；36-荷包厂；37-铁厂；38-绳厂；39-瓦厂；40-炭厂；41-药房

图 9 北京城官手工业局及作坊布局图（1750）（底图源自《清代北京城平面图》[1]，杨群、张学渝改绘）

熙年间清宫造办处的作坊情况。至此，内务府区域的造办处一直未变，至溥仪"小朝廷"解散而结束。

雍正皇帝即位后，在此基础上进行了扩充。雍正四年（1726），第一次扩充了造办处作坊。六月二十八日这天，下旨"将景山内造枪炮处的红

---

① 刘敦桢. 中国古代建筑史［M］. 北京：中国建筑工业出版社，1980：280.

炉并诸样家伙等件，限两日内俱各挪在白虎殿"①。景山枪炮处的红炉移动至紫禁城标志着清代"御制"枪炮制造体系的形成，与工部负责的"部制"和内务府武备院负责的"府制"共同形成了清代三大枪炮制造体系。几天后，七月初八日，郎中海望和穆森提交了因造办处作房不够用，想在白虎殿院内增盖房屋的申请，管理造办处的怡亲王批复了该申请②，之后白虎殿内又增加了数十间房屋。雍正年间造办处承办工作量的第一个高峰值（1013 回）正出现在雍正四年（1726），与此次作坊的扩张正好吻合。

清宫造办处的库房首设于雍正元年（1723），库房的数量和作坊的设立是匹配的。雍正四年（1726）作坊扩大的同时，库房也应增加才能满足制造与存贮的需求。然而，由于作坊数量的增多，库房的修造似乎并未跟紧，以至雍正六年（1728）库房仍未修造完。

雍正四年（1726）的作坊扩张，并未在长时期内符合内廷活计制造的需求。雍正七年（1729）造办处的工作量达到了雍正年间的最高值（1137回）。显然，不断增多的活计又使得造办处的作房略显局促。雍正十年（1732），清宫造办处又对作坊和库房进行了第二次扩充。这次扩充由内大臣海望负责。这年三月十九日，还对在圆明园的作坊管理事务的海望发布命令说，"京内作房不足用，将南院画样添盖些房子，可交与总理监修处监造，或用营造司现有旧材料将房样送来再定"，并吩咐画匠沈元画白虎殿添盖房屋的画样。四月十六日，沈元画好画样一张，并交样房做了烫样。两个多月后，六月二十三日，内大臣海望看过房样后，交给总理监修处郎中赫德、员外郎释迦保，让他们照样修造③。添盖作坊的事情算是办

① 01-789Y040628 杂录。

② 圆明园来帖内称：海望、穆森启称：养心殿外造办处匠役作房不足应用，欲知会营造司转交库房，将入官房内有可拆的木料移取十数间来盖在白虎殿院内，其采买物件动支造办处钱粮所用三顷石灰亦行营造司取用等语，启怡亲王奉：准行。（02-3Y040708 杂录）

③ 05-577Y100321 记事杂录。

妥。十一月初三日，又计划增设活计库两间①。雍正年间，造办处的作坊情况大致如此。雍正晚年，皇帝专注于圆明园内的炼丹活动②，造办处的工作量也因此减少。

乾隆皇帝登基后的第一年也对作房进行了扩充。乾隆元年（1736）的扩增专门针对炮枪处、珐琅作和木作。四月十六日这天，造办处首领王进朝和催总福陆、默尔参峨向内大臣海望秉事称，炮枪处现今收贮的上用枪刀甚多，西厢房潮湿不宜保存，欲在炮枪处所在园子内添盖正房几间作为库房；而后，催总默尔参峨又启称，珐琅作因为现在所做的上用活计增多，原有房屋窄小，也欲添盖正房三间造做活计。管事的内大臣海望一并批复，让人先画添盖房屋的画样。随后，画样由监察御史沈嵛和员外郎满毗画得，包括炮枪处院内盖布瓦正房三间、西厢房三间，珐琅作盖布瓦正房三间和木作盖板房两间纸样一张。海望看过画样确认无误后，让内务府修造房屋的总管处照样盖造，所用的材料和夫匠钱粮由造办处开支。房屋盖造工程于六月十八日完成③。

作房的扩大是根据工作量的需要而进行的。乾隆时期是清宫造办处的鼎盛期，作房增减尤甚，不但在造办处所属白虎殿附近进行着作房的增减，紫禁城内其他的宫殿亦出现活计造办的情况，如综合性的作坊启祥宫、从事书画创作的南熏殿和咸安宫等。乾隆时期的活计工作量出现两个明显的高峰期，分别是在乾隆九至十年（2267 回、2178 回），乾隆二十三至二十六年（1844 回、2119 回、1914 回、1808 回）。可以说乾隆时期，

① 署理监察御史事务员外郎傅参、库使八十三，傅参为现有活计不足用，今另设活计库两间，欲做铁钉锦三件等语，员外郎满毗、三音保准做。（05-561Y101103 镟作）

② 雍正皇帝是所有清代帝王中最推崇道教的皇帝。在潜邸和执政早期仅仅是在宫廷做一些道教法事，雍正八年，雍正皇帝生了一场大病，从此他便在全国范围内找寻名医和修炼之士，并开始了炼丹活动。据学者统计，自雍正八年十一月至雍正十三年八月的 59 个月份内，共传用炼丹所需物品 157 次，平均每月两次半还多，传用物品的地点基本都在圆明园内。详见：李国荣. 雍正与丹道［J］. 清史研究，1999（2）：87. 杨启樵.《活计档》暴露清宫秘史［J］. 清史研究，1997（3）：31-34.

③ 07-197Q010416 记事录。

紫禁城作房林立，造作巍巍。

由于作坊的增多，库房也一直处于紧张使用中。雍正年间，为了便于管理，负责库房监管的值班人员的班房与库房相近而立。然而，乾隆年间，由于活计的增多，这种库务管理方式已不再适宜。活计库司库四格在一则行事公文中说道：

> 库务一事实属紧要，凡有一应旧贮以致新收俱系内庭钦要御用器皿之物，理宜敬谨细心严密存收，应将玉器古玩玻璃木器活计等项应当珍重，按定次序安放贮库查看，方无免斜越之过，但今库贮活计日渐致多，尔接办实物并值宿人等班房俱与库相连甚近，时值冬令而火烛等项攸关匪轻，四格等请将其班房宿人等另设立班房一处，而现今班房一并做库应用方妥，查得库房西边有房三间，恳祈王大人赏给做接办事务值宿人等班房应用。①

班房和库房的分地而立，拉大了人和物之间的距离，也充分说明此时清宫造办处管理条例愈加明晰。

作房的扩充并非一味地新建，更多时候修缮才是主要的维护作房正常运行的方式（见表7）。

表7　雍正朝清宫造办处作房增减修缮统计表

时间	事项	出处
雍正七年（1729）	收拾铸炉作隔断房1间，后院东西添偏厦2间	03-655Y071003 木作
	将绣作房2间另新糊饰	03-681Y071104 表作
	将西洋人郎世宁②画画屋内收拾地炕1铺隔断壁子1槽后墙开窗户1扇，糊顶隔	03-681Y071104 木作
	将花儿作一间顶隔另新糊饰给南匠等做活计	03-682Y071105 表作
雍正八年（1730）	将造办处垣塌作房墙壁有应收拾处	04-460Y081015 木作
	为画珐琅，收拾房1间	04-508Y080304 珐琅作

① 11-157Q071020 记事录。

② 郎世宁（Giuseppe Casting Lione，1688—1766），天主教耶稣会传教士、画家，造办处档案又作"郎石宁""郎士宁"。

续表

时间	事项	出处
雍正九年 （1731）	为炮枪处苫盖红炉盖造偏厦 3 间	05-46Y090401 记事录
	将西洋人郎世宁画画房裱糊 1 间	05-60Y090414 表作
	为烧珐琅活计立窑	05-48Y090427 记事录
	造办处南门北门给看守披甲人各做席棚 1 座	05-53Y091027 记事录
	裱糊画珐琅房新盖造棚壁 3 间	05-63Y091103 表作
	裱糊画画房新盖造棚壁 2 间	05-62Y091103 表作
雍正十年 （1732）	西洋人郎世宁画画屋内窗户着糊冷布	05-420Y10r5010 裱作
	糊西洋人郎世宁画画房大小窗户 4 扇、横披 1 扇	05-423Y100915 裱作

可以设想这样的一些景象：一个在以木石砖瓦为主要建筑材料的时代，供给活计制造和收贮的房屋，在官员的批示下根据要求按图制造，建好的房屋经受长年累月的雨水冰雪侵蚀后，又在官员的管理下得到匠夫的维修。不论严寒酷暑，在这个位于中国北方的禁城之内，大大小小的工匠们在这些屡弱的屋檐下，为制造帝王的御用器物辛勤工作着，他们一边要经历来自冬阳春风或霜雪雨露的洗礼，一边还要经受住来自官员或帝王制器要求的考验。

和清宫造办处其他作坊相比，宫廷作坊在布局上最大特点表现为"隐蔽"。在清代的制造机构中，几乎遵循着一条"止匠于城"的不成文规定，即工匠不在紫禁城内固定做事。专门服务皇室的内务府，所属制造部门几乎都是分布于紫禁城外，如内务府营造司的诸作坊散点分布于紫禁城周围的护城河岸。然而，清宫造办处宫廷作坊的设立打破了这种规定。

作为御制机构，它和御书处、武英殿修书处等制造部门分布在紫禁城的外西路（见图 10），享有作坊、库房、管理机构等齐全的制造体系。

清宫造办处成立之初的作坊是位于养心殿，这里属于传统意义上和帝后起居密切相连的内廷。即便康熙四十七年（1708），养心殿匠役人等全

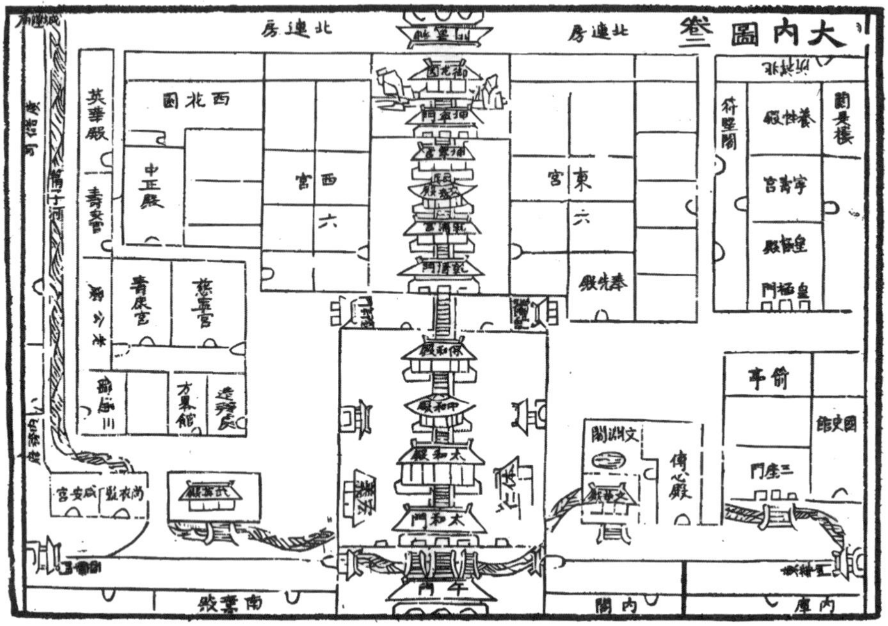

图 10　乾隆时期的紫禁城①

部移至属于外朝区域的武英殿北区，与慈宁宫仅一墙之隔，造办处依然处于内廷和外朝的分界线。宫廷作坊以服务"内廷"而有别于"外朝"作坊，可见，清宫造办处成立之初就被赋予了器物制造的内外之别。

在历史文献中，存在"内庭"和"内廷"两种写法，事实上二者区分不大，都是表达与"外朝"相对。如果仔细区分的话，二者可能存在使用主体的差别。"内庭"一词多出现于造办处的档案和内务府文件中，更多时候是皇帝的用语以及办事人员转述皇帝的用语，意在指"内廷"空间里的人。"内廷"一词多出现于大臣编纂的宫史等书籍里，意在指"内廷"的空间，不直接指后宫的人。造办处属于"内庭"服务机构，所处的位置经历了从"内廷"养心殿转移至慈宁宫以南、武英殿以北的区域。

历史上如何定义这个区域，成为造办处与皇权关系远近的一个指标。有时它被归为"外朝"，如《国朝宫史》描述造办处"熙和门之西为武英殿，殿北为内务府公署，为果房，为冰窖，为造办处"，就将之放在"外

① 图片来源：吴长元. 宸垣识略 [M]. 北京：北京出版社，1964：序.

朝"区域介绍①；而有时它又被归为"内廷"，如溥仪"小朝廷"期间，它因服务逊帝，而被纳入"内廷"区域。溥仪"小朝廷"解散后，这个区域被归为"内廷"还是"外朝"，又反映了造办之物权的归属。

这种有意识地区别内廷与外朝，使清宫造办处所制之物带上了许多神秘色彩。在清代，"造办处制"成为帝室和满汉官员共同默认的，带有帝王荣恩这种特殊气质的赏物；在清末民初，"造办处制"又成了坊间不断追求乃至仿制的皇家工艺品；在当代，"造办处制"更成了理解清代宫廷技艺的关键文物。

隐蔽性固然为清宫造办处器物附加了多层含义，然而也让清宫造办处宫廷作坊的具体布局缺失于各大史料中。这和作为默会知识的工艺流程在文献中被省掉不同，作坊详细布局这类信息在《活计清档》中应当是被作为"不可记录"的部分而隐晦掉。这种情况无疑给后人了解清宫造办处宫廷作坊的布局造成了困扰。赵广超复原过造办处布局②。在复原图中紫禁城外西路标出了位于慈宁门外的"造办处后门""裱作""造办处库""值房""金玉作""书作""查核房""档房""铜作""做钟处""钱粮库""造办处前门"，位于武英殿白虎殿外的"油木作""枪炮作"。

目前已知，记录造办处宫廷作坊信息最精细的图是绘制于乾隆十五年（1750）的《乾隆京城全图》。（见彩图13）如果用复原图与之对比，会发现很多信息有出入。复原图将武英殿白虎殿外的区域标示为"修书处"是错误，这里仍然是造办处的作坊。故宫博物院收藏了一张年代未详的《造办处地盘图》，房屋布局清晰。（见彩图14）至于慈宁宫外区域和白虎殿外区域各房屋如何安排，各作坊、管理机构、库房又如何布局，目前仍未清晰。

2. 皇城作坊：玻璃厂、盔头作

皇城是宫廷辅助服务机构所在地。皇城内分布着内务府营造司、武备院等机构，锭作、油漆作也分布于此。清宫造办处所属的玻璃厂、盔头作亦分布在这一区域。

---

① 鄂尔泰，张廷玉，等. 国朝宫史 [M]. 北京：北京古籍出版社，1994：199.

② 赵广超. 大紫禁城宫廷情调地图 [A]. 北京：紫禁城出版社，2009.

玻璃厂的创立与西洋人有关。玻璃厂设立于康熙三十五年（1696），在此之前，清宫的玻璃制造由工部管理。玻璃厂的设立与德国人纪理安神甫来华有关。这时期，正值康熙皇帝在传教士白晋等人的指导下开始第二阶段的西学活动。在康熙皇帝的要求下，来华传教士不断被要求为清廷找寻懂得珐琅、玻璃制造的技艺之人来华。康熙三十四年（1695），德国纪理安神甫奉召进京，居住在北堂①。第二年（1696），皇帝便命令他主持玻璃厂修建一事，并让传教士洪若自法国派懂玻璃制造的工匠来华。此时，玻璃厂主要承担着制造内廷陈设和赏赐的玻璃器皿，以及应用于数学和天文学方面的光学玻璃仪器②。雍乾以后，玻璃厂的制造任务较为单一，以内廷陈设和赏赐玻璃器皿为主，失去了作为康熙科学实验器用制造的功能。

林业强公布了一份约绘于 18 世纪的玻璃厂平面图③，图中带有文字描述："玻璃厂图样共计房十二间、抱厦五间，每图样一分计地面一尺。北面界官衙，东至西计十丈零八尺；南面界天主堂，西至东十二丈五尺；东面界天主堂，南至北十一丈六尺；西面界邻居住户，北至南二十六丈。"由此可知，玻璃厂共计房十二间、抱厦五间，东面和南面界临北堂，西面是住户，北面是官衙。

盔头作主要负责制造切末，即戏曲舞台上所用的简单布景和道具。盔头作作坊位于紫禁城东华门外北池子大街，附近有武备院、御马圈、光禄寺等机构。盔头作在康熙雍正年间是归武备院管。

乾隆三年（1738），乾隆皇帝将盔头作归至造办处管理。起因于十一

---

① 北堂设立于 1693 年。这一年，康熙皇帝的疟疾因传教士张诚等人进的金鸡纳霜而得痊愈，康熙皇帝大悦，便赐了西安门内蚕池口前辅政大臣苏克萨哈旧府给张诚等人，并命名为"救世主堂"，俗称北堂。

② 库尔提斯. 清朝的玻璃制造与耶稣会士在蚕池口的作坊［J］. 米辰峰，译. 故宫博物院院刊，2003（1）：63.

③ 林业强. 清宫玻璃厂三题［M］//故宫博物院. 光凝秋水：清宫造办处玻璃器. 北京：紫禁城出版社，2005：32.

月三十日庄亲王和内大臣海望为盔头作添设匠人铸给图记的奏折①，乾隆皇帝批复："匠人等准其添设，不必另立图记，着监造官员等全归并养心殿造办处，图记令海望兼管。"

得到皇帝的如此批复，两位办事大臣随即调配管理人员入盔头作，包括库掌图拉、办事监造郎中吉葆、员外郎衡杰、内副管领郭齐、八品催总存住、笔帖式二员、库使八员；除此之外，还对造办处和盔头作之间的文移工匠往来进行了规范：

> 今盔头作既归并造办处一事办理如有应行文移，即用造办处图记移行，所用钱粮亦在造办处动用，其官员人等应在造办处设立作房，令其办理差务，嗣后如办造小件什物即在造办处办造，若有大件什物不能在内办造者仍在外边作房办造，至所需各行匠工造办处、盔头作匠人等彼此通融应用。

3. 内城作坊：铸炉处

内城是以八旗驻地为主。铸炉处位于雍和宫东侧，铸炉处承担着宫廷大型铜制器物的制造任务。

雍和宫东侧的铸炉处设立于乾隆九年（1744），与圆明园山高水长的铸炉处息息相关。乾隆九年五月十六日，太监胡世杰传旨：

> （圆明园）山高水长佛保铸炉处业已铸造二三年，现今铸造活计稍减，雍和宫铸造佛像已经派出佛保铸造，尚未成做，即将雍和宫东边现有房间收拾数间，俟将方壶胜境安设之铜人铸成安设后，其余铸造未完之活计并匠役一并移往彼处铸造，待佛保挪去后仍将山高水长东边房间好好打扫收拾，钦此。②

通常，清宫的大型铜器制造均是按工程设临时作坊，工匠抽调于内务府相关铜器制造工匠，工程完竣，工匠各自回到各自作坊。圆明园山高水长的铸炉处亦有这种工程性质。但，与之相异的是，雍和宫东侧由圆明园山高水长工匠迁入成立的铸炉处在经过了兴建雍和宫等工程后，仍旧存

---

① 中国第一历史档案馆藏：奏销档200-217：和硕庄亲王允禄等奏报盔头处归并造办处事项折。

② 12-293Q090620 记事录。

在，成为清宫中的一个固定大型铜器制造地。从乾隆九年起，铸炉处也正式成为清宫造办处中一个重要的作坊。

细数清宫造办处在北京城内的作坊分布，有个现象十分有意思：北京的南城找不见一处属于清宫造办处的作坊，即便这里商贾云集、作坊众多。这似乎表明了清宫造办处的制造活动与民人社会的割裂。事实上，清宫造办处与民人社会的联系体现在工匠上，而非作坊地址上。清宫造办处的工匠有一部分是来自各地民人。

假设如果没有征召地方民匠进入宫廷做事，那么清宫造办处就被限定在内城以内的区域，成为一个由旗人领袖（皇帝）控制、旗人官员管理、旗人工匠做事的仅有满洲意义的大作坊。

民匠如何进入内廷、如何影响旗匠，又如何被旗人社会影响，是决定清宫造办处突破单一的满洲意义成为家国意义的重要原因。

4. 圆明园作坊：圆明园造办处、如意馆、芰荷香画画处、深柳读书堂等

圆明园作坊（见彩图 15）位于北京城西北郊的圆明园内，也属于多点分布，包括圆明园造办处、如意馆、芰荷香画画处、深柳读书堂等处。

圆明园增设造办处，始于雍正二年（1724）。这一年雍正皇帝派驻管理官员管理圆明园造办处。圆明园造办处位于圆明园南门大宫门区域。

> 大宫门五楹，门前左右朝门各五楹，其后东为宗人府、内阁、吏部、礼部、兵部、都察院、理藩院、翰林院、詹事府、国子监、銮仪卫、东四旗各衙门直房。东夹道内为银库，又东北为南书房，东南为档案房。西为户部、刑部、工部、钦天监、内务府、光禄寺、通政司、大理寺、鸿胪寺、太常寺、太仆寺、御书处、上驷院、武备院、西四旗各衙门直房。西夹道之西南为造办处，又南为药房。①

可以看到，造办处同紫禁城内外的其他国家机构一样，在圆明园内有固定的工作场地。

雍正三年（1725）八月，雍正皇帝首次行幸圆明园，给吏部和兵部发

① 于敏中，英廉，窦光鼐，等. 日下旧闻考：第 4 册［M］. 北京：北京古籍出版社，1983：1325.

谕旨：

> 朕在圆明园，与在宫中无异。凡应办之事，照常办理。尔等应奏者，不可迟误。若无应奏事件，在衙门办事，不必到此。其理事之日，尔等于春末秋初，可趁早凉而来；秋末春初，天时寒冷，于日出之前起行。不但尔等不受寒暑，即随从人夫亦不至劳苦矣。①

圆明园内还有一个十分重要的作坊：如意馆（见彩图 16）。如意馆原本为一宫殿，建立于康熙年间。作为综合型作坊，始于乾隆时期。"乾隆中，纯皇帝万机之暇，尝幸院中看绘士作画，有用笔草率者，辄手教之，时以为荣。"②

通常，人们容易弄混"如意馆"和"启祥宫"。如意馆和启祥宫原为宫殿名，乾隆元年（1736）皇帝分别在两处安排了工匠承办活计。《活计清档》显示，圆明园内的如意馆与紫禁城内的启祥宫是做同样工作内容的作坊。下面两则史料，分别是作为作坊的如意馆和启祥宫在《活计清档》中第一次出现的情况：

> 乾隆元年正月初九日，太监毛团、司库常保、首领萨木哈持来《汉宫春晓图》手卷一卷，传旨：交沈源照样着色画一卷，其画上如有应添减处着伊添减着画，钦此。如意馆③

> 乾隆元年五月十六日，热河送来活计，太监毛团传旨：将玻璃桌子仍持出，将玻璃拆下交造办处有用处用，其桌屉内盛万国来朝海屋添寿碄石山子交启祥宫有用处用。库贮④

如意馆和启祥宫的启用时间相近，二者应是相同的作坊。有《活计清档》为证："胡世杰、德保传旨：造办处作房并启祥宫俱移挪圆明园，钦此。"⑤ 杨伯达先生考证到如意馆和启祥宫二者之间的关系是"两组建筑同

---

① 本书编者. 清实录：第 7 册 世宗宪皇帝实录（一）：卷 1 至卷 76 康熙六十一年至雍正六年［M］. 影印本. 北京：中华书局，1985.：6390.

② 昭梿. 啸亭杂录续录［M］. 冬青，点校. 上海：上海古籍出版社，2012：282.

③ 07-173Q010109 如意馆.

④ 07-186Q010516 库贮.

⑤ 19-515Q180109 记事录.

一机构"①。

如意馆在道光二十六年（1846）的时候挪了地方。十月十二日，道光皇帝下旨让如意馆挪到东院3间，再添盖房2间，将如意馆现挂"洞天深处"匾额明年正月二十七日摘撤交懋勤殿，"如意馆"匾额著安挂在东院，如意馆存贮水晶玉料等物料转存到圆明园造办处活计库。②

事实上，清宫造办处在圆明园内还分布着更多的作坊，如芰荷香③、深柳读书堂④、山高水长⑤等处。

以上是清宫造办处京内作坊的分布概况。清宫造办处的作房总量有多少，目前并未能详细考证出来，但根据乾隆三十九年（1774）的一道修缮清宫造办处作房的奏折可以推测，鼎盛时期清宫造办处的作房不少于400间，包括京内造办处、炉作、玻璃厂等处房共280余间，圆明园造办处作房120余间⑥。

在清宫造办处的作坊体系中，位于紫禁城武英殿以北、慈宁宫以南的造办处是制造的中心，指挥协调着清宫造办处分散在各城内外、宫内外的作坊。清宫造办处的作坊体系有着"城园两重格局"的布局特色。

----

① 杨伯达．清代院画［M］．北京：紫禁城出版社，1993：26．

② 卷3039-缩0026《道光二十六年清档十月 十一月 十二月》D261012铜鋄作、油木作。

③ 雍正九年六月十七日，据圆明园来帖内称，海望五月二十八日传旨：祖坦捧进的八轴画像俱用黄绫托表，其像内紫阳真人吕祖像着芰荷香画画人照脸像画衣折不甚妥协，不必照样画，再查画像斗母团城现在何处供奉，有几分，系何人画的，查明回奏，钦此。（05-61Y090617表作）雍正十年闰五月初三日，据圆明园来帖内称：海望谕：芰荷香画画处画得五张，着先表成一轴。（05-420Y10r0503裱作）

④ 乾隆元年五月十一日，太监传旨：画画人张为邦等四人原在圆明园深柳读书堂画古玩片，尚有一年古玩片未绘画完，今与园内总管太监等知着伊等四人住在深柳读书堂画古玩片，俟画完时再来。（07-182Q010511画院处）

⑤ 12-293Q090620记事录。

⑥ 中国第一历史档案馆藏：档号：05-0313-034；题名：奏为修理京内造办处并圆明园造办处等工程约估银两事；原纪年：乾隆三十九年正月二十九日；原纪年代码：73901029。

造办处的档案中也出现过对这一格局的描述，造办处活计库要更换铁索提出的报单里面提到，"查城内、圆明园二处活计库库门、库栅栏应用铁锁共计大小铁锁十四把，因年久远未经更换，锁身锈减，锁簧不全，难以应用，理合呈明行取武备院大小铁锁十四把以备城园二处应用，其换下旧铁锁交该院领回可也。圆明园活计库锁五把，内长七寸锁当五寸二把，长三寸锁当一寸三分三把；城内活计库锁九把，内长七寸锁当五寸一把，长三寸锁当一寸三分八把"①。

（三）大大小小的作坊

清宫造办处作坊众多，技艺纷繁。作坊的分类标准多样。根据作坊设置的时长，可将清宫造办处的作坊分为常设性作坊和临时性作坊。常设性作坊是在较长时段内工作内容固定、匠役流动性小的作坊。临时性作坊则为短时间内工匠为完成某一任务组成的机构，带有工程性质，甚至连作坊名字也没有，通常以地点为名。

雍正朝常设性作坊有 33 个：鞍作、裱作、玻璃厂、大器作、雕銮作、锭子药作、镀金作、珐琅作、弓作、花儿作、画作、甲作、刻字作、累丝作、木作、炮枪处、皮作、撒花作、铜作、錽作、匣作、香袋作、镶嵌作、绣作、镟作、眼镜作、砚牙作、油漆作、舆图处、玉作、杂活作、铸炉作、自鸣钟处等。这些作坊名称后世不断改变。常设性作坊的设置情况为：乾隆早期多达 64 个，中期有过一次作坊大合并，合并后为 25 个；嘉庆朝 24 个；道光朝 20 个；咸丰朝 15 个；同治朝 18 个；光绪朝 17 个；宣统朝 15 个。

还有一些临时性作坊的记录，如《活计清档》中"南熏殿档""圆明园接秀山房档""圆明园六所档""圆明园四所档"等，这些记录仅见于雍正朝，属于这一时期特定的活计。

有些常设性作坊在不同的时期其工作内容和名称也有出入。以宫中常见驱暑、除潮、防病的锭子药制造为例，《活计清档》显示，雍正元年、二年、六年至八年承做锭子药的是"杂活作"，雍正五年、九年、十三年是"锭子药作"，雍正十年至十二年是"锭子作"；乾隆时期从事锭子药制

①　卷 2972-缩 0015《道光九年清档七月 八月 九月》D090818 活计库。

造的作坊主要有"绣作""皮作""裁作""锭子作""皮裁作""灯裁作"等，其中以"灯裁作"承做的次数最多，分别在乾隆二十四年、三十八年至四十八年、五十八年。第六章里提到的清宫通草花和钟表制造任务，同样涉及在不同作坊里承办的情况。清宫造办处中这种同样的器物由不同作坊承办的情况，正是我们不能单单通过某一作坊，去追述某种器物制造历史的原因所在。

清宫造办处还有一些作坊的工作内容和名称则较为固定，比如裱作。自康熙年间见于档案以来，其主要的工作都是围绕纸张书画的裱糊工作，有时宫廷修缮工作频繁时还与"装修处"一起协同工作，如乾隆年间裱糊宫殿的窗棂纸扎。

虽然清宫造办处的作坊名称和工作内容不是一一对应，但给我们提供了一个重新认识技艺的侧面。作坊名称和工作内容的变化，体现了技艺在不同时代背景下在向专业化挺进过程中的递进与妥协。这也意味着，如果今人要追踪清宫某一具体技艺和器物的制造和使用历史时，得对该类技艺和器物的作坊变化有清楚的认知。

事实上，清宫造办处作坊有各自的特色，根据作坊成做活计工作量的多少，可将常设类作坊分为大作和小作。图 11 和图 12 分别是雍正朝和乾隆朝常设性作坊承办活计工作总量图。

由图 11 可知，雍正朝承办量居前十的作坊依次是：油木作（1851回）、金玉作（1672回）、铜錽作（1448回）、匣裱作（1030回）、灯裁作（776回）、珐琅作（454回）、炮枪处（167回）、自鸣钟处（98回）、大器作（80回）、铸炉处（64回）。由图 12 可知，乾隆朝承办量居前十的作坊依次是：匣裱作（20418回）、油木作（9398回）、如意馆（8889回）、金玉作（6876回）、灯裁作（6007回）、铜錽作（1701回）、铸炉处（965回）、珐琅作（963回）、鞍甲作（269回）、画院处（257回）。

其中，油木作、金玉作、铜錽作、匣裱作、灯裁作、珐琅作、铸炉处七个作坊是雍乾两朝的大作，承担了主要的工作量。

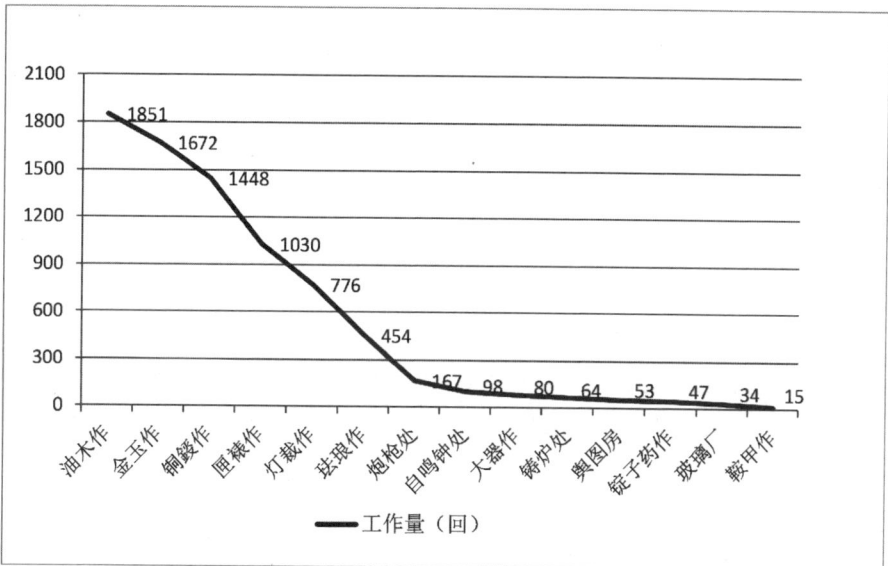

图 11　雍正朝造办处常设性作坊承办工作量统计图①

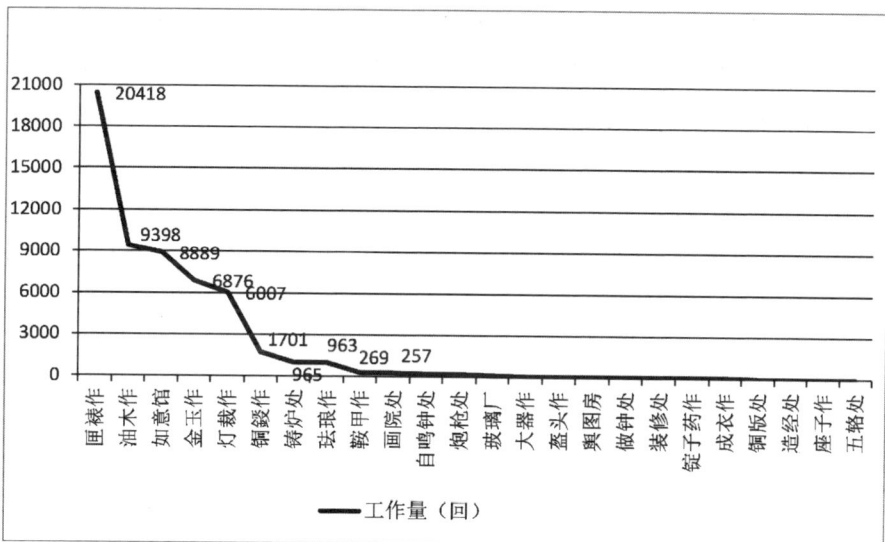

图 12　乾隆朝造办处各作承办工作量统计图

---

①　图 11 和图 12 中的作坊以乾隆二十年作坊调整后的作坊名称为统计标准。

清廷对清宫造办处的作坊设置了专人专职进行管理。乾隆中期，管理机构得以全部完善，形成活计房、查核房、督催房、汇总房、钱粮库和档房六大管理部门，它们分别承担着承办活计、查核活计、督催活计、奏销活计、存贮原料、外联事宜等六大任务（见图13），其内部运作环环相扣、周密细致。

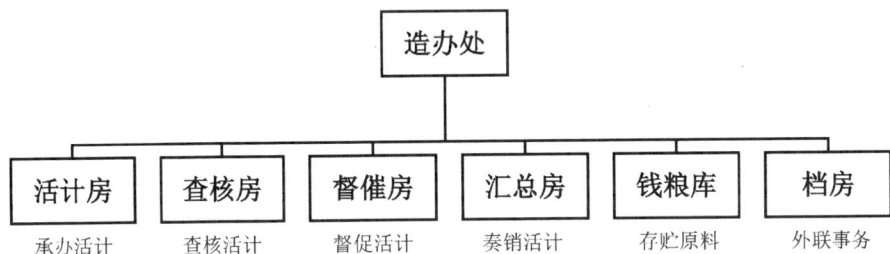

图 13　造办处管理部门职掌图

这些部门，反映了清宫造办处作坊在材料、库藏、钱粮、管理各方面的自主性和独立性。即便有些活计是不能自主完成的，也可以通过合作的方式与其他部门完成任务。比如，造办处皮作与武备院毡库合作制造黑秋毛毡①，造办处刻字作与武英殿合作篆刻重华宫挂屏上文字②，造办处绣作与广储司合作制造迎手靠背③，造办处与工部制造库、礼部合作制办皇贵妃、贵妃、妃嫔等金册宝印④等。通常需要造办处与其他部门合作的作

---

① 奉旨：着武备院毡库现赶做黑秋毛毡1块。（07-50Q011209 皮作）

② 奉旨：重华宫有挂屏4件，着武英殿人员会同司库刘山久一同监看刻字料理。（08-737Q0401 刻字作）

③ 奉旨：问迎手靠背做得怎么样了，查明回奏。……据五十八禀称：造办处绣匠二十四名现做合绣蜈蚣八面，自十月初一日起至十一月初三日始能完竣，广储司绣匠八十名现做八仙衣八件自九月初一日起至十月二十五日始能完竣……（10-152Q061016 绣作）

④ 十一月初九日，柏唐阿四德由大人衙门抄来礼部清汉字抄一件，内开：恭造拨造皇贵妃蹲龙钮蜡模宝式一颗、贵妃蹲龙钮蜡模宝式一颗、妃龟钮蜡模印式两颗，恭呈御览，俟命下刻，行钦天监选择吉期敬谨制造，宝印关系重大，应请照工部造金册例会同办处敬谨铸造，嗣后凡有宝印关系重大者俱会同造办处恭造可也……。（16-227Q130914 记事录）

坊都不是造办处独有的作坊，其合作内容也都不全是御用器物。

由于雍乾时期清宫造办处的大大小小作坊呈"城园两重格局"分布，因此，两地作坊的沟通成为管理的又一个重要内容。

圆明园造办处成立于雍正二年（1724），之后很长一段时间内，圆明园造办处与紫禁城造办处的沟通十分随意，园内的太监总管等传取物件无凭无据。雍正六年（1728），圆明园造办处管理官员郎中保德和海望发现，行取物件无凭据是管理上的一大漏洞。因此，他向雍正皇帝请旨让养心殿造办处刻"圆明园司房记"象牙图书，以后园内各处传取物件，或奉旨成造行取物件时先交给圆明园司房，钤司房印后再转行档子房查核。最后雍正皇帝应允了，为了不至靡费将象牙制图书换成了铜制图书①。从这以后，圆明园造办处传用物件更为规范，两地的物料往来也有章可查、有据可寻。

一般而言，初春皇帝由紫禁城迁往圆明园时，造办处、启祥宫、咸安宫管理人员和工匠也随之移入圆明园如意馆，"启祥宫、咸安宫并造办处于十三日俱搬往圆明园"②；入冬前圆明园造办处、如意馆等一套人员又随皇帝迁回紫禁城，"圆明园造办处作房俱各进京"③。如果遇上京内造办处不下圆明园的年份，京内人马原地不动，在京内做活。乾隆十一年（1746），京内造办处原定不迁往圆明园④，结果到五月份又决定搬，这就导致京内活计残留，不得不留部分工匠在京做活⑤。

虽然两处每年定期有往来迁移，然而，很多时候仍然会出现圆明园工匠不足用的情况。这时就不得不请旨派京内各作坊的工匠至圆明园帮忙。咸安宫画画人余省、金穉、叶履丰、戴洪、卢湛五人就曾被临时派至圆明

---

① 03-50Y060315 铜作。

② 17-276Q150310 记事录。

③ 17-199Q140828 记事录。

④ 太监胡世杰、司库白世秀传旨：启祥宫、咸安宫并造办处今年不必下圆明园，俱在京内做活，钦此。（14-381Q110417 记事）

⑤ 太监胡世杰、司库白世秀传旨：启祥宫人员连活计俱赶明日后日一定全下圆明园来，只留朱彩一人在启祥宫做活，著造办处人送进送出，钦此。（14-388Q110511 记事）

园帮忙郎世宁画画①。我们可以想象一下，在 18 世纪的北京城外那条连接紫禁城和圆明园的道路上，除了往返两地的以官员为主的办公流外，还存在着一条罕知的工匠流和物料流。

除了在紫禁城和圆明园的固定作坊承办活计外，清宫造办处在皇帝随围、出行时仍然会派工匠随行。这是造办处的外派情况。乾隆元年（1736）春，乾隆皇帝至盛京随围，造办处一同随行的管理人员和匠人有：主事溥惠，催总吴花资，柏唐阿②1 名，副领催孙三、张守志、七十三，磨匠 1 名，铜匠 1 名，皮匠 1 名，镟匠 1 名，裁缝 1 名，刀儿匠 1 名，预备收拾钟表人领催刘登相，磨匠 1 名，螺蛳匠 1 名③。这些工匠在皇帝随围期间，负责行宫器用的维修与制造，并肩负着与宫廷内作坊物料人事的沟通。

如果皇帝出行某地较频繁且离京较远，还有一种类似驿站性质的房屋，专门用于造办活计的官员和太监住宿，以便将活计上呈和存贮。尤其是乾隆年间，这种房屋较为常见。静宜园是往返热河行宫与紫禁城的必经之路。乾隆十四年（1749），清廷在静宜园宫门外专辟了五六间官房供造办处官员和太监使用④。

皇帝外出，造办处也要配合行宫的布置工作。嘉庆十二年（1807），皇帝计划暑日去热河行宫（承德避暑山庄）避暑。六月初九日，嘉庆皇帝下旨给管理热河园庭事务总管穆腾额、那苏图，要求避暑山庄扑拉船照圆明园棹船改安棚罩，回銮时驻跸的巴克什营行宫也要收拾。穆腾额和那苏图接到旨后，一面拆人进京照圆明园棹船尺寸烫样，一面进京购办杉木柏木到热河，连夜赶做。在准备船上用品时遇到困难，船上的毡夹油单等罩、流苏、走水、遮阳风帐、镶嵌玻璃等项活计历来由造办处承办。因此，总管穆腾额和那苏图将此项任务移咨到造办处。最后，造办处灯裁作、油木作、做钟处、铜錽作的工匠跟着随园人员，分别将巴克什营行宫

---

① 08-786Q0410 记事录。

② 柏唐阿，满语工匠的意思，档案又写作"拜唐阿""栢唐阿"。

③ 11-487Q080222 记事录。

④ 17-186Q140420 记事录。

大殿改好，并安镶表盘应用表针，以及把避暑山庄撲拉船装饰好①。

这样，即便清宫造办处作坊遍布于京内的各处，且作坊特质不同，这些大大小小的作坊，依旧通过或固定或灵活的方式，满足了帝王随时随地品鉴御器的需求。

二、清宫造办处的全国制造网络

（一）京外制造地的分布

纵使京内作坊林立，匠役众多，但有时候皇帝会将一些制造任务下派到地方。下派地方成做一般有两个原因：一是技术原因，造办处遇不会样式时下派给有能力做的地方。如雍正六年三月三十日，太监王太平传旨："尔传与海望，照雕刻宋龙珊瑚桃式盒样式戏朝带板做几副，若造办处做不来，俟目下有人往广东去可说与广东去的人，着伊照样做来。"②

二是经济原因，有的活计下派地方成做工钱较在造办处便宜。如乾隆十年六月初二日，内大臣海望呈报称，"象牙缨络十分、砗磲缨络一分，因京内匠役不敷用，需外雇匠一时不得巧手之人，工价甚甚大，南边巧手之人甚多，工价亦小，请欲交南边成做"，乾隆皇帝最后批复，将象牙缨络交给地方成做，砗磲缨络在造办处成做③。"广东"和"南边"是造办处常见的京外制造地。

雍正时期，清宫造办处京外的制造地以"江南三织造"、广东粤海关为主。至乾隆时期，清宫造办处的京外制造地已经扩大到更多的地方，形成"京外九处"的制造规模，即苏州织造、杭州织造、江宁织造、两淮盐政、长芦盐政、九江关监督、淮关监督、凤阳关监督、粤海关监督。另外，西藏拉萨和新疆和田两地也时常与京内造小处有匠物往来。

---

① 全宗 05-类造办处-项活计库-卷件 02883-缩微号 0002-题名清档：J1207-09 J120702 灯裁作、油木作、做钟处、铜錽作。

② 03-59Y060330 玉作。

③ 14-20Q100602 玉作。

这些织造、钞关和盐政构成了清帝国器用的制造网络，将深居北京宫廷的帝王造物需求以人力、物力、财力支持的方式传达到地方，通过地方工匠的巧思，将欲望形成器物。因此，从这个意义上来说，清宫造办处制造网络的通畅与否成为清帝国国力盛衰的指示表。

如同京内造办处承办活计遵循固定流程一样，京外制造地承办活计的时候也有流程可循（见图14）。但有一点不一样的是，京外制造地承办活计时，不能实现制器过程中的反复修订。因此，皇帝下达旨意与工匠制造之间的中间桥梁就显得特别重要。扮演这种"桥梁"角色的，有活计承办中能准确领会帝王旨意的地方督造官和宫廷下派的各种"样"。

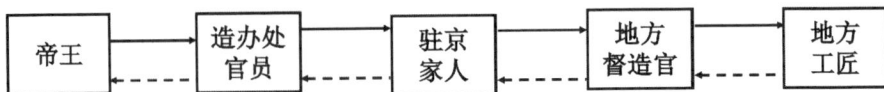

注：实线箭头表示活计承办路径，虚线箭头表示活计上呈路径

图14　清宫造办处京外制造地活计承办流程图

就各地方督造官而言，他们都是皇帝在内务府中选派的亲信。"驻京家人"在整个制器环节中的设置可谓相当巧妙。

"驻京家人"，又作"坐京家人"，是对承办造办处工作的地方督造官家人的统称，他们是造办处京内外工作联系的重要联络人。如雍正时期，江宁织造家人宋文魁、广东巡抚家人萨哈布、苏州织造家人周雄、原任中堂家人余敬观、杭州织造家人赵生①。他们来往于宫廷和各地之间，将宫廷的制器需求传达到各地，并将各地承办的贡品上交宫廷。

乾隆七年八月二十九日，太监高玉、白世秀持来紫檀木黑漆描金椅子一张（随锦垫）传旨：着交盐政准泰照样做椅子十六张，各随锦垫一件、绣垫一件，十六件俱要一色成一堂。第二天，将椅子一张锦垫一件俱交盐政准泰家人张二持去讫。

制造任务于当年十二月二十八日完成②。其中，"张二"就是长芦盐政准泰的家人。

————————

① 01-310Y021230 记事录。

② 11-152Q070829 记事录。

嘉庆十二年（1807）七月二十七日，苏州织造舒明阿派坐京家人治祥送到青玉洋花罐 1 件（配做紫檀木座 1 件，随原奉纸样 1 张）到造办处；二十八日造办处太监范喜陞、张得兴把活计持进，交给御前太监得意，嘉庆皇帝看后下旨，让坐京家人治祥去总管太监吕进忠处报销蓝册、查核。①

可以说，在整个京内外制器链条中，这些"驻京家人"是亲信中的亲信。这种亲上加亲的关系充分满足了承办"御活儿"中对旨意的领悟和活计的私密性要求。因此，可以看到在这些"驻京家人"往来京内外的过程中，宫廷中各种"样"跟随他们在宫廷与地方之间流转。这些"样"或者是实物样，或者是木样②，亦或者是画样③等形式。它们是宫廷风格的具象，也是宫廷要求的准确表达，确保了地方承办能够符合圣意。

在所有的京外制造地之中，"江南三织造"、江西景德镇御器厂和广东粤海关因其承担制造任务时间长且制造器物多，成为最重要的京外制造地。"江南三织造"以承办御用布匹丝缎、金石钟表、竹木牙雕为主，江西景德镇御器厂以承办瓷器为主，广东粤海关以西洋器物、珐琅钟表、竹木牙雕为主。

清宫造办处京外制造地的选择，有一个共性，都是传统技艺历史悠久之地，且有皇帝亲信包衣群体任职。

清宫器物除了造办处所制的带有宫廷风格外，苏式、广式和西式是三类十分典型的器物。苏式和广式一直都是中国传统工艺中的典型代表。这些来自各地和欧洲的器物和匠人，在清宫造办处的汇集，有的成功转化成为宫廷"御制"器物，成为今天"京作"技艺的重要来源。

除了技艺上的特点外，清宫造办处的各地官员选择也十分有特点，各地承办的官员织造、盐政、监督，他们的共同身份是皇帝的满洲亲信。如

---

① 全宗 05-类造办处-项活计库-卷件 02883-缩微号 0002-题名清档：J1207-09，J120806。

② 太监持来青花白地磁碗一件，传旨：做木样呈览，俟准时交江西烧磁处将填白釉烧造些，脱胎釉亦烧造些。（07-796Q020114 江西烧瓷器处）

③ 传旨：将瓶样画些呈览，准时交于唐英，将填白瓶烧造些来。（07-796Q020511 江西烧瓷器处）

江宁织造曹寅为满洲正白旗内务府包衣，江西烧瓷处唐英为汉军正白旗人。在他们的履历中，通常以轮岗的形式在多地当官，比如唐英，雍正六年（1728）受命监管江西景德镇御窑窑务，后任粤海关、淮安关监督，乾隆初年又调回九江关，再次监督窑务。他们与属地的地方官成为当地的两套官系。这种族属上的相同，实则反映文化上的一致。高彦颐对刘源的分析可知，他影响了康熙朝制器风格的形成①。而这些在全国多地任职的包衣官员，成为宫廷风格在地方影响的重要群体。

在雍乾时期，清宫造办处的全国制造网络中，京内外一体，并没有太大的区别。但到了光绪朝，很多活计地方无力承办。光绪二年（1876）九月二十一日，根据旧例皇帝下旨长芦盐政、淮关监督、江南织造、苏州织造、杭州织造承办上用各色绢 1000 张、朱红绢福方 500 张、朱红绢大龙对 40 副、上用各色纸 820 张、毛笔 150 支。三个月后，淮关监督和长芦盐政反馈他们不能办理，原淮关监督的任务就改由杭州织造承担，长芦盐政的任务改由造办处绣活处在京采办。最后这两个活计在光绪三年（1877）五月初二日和六月十九日完成②。

从某种意义上看，清宫造办处的京外制造地是京内作坊在原材料、匠人方面的延伸，更是宫廷意志在地方的反映。

（二）烫手的"御活儿"

虽然京外制造地是由皇帝钦定，京内外的交流也有专门人员负责，然而，皇帝也没有放松对这些活计的要求："着传与三处织造，嗣后进的灯不拘连二连三并单灯，俱要照里边交出宫词灯吊挂穗子样做，再官去衙门在其后任官员，亦照此灯吊挂一样造办，再吊挂上花纹俱要绫绢堆做，不要通草做，钦此。"③"此次二色金龙袍绣做甚糙，只可做赏用，上用龙袍

---

① 高彦颐. 砚史：清初社会的工匠与士人 [M]. 詹镇鹏，译. 北京：商务印书馆，2022：26-31.

② 卷 3146-缩 0042《旨意题头清档七月 八月 九月》（光绪二年）G020921 绣活处。

③ 15-88Q120112 行文。

着加工细做，钦此。"①

通常一些常见活计，在各种"样"的示范下和皇帝的要求中都能得到很好的承办。但还是有很多宫廷和地方交流困难的情况，制造的器物往往不得圣意。每每这时，办事的官员保不准要自行赔补，同时还会被皇帝申饬。江宁织造图拉②、粤海关监督伊拉齐③、江西烧瓷处唐英④均被申饬过。

申饬看似只是表达皇帝责备之类的情绪反应，实则有更深远的意味。就这些在地方的旗人督造官员而言，申饬往往会与其职务的晋升相关联。办事不得力，尤其是办皇家事不得力，将会是一件非常严重的事情。因此，他们所承接的"御活儿"成了一件既令人期待又令人忐忑的烫手活儿。

面对不得圣意的情况，地方官员也是有苦难言。乾隆二十四年（1759），粤海关监督尤拔世想到一个应对的法子，他向皇帝呈了一折子，希望宫廷派专人到广东监督制造：

> 粤海关监督奴才尤拔世谨奏为请旨事：查粤海关办理贡物，俱系匠人呈样送验，伏思恭进贡物必须谙练式样熟悉工作之人为之董理，庶造作如法制备合度，始足以昭诚敬而伸蚁悃，数年以来，奴才虽竭蹶办理，而无心自问实未尽谙，荷蒙圣恩调任粤关未敢率忽，兹特仰恳天恩拣发养心殿内熟谙工作之拜唐阿一员来粤协同，奴才指示匠人如式制造毕，奴才犬马之心得以少尽，不致迟误，倘蒙俞允，所有该员养廉亦在于奴才每年养廉银三千两内照从前刘三九之例拨给五百

---

① 16-200Q131229 苏州。

② 太监胡世杰、萨木哈传旨：今日进的雕漆百子晬盘比从前进过的甚糙，新盘比旧盘又大些，还有两件，如未动手不必做了，如做了往细致里做，此盘着安宁看了寄信申饬图拉，钦此。（12-299Q090801 记事录）

③ 太监胡世杰、白世秀传旨：粤海关进的象牙图章甚是俗气，所用的钱粮着伊赔补以戒将来，钦此。（16-222Q130804 记事录）

④ 奉旨：问烧的瓷器烧釉水亦不好，交海望寄信去，申饬他。（08-284Q0311 江西）奉旨：唐英烧造上色之瓷器甚糙，釉水不好，瓷器内亦有破的，着怡亲王寄字与唐英。（10-292Q060412 记事录）奉旨：唐英此运瓷器烧造的平常脚货甚多，着怡亲王、内大臣海望寄字着实申饬。（11-140Q070614 记事录）

两，以资薪水，为此恭折具奏伏乞皇上训示遵行，谨奏。①

这件折子充分表露了粤海关监督尤拔世深谙世故的心理。他深知承办贡物的荣耀与责任，亦熟悉如法制备的传统。然而，他也明白其中制办的难处，于是便想以从前从京内造办处下派司库刘山久至粤督造之例，请造办处派遣熟谙工作的拜唐阿到广东指导，还主动提出自己掏钱拨付请人费用。

不过，尤拔世的算盘打得并不如意。他只知道当年下派造办处司库刘山久至粤督办贡品，却不知道督办的贡品，并未得到乾隆皇帝的欢心。原来刘山久在粤期间曾克扣广东工匠工价，这事被两广总督陈大受在乾隆十五年（1750）的奏折中上报给了皇帝②。最终，尤拔世折子被乾隆皇帝驳回，朱批："今传此等人，茇去反为汝累，不必行。""反为汝累"是精明的乾隆皇帝给尤拔世的回复。

皇帝在京以恩威并施之态，将制造京内不能成做的任务下派到地方，然而总有各地的制造达不到皇帝的要求，或者在各地制造比较麻烦的情况③，这些活计最终还是不得不在京勉强制造。

为宫廷制办活计是件烫手活。办得好则会受到皇帝的另眼相看，办得不好则会受到罚俸甚至影响官运。因此，为宫廷承办活计是有风险的。相比这种承办活计的风险，为宫廷搜寻优秀地方匠人和优质物料④则显得既安全又有效。"南匠"就是在这种背景下，经地方督造官员们的积极推荐，进入宫廷。

---

① 中国第一历史档案馆藏：档号：04-01-12-0096-025；题名：奏为请拣发养心殿内熟谙工作之拜唐阿一员来粤协办指示制造事；原纪年：乾隆二十四年十月初四日；缩微号：04-01-12-017-0591；原纪年代码：072410004。

② 陈国栋. 清代前期的粤海关与十三行［M］. 广州：广东人民出版社，2014：331.

③ 总管谢成传旨：苏宴桌上着造办处配做桌围，不必南边绣去，在京绣做，先画样呈览。于本年二月十六日白世秀将画得绣龙桌围纸样两张持进交胡世杰呈览奉旨：着拣省手好做的成做三分。（13-35Q090103 绣作）

④ 传旨：着海望寄信与粤海关监督伊拉齐将八寸至二尺大的玻璃送些来应用，再将画珐琅笔亦送些来。于乾隆八年闰四月二十四日将伊拉齐送到画珐琅笔一千支交珐琅处拜唐阿文保持去用讫。（11-162Q071130 记事录）

　　乾隆六年三月初五日，太监高玉传旨：着向江西烧造瓷器唐英处将会瓷器会吹釉水兼会炼料烧造瓷器之匠役选一名送进京来应差，钦此。于乾隆六年十一月十八日内大臣海望将江西烧造瓷器处监督唐英着家人送到会画瓷器会吹釉水兼炼料烧造瓷器匠役胡信侯一名缮写折片交太监高玉等转奏，奉旨：着交与邓八格，钦此。于乾隆六年十一月二十日已知会过珐琅处讫。①

　　乾隆六年四月十二日，太监高玉、白世秀传旨：着海望向广东将画珐琅人会瑺、唐金堂、李慧林要来，钦此。于本月十九日将送到画珐琅人三名带至珐琅处去讫。②

　　当然，在需要大量制造活计时，除了清宫造办处上下合作外，宫廷和地方也是分工明确，互为一体。如乾隆十三年（1748），制造祭祀器用，清宫造办处与分布在各地方的制造地充分合作③。

　　这年三月二十六日，由户部尚书傅恒和刑部尚书汪由敦持来祭器册页1册（祭器12件）请求制造，乾隆皇帝命令如意馆画匠沈源、金昆先画样再交造办处烫合牌样。

　　四月二十五日，造办处做了祭器木样，皇帝下令，在祭器的盖里和底部俱刻款。

　　五月初二日，太监白世秀将修改好的坛庙祭器纸样15份、地坛祈谷坛夕月坛木样17份呈进，乾隆皇帝开始对制器进行分配：铜器交庄亲王成做，瓷器交江西唐英烧造，编竹丝漆器交苏州织造图拉成造，匏爵交粤海关策楞成造，木胎扫金嵌玉祭器交造办处成造。

　　五月初三日，乾隆皇帝又下令：按天坛玉爵样式花纹略收小些做木样3件，1件交工部成造玉爵9支，1件交苏州织造图拉造玉爵12支样，1件交造办处造玉爵9支。当天，海望回复称：京内做玉爵雇人难得，意欲交南边成做。皇帝最终将京内成做那份玉爵分派给了苏州织造图拉。

　　这次制造祭器的任务十分繁重，光玉爵28支就用到银库大小玉32块，

①　10-283Q060305 记事录。

②　10-292Q060412 记事录。

③　16-240Q130326 如意馆。

共重 1210 斤。如果仅仅是京内造办处制造，根据造办处的承办能力，两年三年的制造周期是经常性的，然而，在地方各制造地的配合下，这项艰巨的制造任务竟在当年内完成了。不得不说，在面对限时活计时，京外的制造地发挥了十分重要的作用。

总的来说，各制造地具有自身行政上的归属，仅就承办御用活计这一业务时与清宫造办处具有交集，受造办处的管理。从这一点来看，清宫造办处的京外制造地作为京内作坊的补充，具有一定的独立性。

清帝王充分利用了其满洲主人的身份，将帝国的制器威严传递到帝国多地，这些位于地方的内务府包衣督造官员，以积极的姿态和复杂的心理效力帝王，向位于帝国政治中心的帝王，提供各地物宝和举荐能工巧匠。在这过程中，清宫造办处无形中实现了制造版图的最大化。

三、清宫造办处与拉萨"雪堆白"

从宫廷的角度，清宫造办处已经建立起全国性制造网络。如果从地方的角度，地方的技术是如何进入宫廷的？故宫博物院与德国马普科学史研究所合作"中国古代宫廷与地方技术交流史"课题①，提供了五个有关宫廷与地方技术互动的精彩个案：王光尧的御窑厂管理体制和官样制度研究、张淑娴的宁寿宫花园内檐装修研究、郭福祥的造办处苏州玉工研究、罗文华的藏传佛教铜法器制作研究和许晓东的康熙雍正时期画珐琅研究。在此基础上，德国学者薛凤（Dagmar Schäfer）讨论了以清宫造办处为中心的清代技术知识的传播网络。本小节我们继续以宫廷与地方技艺互动的角度，深入讨论北京与西藏以技术联系形成的造物网络。

西藏和中央王朝间官方形式的技艺交流历史，可追溯至吐蕃王朝与唐王朝时期。文成、金城公主进藏，带去了许多内地的工匠和技术，成为汉藏技艺交流的佳话。乾隆时期，《活计清档》记录了中央宫廷与拉萨地方的技艺交流。这是一场典型的清代宫廷与地方技艺互动的案例。

---

① 故宫博物院，柏林马普学会科学史所. 宫廷与地方：十七至十八世纪的技术交流 [M]. 北京：紫禁城出版社，2010.

"雪堆白"是西藏地方政权噶厦政府下属的金铜手工业生产和管理机构，主要为噶厦政府服务，生产以法器为主的金铜制品，是卫藏地区的金铜生产和管理机构。（见彩图17）就目前的文献记载看，其正式成立时间最迟不超过1754年①。"雪堆白"所生产的佛像被誉为西藏佛教造像工艺本土化特征最明显②、风格最为统一、金属冶炼技术最高、造像技艺最为成熟的一个历史阶段，代表了西藏近现代传统工艺的最高水准。③

乾隆时期，清宫造办处与拉萨的技艺交流，以拉萨"雪堆白"有明确文献记载的乾隆十九年（1754）为限，分前、后两个阶段：乾隆九年（1744），来自西藏地区的尼泊尔工匠进宫廷制造佛像；"雪堆白"成立后，西藏与宫廷之间的藏式佛器制造交流。

（一）工匠交流

乾隆九年（1744），西藏和中央王朝发生了一次重要的技艺交流。这一年，乾隆皇帝决定，将其父雍正皇帝的潜邸雍和宫，改建为藏传佛教寺庙。乾隆皇帝对藏传佛教的兴趣并非一时兴起之事，这是清代历代皇帝的政治策略。清代帝王认识到藏传佛教在蒙古、西藏等地的广泛影响，以大兴黄教作为维护多民族国家的重要手段。早在两年前（1742），乾隆皇帝便命令番学总管工布查布翻译佛教梵式佛像造像典籍《佛说造像量度经》。《佛说造像量度经》的翻译影响深远，成为宫廷制造尼泊尔风格佛像的经典，是继元代尼泊尔人阿尼哥以来宫廷梵式佛像的又一次复兴。对于乾隆皇帝而言，经书的翻译只是大兴黄教的第一步。

乾隆九年（1744）二月初三日，乾隆皇帝向驻藏办事大臣副都统索拜

---

① 若贝多杰. 七世达赖喇嘛传 [M]. 蒲文成，译. 北京：中国藏学出版社，2006：345. 巴桑罗布. 试考雪堆白及其造像艺术 [M] //李铁柱，民族文化宫博物馆. 中国民族文博：第2辑. 沈阳：辽宁民族出版社，2007：611.

② 巴桑罗布. 试述雪堆白造像流派的形成及其艺术特色 [C] //达瓦扎巴. 西藏博物馆学术论文集（藏文）. 北京：民族出版社，2009：197.

③ 阿旺罗丹. 西藏藏式建筑总览 [M]. 成都：四川美术出版社，2007：223.

发布了一道上谕，让索拜告知噶厦地方政府掌管财政的噶伦①颇罗鼐，"令其于彼处拣选铸造铜佛技艺精湛匠役三名，雕刻、镟磨、镶嵌珊瑚、绿松石、青金石、玉石等项佛像制造精良之巴勒布匠役亦拣选三名"②，还要求工匠自备工具，且在"藏地精心勘察弥勒等诸佛，以便抵京后易于仿做"，并让索拜筹备送匠入京的物资，派人送往京城应差。

这道谕旨历时近一个月，三月二十四日送达索拜手中，索拜宣召了颇罗鼐应旨。经过准备筹措，颇罗鼐回称："颇罗鼐我禀遵宪谕，由我处铸造铜佛之匠役内，拣选得技艺娴熟之巴勒布匠役查答马（Cadama）、巴罗兴（Balusing）、刚噶达（G'angg'ada）；又于雕刻、镟磨、镶嵌珊瑚、绿松石、青金石、玉石等项佛像制造精良之巴勒布匠役内，亦选嘉那噶拉（Yanag'ala）、单丢（Danadibu）、巴鲁（balu）三名。伊等现已至大昭寺、布达拉宫等处，勘察记录弥勒等诸佛，其所用工具亦分别整备完毕。"

颇罗鼐所称"我处"，应指的是雏形时期的"雪堆白"，位于布达拉宫附近并未搬至布达拉宫脚下。经过索拜的安排，6名工匠和物资于四月初八日在驻藏千总佘广途领兵丁六人护送下，从拉萨启程至打箭炉（今四川）后，转交地方官员分阶段护送至理藩院。

历经三个多月，八月二十九日几名来自西藏的尼泊尔工匠（《活计清档》称之为"藏里人"）到达北京，由理藩院将6名工匠送至清宫造办处管理大臣海望处，海望将他们暂时安排在西华门外的掌关防内管领衙门内住宿，由二等侍卫纳和图暂行看守。

《活计清档》记载了6名工匠刚到造办处时的情形：海望用蒙古话、汉话询问，他们都听不懂，后传章嘉呼图克图的徒弟阿旺准丹尔格笼前来当翻译，应是用藏语或尼泊尔语交流。海望又将青金佛样交给他们看，嘉那噶拉等6人称，"雕珊瑚、松石、青金等与铸铜成做不敢应满会做，但有样皆能造做"。海望则认为他们"手艺皆系一般"。随后，海望将嘉那嘎

---

① 噶伦：官名，藏语音译，亦作"噶布伦""噶卜伦"，主持噶厦地方政府行政事务，受驻藏大臣和达赖喇嘛管辖。

② 罗文华. 乾隆九年尼泊尔工匠进京考［J］. 故宫学术季刊，2003（2）：136.

拉等 3 人留造办处，将查达马等 3 人留雍和宫①，白天在各处工作，晚上则在福佑寺喇嘛房或永宁寺首领喇嘛马尼格笼看守住歇。

经过四个多月的工作，雍和宫的造佛任务完成，乾隆十年正月初七日，乾隆皇帝下旨，将"雍和宫藏里造佛匠役着归造办处藏里做佛匠役处"②。这批工匠在清宫造办处工作，一直到乾隆十一年（1746）二月初九日。

来自西藏的 6 名尼泊尔工匠在清宫造办处的工作时间大致为，乾隆九年（1744）八月二十九日进入清宫造办处工作，至乾隆十一年（1746）二月初九日离开。在不到两年的时间里，他们为宫廷带来了流行于西藏地区的金铜制造技艺。

据罗文华考证，藏式粘药的引进、铜铃配方的改进、铜造像镀金上红工艺、试验新的铜合金配方等技术都是在这些"藏里人"进京后或传授或与造办处工匠共同研发改进的新工艺③。袁凯铮的研究充分揭示了"藏里人"所擅长的锤鍱锻打工艺和模制锤打成形工艺，在清宫中制造佛像时的独特优势④。

清宫第一次系统地对藏式佛像制造技术有了直观了解，并多次仿制藏式佛像。比如，清宫造办处对藏式"罗哈西里佛"的仿制。乾隆十年（1745）正月十三日，太监张玉传旨："藏里中殿现供罗哈西里佛一尊，着问藏里造佛匠役知道不知道，做的来做不来，如知道做的来，速将实在佛像画一样呈览，钦此。""藏里中殿"指布达拉宫⑤，"罗哈西里佛"指观世音形象，该佛身披羚羊皮是观音变化身的一种。三天后，司库白世秀将画好的布达拉宫佛样 1 张持进交给太监胡世杰呈览，皇帝又批："着先拨蜡，拨完蜡做金的，钦此。"正月三十日，司库白世秀和副催总达子将拨

---

① 12-303Q090830 记事录。

② 14 65Q100107 杂活作。

③ 罗文华. 宫廷与西藏：乾隆时期藏传佛教铜法物加工技术之选择与引进［M］//故宫博物院，柏林马普学会科学史所. 宫廷与地方：十七至十八世纪的技术交流. 北京：紫禁城出版社，2010：250-263.

④ 袁凯铮. 西藏传统铜佛像制作工艺的另面观察：基于清宫活计档案记录的讨论［J］. 西藏研究，2013（1）：63-65.

⑤ 罗文华. 乾隆九年尼泊尔工匠进京考［J］. 故宫学术季刊，2003（2）：132.

得罗哈西里佛蜡样 1 张持进呈览，皇帝又批："将佛项圈用珊瑚镶做，数珠用珠子穿做，座子束腰用珊瑚镶做，八达马上用珠子镶嵌，肩上羊皮做银的，其披羚羊的意思与两条腿长两条腿短，着问章嘉呼图克图是何道理？其余镶嵌着用珊瑚青金松石做，先领金成造后染色呈览，钦此。"二月初二日，白世秀和达子又将调整好的罗哈西里佛画样 1 张持进呈览，皇帝又批："随交出广珠一颗用在佛项上，俟蜡样染色完时另给珠石，钦此。"九月二十四日，金罗哈西里佛 1 尊最终做成。① 这是清宫造办处对布达拉宫铜佛的第一次正式仿做。

这种对藏式佛像的仿做工作一直进行着。"传旨：满达里佛，佛身着问巴拉布人照藏里佛一样成造，其镶嵌罩慈宁宫现供满达里佛上镶嵌一样镶嵌。"②

"藏里人"的制造技艺对于清朝宫廷来说十分新颖。往往在工作过程中，乾隆皇帝会针对制造过程中不清楚的地方进行发问，问清缘由，并且充分尊重其制造方式，不加干涉。例如：乾隆十年（1745）六月二十一日，乾隆皇帝要先做活计呈览，司库白世秀将先做青金佛等活计持进，并将藏里佛匠丹丢说此青金佛并大龛内青金砵磔佛之手足俱不能整做等语，转告于乾隆皇帝。藏式佛像体量庞大，通常身体头部以锤鍱敲打造型，而手足等变化较多的部分以模范浇注，最后拼接。丹丢所言正是此意。乾隆皇帝了解后，答复道："准其两做"③。

显然，乾隆皇帝十分满意"藏里人"所带来的新技艺。《活计清档》中屡次记载了乾隆皇帝对这批匠人的赏赐可以为证（见表 8）。

表 8　乾隆皇帝对六名"藏里人"的赏赐

赏赐时间	赏赐内容
乾隆九年（1744）九月十日	藏里来的造佛匠役三名各赏银三十两④

① 13-473Q100113 镀金作。

② 13-479Q100308 镀金作。

③ 13-497Q100621 镀金作。

④ 12-306Q090910 记事录。

续表

赏赐时间	赏赐内容
乾隆九年（1744）十二月二十六日	赏做金佛藏里匠人每名银十两，跟役赏银五两，雍和宫铸佛匠每名银五两①
乾隆十年（1745）四月初七日	（银一百两）赏巴拉布佛匠，怡亲王、海望议定等次②
乾隆十年（1745）五月十二日	（纱葛布二十一匹）赏巴拉布造佛匠役③
乾隆十年（1745）十一月二十六日	照前次赏银一百两按等次赏给④
乾隆十一年（1746）二月初九日	赏丹丢头等赏银二十一两，甲那噶拉二等赏银十八两，巴罗兴三等赏银十七两，跟役嘛锦赏银十两⑤

　　建立在对"藏里人"技艺充分信任的基础上，乾隆皇帝先后向清宫造办处的工匠下达了向"藏里人"学习的命令。"着佟五格学着做藏铁记念装严。"⑥ "问藏里人所做活计用度材料比我们这里人做的省费，再着造办处匠役学着他做，钦此。"⑦ "着挑伶俐小苏拉五六名跟藏里人学着做佛，钦此。"⑧

　　造办处工匠一边学习，一边自己做，当能够掌握一些藏式方法的技巧时"藏里人"便退居技术顾问角色。乾隆十年（1745）三月二十四日，司库白世秀和副催总达子将拨好的满达里佛蜡样一尊呈览，皇帝批示，让镀金作匠人学着做，如有不清楚之处问"藏里人"⑨。因此，即使乾隆十一年（1746）

---

① 12-323Q091226 记事录。

② 13-537Q100407 记事录。

③ 13-549Q100512 记事录。

④ 13-575Q101126 记事录。

⑤ 14-365Q110209 记事。

⑥ 12-284Q090509 记事录。

⑦ 12-307Q090913 记事录。

⑧ 12-309Q090925 记事录。

⑨ 13-481Q100324 镀金作。

二月初九日"藏里人"回拉萨后，清宫仍然能够掌握部分藏式佛器的制造技艺。说明清宫造办处的工匠学习情况还不错，至少在短时期内培养了几位熟悉藏式佛器制造要点的工匠。"藏里人"回藏之后，清宫内的部分佛器的制造仍然能满足要求。

（二）器物交流

雍和宫改建后，北京城内外又掀起了一波藏传佛教寺庙建设浪潮（见表9）。除了北京地区，避暑山庄承德亦修建了许多寺院。乾隆三十六年（1771），在承德修建了普陀宗乘之庙（仿布达拉宫）为贺乾隆六十大寿。乾隆四十五年（1780），乾隆皇帝为了迎接六世班禅赴京为他贺七十大寿，特意派人在承德修建了须弥福寿之庙（仿扎什伦布寺）。

表9　乾隆时期北京创建的藏传佛教寺庙统计表[①]

名称	地点	创建时间	毁废时间	备注
三宝寺	朝阳门外喇嘛寺胡同东	1737	清末	又称"新寺"
雍和宫	东城安定门内	1694	今存	1744 年改为寺院
阐福寺	北海西苑	1746	今存	
实胜寺	香山	1749	清末	
方园寺	香山	1749	清末	
大报恩延寿寺	颐和园万寿山	1751	1860	
宝谛寺	香山	1751	民国时期	
香岩宗印之阁	颐和园万寿山	1755	今存	仿西藏桑耶寺建
仁寿寺	北海太液池西岸	1761	1900	
宝相寺	香山	1762	清末	
正觉寺	圆明园	1773	今存	清末划归雍和宫下院
梵香寺	香山	1749	清末	在古寺基础上改建

---

① 基础数据《清代北京藏传佛教寺院列表》，转引自马佳：《清代北京藏传佛教寺院研究》硕士论文。

续表

名称	地点	创建时间	毁废时间	备注
恩慕寺	畅春园	1777	清末	
清净化城塔院（西黄寺）	安定门外校场北	1780	今存	现为藏语系最高佛学院
宗镜大昭之庙	静宜园	1780	今存	仿西藏大昭寺

随着北京城内外藏传佛教寺庙制造活动的增多，清宫造办处工匠的造佛能力已经不能满足乾隆皇帝的需求了。乾隆皇帝开始派遣人员赴拉萨画图，"着造办处派画样人往藏里去画样子"①，甚至干脆发样让"藏里成做"。

乾隆十五年（1750）八月十八日，传旨："启祥宫现做牛角鞘刀一把，并倭刀上饰件俱另画样呈览，准时着藏里成做，钦此。"于本月二十二日，员外郎白世秀、司库达子、萨木哈将牛角鞘刀上什件画得纸样1张，倭刀上什件画得纸样1张持进，交胡世杰呈览，奉旨："准做一对，交奏事太监发往藏里成做，钦此。"②

同一天，又传旨："将武备院珠石撒袋的什件画样呈览，准时着藏里成做，钦此。"于本月二十二日，员外郎白世秀、司库达子、萨木哈将照倭缎撒袋上什件画得纸样1张，照红黄皮撒袋上什件画得纸样1张持进，交胡世杰呈览，奉旨："每样准做一对，其倭缎撒袋上什件留碗子京内安镶嵌，交奏事太监发往藏里成做，钦此。"③

值得注意的是，《活计清档》中出现多次的"藏里成做"的具体制造地方应当是拉萨的"雪堆白"。清宫造办处的制造任务经皇帝下旨，由管理西藏事物的理藩院，通过各地设置的官方驿站，将谕旨发至驻藏大臣，再经驻藏大臣将谕旨晓谕西藏地方政府官员，最终由西藏地方官员安排工作，并负责监督工事。这条旨意下达的线路清晰通畅，也是当时正式的官方渠道。由于"雪堆白"不但承担着噶厦地方政府的金铜制造任务，更是

---

① 16-205Q130405 记事录。

② 17-303Q150818 记事录。

③ 17-304Q150818 记事录。

西藏地区金铜行业的管理机构。因此，来自北京宫廷的谕旨即便不是位于布达拉宫脚下的"雪堆白"工匠承办，也必定是其辖区内的工匠负责。显然，作为钦定之活儿，由"雪堆白"工匠承办的可能性更大。

由于藏文文献的缺失，目前并未见关于"雪堆白"与宫廷之间的交流藏文文献证据。但传世的清宫铜佛充分暗示了这种交流存在的必然性。在今天布达拉宫、罗布林卡、西藏博物馆、故宫博物院、国家博物馆等各大博物馆中保存着的 18 世纪的汉藏交流器物，充分表明了乾隆时期官方渠道下两地文化的交流情况。

在拉萨"雪堆白"和清宫造办处之间的交流中，主要表现为拉萨"雪堆白"对清宫造办处在造佛技艺、风格上的影响，宫廷积极配合、学习。这是宫廷对缺失技艺积极引进的表现。前期以工匠的引进为主，后期则以下派活计至拉萨承办为主。在这个过程中，"雪堆白"这一机构也得以正式形成。

"雪堆白"代表的是西藏本土的铜佛造像技艺，它的成立与尼泊尔工匠的参与密不可分。对比《五世达赖喇嘛传》和《七世达赖喇嘛传》《八世达赖喇嘛传》可以明显看到，尼泊尔工匠的这种活跃是由强渐弱的，甚至到了十三世达赖喇嘛时期（1876—1933），拉萨的尼泊尔金铜匠人遭到了遣散，西藏本地的匠人得到重用。

"雪堆白"的正式建立是在当地藏族人从尼泊尔人那里掌握了核心技术之后的事，是藏族人自主意识增强的表现①。因此，在乾隆九年（1744）宫廷需要西藏派遣工匠进京做活时，西藏所派遣的技艺精湛之人均为尼泊尔工匠。

乾隆十九年（1754），"雪堆白"首次见于藏文史料中的史事表明，尼泊尔工匠进京这一事件对"雪堆白"的正式成立有一定的联系。其是否有可能与清宫造办处的影响有关，需要更多的证据。

---

① 张学渝，李晓岑. 拉萨"雪堆白"历史及其职能的初步研究［J］. 中国藏学，2015（3）：374-375.

本章小结

清宫造办处在原料、制造、人员、管理中形成了一个节点明晰、沟通畅通的制造网络。尤其是雍乾时期，这个全国性的制造网络造就了宫廷制器的鼎盛期。

造办处京内作坊布局呈"城园两重格局"，符合清代帝王冬夏二宫的设置，两套班子一群人马，紫禁城内外动静结合。雍乾时期，造办处作坊在合理布局中寻求了器物制造数量上的最大化。而各类技艺背后所肩负的不同民族地域属性，以及不同作坊在制造量上的差别，使得清宫造办处器物制造的品种和质量上亦实现最大化。从清宫造办处可以清晰地看到，在传统手工技艺中，单个技艺的识别度并不高，但技艺组成的技艺群有极高的识别度。因而，往往可以看到同一技艺可以承载多种不同的制造任务。这是单个技艺最优化的最好表现。京内作坊是清宫造办处的核心。

清宫造办处的京外制造地是对京内作坊的补充。在京外制造地的选择上，一方面是从明代以来的旧制考虑，另一方面是从经济实力、技艺传统上考虑。京内作坊和京外制造地共同构成了清宫造办处的全国制造版图。同明代相比，清代在构建帝国技艺的时候，只有和宗教有关的技艺具有时代独特性，比如西藏的铜佛制造，这类少数民族的技艺背后是藏传佛教因素的支撑。在地域上，清宫造办处实现了技艺的多重组合，成为技艺时代技艺最优的有利条件，也使得这一时期技艺的优化组合最大，器用在美与精上实现了历史之最。

清代帝国技艺的网络两端是宫廷和地方。在宫廷和地方之间，以"雪堆白"为代表的地方技艺从工匠、物料、器物支持和补充着宫廷技艺。而宫廷的技艺也通过器物的流通传达到地方。总的来说，二者之间的关系并不是对等的，主要是宫廷单方面对地方技艺的需求而导致的沟通；而宫廷技艺在多大程度上影响地方技艺，这条线并不明晰。这种技艺交流的情况，正是皇权主导下技艺交流的主要特点。

第五章　帝王与工匠：
清宫造办处的人事运作

　　清宫造办处是为宫廷制造御用器物的机构，帝王、官员和工匠是清宫造办处运行的三大主要群体。在这一机构所连接的两端，一端是位于权力制高点的帝王，他们是制造命令的下达者；另一端是掌握技艺的工匠，其中，有的工匠还是尖端技艺持有者。造办处内大大小小的官员，则是往来于帝王与工匠的纽带。清宫造办处的运作，在三大群体之间的互动中进行着。

一、帝王的技艺生活

　　中国历史上，帝王精于技艺并不是孤例。宋徽宗赵佶（1082—1135）以书画闻名于世。他把书法和绘画相结合，创造瘦金体，他的工笔花鸟画，形神并举。他创立了翰林书画院，兴办画学，提升画家的地位，创造了中国绘画史上的宣和时代。明熹宗朱由校（1605—1627）被誉为"木匠皇帝"。在帝王的政治形象框架下，他们的技艺形象很多时候都被当作一种遗憾，被今人和史家批评为"精于技而荒于政"。

　　和中国历代大多数帝王的政治形象不同，今人能从保存完整的《活计清档》中，看到清帝们的技艺形象，窥探许多有关清代帝王丰富多彩的技艺生活细节。

　　相较而言，从康熙皇帝以来，清代的多位皇帝的政治形象与技艺形象并不是一种相斥状态。相反，技艺形象还为帝王的政治形象提供另一种支持。例如，雍正皇帝对制器的严格要求，暗含他对造物合法权的掌握。造物权和执政权是统一的。

清代历代帝王参与造办处制造活动的热情有多高？哪些皇帝最喜欢近距离参与制造活动？他们是以何种方式参与造办处的活计制造，既满足他们的参与热情，又符合他们的帝王身份？他们只是居高位而不亲匠事的命令发号者？还是他们像工匠一样投身于制器活动？作为最近距离参与造办处制造活动的雍正和乾隆二帝，他们的参与对后世的制造活动产生了什么影响？

从《活计清档》的文本记载看，设计师和管理者是帝王参与造办处活计制造过程中扮演得最多也最贴切的角色。以设计师形象在制造器物的过程中对活计进行规训，以管理者形象在管理人员和工匠征召中对人员进行选择。

（一）帝王的参与热情

历朝《活计清档》就是清代历代帝王技艺形象的生动记录，清帝王们对造办处的关切跃然纸上。根据《活计清档》的记录特点和档案利用原则，我统计了自雍正至宣统朝八位皇帝对造办处制造活动的参与情况（见表 10）。

表 10　清宫造办处帝王参与度统计表（1723—1911）①

名字	年号	公元	在位年数	指示量	总量	参与度
胤禛	雍正	1723—1735	13	4151	8491	48.89%
弘历	乾隆	1736—1795	60	69373	75724	91.61%
颙琰	嘉庆	1796—1820	25	3953	6474	61.06%
旻宁	道光	1821—1850	30	11029	15206	72.53%

①　数据来源：雍正至宣统朝《活计清档》，其中乾隆朝缺 Q56 除"行文、记事录"之外的其他作坊；嘉庆朝缺 J04、05、07、08、10、J1401-06；道光朝缺 D1101-03、D30，D2207-09 中 0706-0806 撕毁不能拍照；咸丰朝缺 XF04；同治朝缺 T05、T0707-12、T0801-03；光绪朝缺 G2501-03、07-09，G2606-12，G2701-09；宣统朝缺 XT0101-09。

续表

名字	年号	公元	在位年数	指示量	总量	参与度
奕詝	咸丰	1851—1861	11	3931	5658	69.48%
载淳	同治	1862—1874	13	6246	7488	83.41%
载湉	光绪	1875—1908	34	11244	18441	60.97%
溥仪	宣统	1909—1911	3	443	736	60.19%

所谓帝王参与度，即帝王在位期间内对造办活计的指示量与造办处工作总量比值。表 10 所示，清代八位帝王的参与度都非常高，其中，乾隆皇帝的参与度最高，雍正皇帝参与度最低。同治光绪年间的活计除了一部分来自皇帝载淳和载湉外，另一部分来自慈安和慈禧两位太后；而宣统年间的活计，应当全部来自太后隆裕和摄政王载沣。

总的来看，清宫造办处所历经的八位帝王，其参与度几乎都达到一半以上。当然，每人的参与方式有所不同。如雍正、乾隆两帝参与的程度较深，形式也较为多样，涉及器物制造的诸多环节。仅就帝王对清宫造办处的参与度来看，清宫造办处已是名副其实的御制机构。

清代帝王对技艺活动参与热情的高低，导致了清宫造办处活计量的多寡。下面选取参与度最低（48.89%）的雍正皇帝为例，统计了雍正六年（1728）清宫造办处各天承办来自皇帝指示的活计量大于等于三次的情况（见表 11）。

表 11　清宫造办处一天承办工作量统计表（1728）①

时间	入作情况	指示量	总量
正月初五日	镶嵌作 1，杂录 1，玉作 1	3	6
正月十三日	木作 2，牙作 1，杂活作 1，自鸣钟 1	5	8
正月二十七日	匣作 1，牙作 1，玉作 2，漆作 1，杂活作 1	6	6

---

①　数据来源：《总汇》第 3 册第 1—171 页。

续表

时间	入作情况	指示量	总量
二月初七日	自鸣钟4，玉作6，漆作2，杂活作6，镶嵌作1，木作2，牙作4	25	25
二月十八日	珐琅作2，杂活作1	3	9
二月十九日	木作2，皮作1	3	6
二月二十二日	画作1，镶嵌作1，杂录1，皮作2	5	10
二月二十三日	铜作1，木作2	3	5
三月十九日	木作1，铜作1，玉作1，表作1	4	8
三月三十日	砚作1，库档1，玉作1	3	6
四月十五日	累丝作1，砚作1，玉作、珐琅作、镟作1	3	4
四月三十日	累丝作3，木作2	3	7
五月初四日	牙作1，杂录1，杂活作1	3	4
五月初五日	杂活作1，皮作1，玉作1	3	3
六月初三日	炉作1，表作1，木作1	3	3
六月初七日	铜作1，皮作1，木作1，玉作3，牙作1	7	8
八月初一日	杂活作3，镶嵌作1	4	5
八月初四日	杂活作3，漆作1	4	6
八月初十日	木作1，玉作2	3	5
八月二十日	匣作1，珐琅作1，玉作1	3	7
九月初六日	玉作1，皮作、玻璃厂1，木作3，玉作3，库档1	9	10
九月二十八日	累丝作1，花儿作1，匣作1	3	4
十月十九日	木作2，杂活作1	3	12
十月二十六日	木作1，匣作、库档1，漆作1，库1，杂活作1	5	6
十月二十八日	木作2，库1	3	5
十二月初六日	皮作1，木作1，漆作1，錽作1，记事录1	5	11

清宫造办处在同一天内，接办了多个活计，表11中所示的任务均是经过皇帝裁决的，同时同一作坊在同一天中也会收到多个活计。这种情况表明，清宫造办处每年的工作总量，正是这样的由一天多个工作任务汇总的结果。

皇帝的参与度充分展现了他们对清宫造办处制造工作的参与热情。雍正皇帝的具体参与情况如何？下面以雍正六年（1728）二月初七日这一天造办处所接办的雍正皇帝的指示情况为例进行窥探（见表12）。

表12　雍正皇帝的一天技艺生活①

序号	品名	雍正谕旨内容	入作
1	圣寿表1件	此表鞘口紧着收拾，再鞘内小家伙亦收拾	自鸣钟
2	圣寿无疆表1件	着对准收拾	自鸣钟
3	白玉柳斗式水盛1件（随象牙座）	此水盛口上花纹不好，着砣素，其象牙座亦不好另配象牙茜红色座	玉作
4	汉玉一统太平1件（随紫檀木架黑堆漆双龙万字锦式匣，宜兆熊、刘师恕进）	此架还好，不必换，黑堆漆匣做法花纹亦甚好，着留样，嗣后若做漆水匣子等件有可用此做法的俱照此做法一样做	漆作
5	镶嵌温都里那石银胎长方匣1件	此腿子不好，着照先做过的算盘珠式足子换做	杂活作
6	白玉仙鹤灵芝片1件、白玉双螭虎片1件	着做镶嵌用	镶嵌作
7	珐琅套西洋人物表1件、黑子儿皮套西洋人物表1件	着对准收拾	自鸣钟
8	白玉卧蚕花纹圆形水盛1件（随紫檀木座珊瑚匙）	此座不好，着另换座，珊瑚匙着收拾	玉作

---

① 数据来源：《总汇》第3册第24-29页。

续表

序号	品名	雍正谕旨内容	入作
9	玛瑙太平车1件（上有玛瑙珠4个靶1件铜镀金饰件，系沧州进）	此玛瑙珠若可以做得别样处改做别样用，若做不得别样仍做太平车，其玛瑙靶铜饰件照先做过的太平车款式换做	杂活作
10	菜玉莲花荷叶洗1件	着配紫檀木独梃座	木作
11	催生石方瓶1件（铜镀金口紫檀木座上安白玉如意1件）	此铜口不好，折去另或用别样石或用玛瑙配做，其瓶内如意亦不好，着砣磨收拾	玉作
12	花玛瑙扎斗式花插1件	着将此花插肚上底凹不平之处着砣磨收拾	玉作
13	碧玉灵芝花插1件	此花插头重，座子不稳，着收拾	牙作
14	碧玉宝1件	此宝的楞角不方，着砣磨收拾	玉作
15	白玉有锁刻人物字磬1件（随珊瑚枝架，系石里哈进）、温都里那石提梁罐1件（随紫檀木座，系阿科墩进）	着将珊瑚枝上挂的白玉磬拆下来，另配一架子，将温都里那石提梁罐挂在珊瑚枝上，其紫檀木座上用牛油石或做笔洗或做何物，尔等酌量配合做1件	杂活作
16	白玉鱼磬1件	着安在莲花馆书格上	玉作
17	玻璃轩辕镜2件	着配紫檀木独梃帽架用	杂活作
18	持出黄色石砚山1件	此砚山做法甚文，尔等留样	牙作
19	别珊瑚雕宋龙桃式盒1件（随金里孔雀石座）	此座不好，尔另配做象牙茜绿色，雕桃枝叶，架子下面配做退光漆香几，其香几起2层台，将此珊瑚桃式盒并象牙架，安在香几上面，再做黑退光漆玻璃罩，罩上此桃式盒有2件，尔将架子香几玻璃罩做2分，其孔雀石座应配做何物，尔等酌量配做，再照此雕宋龙式样或小水盛或小盒子亦做几件	牙作

续表

序号	品名	雍正谕旨内容	入作
20	黑堆漆罩座佛龛1座（镶嵌汉玉圈玻璃圆光上安汉玉项，内供汉玉佛1尊、汉玉山子1件、紫檀木座黄绫垫）	此佛座安的不稳，黄绫垫子亦不好，另做，垫子安稳，其罩座上面堆漆花纹甚好，尔等留样，嗣后若做漆水物件，有可用此花纹处，照此花纹做	漆作
21	汉玉夔龙式磬1件	此磬着安在莲花馆1号房书格上，若书格空处不能容放此磬，尔等随其空处酌量配一架子陈设	杂活作
22	汉玉招文带紫檀木压纸2件	此紫檀木压纸长了，亦甚夯，另配做短些的紫檀木压纸2件，谕招文带仍镶嵌上面，其原紫檀木压纸或用龙油珀或用别样石嵌在上，仍做压纸用	木作
23	汉玉琴拂1件	此琴拂上的棕短些，安的亦窄，另换长棕，安宽些	杂活作
24		着照样先进的《万国来朝》吊屏样再做几件吊屏，上不必做堆纱的，着郎世宁画画片，上罩玻璃转盘，其吊屏不必照先做过的尺寸样做，但量玻璃尺寸做小些亦可	白鸣钟
25		先进过寿山石灵芝座绿玻璃水盛，其做法甚好，着照样再做几件	牙作

如表12所示，雍正六年（1728）二月初七日，造办处自鸣钟、玉作、漆作、杂活作、镶嵌作、木作、牙作等7个作坊，先后共接到雍正皇帝25个指示，至少有28件器物被批准制造。这些器物均由郎中海望呈进至雍正皇帝面前，供他发谕。雍正皇帝或让造办处工匠"收拾""换做""改做""配做""照样做"，或让工匠将器物"陈设""存样"。

《起居注》被认为是详细记载皇帝言行的记事录。翻看雍正六年

（1728）二月初七日这一天的《起居注》仅有寥寥几字："初七日，戊子，早上诣社稷坛，致祭礼毕，回宫。"① 雍正皇帝早上至社稷坛祭祀，然后回宫。回宫后做了何事？《起居注》并未记录。根据《活计清档》的记载可知，他回宫后去处理造办处的事了。

可以设想一下，这28件器物是如何穿梭于养心殿和造办处之间的。如果这一天中，28件器物在不同时间由皇帝指示，那么养心殿和造办处之间的人员往来可谓"熙熙攘攘"，略失宫禁"威严"；如果这一天正好是雍正皇帝的"鉴宝日"，海望将各地进贡的和宫内的物件，同时呈进至养心殿，以供雍正皇帝观摩指示，雍正皇帝一一对每件器物做修改中的指示。这似乎从时间上看是合理的，但仔细辨析又不符合《活计清档》一事一记的记录特点。

不论这些工作具体是如何开展的，毫无疑问的是，对清宫造办处工作的指示也是雍正皇帝"日理万机"的内容之一。在这点上，乾隆皇帝表现尤甚。清代帝王对清宫造办处的参与热情保持无疑。《活计清档》为后人呈现了清代帝王在《起居注》等书中的政治形象以外十分难得的技艺形象。这些技艺形象如同帝王肖像里的"行乐图"（见彩图18），寄托了帝王不同的志趣。

但是不同的皇帝对参与方式的深浅不一样。例如嘉庆皇帝对造办处的造办活动就没有那么直接，很多时候只负责下发谕旨就可以。

嘉庆二十五年（1820）九月初四日，奉谕旨：

> 内庭主位应用银镀金桦皮凤著做五份，钦此。金玉作具报单一件内开：应成做银镀金累丝假珠石坠角桦皮凤十一凤一份、银镀金累丝假珠石坠角桦皮凤八凤四份等因，呈明堂台总管，批准；记此。②

在这个谕旨中，嘉庆皇帝没有任何具体指示，金玉作报单后，他也没有进一步地表示指示，最后全权交由内务府堂台总管定夺。这种由皇帝下发谕旨，在实际制造的时候又由内务府堂台总管裁夺的情况，未曾出现在雍

---

① 中国第一历史档案馆. 雍正朝起居注册：第3册［M］. 北京：中华书局，1993：1774.

② 卷2936-缩0008《嘉庆二十五年清档十月 十一月 十二月》J250904金玉作。

正和乾隆朝，这表明嘉庆皇帝对于造办处制造活动的参与距离是较远的。

（二）作为设计师的帝王

1. 风格

雍正皇帝很早就注意到器物的制造标准问题。这也是清宫造办处自康熙朝以来宫廷御用器物增加的形势所需。"匠气"成为困扰清宫造办处的大问题。对此，雍正皇帝早有防范，对造办处的活计提出了要符合宫廷体制的"内庭恭造之式"标准。

> 雍正六年五月初四日，据圆明园来帖内称，本月初四日郎中海望传旨：尔造办处所进的香袋甚糙，朕有府内取来香袋样子，尔何不照样做来呈进？①

然而，什么样的风格符合雍正皇帝的"内庭恭造之式"？

> 雍正元年十二月二十四日，总管太监张起麟持来周青绿亚夫方门（嵌玉顶，紫檀木盖座），传旨："将此紫檀木盖上玉花顶子取下来，换在方顶盖上，将方顶盖上玉凤顶子取下来，安在紫檀木盖上，方门上的原木盖不可换，将座子往秀气里收拾，糊的锦去了，钦此。"②

> 雍正四年三月十三日，郎中海望持出雕竹匙箸瓶一件，奉旨：此竹器做法好，但放匙箸处不甚透露，尔等或做象牙或做雕竹，其口处要收束得匙箸，酌量做文雅些，钦此。③

> 雍正四年八月十九日，据圆明园来帖内称，郎中海望奉旨：此时烧的珐琅活计粗糙，花纹亦甚俗，嗣后尔等务必精细成造，钦此。④

> 雍正六年五月初四日，据圆明园来帖内称：本月初四日怡亲王、海望呈进活计内，奉旨：莲艾砚做的甚不好，做素静文雅即好，何必眼上刻花？再书格花纹亦不好，象牙花囊甚俗，珐琅葫芦式马挂瓶花纹、群仙祝寿花篮春盛亦俗气，今看珐琅海棠式盒再小孔雀翎不好，

---

① 03-74Y060504 杂活作。

② 01-89Y011224 木作。

③ 01-739Y040313 牙作。

④ 02-25Y040819 杂录。

另做，其仿景泰珐琅瓶花纹亦不好。①

林姝将雍正皇帝的审美标准概括为"文雅精细"四字。② 即上述档案中的"秀气""文雅""精细"。后世所见雍正时期的御制器物大多符合这些标准。

"内庭恭造之式"成为清宫造办处造办活计的最高标准，而雍正皇帝本人则是这一标准的第一位坚定执行者。在对器物制造时他表现出在意器物细节，追求完美的严谨态度。这一态度同时也带动了整个造办处制造和管理团队精细工作的作风。

乾隆皇帝也对"内庭恭造之式"进行了具体的阐释。他在雍正皇帝"秀气""文雅""精巧"的基础上，还提出了"巧""大"等标准。而乾隆时期的御制器物，大多也符合这种标准。

乾隆二年八月二十三日，黄杨木伞紫檀木闲余帽架一件，传旨：将黄杨木伞换做秀气些，钦此。③

乾隆三年正月初五日，洋漆盒内盛黄玛瑙石砚一方，传旨：另配一文雅砚盒装，其砚盒再配一方，钦此。④

乾隆三年八月十二日，白玉有锁福寿磬一件（随象牙茜红架），传旨：交与海保将发去带板内照此样令伊酌量辨别款式往精巧里做，俱配架来，钦此。⑤

乾隆八年十二月二十七日，太监胡世杰、萨木哈传旨：所进的巧式小活计虽巧，不过取其玩意，似此等类活计嗣后不必成做，与其做此样活计不如做大灯等件活计有用，钦此。⑥

值得注意的是，雍正皇帝和乾隆皇帝在对"内庭恭造之式"的阐释和实践中有所区别。相较于乾隆皇帝而言，雍正皇帝似乎更加趋于完美主义

① 03 71Y060504 杂录。

② 林姝. 从造办处档案看雍正皇帝的审美情趣［J］. 故宫博物院院刊，2004（6）：101.

③ 07-728Q020823 杂活作。

④ 08-105Q030105 油作。

⑤ 08-273Q030812 苏州织造。

⑥ 11-539Q081227 记事录。

和理想主义，因而他能在规定器物风格的同时，监督匠人制造出符合风格的器物。换句话说，雍正皇帝非常在意自己的设计理念的落地，并且去助推落地。可以说，雍正皇帝是一位知行合一的设计师。

而这一点乾隆皇帝则明显不同。《活计清档》中大量的记载表明乾隆皇帝对器物风格"秀气""文雅"的要求，但审视乾隆时期的御制器物则会发现，实物和这些要求相去甚远，你很难在乾隆时期的作品中看到"秀气""文雅"的特点。相应地，"大"与"巧"成为乾隆时期御制器物风格的代名词，甚至有时候"雅""糙"并存。

> 乾隆十年九月二十五日，胡世杰、白世秀持来镶嵌金坛城一座，传旨：着配五寸高文雅木座，钦此。于十二月初七日，萨木哈将镶嵌金坛城一座配得文雅木座持进交胡世杰呈览，奉旨：着配一糙匣盛装，得时交佛堂，钦此。于十二月十二日萨木哈将镶嵌金坛城一座配得紫檀木座杉木匣持进交佛堂讫。①

给镶嵌金坛城配文雅木座，却用糙匣盛装，且是佛堂用品，这种情况换成雍正皇帝绝对不行。可以这样说，乾隆时期的"内庭恭造之式"经历了风格上的转变，早期奉行雍正时期的"典雅"至后期逐渐走向"繁复"。今人对清代工艺美术的整体风貌以"技艺的极致，设计的衰退"② 作为概括，应是有感于乾隆时期的大量技巧艺衰之品。

其他皇帝，也会通过造办处表达自己的设计思想。

> 咸丰十年七月二十二日，兼行员外郎闻哲欢、太监黄永福来说，太监杨如意交朱笔画样单一件，传旨：着成做银珐琅烟碟二个，碟边圆寿字蓝色珐琅，碟底"咸丰御用"蓝色珐琅字四个，碟底有足，先做样呈览，钦此。于二十四日太监黄永福将做得木样持进，呈览，随传旨：着照样准做，钦此。③

但这种标准的帝王与匠役之间反复沟通的活计承办路径，在乾隆以后就十分少见了。

---

① 13-301Q100925 木作。

② 高丰. 中国设计史［M］. 杭州：中国美术学院出版社，2008：251.

③ 卷3087-缩0033《咸丰十年清档七月 八月 九月》XF100722金玉作。

2. 尺度

在《活计清档》中，除了雍正时期定下的"内庭恭造之式"外，尺度也是帝王们关心的重点（见表13）。

表13　清代帝王对尺度的要求

年号	谕旨内容
雍正	传旨："将黑退光漆桌做三四张，各长二尺二寸一分，宽一尺四寸五分，高五寸六分，钦此。"①
乾隆	四月十二日，首领李久明持来圆明园四十景画稿十张，太监胡世杰传旨："着金昆照样收小各高一寸八分、宽一尺六寸五分，着所画《诗经》人物画、端阳节画亦不必画，钦此。"②
嘉庆	传旨："同乐园明殿宝座床西边陈设洋人进宝风扇一件，着配做打色木座一件，其通高尺寸照床高矮尺寸配做，钦此。"（宝座床扇一尺四寸五分)③
道光	太监平安交锡壶样一把，传旨："着照样成做锡壶一把，见圆放二分高三分，嘴长放一寸五分，壶把要壮，壶身要薄位锡，壶肚儿往下，要直，钦此。"④
咸丰	太监杨如意交朱笔尺寸单一件，传旨："著作楠木桌七张长七尺两张、长五尺二寸五分两张、长三尺五寸三张，此七张俱面宽一尺七寸五分、高二尺七寸五分，俱要圆腿，尺寸要准，不许将就，先做七张糙木黄油的样子楠木的，再等等，先别做，钦此。"⑤

---

① 02-159Y040215 油漆作。

② 15-361Q120429 画院处。

③ 中国第一历史档案馆藏《活计档》：卷 02894-缩 0003《嘉庆十五年清档四月五月六月》。

④ 中国第一历史档案馆藏《活计档》：卷 2991-缩 0018《道光十四年清档十月十一月十二月》。

⑤ 中国第一历史档案馆藏《活计档》：卷 3071-缩 0031《咸丰六年清档七月八月九月》。

续表

年号	谕旨内容
咸丰	太监马进喜交尺寸单一件，奉圣母皇太后旨："著成做小桌一张，长一尺八寸，宽一尺二寸，高九寸，不要花牙，上油干磨硬壳，赶紧要得，钦此。"① 母后皇太后下太监玉儿交锦匣一件，传旨："照此样成做楠木匣两件，内一件放长一寸，放高五分，一件放高五分，俱要干磨硬壳糊黄绫里，钦此。"②
同治	总管苏得交花梨木琴桌一张，传旨："将琴桌打老紫檀色，桌腿落矮一寸，枨子要细雕，活要玲珑，钦此。"③
光绪	传旨："著造办处匣作成做硬木净面犀牛座钟一件，净面宽一尺五分，进深七寸六分，钦此。"④
宣统	传旨："著造办处木作成做一块玉福方壁子两块，见方二尺，随托钉钩，钦此。"⑤

如果表 13 只能体现不同朝代帝王们对尺度的热衷，那么道光朝的这条《活计清档》就很能表明皇帝对尺度的拿捏：

> 道光十四年十月十七日，库掌存权、太监赵全来说，太监鞬可交楠木匣样一件、尺寸单一件，传旨：著照尺寸单成做楠木匣三件，一件高四寸进深八寸二分宽五寸二分，一件高四寸进深七寸八分宽五寸，一件高五寸八分进深九寸六分宽六寸二分，俱系里口，每匣内各

① 中国第一历史档案馆藏《活计档》：卷 3092-缩 0034《咸丰十一年清档十月十一月十二月》。

② 中国第一历史档案馆藏《活计档》：卷 3092-缩 0034《咸丰十一年清档十月十一月十二月》。

③ 中国第一历史档案馆藏《活计档》：卷 3110-缩 0036《同治六年旨意题头清档正月二月三月》。

④ 中国第一历史档案馆藏《活计档》：卷 3211-缩 0050《光绪十八年七月八月九月旨意题头清档》。

⑤ 中国第一历史档案馆藏《活计档》：卷 3271 缩 0058《宣统元年十月十一月十二月旨意题头清档》。

随屉板二件，各安黄纺丝提绊一件，各锭铜滑子一个，其楠木匣板薄厚照交出楠木匣样薄厚成做，钦此。①

道光皇帝通过尺度就放心将活计交给下面的办事人员，仿佛看准了尺度，就预知了器物的样子。

所谓尺度，指的是器物的尺寸、度量，是一种包含一维、二维、三维器物的空间表述。和风格对设计师个人修养的高要求不同，尺度更为精准、易掌握，同时也是制器过程中的首要因素，属于非技艺能力的要求。因此，我们看到不同时期，清帝王均对尺度问题进行了牢牢的控制，成为帝王参与造办处器物制造过程中的重要关注点。

尺度是对空间性的把控。一个器物的尺度表达的是该器物在空间中的位置。这种对空间性的宣示与皇权对臣民的统治力的宣示是一致的。因而，可以在《活计清档》及其他历史文献中看到这样的现象：不论帝王个人兴趣与技艺修养如何，严格拿捏制器尺寸始终是历代清帝王对造办处的共同要求。

"内庭恭造之式"属于对器物材质、工艺方面的要求，尺度属于器物外在形状空间感的要求。帝王通过风格与尺度，牢牢把控了御制器物的质与形。这就是"造办处制"器物的独特魅力，造就了清代宫廷风格的器物。

3．术语

技艺术语是器物制造过程中一种标准的或约定俗成的语言，是对技艺认知情况的反映。《活计清档》中保留了帝王们使用技艺术语的信息，尤其是雍正皇帝、乾隆皇帝和道光皇帝。

有关金属器装饰的技艺术语："梅洗""烧古""鎏金""镀金""镀金""镀银""焊"等。

"梅洗"：清理金属器件所用到的工艺，清代宫廷 ·般用乌梅汁刷洗器物，利用其酸性以达到去氧化层的目的。如：太监交来金寿星1件，雍正

---

① 卷2991-缩0018《道光十四年清档十月 十一月 十二月》D141017匣作、铜作、裁作。

皇帝让"梅洗见新，配罩子"①；太监又交来蛮子珠子 2 包、银累丝盒大小 3 个、银珐琅累丝盒大小 5 个、穿珠靶蝇刷 1 件，雍正皇帝让"盒子俱着梅洗见新，蝇刷着收拾，珠子两包小大不等着编定等次用线穿好"②。太监交来元宝 81 个，乾隆皇帝让"梅洗见新"③；交镀金口温都里那石圆盒 1 件，乾隆皇帝认为"口紧，着梅洗收拾"④；交镶温都里那石盒 1 件，乾隆皇帝让"将此盒梅洗，口紧另收拾"⑤。

"烧古""鎏金""镀金"："烧古"又称烧色，是仿古玉器和铜器的制造工艺。铜器的"烧古"在清宫中较为常见，先将器物用水银浸润擦抹，再熏烧或火烤而成。"鎏金"是常见的器物表面增色工艺，主要将金箔和水银制成的金汞剂与盐、矾的混合液均匀地抹在器物表面，再加适温烘烤使得水银蒸发让金固于器物表面，以达到装饰器物的目的。很多时候"鎏金"和"镀金"互用。而它们又和"烧古"一起成为清宫仿古铜器制造中常用的装饰手法。如：海望做得黄铜镀金双灵芝头烧古竹节靶如意 1 件，传旨"尔再做时，通身俱烧古不必镀金"⑥；红铜瓜瓞绵绵暖砚 1 件，传旨"烧古鎏金"⑦；水晶双有瓶 1 件，传旨"照样做烧古鎏金铜瓶一件"⑧。

"鋄金""鋄银"：鋄金、鋄银是明清时很流行的一种工艺，在刻有网纹的铁片上，用金丝或银丝锤嵌花纹，效果如古代的金银错或后代的金银丝镶嵌。例如，雍正八年（1730），雍正皇帝命令"做径五分的或黄铜或鋄银或亮铁圈四十个，随曲须二十个，黄铜小钩头钉二十个，长四寸宽一寸二分厚一寸铅条十二根"。⑨

"焊"：道光十六（1836）年六月二十日，"委属主事恩昌、太监高长

① 02-58Y041008 匣作。

② 03-72Y060430 累丝作。

③ 07-732Q020701 累丝作。

④ 07-733Q020817 累丝作。

⑤ 07-728Q020816 杂活作。

⑥ 01-458Y031011 铜作。

⑦ 07-829Q021105 铸炉作。

⑧ 07-274Q010327 铸炉作。

⑨ 04-560Y080808 铜作。

喜来说，太监沈魁交银壶一把，传旨：将银壶内焊药味去净，照样再做一把，少用焊药，钦此"①。道光二十一年（1841）九月初四日，"委属主事恩昌、太监高长喜来说，太监鞑可交钥匙牌纸样大小三件，传旨：照纸样成做白木大钥匙牌三十个、中钥匙牌二十个、小钥匙牌四十个，得时刷苏木水，不要上油，钦此。于九月初四日交进讫"②。

有关丝织布艺的术语："堆纱""浆矾"等。

"堆纱"，又称堆绫、贴绫、贴补绣，是一种较为复杂的布艺工艺，一般将纱、绫、罗、绸、缎等丝绸面料背面托纸，用剪刀剪成特定的形状，成为绣片，再将绣片用贴、钉或刺绣等方法固定在底布上，组成花纹图案。图案立体是堆纱工艺的最大特点。如，造办处画得得岁岁双安竹节双喜堆纱插屏样2件，雍正皇帝认为"不必做堆纱的，着张振画画"③；乾隆皇帝指定三处织造"（宫灯）吊挂上花纹俱要绫绢堆做，不要通草做"④。

"浆矾"，如造办处官员持来黄绫1匹、白绫1匹、楞严佛横披1张，雍正皇帝下旨："绫着浆矾，横披着托表"⑤；"要矾画绢一块"⑥。

有关纸张加工的术语："喷金""泥金"。

太监持来如意馆画古玩纸斗方19张，乾隆皇帝下旨："托表，再令郎世宁徒弟照样画些，俟画完时纸上喷金。"⑦ 太监又持来曹扇20柄，又下旨："着唐岱、郎世宁、沈源画三色泥金。"⑧ "泥金"一词也用于木器、金属器的制造。雍正皇帝下旨："着将围竹园楼上花榆木照背收拾线缝，其字上填泥金。"⑨ 太监胡世杰、萨木哈持来释迦佛5尊，乾隆皇帝下旨：

---

① 卷2997-缩0019《道光十六年清档四月 五月 六月》D160620 金玉作。

② 卷3018-缩0022《道光二十一年清档七月 八月 九月》D210904 油木作呈稿。

③ 01-467Y031021 镶嵌作。

④ 15-88Q120112 行文。

⑤ 05-792Y111012 表作。

⑥ 07-159Q010702 裱作。

⑦ 07-175Q010119 如意馆。

⑧ 07-176Q010401 如意馆。

⑨ 01-725Y040306 杂活作。

"着见肉泥金扫青发，照藏里进的佛样着好喇嘛开减，不可去旧意，钦此。"① 光绪皇帝写了一副御笔字对，传旨"著造办处托裱实贴随蓝绫边，用潮脑调浆子"。②

有关玉石制造的术语："砣磨""起""嵌"。

"砣磨""砣刻"：海望持出花色玛瑙鸡1件，雍正皇帝认为"其翎毛砣磨的不好，收拾配座"③；海望又持出螭虎灵芝玛瑙杯1件、葵花式玛瑙碗1件，雍正让"玉匠有闲暇时再砣磨"④；雍正嫌弃海望持出的白玉竹节靶挑香匙1件竹节花纹俗气，让"砣磨收拾，其匙头收窄些"⑤。玉作呈出八方呆白套红玻璃笔筒1件、珐琅盖玳瑁底盒1件，乾隆皇帝让"将笔筒砣刻花纹，先画样呈览，准时再做，珐琅盖盒砚配做一暖砚"⑥；太监毛团交来玛瑙碗1件、玉凹面圈1件，传旨"将玛瑙碗砣磨刻款，再将玉凹面圈着认看配一紫檀木架"⑦。

"起""嵌"：海望持出紫檀木嵌玉双开匣1件，雍正下令"将玉起下来或木或石另嵌一块"⑧。

有关木漆器制造的术语："镟""退光彩器""雕漆""商丝"。

"镟"：太监刘希文、王守贵交来木圆球1个，雍正皇帝让"照样镟做十个"⑨；海望持出龙泉釉磁胆瓶1件，雍正皇帝命令"照此瓶镟木样交给年希尧烧造"⑩。

"雕漆"：海望持出磁胎雕漆碗1件，雍正皇帝认为"此碗做法甚好，

① 16-67Q130522 镀金作。

② 卷3224-缩0051《光绪二十一年七月 八月 九月旨意题头清档》G210829 匣裱作。

③ 01-487Y031120 玉作。

④ 01-777Y040524 玉作。

⑤ 03-90Y060607 玉作。

⑥ 07-5Q010609 玉作。

⑦ 07-255Q010627 广木作。

⑧ 02-77Y041025 镶嵌作。

⑨ 02-16Y040807 镟作。

⑩ 02-17Y040808 杂录。

尔等选有好款式的碗照此样做退光彩漆，不必做雕漆"①。太监持来嘉靖红填漆箱1件，乾隆皇帝让"将厌头去了，另改做雕漆换饰件，其花纹览做"②。

"商丝"："商"应当是指和粘贴、镶嵌有关的动作，"丝"一般指金银丝。"商丝"一词常用于金属丝装饰的器物上，比如茶盘、筷子等，是清宫中一种十分精细的木制装饰工艺。如：太监胡世杰交紫檀木长方座1件，乾隆皇帝下旨"着交启祥宫商银片字金丝宝，钦此"③；太监胡世杰传旨"原商过丝茶盘一分仍留如意馆商丝，钦此"④

有关金银珠翠首饰制造的术语："梅炸""点翠"。

太监持来金凤5支、金大头簪3支、银珐琅挑牌5支、珠子40颗，雍正皇帝下旨："着梅炸、点翠，添银镀金梃大头簪中间寿字上珠子不必动，两边添嵌珠碗子六个，再交出珠子内挑好的嵌入在大头簪上各配匣盛装。"⑤ 太监刘进东等交东珠坠1副、金双凤5支、金累丝嵌珠石挑牌1件、金累丝白玉项圈1副、珊瑚数珠3盘、拴扮手巾1份，雍正皇帝下旨："坠子、凤挑牌俱点翠收拾，项圈上安辫子，拴扮手巾换新手巾，其数珠配匣。"⑥ 太监持来嵌玉如意1柄，乾隆皇帝指示："若是金的梅炸见新，若是银的镀炸见新。"⑦ 四执事总管太监赵进玉持来金佛2尊和金后龙1座，刚登基不久的道光皇帝指示造办处金玉作："嵌正珠金佛一尊、嵌正珠金后龙一座，着炸色见新，其嵌东珠金佛一尊，着收拾见新。"⑧ 太监黄来寿交金累丝钳子4个（上镶珠子4颗），道光皇帝指示"回打见新，不要乍色。"⑨ 太监持来贴金合牌凤冠1顶、累丝葫芦簪1支，乾隆皇帝让交

---

① 02-69Y041020 漆作。

② 08-110Q030303 油作。

③ 19-562Q180928 如意馆。

④ 19-562Q180928 如意馆。

⑤ 06-15Y110708 累丝作。

⑥ 01-773Y040512 累丝作。

⑦ 08-541Q031003 镀金作。

⑧ 卷2936-缩0008《嘉庆二十五年清档十月 十一月 十二月》J251010 金玉作。

⑨ 卷2980-缩0017《道光十二年清档正月 二月 三月》D120224 金玉作。

苏州织造海保处，让其"照此凤冠样式做凤冠八顶，地杖照累丝葫芦簪地杖做凤头凤尾俱各点翠，凤身如有空地处亦照累丝簪地杖做"①。

有关木器维护的术语"烫蜡"。

嘉庆二十五年（1820）十一月初一日，太监得安交紫檀木镶文竹写字桌 2 张，道光皇帝指示油木作"线缝烫蜡见新"。② 太监韩可交紫檀木太平有象 1 件，道光皇帝指示匣裱作："着将紫檀木太平有象灌膘，过蜡见新。"③ 道光对技术术语的掌握是多样的，他还让造办处灯裁作买办两尺长的筝弦一根，让灯裁作工匠"用盐水煮"。④

有关珐琅烧制术语："烧软珐琅"。

"软珐琅"一般是对瓷器、玻璃器皿上所烧制珐琅的称呼，和在金属胎上的"硬珐琅"相对。乾隆元年（1736）五月十七日，乾隆皇帝让珐琅作在"玻璃器皿上烧软珐琅伺候呈览"，于二十日，司库刘山久、七品首领萨木哈将烧造得亮蓝玻璃软珐琅鼻烟壶 2 件持进，交太监毛团呈进，奉旨："鼻烟壶上花卉画的甚稀，再画时稠密些，俱各落款。"⑤

有关玻璃器制造的术语："摆锡""缠丝""亮白""砑"。

"摆锡"：我国古代的一种铜镜制造工艺。据宋《洞天清录集·古钟鼎彝器辨》记载："以水银杂锡末，即今磨镜药也。"⑥ 清代中晚期，铜镜逐渐被玻璃镜代替。《活计清档》所谓"摆锡"应当是中国传统制镜工艺中"水银杂锡末"方法在玻璃上的创造性应用⑦。太监刘希文等持来紫檀木架

①　08-270Q030313 苏州织造。

②　卷 2936-缩 0008《嘉庆二十五年清档十月 十一月 十二月》J251101 油木作。

③　卷 3008-缩 0021《道光十九年清档正月 二月 三月》D190116 匣裱作。

④　卷 3036-缩 0025《道光二十六年清档正月 二月 三月》D260121 灯裁作。

⑤　07-17Q010517 珐琅作。

⑥　何堂坤. 明代铜镜科学考察［J］. 文物保护与考古科学，1994（1）：30.

⑦　这种对锡末的运用方式亦出现在漆器的制作中。如江西宜春漆器制作中亦有"摆锡"这一工艺，只是具体的操作方式和铜镜、玻璃镜的"摆锡"有所不同。"（江西宜春）摆锡工艺是在上涂漆面刻出花纹，花纹内填以兑入胶水的透明推光漆，趁湿，密密播撒锡粉，稍干后，砑压成银色的锡片效果，用水银擦光。"详见：长北. 各具特色的中国地方漆艺：江南漆艺［J］. 中国生漆，2009（2）：32.

玻璃插屏 1 件，传雍正皇帝谕旨"交给海望摆锡见新"①；太监持来花梨木边小玻璃镜 3 块，传乾隆皇帝谕旨"着将玻璃摆锡，做镜子用"②。

"缠丝"：利用玻璃加热时液态玻璃的流动性与空气接触的时机，吹制玻璃的一种装饰工艺（见彩图 19）。这也是清宫中珍贵的玻璃品种，乾隆皇帝曾下旨"将缠丝玻璃器烧造几件"③。

"亮白"："亮"玻璃指透明玻璃④，与"涅"玻璃（不透明玻璃）相对。乾隆元年（1736）十一月二十二日，乾隆皇帝曾下旨"着做亮白玻璃灯两对"⑤。

"砣"（"它"）：太监金环交洋玻璃瓶 1 件，咸丰皇帝下旨："著将平口底它去，其盖去榫，用矾焊妥。"⑥

术语的运用使雍正皇帝和乾隆皇帝的个人形象蒙上了一层工匠意识，似乎暗示了他们对工艺流程的熟悉，对技艺知识的掌握。不得不承认的是，雍正和乾隆两位皇帝的工艺认识的确在其后的帝王之上，然而他们是否熟知技艺、熟悉操作，这还得打上问号。应该说，两位帝王对技艺术语的掌握是建立在对传统工艺了解的基本水平上。也就是说，作为一种一般意义上的认识，他们也愿意去了解这些工匠知识，因而便能够熟练运用这些工匠术语。

即便是能熟练运用制造的术语，在对待制造的问题上，是否能将他们作为帝王的设想诉诸工匠的实践，很多时候位居高位的皇帝也得询问来自底层工匠的意见。比如某天，海望持出汉玉八角双桃笔洗 1 件，雍正皇帝认为笔洗外面的线路不好，欲对其进行修改，由于拿不定主意便下旨"着问玉匠，若砣得去可砣去"⑦。又如某日，雍正皇帝发现皇宫里的洋漆格子钟打得快，便问负责修理的太监赵进忠"此样钟可收拾得么？"当天，赵

① 02-76Y041024 镶嵌作。

② 07-816Q020514 镶嵌作。

③ 07-132Q011112 玻璃厂。

④ 张荣. 清雍正朝的官造玻璃器［J］. 故宫博物院院刊，2003（1）：73.

⑤ 07-133Q011122 玻璃厂。

⑥ 卷 3064-缩 0030《咸丰三年清档十月 十一月 十二月》XF031016 如意馆。

⑦ 02-67Y041020 玉作。

进忠回复说，风旗若重些就打得慢，雍正皇帝听后又说："宫内若打的快的等钟，俟朕驾往圆明园去后俱着收拾，再将圆明园各处所有打的快的钟亦慢里收拾，钦此。"①

这种偶然式的咨询不如直接的技术"顾问"来得直接。通常，在皇帝的周围聚集了一批"顾问"，用以专门解答他们的疑惑。嵇若昕的研究表明②，清宫中的"画样人""认看人""器物做假、做旧之人"均在一定程度上担任了帝王的"艺术顾问"角色，其中，真正堪称器物艺术顾问的工匠有雍正时期的南匠袁景劭、西洋人巴多明两人，乾隆时期玉匠姚宗仁、牙匠顾继臣、牙匠顾彭年、牙匠杨起云、西洋人郎世宁、牙匠黄兆等人。

这些工匠大多都是来自地方的"南匠"和国外的"西洋人"，他们在选入内廷之前或是本地的优秀工匠，或是具备相关领域的技艺本领。比如，南匠袁景劭除了掌握玉玺印文篆刻与辨认的技艺之外，还能分辨铜、瓷、玉石、香木等质材，而且能鉴定铜器、瓷器、玉器、文具的真伪并断代。从他渊博的古器物知识看来，他应是一位通晓翰墨的匠役。入职内廷的他们以其自身的学识，为帝王提供不同地方的技艺知识。

"设计师"的角色寄托了皇帝作为普通人的想法，这些普通人身份在所有的官书和正史中很难见到，也不会写进《起居注》。造办处匣裱作曾托裱过咸丰皇帝的御笔横披，其内容为"一生忙到底总为别人忙""有美味大家吃独食不可""人生都是梦我亦梦中人""想想人情点点头""原来就是我的你""一月不梳头""忍耐些""泽如"③，御笔匾"饥来吃饭困来眠"④。在这些文字中，今人看到的是一个活生生的爱新觉罗·奕詝。

设计师角色一方面是为了维护皇家威严，另一方面也是尊崇个人内心的表达，呈现了一个松弛的日常帝王形象。

4. 风扇与暖砚

作为设计师的帝王，雍正皇帝和乾隆皇帝之间最大的区别在于对设计

---

① 02-499Y050722 自鸣钟。

② 嵇若昕. 从《活计档》看雍乾两朝的内廷器物艺术顾问 [J]. 东吴历史学报，2006（16）：53-105.

③ 卷 3063-缩 0030《咸丰三年清档七月 八月 九月》XF030829 匣裱作。

④ 卷 3065-缩 0030《咸丰五年清档正月 二月 三月》XF050105 匣裱作。

投入度的不同。这个风扇的例子可以充分看出雍乾二人的差别，在雍正二年（1724）和乾隆二年（1737）的六月，正值北京暑热时节，两位皇帝都想让造办处制作风扇以解暑热。先看雍正皇帝的处理方式：

> 雍正二年六月初九日，总管太监张起麟、奏事太监刘玉奉旨：尔等做的风扇甚好，朕想人在屋内推扇，天气暑热气味不好，不如将后檐墙拆开，绳子从床下透出墙外转动，做一架；拆开墙洞照墙洞大小做木板一块，以备冷天堵塞，俟保德收拾东暖阁之日再拆墙砖；再做一架放在西暖阁门北边，绳子从隔断门内透在外边转动，钦此。

> 于七月初五日，做得拉绳风扇两架，总管太监张起麟呈进讫。①

六月初九日这天，雍正皇帝评价造办处杂活作工匠做的风扇"甚好"。由于这个风扇是以人力在屋内推动扇叶起风，天气暑热，人在屋内推扇会产生不好的气味，因此雍正皇帝提出了自己的改进思路：建议将屋子后檐的墙拆开，把旧式风扇变成让绳子从床下透出，人在墙外拉动绳子转动扇叶的"拉绳风扇"；同时为了防止冬天被拆的墙洞透风屋内冷，还顺带让工匠照墙洞大小做一块木板以备冷天堵塞。约不到一个月的时间，造办处迅速将2架拉绳风扇做好了呈上。这是雍正皇帝对风扇的态度。

同样是在酷暑六月，乾隆皇帝又是如何处理风扇制造问题的呢？以下是《活计清档》的原文：

> 乾隆二年六月十三日，首领赵进忠来说，太监毛团传旨："着西洋人沙如玉想法做自行转动风扇一分，钦此。"

> 于本月十五日，首领赵进忠画得风扇纸样两张持进，交太监毛团呈览，奉旨："着西洋人沙如玉同首领赵进忠商酌想法，一边安钟表，一边安玻璃镜，将库内收贮坏钟表拆用座底下添一抽屉，以便收贮风扇，先做一小样呈览，准时再做，钦此。"

> 于本月二十七日做得风扇小样一件，首领赵进忠持进交太监毛团、胡世杰、高玉呈览，奉旨："照样准做一楠木架，钦此。"

> 于乾隆三年四月二十日，首领赵进忠将画得风扇纸样一张持进交太监胡世杰呈览，奉旨："风扇前面用南柏木画彩漆，上面罩玻璃，

---

① 01-333Y020609 杂活作。

再做二分，将库内收贮钟饷二分安在前面，钦此。"

于乾隆三年五月初二日，首领赵进忠将做得风扇三分持进交太监高玉等呈进讫。①

很显然，乾隆皇帝的处理方式和雍正皇帝的处理方式差别很大。他直接下旨让"西洋人沙如玉想法做自行转动风扇"，而风扇的样子则是由首领赵进忠画样，并让西洋人沙如玉和首领赵进忠共同商酌如何在风扇上一边安钟表，一边安玻璃镜，并且嘱托要先做小样呈览，最后看过小样后，再让造办处工匠照样成做。西洋人沙如玉早在雍正年间就已经在造办处当差，为宫廷制造和维修钟表，因此对于自动装置十分娴熟。但是如何将钟表上的自重装置迁移到风扇里，这个活计造办处工匠没人做过。乾隆皇帝的这道谕旨，让西洋人沙如玉、首领赵进忠以及造办处自鸣钟处的工匠们费尽脑汁。最终这个"自行转动风扇"的制造周期拉得很长，做了将近11个月才完成。

事实上，道光皇帝也热衷于设计风扇。道光六年（1826）夏天，曾让造办处根据雕花红木风扇1座（随铁挺铜顶雕木座竹扇6柄）式样成做风扇1座，要求新制造的风扇"座子长高六寸，顶子改做素旗杆顶，风扇六柄照交出扇子式样成做，比交出扇子样周身俱要收小，扇面糊白绢，铅托，要比原样加重一斤，其余俱照样成做"②。道光十年（1830）夏天，又让造办处根据楠木座葵花式风扇1座成做风扇1座，要求新制造的风扇"不要花纹，扇子要白绢团扇，铁管心比原样长高三寸，打眼安销钉，挺比原样要粗什些，扇盘要收小，其木葫芦不要安铜旗杆顶要小推靶挺比原样长高八寸，上要安横拉杆"。③但这些在外观上有所变化的新扇是多久完成的，档案未曾记录。

雍正皇帝和乾隆皇帝的两个风扇也颇具对比性：一个是做了不到一个

---

① 07-791Q020613 自鸣钟。

② 卷 2960-缩 0013《道光六年清档七月 八月 九月》D060717 匣作、铜作、炮枪处、油木作。

③ 卷 2975-缩 0016《道光十年清档四月 闰四月 五月 六月》D100604 匣作、錽作、裁作、炮枪处。

月的"拉绳风扇"，一个是做了将近一年的"自行转动风扇"；一个是展示了雍正皇帝因地制宜思想的改进风扇，一个是彰显了乾隆皇帝含风带光的精巧风扇；真可谓一个是真风扇，一个是真玩具！雍正和乾隆这对帝王父子，在对造办处的工作中充分展示了什么是主动思考，并合理落实，而什么叫利用帝王权威，下派任务。

除了"拉绳风扇"的例子外，新暖砚的发明也很能体现雍正皇帝在器物制造中的创新意识。北方冬天寒冷，天寒磨墨写毛笔字成为一件具有挑战的事，其中如何防止冬季墨汁因天寒而冰冻成为写字人头疼的问题。暖砚，正是在这种背景下被人发明出来的。清宫造办处制作了各式御用暖砚。（见彩图 20）

雍正十年（1732）春寒料峭之时，雍正皇帝对造办处以前做的暖砚有了新想法。二月十八日这天，他对内大臣海望说，他看造办处以前做的暖砚，形状都很高，这是由于砚底下得预留安火的位置不得已而为之，他认为"何必将火做在砚底？砚旁另做一炉，炉下安足，上安铜丝罩，使火气透入砚底，砚既可热，炉亦可烧香"，并让造办处工匠将炉或做成方形或别的什么形状合适做样呈览。当日，造办处铜作催总张四领旨后，向管事的内大臣海望和员外郎满毗回明说，拟做铜烧古暖砚 6 方。

至十一月二十七日，造办处铜作工匠先做好了铜烧古长方形有焚香炉暖砚 2 方，随紫端石砚 2 方、铜镀金匙 2 件呈进。第二天，他看到了造办处呈进之物发话说"暖砚做的高了，再做时做矮些，其盛水处亦深。再做时高矮留一指"。第三天，他又揣摩出暖砚的新问题，认为暖砚"火炉下的如意脚不好"，让工匠"或悬着，尔等酌量改做"。一个月后，铜作将根据旨意改进的剩下 4 方铜烧古长方形有焚香炉暖砚（随紫端石砚 4 方、铜镀金匙 4 件）做好呈进完毕①。

雍正皇帝的的确确是一个细节控，他的性格太适合慢工细活的工艺事件不过了！通常，他对造办处下达的旨意清晰明了。比如，雍正二年（1724）十二月十七日，郎中保德持出七宝八宝样 13 件、大银碗 1 件，他下旨让照样将大七宝八宝做 2 份、小七宝八宝做 2 份，其中，还对 2 份小

---

① 05-545Y100218 铜作。

七宝八宝的外形进行了具体的规定："座子用银做，顶子用金做，座子上安番草边，中心圆光，烧珐琅番草边，面上或嵌宝石或烧珐琅片，尔等酌量做，其番草边做金的……"① 如此详细的要求，仿佛说完谕旨，所要之物的形象就能马上出现在承办人眼前。

要实现这种效果，前提是命令发布者要对制造工艺和器物风格充分了解。从很多细节都可以看到雍正皇帝对器物从工艺到风格的整体把握。

雍正八年（1730）十月二十九日这天，他让太监张玉柱传旨："着内务府总管带领催总胡常保进内朕指示交做活计试看，钦此。"当日，大臣海望将催总胡常保进内，他对胡常保说"尔照朕指示做灯一件，做样呈览"。十一月初五日，胡常保将遵照雍正皇帝指示所做的灯套合牌样 1 件呈进，认可后开始正式做，第二年三月二十六日任务完成②。雍正皇帝所要的玻璃灯是用一面安黑色玻璃，一面安亮白玻璃，灯顶安银掐丝有水碗莲花座组合而成的，十分精美。

对雍正皇帝和乾隆皇帝而言，参与技艺活动应是一种日常式的存在，并非特定时候的存在。在某种程度上，他们对造办处的参与是一种基于个人修养与兴趣前提的有的放矢。造成这种不同的参与方式的主要原因是个人的成长环境、修养和兴趣。

雍正皇帝对工艺事务的热衷原因主要有两方面。一方面受其父康熙皇帝的影响。康熙皇帝是清代唯一位较为系统学习了西方科学知识的皇帝，也是实践意识最强的一位皇帝，因此十分注重皇子实践知识的培养，这使得雍正皇帝小时候接触了很多实践知识。另一方面是他长达 40 多年潜邸的生活阅历。雍正皇帝即位时候已 45 岁，多年的潜邸生活磨炼了他沉着稳重、细致敏锐的性格。这些因素让他成为一位敏感又细腻的观察者。

雍正四年（1726）腊月十三日这天，海望持来红磁百里暗花茶圆 2 件，雍正皇帝一眼就看出"此茶圆系江西烧造瓷器处进来的"，认为釉水颜色俱好，但无落款，胎古还糙，让海望将此茶圆发往江西烧瓷器处并传旨给年希尧："此两件茶圆若补落得款即落款，若不能补落得款便罢。此

---

① 01-308Y021217 珐琅作。

② 04-605Y081029 杂活作。

茶圆两件内淡红色的更好，烧造时着他仿淡红色的烧造茶圆，其底不必烧红色仍要白底，落款不独此茶圆他先带去的样内好款式的盘碟俱烧造些，胎古俱要精细"。将烧造细则告知海望后，最后还嘱咐"再朕闻得瓷器胎古过三年以后烧造更好，将此缘由亦传给年希尧知道"①。如果不是个人的修养与兴趣，一个皇帝谈何要知道"瓷器胎古过三年以后烧造更好"这些消息！

和其父的多年历练不同，乾隆皇帝出生于家国稳固、世事昌盛之时，25岁就早早登基称帝，年轻气盛且意气风发，在对待制器之细小工作中不难看出其指点江山式的气势，少有俯身试炼，慢工细活的心态。

另外，《活计清档》的文本特点，也充分地暴露了雍正皇帝和乾隆皇帝对技艺活动参与的日常形象。

从语言的性质和形式，可以将语言分为口头正式语、口头日用语、文本正式语（即书面语言）、文本日用语四种。每一种语言形式有其特定的使用范围。《活计清档》虽然是一种文本语言，但它却是多种语言形式的集合体。看一则雍正九年正月十五日木作的记录：

> 太监李久明、萨木哈持出紫檀木长方形堆纱片罩玻璃灯一对、紫檀木边长方形刻花玻璃灯一对、紫檀木边长方形画人物玻璃灯一对、紫檀木边方形堆纱片罩玻璃灯一对、紫檀木边方形刻花玻璃灯一对、紫檀木边方形画花卉玻璃灯一对（系祖秉圭进）说，宫殿监督领侍陈福传旨："交与内务府总管海望，朕看长方形灯还像个灯，将玻璃折下有用处用，其折下玻璃位分用纱还上，方形灯竟不像灯，将玻璃拆下有用处用，紫檀木边折下，或做桌边框或做何物用，其铜条接油等件亦折下有用处用，钦此。"②

这则记录记载了雍正皇帝对太监们持进玻璃灯的评价，"朕看长方形灯还像个灯""方形灯竟不像灯"是典型的口头日用语。事实上，《活计清档》是帝王口头语言的书面化结果。四种语言形式都被运用。在造办处承办命令从上到下的传达过程中，口头正式语、口头日用语、文本日用语被

① 02-112Y041213 杂录。
② 04-803Y090115 木作。

运用；在下级向上级的申报过程中只用到了文本正式语（即书面语言）。这是造办处《活计清档》的语言特点，充分反映了帝王在清宫造办处器物制造过程中的随心随性，自然而然。《活计清档》语言的特点所透露出的也是作为生活化的帝王的技艺形象。

5. "寸草为标"

通常会认为，清宫造办处作为内廷御制机构，有着集帝国之物于帝王之用的豪气乃至奢侈浪费。如果仔细检视《活计清档》，则会发现，清宫造办处这个御制机构原料丰富，但帝王在制器之时，并非传统意义理解上的对物材的随意利用。郎中赵元为请用紫檀木事启问怡亲王，怡亲王说："应用多少向户部行取，尔等节省着用，不可过费。"① 海望做得银提油墩1件，雍正皇帝让照样做1件玉提油墩，"其靶子用废玉筷子做"②。

旧物利用是清宫中制器的常见手法。一般旧物先是好生收拾妥当，存入活计库，待有用时再启用。比如，乾清宫西暖阁大小书格罩套，皇帝让换新的，但同时命令造办处工匠"将换下来的旧罩套做一木箱盛装"，收在内库③。太监张玉柱、王常贵交来象牙席褥子4个，皇帝让"将席子拆下，托毡沿蓝缎边铺床用"④。

日本学者杨启樵认为，雍正的节俭只是一套门面话，用以警戒官僚，不可奢靡、浮华⑤。这的确是一种告诫臣工不可奢华的用语，但绝对不是"门面话"。在造办处的制器过程中，屡屡出现的节俭和旧物利用，背后实则反映的是传统工艺制器过程中的惜物思想。

传统手工制器的一个最大特点是"物尽其用"。作为以自然之物为原材料的制器手段，匠人对原料的珍视如同农民对土地的珍视一样，不可小觑。更何况，进入清宫的材料都是经过地方层层筛选出的上等好料，许多材料都是可遇不可求的。雍正皇帝表现出来的物料节约意识，正是这种心

---

① 01-679Y030926 记事录。

② 02-551Y051012 玉作。

③ 03-60Y060402 皮作。

④ 03-75Y060505 皮作。

⑤ 杨启樵.《活计档》暴露清宫秘史［J］. 清史研究，1997（3）：29.

理的体现。

事实上，帝王对物材的节约也并非清代特例。赵翰生对元代宫廷的毛纺织制造进行过考证发现①，各官营生产机构由于朝廷严格的生产管理制度，使得生产过程并非不用考虑成本可随意进行。因此，那种认为官营机构生产的产品主要是为皇室和官僚使用，为追求产品的精致和豪华，生产时不惜浪费的认识应当被适当修正。

康熙皇帝曾在养心殿的案几上，制定了一个象征家规的"寸草为标"陈设：一个装有36根一寸长干草棍的景泰蓝小罐，每天有人检查一次，少了一根都不行。康熙皇帝用"寸草为标"提示后人：宫中的一切物件，哪怕是一寸草都不准丢失。溥仪曾回忆："我在宫里十几年间，这东西一直摆在养心殿里。""这堆小干草棍儿曾引起我对那位祖先的无限崇敬，也曾引起我对辛亥革命无限的愤慨。但是我并没想到，康熙留下的干草棍虽然一根不曾短少，而康熙留下的长满青草的土地被儿孙们送给'与国'的，却要以成千方里计。"②

（三）作为管理者的帝王

1. 制造命令的唯一性

和设计师身份相比，帝王作为管理者的身份更为常见。这种管理者意识首先从旨意的重要性就可以看出。一般来说，皇帝下达的命令，是什么就做什么，叫多少是多少，不能私自做活。

> 乾隆二年十二月十六日，司库刘山久来说，首领焦进朝传旨：养心殿东西佛堂每年年节做绫子供花四对，钦此，钦遵在案，今为乾隆三年年节照前遵旨，传做养心殿东西佛堂绫子供花四对，本日回明，海望、安宁、沈崳、满毗：准做。③

这是一道发布于乾隆二年（1737）腊月十六日的上谕，要求造办处工

---

① 赵翰生.《大元毡罽工物记》所载毛纺织史料述［J］.自然科学史研究，2013（2）：231.

② 溥仪.我的前半生［M］.北京：中国言实出版社，2019：51.

③ 08-465Q031201 皮作.

匠为养心殿东西佛堂每年做年节绫子供花4对。乾隆三年（1738）腊月年节时分，司库刘山久申请按旨成做，不多不少，也是只做了绫子供花4对。

不但制造命令需要严格遵行，有时皇帝连器物的陈设问题也要过问。一天，太监刘希文、王太平交来苏州织造高斌所进的黑退光漆宝座1份，雍正皇帝指示先"送往圆明园交给园内总管太监"，等他到圆明园看过后，"指在何处，再陈设"①。又一天，太监李久明、萨木哈持出镶嵌玻璃福海来朝图屏1架、紫檀木镶甜香靠背1份（随绣黄缎面红绫里靠背1份）、五彩绣缎包木胎香几2件（随盘2个，内盛通草佛手9个、桃9个）、天然木根香几1件（随紫檀木座铜烧古炉1件、洋漆磬式盒1件）、嵌玉紫檀木小柜2件，雍正皇帝让人"送至圆明园交园内总管太监应陈设在何处即陈设在何处"，他看到其中佛手，认为"佛手不像个东西，着园内太监们陈设在背眼处"②。造办处官员和工匠们也得遵照谕旨，按旨办事。

2. 对工匠和官员的奖惩

赏赐和惩罚是帝王所采用的对待官员和工匠的两种典型措施。赏赐通常是在工匠做工满意的前提下，皇帝对工匠和管理官员进行褒奖的一种方式。例如，乾隆九年（1744）十二月十一日，乾隆皇帝让海望帮着料理雍和宫内的千佛衣，五日后，催总五十八将做好的千佛衣3件持进让皇帝过目，乾隆皇帝看过后，评价"做的甚快，问是何人监造，题名回奏"。当日，太监将监造人员和匠役的名单呈上，他们是：催总五十八，领催邓永龙、七十三，裁缝杨圆、白虎、二丫头、陈住、查景明，绣匠窦国雄、六十一、七达子、李成德、唐国忠。乾隆皇帝看完上呈的折片后，下旨："赏催总五十八缎一匹，领催每人赏银三两，匠役每人赏银二两。"③

然而，皇帝是赏罚分明的。乾隆元年（1736）三月二十五日，清宫造办处内发生了第一个惩罚事件。这天，太监毛团持来嵌红宝石铜镀金插簪带头1件、红宝石大小3块、蓝宝石2块，传旨："将宝石照带头样细细致致做带头，其小些宝石一块做小带头一件，钦此。"于第二年四月初五日，

---

① 02-553Y051017 杂录。

② 03-148Y061025 杂录。

③ 12-319Q091211 记事录。

司库刘山久、七品首领萨木哈将做的宝石带头 5 件持进，交太监呈览，乾隆皇帝看过后非常不满意，认为"此带头做的边宽甚蠢"，让海望"将监造人员治罪，匠役责处"，连司库刘山久、七品首领萨木哈也要议罪。海望接到议处的旨意后，提出了他的治罪方案：刘山久、萨木哈作为承办活计之人，有责任在成做活计时指示匠作人等尽心成做，令其精细妥协方可向上呈进，如今他俩怠玩疏忽以至匠役等任意粗率实在不对，应将刘山久罚俸半年、萨木哈罚月银 6 个月，并将做带头所用金叶黄铜等材料令其照数赔还至该作；领催闻二黑、张三作为监看成做之人，处以各重责 15 板；张孝儿、彭达子、周七十、立柱等匠役各重责 20 板。并认为，由于这是内廷之事，不宜报内务府慎刑司等部门，只需将受罚之人的俸银按月按数追交至造办处库贮存案便是①。

一般来说，对于官员和工匠的惩罚，官员通常会受到罚俸，监管人员和工匠会挨板子，以示惩戒。又如，乾隆六年（1741）三月二十四日，催总张四和匠头杨二格因为掐丝珐琅象鼻鼎炉 1 件上的花纹做得粗糙，鎏錾之处不清，被乾隆皇帝分别处以罚俸 3 个月和重责 20 板的处罚，并让其重新收拾炉子②。这种因为制造器物"粗糙"而被罚的情况，在乾隆年间十分常见。

由于惩罚多了，监管官员和匠人有时竟无所适从。有时乾隆皇帝也觉得这样的惩罚太过频繁，当他让管理大臣海望查处议罪的时候，还故意将海望的议处提案进行弱化以示"皇恩浩荡"。比如，乾隆七年十二月二十八日这天，他对议处的人员便施了这样的"皇恩"。造办处工匠持来建福宫寝宫静怡轩的镶五色玻璃边玻璃镜，乾隆皇帝看了之后认为"蠢了，不合款式，漆水的亦不好"，于是让海望议处相关人员。海望呈明情况，钦交活计，理应尽心成造，玻璃镜做法粗蠢不合式样、漆水不好必定是监看的人员粗率所致，于是拟定：将催总五十八、六达塞各罚俸 6 个月，并让画样人将玻璃镜另行画样呈览再造，其再造所花物料工价由他们赔补。皇

---

① 07-25Q010325 杂活作。

② 10-285Q060324 记事录。

帝看罢将罚俸 6 个月改为"罚俸三个月，其余依议"，以示皇恩①。

当然，乾隆年间，活计粗糙除了皇帝的要求高难以达到之外，还有一个十分重要的因素影响着活计的质量——活计量、工匠的增多导致管理中出现漏洞。因此，乾隆皇帝多次表示对造办处工作的不满，监管人员和工匠不免又要挨一顿罚俸与板子。

3. 对官员的亲自任免

对管理官员和工匠的亲自任免亦是帝王作为管理者的主要内容。清代官员，自雍正朝起，实行引见制度，即朝廷内官员需由皇帝亲自任免。管理清宫造办处的大臣、员外郎、郎中等职位自然是帝王过问的事。比如雍正年间，怡亲王允祥就是雍正皇帝亲自拣选管理造办处的一品大员。然而，和这些位居管理高位的官员比起来，对中层管理人员的任免也心里有数，不得不重新看待雍正和乾隆两位帝王对待造办处工作的谨慎了。

乾隆十一年（1746）八月二十九日，司库白世秀将太监胡世杰带来的旨意告知赫达塞，谕旨内容是："咸安宫画院处赫达塞自管事以来并未见巴结，今著花善同赫达塞管理画院事务，其《水嬉赋》、瀛台的画俱著花善同赫达塞料理，钦此。"② 花善在雍乾年间的造办处工作，在雍正至乾隆初年还一直是柏唐阿③，至乾隆八年（1743）已经升为催总④，后被指定安排在如意馆行走⑤。看得出经过雍正年间长期的柏唐阿基层工作的训练，他的办事能力和业务技能最终得到了乾隆皇帝的信任，是乾隆年间如意馆

---

① 11-169Q071228 记事录。

② 14-396Q110829 记事。

③ 乾隆元年六月十八日，柏唐阿花善将炮枪处盖得布瓦正房三间、西厢房三间，木作盖板房两间，珐琅作盖布瓦房三间俱盖讫。（07-197Q010416 记事录）

④ 乾隆八年二月初四日，催总花善，为正月二十九日太监胡世杰传旨：将汤山喀拉河屯书格内假古玩木头片仍着花善代造办处匠役进如意馆成做。（11-378Q080204 如意馆）

⑤ 乾隆八年四月十四日，太监高玉、张明，司库郎正培传旨：着催总花善在如意馆行走。（11-494Q080414 记事录）

较为重要的管理人员。赫达塞原本是圆明园芰荷香绘画处七品官①，后被安排至咸安宫画院处管理事务，乾隆皇帝发现赫达塞工作勤谨本分，便让他同催总花善共同管理画院处的事务②。这样原本事务繁忙的画院处便有了两位管事人员。

4. 遵循器物制造的习俗

《活计清档》中有一类活计的记录十分值得关注，即那些需要遵时选地的活计记录。作为当权者的帝王十分清楚这类活计制造过程中时间、地点、心境等对器物效用的影响。因此，在吩咐这类活计时，常常强调再三。这些制器中要遵循的习俗，往往成为影响全体制造、监督、管理人员工作心理的重要原因。最典型的习俗就是"吉日"的选定。

一般而言，在传统的观念中破土动工之类的大型工程一定要选在"吉日"之时开工。"本月十三日系上好吉日，尔造办处若有相应修建之物，于此日起建，大吉"③，这是由太监传至造办处的谕旨。再者就是对庙坛供奉之物的承办，亦得择天时地利而诚心制造。早在雍正七年（1729），雍正皇帝就发现各庙坛供奉的屏风宝座"造的甚糙，颜色亦不鲜明"，奉先殿供的屏风"微觉窄小"，这和乾清宫的宝座"高且精细"相差甚远，他认为这些庙坛供奉的屏风宝座亦应当慎重制造，便降旨给负责管事的太常寺官员三泰，令他负责重新换做之事。不知什么原因，三泰竟未将这件事告知造办处工匠制备。因此，雍正八年（1730）正月二十九日这天，雍正皇帝直接降旨给郎中海望，令其负责重新换做之事。具体更换数目让三泰统计，让海望"酌量另行画样呈览，准时选素净地方，或如何赏给匠役饭食，另换干净衣服，各秉诚心精细造办之处定拟奏闻

---

① 乾隆三年三月初八日，芰荷香绘画处七品官赫达塞、首领王明昇，太监王进孝，传旨：祝寿图十二副着丁观鹏开脸。（08-222Q030308 画院处）

② 乾隆十二年四月二十九日，副催总六十七持来催总花善、金昆，七品官赫达塞押帖一件内开，为四月十二日首领李久明持来《圆明园四十景》画稿十张，太监胡世杰传旨：着金昆照样收小，各高七寸八分、宽一尺六寸五分，着所画《诗经》人物画、端阳节画亦不必画，钦此。（15-361Q120429 画院处）

③ 雍正五年十一月初十日，太监王太平传旨：本月十三日系上好吉日，尔造办处若有相应修建之物，于此日起建，大吉。（02-562Y051110 记事录）

办造"。最后，议定造办屏风宝座所需物料钱粮动用广储司银两，造办处派 4 名监造官员监造，其官员和工匠的饭食银两从崇文门银两内领用，其金龙、金凤、宝座、宝椅上坐褥、靠背、椅搭等件由海望画样，发往江宁织造处织做①。

二、细致得力的管理群体

（一）官员设置

官员的设置情况是衡量清宫造办处各个作坊管理规范化、专业化的指标。雍乾时期，造办处的管理团队最为齐备。在档案中可以看到，造办处管理官员的来源有以下三类：其一，皇帝钦派的管理人员（特简）；其二，造办处员缺内的在编人员（占缺）；其三，由匠役升上来的管理人员（不占缺）。

清宫造办处成立初期，"其管理大臣官员无定额"②，仅有四名监造和一名笔帖式两类管理人员。监造主要负责活计的监工，对活计的好坏负有直接责任；笔帖式，主管文移。康熙三十五年（1696 年），清宫造办处的管理者开始设定额，不过此时的定额官员为兼职。至雍正时期，管理人员开始完善，有郎中、员外郎、主事、委属主事、六品库掌、八品催长、笔帖式等。这些官员的具体工作内容可从《钦定总管内务府现行则例·武备院卷》对郎中等官职的设定知晓一二：

　　郎中专司一应题奏事件核销钱粮总理四库事务。

　　员外郎分掌四库收发等事。

　　主事专司收发一应文移咨覆案件并协同郎中办理题奏核销钱粮等事。

　　委属主事协理奏销行来一切档案事务。

---

① 04-530Y080129 记事录。

② 托津，等. 近代中国史料丛刊三编：第 70 辑　钦定大清会典事例（嘉庆朝）：卷 885—897　内务府［M］. 台北：文海出版社，1992：6549.

库掌、委署库掌、无品级库掌帮同员外郎协理收发监视营造等事。

堂掌笔帖式专司承办折奏文稿销算等事。

各库笔帖式、库守专司承办文稿值宿等事。

八品催总专司成做鞍辔毡片皮张打造铁活并管束匠役等事。①

由上可知，郎中主要负责总理事物和钱粮，员外郎负责各作坊的监管事宜，主事协理郎中钱粮事务和文移事务，委署主事协理奏销档案事宜，六品库掌协同员外郎收发监工事宜，八品催长具体成做并约束匠役事宜，笔帖式负责文移值宿事宜。

不同来源的官员在清宫造办处的管理过程中作用大小不一，管理权限依据特简—占缺—不占缺依次递减。特简和占缺类官员是除了帝王之外的能对造办处各作坊下发活计指示的权力者，而不占缺官员则没有下发活计指示的权力，只有管理的权力。（见图15）

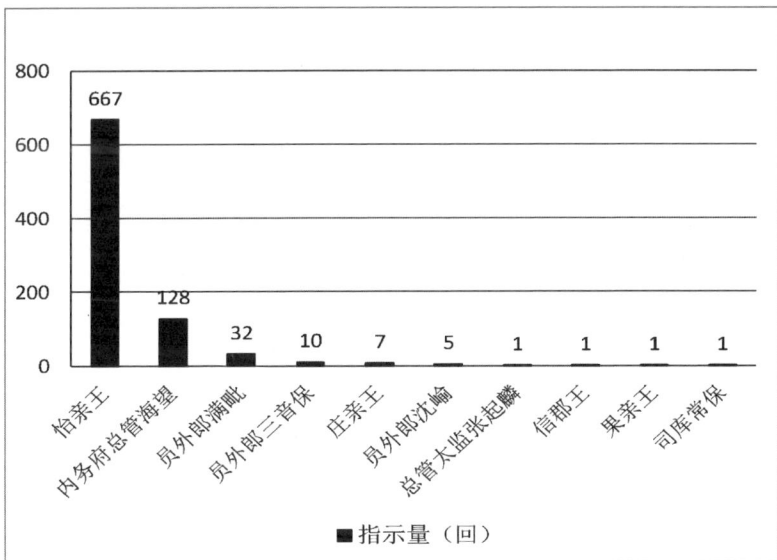

图15　雍正朝清宫造办处官员指示工作量统计图

图15所示怡亲王、庄亲王、信郡王、果亲王为特简官员，内务府总管海望、员外郎满毗、员外郎三音保、员外郎沈喻、总管太监张起麟、司库

① 钦定总管内务府现行则例［M］//故宫博物院. 故宫珍本丛刊：第309册. 海口：海南出版社，2000：93-157.

常保为占缺官员。其中，特简官员中以怡亲王的管理为主，占缺官员中以
海望的管理为主。

（二）官员晋升

清宫造办处占缺类官员的来源有多种。根据清代的官缺规定，机构分
文职和武职，造办处的官缺属于文职系统。《大清会典》载："凡缺，有公
缺、有题缺、有占缺、有兼缺、有调缺、有差缺、有间补之缺、有特简之
缺、有直年之缺、有世袭之缺。"① 即清代官员的来源方式有"公缺""题
缺""占缺""兼缺""调缺""差缺""间补之缺""特简之缺""直年之
缺""世袭之缺"几种。清宫造办处官员的来源主要为"公缺"和"题
缺"。"公缺"的选拔范围在内务府所有机构内，"题缺"的选拔范围在造
办处各作房内。至雍正朝，清宫造办处官员的官缺正式纳入内务府系统
［详见附录 5 清内务府三院等处公题额缺统计表（道光二十年）］，其中造
办处的官缺设置情况见表 14。

表 14　清宫造办处官缺统计表

官职	官缺		小计
	公缺	题缺	
郎中	1	1	2
员外郎	2	—	2
主事	1	—	1
委属主事	1	—	1
六品库掌	—	10	10
八品催长	—	13	13
笔帖式	—	15	15
合计	5	39	44

---

① 杜家骥，张振国. 清代内务府官制的复杂性及其特点［J］. 南开学报（哲学
社会科学版），2008（4）：71-72.

这一官缺标准并不是固定的，据《八旗通志》卷四十五职官志载，乾隆二十四年（1759）设定了管理事务员额："养心殿造办处总管事务大臣三人，郎中二人，员外郎三人，主事一人，委属主事一人，库掌六人（六品），催长十三人，库守八人，笔帖式十五人，拜唐阿五十二人，领催二十二人。"[1]

官员的员缺，一方面反映了各缺的职责，另一方面反映了官员晋升的路径。《钦定总管内务府现行则例》记载了嘉庆二十年（1815）六月的官员情况。（见图 16）

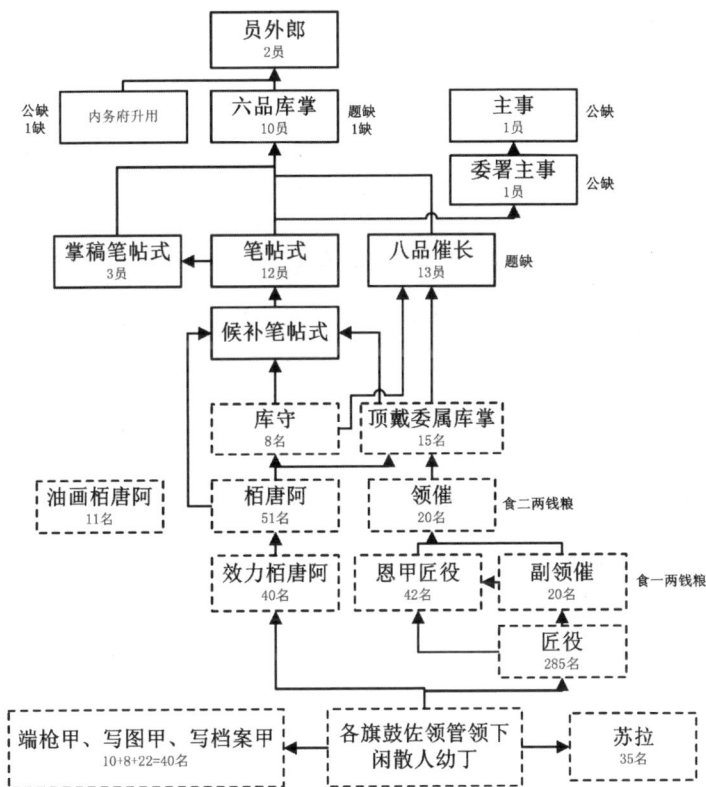

图 16　清宫造办处职官晋升图[2]

---

① 弘历. 钦定八旗通志［M］//汇文科技发展中心. 文渊阁《四库全书》原文电子版. 武汉：武汉大学出版社，1998：卷四十五·职官志四.

② 整理自：钦定总管内务府现行则例［M］//故宫博物院. 故宫珍本丛刊：第309 册. 海口：海南出版社，2000：289-290.

在这个晋升路径中，以笔帖式为界限可以分为两种情况：一种是从内务府内其他部门以"公缺"形式调任的高级别官员，这些官员均为旗人；另一种是从清代八旗子弟中从小培养逐一晋升，或从南匠中晋升的中低层官员。由于造办处工作的特殊性，造办处的管理者需要对匠事有所要求，雍乾时期的职官晋升的案例中，前一条线索实则反映的是官员因官而做匠事，比如员外郎唐英；后一条线索反映的是匠人由匠而升官职，如南匠（裱匠）李毅、南匠（画画人）王幼学。"官而优则技"和"技而优则官"是两条十分有趣的变化线索。可见，要办好造办处的差事，懂或会一定技艺是必要的管理技能。

（三）"技艺官员"

在造办处的各级官员中，因掌握技艺的管理需要，催生出一批有着优势技艺的官员。有学者以"技术官僚"代指古代在公共工程领域中的官员，这类官员除了身负行政职务外还兼具专业技术①。可以看到，"技术官僚"的概念可以迁移适用于清宫造办处这一手工物品制造单位。可以将清宫造办处内身负管理职责，同时自身又具备一定技艺才能的官员，划归为"技艺官员"。

清宫造办处中具有"技艺官员"性质的官员有两类：一类是既管理造办处事务又承担相应制造任务的官员，比如，怡亲王允祥、海望、唐英；另一类是只承担造办处制造任务的其他部门官员，比如翰林蒋廷锡、内阁中书张照。第一类是造办处中的典型"技艺官员"，他们或主管或任职于造办处；第二类是造办处中的非典型"技艺官员"，他们大多是以进士入南书房翰林后担任其他部门要职的善于书画的官员。

1. 典型"技艺官员"

怡亲王允祥（1686—1730），康熙皇帝第十三子，雍正元年（1723）接管造办处，雍正八年（1730）五月初四病故。怡亲王允祥管理造办处长

---

① 韩玉芬. 从潘季驯看明代技术官僚的仕文化精神［J］. 广西民族大学学报（自然科学版），2008（3）：23. 刘凤云. 十八世纪的"技术官僚"［J］. 清史研究，2010（2）：17.

达八年，由于造办处管理机构还处于不完善阶段，他的兢兢业业，使得这一时段造办处工作井然有序。雍正皇帝的参与热情在所有帝王中是最低的，原因就是他有这位得力放心的弟弟管理造办处。雍正四年（1726），雍正皇帝亲书"忠敬诚直勤慎廉明"八字赐他，以示对其工作的认可。怡亲王允祥死后，其子弘晓在乾隆年间继承怡亲王王位。怡亲王弘晓没有雍正时期的怡亲王允祥那么有能耐，乾隆皇帝曾公开斥责"怡亲王等一点闲事不管"①。

海望（？—1755），满洲正黄旗人，雍正末年至乾隆中期的造办处重要管理者。雍正二年（1724）起以员外郎身份正式开始管理造办处事务，"总管太监张起麟传怡亲王谕：着员外郎海望管理造办处事务，遵此"②。雍正四年（1726）升为郎中③。雍正八年（1730）又升为内务府总管④，兼管户部三库，赐二品顶戴。雍正九年（1731）迁户部侍郎，仍兼管内务府，授内大臣⑤。

海望对造办处的工作十分尽职，雍正年间面对活计时皇帝口中的"交海望"，往往意味着将活计交给造办处处理。海望除了管理造办处以外，作为"技艺官员"还具体负责了大量器物画样、合牌样等的设计和制造工作，涉及的器物类型众多，有木器、铜器、仪器、舆图、盆景挂屏和室内装修等（见表15）。朱家溍（1914—2003）评价他是"一位比较多面的工艺美术设计家"。⑥

---

① 12-305Q090905 记事录。

② 01-353Y020205 记事录。

③ 郎中海望传旨：着做长九寸、宽四尺九寸、高二寸安西洋簧或楠木或合牌锦匣每样做两个。（01-788Y040626 木作、匣作）

④ 内务府总管海望传做仿洋漆各式样大小盒匣，记此。（04-349Y080614 漆作）

⑤ 内大臣海望传做盛鞍子腰刀杉木箱两个，记此。（04-821Y090911 木作）

⑥ 朱家溍. 养心殿造办处史料辑览：第1辑［M］. 北京：紫禁城出版社，2003：4.

表 15 雍正朝典型"技艺官员"海望制样统计表

承办活计	样形	文献出处
画万字房观妙音屋内陈设的花梨木案几样 2 张	画样	02-531Y050918 木作
画禄寿连绵铜盒纸样 1 张、合和双圆福寿徐长铜盒纸样 1 张	纸样	02-527Y050913 珐琅作
做日晷表盘样 1 件	烫样	01-288Y020705 杂活作
画舆图 2 张	画样	02-467Y050415 舆图作
画生平福寿笙纸样 1 张、福寿双圆盆景纸样 1 张、福寿双高陈设纸样 1 张、清平事事长如意百福连连迎早春挂屏纸样 1 张	纸样	02-528Y050913 牙作、雕銮作、木作、杂活作
画装修样 2 张	画样	02-459Y05r0311 木作
做西峰秀色店内暖阁南边添横披合牌烫胎小样 1 件	烫样	03-444Y070129 杂活作
做得烫胎合牌玉石金刚经样 1 件	烫样	05-4Y090504 玉作
做御花园澄端亭改为佛亭前接抱厦三间内里桌张并陈设装修烫胎小样 1 件	烫样	05-50Y090602 记事录
画万字房对瀑布屋内玻璃窗样 1 张	画样	02-514Y050825 玉作
画得万字房内通景画壁样 1 张	画样	02-468Y050423 画作

　　唐英（1682—1756），汉军旗人，雍乾两朝，清宫造办处宫廷内外均任要职的重要管理者。雍正初年，任员外郎①。雍正五年（1727），开始负责造办处稽查工作②。雍正六年（1728）正月初十日，唐英正式被派至员

---

　　① 员外郎唐英来说怡亲王谕：着再做巴令七个，尔先做合牌样我看，俟看准时再做。（01-683Y040104 珐琅作）

　　② 海望奉怡亲王谕：看得造办处各作匠役所造活计甚实不好，而管作官员人等俱不精心看视，或行走懈弛以致活计粗糙迟误殊属不合，嗣后着员外郎唐英同首领太监李久明、萨木哈等不时稽查。（02-567Y051202 记事录）

外郎沈嵛处，以协同负责京内造办处钱粮事宜①；同年八月，唐英被雍正皇帝派至江西景德镇御窑厂协理窑务，负责烧造事宜。

和海望一样，唐英在造办处肩负管理工作的同时，还兼顾各种器物的画样工作。雍正年间，他绘制了大量的玉石、瓷器和书画的画样②。唐英被后世所称道的（也是他在造办处最大的功绩）是在任职江西烧瓷处督陶官期间的工作。雍正六年（1728）秋八月，唐英刚到景德镇时对于陶务"茫然不晓，惟诺于工匠之意旨，惴惴焉"，于是他"杜门谢交游，萃精会神，苦心勠力，与工匠同其食息者三年"③，至雍正九年（1731），已达到能够知物料火候，晓生克变化之道理的境界。《清史稿》载"英所造者，世称唐窑"④，可见其用功之效。然而，至乾隆年间，唐英的工作地点几经变动。乾隆元年（1736）奉命出使淮安关，第二年又监管景德镇陶务。乾隆十四年（1749）冬移理粤海关，乾隆十六年（1751）十二月又调回九江钞关监理陶务。多地的任免奔波，使得陶务管理疏于精细。因此，这时段内经常发生瓷器不合格事件，受到皇帝申饬⑤。

与造办处其他的管理者相比，典型"技艺官员"们有十分明显的特点。乾隆十六年（1751年），皇帝在一道发给江西御窑厂督窑官惠色的谕

---

① 雍正六年正月十二日，海望启称，为造办处成造活计行取钱粮等事关系甚重，奴才若往圆明园去时，京内造办处惟有沈嵛一人花押办事，祈再派官一员帮着沈嵛花押办事等语，启怡亲王，奉王谕：着员外郎唐英花押办事。（03-9Y060112 杂录）

② 怡亲王持来定磁小瓶一件（乌木座）、嘉窑小扁磁盒一件、白玉小水注一件、官窑花瓶一件、竹节式磁壶一件（紫檀木座）、定磁炉一件（紫檀木盖座）、白玉菱花式执壶一件、龙油珀葡萄式小盘一件，奉王谕：俱着唐英照样画样。（01-95Y010213 玉作、牙作）据圆明园来帖内称，郎中保德持来九洲清晏上仙楼的楼梯比边贴的美人画一副，传旨：画的款式甚好，尔仍着唐英画美人，其衣纹照先画的衣纹一样。（01-573Y031102 画作）

③ 傅振伦，甄励. 唐英瓷务年谱长编［J］. 景德镇陶瓷，1982（2）.

④ 赵尔巽，等. 清史稿：第46册［M］. 北京：中华书局，1977：13927.

⑤ 传旨：唐英烧造上色之瓷器甚糙，釉水不好，瓷器内亦有破的，着怡亲王寄字与唐英。（10-292Q060412 记事录）传旨：唐英此运瓷器烧造的平常脚货甚多，着怡亲王、内大臣海望寄字着实申饬。（11-140Q070614 记事录）

旨中道出了缘由："惠色所进洋彩瓶壶盖钟蜡扦等件烧的俱各平常，此系惠色不懂烧造瓷器，又不用心，故致粗糙，着怡亲王等申饬，钦此。"① 很明显，在这道谕旨中，乾隆皇帝将现任督窑官惠色与前任督窑官唐英进行了对比。

乾隆十四年（1749）冬，唐英移理粤海关，惠色接任唐英景德镇督窑官之职。惠色督造之瓷器粗糙，乾隆皇帝认为是他"不懂烧造瓷器，又不用心"之故。不懂技术但来担当管理人员，的确是一件难办的事。

技艺官员算是特殊人才，并非时刻能得。为了让造办处的工作顺利进行，乾隆皇帝曾下旨专门针对造办处官员补缺进行了说明。

> 乾隆二十三年（1758）奏准，嗣后造办处、雍和宫、圆明园等处人员遇有升转别处，或因该员熟谙本处事务，人地相宜，该管大臣于折内声明，将本处人员封品调补，概不准仍前奏留滥行开缺。②

同治年间，时任九江关监督景福接到承办大婚礼瓷器等项共 10072 件，同治皇帝看到后评价为"烧造粗糙，不堪应用"，于是让景福照数赔补，要求将"有过墙花样者，务须将所烧纸花仍由外面通过里面，不准烧造半截花样，各项瓷器总要端正，毋得歪斜，其里外花釉以及颜色均著烧造一律精细鲜明，勿使稍有草率，仍著景福赶紧办理照数赔补，迅即解京"③。这真是一件非常难办的事，盛大、量多、急。

可以看到，造办处典型"技艺官员"主要指皇帝身边的、用心的、肯钻研技艺的官员。这里面包含了三种期望，"皇帝身边的"表明是皇帝信任的，能够理解皇帝的喜好；"用心的"表明的是一种办事能力，无论熟悉管理对象与否，能够用心办事，将皇帝的意旨落到实处；"肯钻研技艺的"表明他在技艺方面的个人修为和涵养，这是许多管理者可望而不可即的能力。

2. 非典型"技艺官员"

和怡亲王允祥等这一类典型"技艺官员"以技艺参与管理造办处不

---

① 18-424Q160616 行文。

② 托津，等. 近代中国史料丛刊三编：第70辑 钦定大清会典事例（嘉庆朝）：卷885—897 内务府 [M]. 台北：文海出版社，1992：6594-6595.

③ 卷3122-缩0037《同治八年清档十月 十一月 十二月》T081221 绣活处。

同，南书房翰林等书画类的非典型"技艺官员"，则是为造办处做了十足的写字作画工作。《活计清档》记录了这类官员的活计承办情况，"匠役味"十足（见表16）。

表16　雍正朝非典型"技艺官员"承办活计统计表

姓名	承办活计	文献出处
陈邦彦	写砚赋1张；写孔圣象4册	Y020904砚作；Y040307表作
戴瀚	照造办处收贮鸟谱册页12本上字写字	Y050403表作
戴临	为插屏写魏征《谏太宗十思书》1份；写司马光《圣瑞赋》5张；为九州清晏冬暖阁炕罩横披写《美莲赋》；为西峰秀色含蕴斋殿内陈设的棕竹边漆书架写字；为怡亲王配享牌位写字；写卫生歌1张；为无釉白磁碗4件所配洋漆半边写字；写玉石金刚经1件；在白磁碗1对上写字；在珐琅葫芦9个上照雍正御笔写字；写卫生歌1张；写绢手卷20卷	Y031102表作、画作；Y061028表作；Y070721画作；Y07r0724画作；Y080520记事录；Y081104表作；Y090426漆作；Y090504玉作；Y090417珐琅作；Y091020珐琅作；Y090222表作；Y130401表作
高其佩	画清宁安阜图1张；为插屏画画1副；画横披画1张；为做炕屏画画12张；画孔雀画1张、鹰画1张、黑鸡画1张；画大画1副；画风雨景山水画1副；画山水画3副；画天地一家春画1张	Y030115表作；Y031102表作、画作；Y041028表作；Y041028表作；Y070203表作；Y090504画作；Y090617画作；Y090927画作；Y111227画作
赫奕	画山水画3张	Y070203表作
蒋廷锡	照兰花1盆画画1张；为截灯9对画花卉翎毛；照鲜南红萝卜1个画画1张；为双圆窗内画样2张添画花卉；画鸡画1张、锦鸡画1张、清达汗画1张；画寒雀争梅画1张	Y010817画作；Y020812杂活作、木作；Y030926画作；Y031021木作；Y070203表作；Y090317表作；
励宗万	写绢手卷20卷	Y130401表作

续表

姓名	承办活计	文献出处
佟毓秀	画灵芝松树画 1 张、山水画 1 张	Y070203 表作
文永丰	画山水画 1 张	Y070203 表作
杨芳声	写砚赋 1 张	Y020904 砚作
张照	篆"雍正御笔之宝"样 1 张；写砚赋 1 张；写五言七言对联折片 1 件	Y010117 刻字作；Y020904 砚作；Y031104 表作
朱伦瀚	画山水画 2 张、仙鹤画 1 件；画山水画 1 张	Y070203 表作；Y090317 表作

这些官员在参与造办处书画事务时，并未因其官员身份而和其他工匠有所区别。比如，雍正二年（1724）九月初四日，总管太监张起麟，将翰林陈邦彦、张照、杨芳声和效力写宋字人潘其位四人所奉怡亲王谕据唐人砚赋二段做得的八首砚赋，呈览至雍正皇帝，皇帝看后"准唐人砚赋二段，其年号照御笔落款"。四天后，四人各写得砚赋一张呈览，雍正皇帝看后选定了杨芳声写的砚赋，但认为"杨芳声写的太真些，再命他行书写来呈览"。两天后，杨芳声将行书砚赋两张写好呈览进讫①。

在《活计清档》中这类非典型"技艺官员"与造办处工匠分别承旨做活，而由帝王选定优劣的情况比比皆是。其中，最典型的案例是雍正元年（1723）正月制样篆刻"雍正之宝"一事。

正月十七日，懋勤殿首领太监苏培盛交寿山石夔龙钮宝一方（上书朱字"雍正御笔之宝"），奉旨：篆样呈览过再镌刻，钦此。

于正月十九日翰林张照篆样一张、技艺人滕继祖篆样一张、南匠袁景邵篆样一张、刻字人张魁篆样一张，怡亲王呈览奉旨：张照篆样文范，但笔画微细，照袁景邵篆书，其笔画另篆，再滕继祖篆样上"之"字篆法好些，问张照"之"字篆法有何讲究，钦此。

---

① 01-369Y020904 砚作。

于正月二十二日翰林张照篆样两张、技艺人滕继祖篆样三张、南匠袁景邵篆样三张、刻字人张魁篆样三张，怡亲王呈览奉旨：准张照古篆"雍正御笔之宝"，将"之"字下横平平，选吉时照样镌刻，钦此。

于正月二十九日照翰林张照篆样镌刻得寿山石"雍正御笔之宝"一方，怡亲王呈进奉旨：将此宝样好生收着，钦此。①

此时正值雍正皇帝登基不久，皇帝欲制造一方印文为"雍正御笔之宝"的寿山石夔龙钮宝。为了得到满意的印文，皇帝命翰林张照、技艺人滕继祖、南匠袁景邵和刻字人张魁分别篆样一张呈览，雍正皇帝看过四人的篆样，先点评张照的，认为张照的篆样"文范"，但笔画过细，不如袁景邵的好，命其结合袁景邵的优点再篆；再点评滕继祖，认为他的篆样中"之"字的篆法好，并让张照问其有何讲究；刻字人张魁的篆样因为平淡并未得到皇帝点评。

四人得旨于三天后又分别篆了两至三张篆样呈览。这次张照又得到雍正皇帝的认可，准照其篆样镌刻，只是需要将篆样中的"之"字下横改平一些。最后雍正皇帝得到满意的"雍正御笔之宝"寿山石夔龙钮宝一方。（见彩图21）

可以看到，皇帝将四人字法篆刻的优点集于一处，共同呈现在一方宝中。这个宝是翰林张照、技艺人滕继祖、南匠袁景邵和刻字人张魁四人共同努力的结果。不过，在实际的制造过程中，身为翰林的张照始终处于受皇帝认可的优势地位。

从这些非典型"技艺官员"参与造办处活动的情况可知，他们以其自身对书画的特长像其他工匠一样参与到造办处的器物制造过程中，和其他工匠相比，通常会得到帝王更多的认可。非典型"技艺官员"的参与，让清宫造办处这一技艺机构从纯粹的工匠部门，变成了带有官方主流审美意识的技艺机构，也让清宫造办处制品不单是因御制，更是因其自身的参与而获得了官僚阶层的美誉。

明清易代，内府的制造大权由太监转变为满洲亲信，这是清代内廷制

---

① 01-195Y010117 刻字作。

造管理团队最大的变化。总的来说，雍乾时期两类"技艺官员"在清宫造办处内所发挥的示范作用，具有十分重要的意义。

（四）专司太监

在清宫造办处的制造环节中，还有一类容易被忽略但也十分重要的办事人员群体——太监。

康熙皇帝曾跟大学士讲述太监与王朝兴衰的关系说，明朝费用奢侈，"一日之费，可抵今一年之用"，清世祖登基后器用朴素，"明季宫女至九千人，内监至十万人，饭食不能遍及，日有饿死者。今则宫中不过四五百人而已"[①]。

据李光的统计，乾隆时期，宫监机构共有一百二十七处，太监二千八百六十六人；嘉庆时期，宫监机构共有一百零二处，太监二千六百三十八人；光绪时期，宫监机构共有六十三处，太监共有一千九百八十九人；宣统退位之后，宫监机构有四五十处，太监仅有八九百人[②]。在这些太监中，有一类太监专门负责御用器物收拾、修整、洒扫等事。

养心殿、重华宫、建福宫三处首领共四名，内七品执守侍二名，八品执守侍二名。太监四十五名。专司陈设器具及收贮赏用物件，洒扫、坐更等事。

养心殿内兼吉祥门总管一员，物品宫殿监副侍。首领五名，内七品执守侍二名，八品侍监三名。太监五十名。专司近御随侍，收掌内库钱粮及古玩、书画，陈设、洒扫、御前坐更等事。

古董房首领一名，八品侍监。太监十二名。专司收贮古玩器皿，坐更等事。

鸟枪处首领一名，七品执守侍。太监四名。专司随侍上用鸟枪、御前坐更等事。

---

① 鄂尔泰，张廷玉，等. 国朝宫史 [M]. 左步青，校点. 北京：北京古籍出版社，1987：12（卷之二 训谕二）.

② 中国人民政治协商会议全国委员会文史资料研究委员会. 晚清宫廷生活见闻 [M]. 北京：文史资料出版社，1982：157-159.

弓箭处不设首领，属鸟枪处首领管辖。太监四名。专司随侍上用弓箭、御前坐更等事。①

造办处首领二名，俱八品侍监。每月银四两，米四斛，公费银七钱三分三厘。太监二十五名，每月银二两，米一斛半，公费银六钱六分六厘。专司带领造办处外匠造办一切物件。②

光绪年间的宫监机构和宫监的职责是：自鸣钟兼端凝殿太监专司御前随侍、记自鸣钟时刻、陈设、洒扫、坐更等，懋勤殿太监专司御用文具、书籍、记御前语等，四执事和四执事库太监专司上用冠袍、带履等，鸟枪处太监专司上用的鸟枪，古董房太监专司收存古玩器皿，造办处太监专司宫中各种器具的修理和制造等，做钟处太监专司修整钟表。③

由于专司太监所管之事多为御前事务，对于太监工匠的出入，宫廷历来有严格的宫规。"乾隆四十一年二月内，钦奉谕旨，养心殿太监等遇有零星活计，辄传唤造办处各项匠役整理，漫无稽核，殊属非是。圆明园等处亦然。宫殿重地，遇有应行修整之事，应告之总管内务府大臣，派员放匠，不当听任太监等专擅径行。"

但这条宫规到嘉庆朝后，略有松弛。嘉庆十年（1805）正月二十六日，嘉庆皇帝下旨："朕前曾叠次降旨，申严门禁。原以宫庭重地，本非外人所可擅进，其应行进内者，如预备召见引见人员，及内廷行走大臣官员，各有专司，又有奏事太监带领，立法原属周备。至匠役等人数混杂，岂容漫无查考，必当派员带领出入，方符体制。今原立章程，久而废弛，每年底并未见该管大臣等汇奏，不可不重申旧制，加之整顿。嗣后禁城及圆明园等处，遇有应行放进匠役，修整活计等事，著太监呈明总管太监，总管太监呈明总管内务府大臣，派员查点明晰，将某处放进次数人数，按

① 鄂尔泰，张廷玉，等. 国朝宫史［M］. 左步青，校点. 北京：北京古籍出版社，1987：457-460（卷之二十一 官制二）.

② 鄂尔泰，张廷玉，等. 国朝宫史［M］. 左步青，校点. 北京：北京古籍出版社，1987：467（卷之二十一 官制二）.

③ 中国人民政治协商会议全国委员会文史资料研究委员会. 晚清宫廷生活见闻［M］. 北京：文史资料出版社，1982：157-159.

月具折，随月折汇奏。毋许太监等任意传唤，擅自出入，以昭严肃。所有乾隆四十一年二月内原奉圣谕，及此所绛谕旨，均著该馆敬谨纂入宫史，垂示久远，遵行勿替。"①

嘉庆十八年（1813）九月发生了震惊朝野的癸酉之变。十四日，天理教领袖林清派约 200 名教徒，装扮成商贩模样进入北京城。十五日中午，众人在太监刘得财、刘金、张泰、高广幅等人的接应下，由东华门及西华门两个方向攻入紫禁城，约有四五十名天理教徒直达内廷与外朝的交界处隆宗门。最终起义被镇压，但带来的宫禁问题越发严重。

"小朝廷"时期，宫内盗宝窃物事件频发，寿皇殿丢失金钟和挂灯案，重华宫遗失金海碗和金香炉案，养心殿太监王小三盗窃夜明珠案，以及 1923 年 6 月 26 日晚 9 点多发生的震惊京城的建福宫大火案 ②。这些宫廷宝藏的监督守护着，变成了失职者甚至自盗者。

1923 年 7 月 16 日，在建福宫大火案发生后的 20 天，溥仪力排众议裁撤了宫内太监。这在当时不但是宫内的一件了不得的大事，就是在北京也闹得满城风雨。③这也标志着中国延续数千年的太监制度的终结。

从物的角度看，造办处所造之物在宫廷内的生命史是：皇帝的指令是它们的"出生证"；造办处工匠赋予了它们物质生命；皇帝的进一步指令让它们有了安身之处，即陈设之所；太监的日常洒扫维护则让它们光彩照人。

三、工匠：清宫中的技艺主体

元明时期，实行"匠籍"制度。官府工场工匠主要来源于全国各地的"劳役性征派"④，内廷工匠更是如此。自顺治二年（1645）起，"匠籍"

① 庆桂，等. 国朝宫史续编：上［M］. 左步青，校点. 北京：北京古籍出版社，1994：50-51.

② 秦国经. 逊清皇室秘闻［M］. 北京：故宫出版社，2014：28.

③ 中国人民政治协商会议全国委员会文史资料研究委员会. 晚清宫廷生活见闻［M］. 北京：文史资料出版社，1982：22.

④ 张显清. 明代后期社会转型研究［M］. 北京：中国社会科学出版社，2008：94.

制度逐渐取消，清代的官营手工业工匠也逐渐摆脱了匠籍的束缚，由"劳役性征派"逐渐转化为按市给值。清宫造办处工匠的来源也呈现出"按需聘匠、按技给值"的特点。就清代旗人和民人的二等划分的社会现状来说，清宫造办处的工匠也呈现出上述特点。

今人对清宫造办处工匠来源的认识，大多源自清史名家崇璋《造办处之作房及匠役》一文的看法：造办处匠役分为南、北两匠，"北匠"包括在北京的华北各省籍贯工匠和玉匠中的新疆回人；"南匠"包括湖广闽粤苏杭等地选送的工匠、西洋人和山东博山玻璃匠。"北匠"又分为旗、汉两匠，"旗匠"分"官匠"和"包衣匠"，"官匠"来自八旗及蒙古人，"包衣匠"来自内务府三旗人；"汉匠"分"食饷匠"和"招募匠"，"食饷匠"为长期做工的汉匠，"招募匠"为临时招募的汉匠。"南匠"又分为三种："抬旗南匠"，不论种族，隶籍内务府，永不归南者；"供奉南匠"，做工至年老才能回原籍者；"传差南匠"，因某项工作，招募入京的南匠，工竣即资遣回籍者①。

崇璋的分类为今人提供了很多认识清宫造办处匠役的角度，但分类方式过于复杂，杂合了民族和地域等信息。清宫造办处的档案中未见"北匠"一说。为了更好地体现工匠来源的地域性和民族性，以造办处档案对匠役的记载为分类依据，用京城内外这个线索一条贯之，那么就可以清晰地看到雍乾时期清宫造办处工匠的两种来源：一是来自北京城内的旗人和宫廷太监，前者在文献中称"旗匠"或"家内匠"，后者称为"某匠太监"；二是来自各个地方选送的匠人，文献中称"南匠""西洋人""外雇匠""招募匠""藏里人""回子匠""厄勒试匠"等。

（一）旗匠

"旗匠"又称"家内匠"，由包衣三旗佐领内管领下苏拉中挑选。一般来说，造办处各作坊有数名学手小匠，他们来自内务府包衣三旗佐领内管领下的苏拉。造办处数年一次在这些苏拉中挑选伶俐机灵者，每次约 10名，然后分交各作当学徒。

---

① 崇璋. 造办处之作房及匠役［N］. 中华周报，1945，2（19）：8—9.

　　乾隆三年（1738），内大臣海望认为，造办处数年未挑补苏拉充任学徒，目前各作学徒缺额达 73 名，便奏请照例在包衣三旗佐领内管领下苏拉挑补 50 名作为学徒①。清朝规定了旗人的营生范围，禁止旗人经商，因此从军、入仕和学匠是旗人的三种主要营生方式。

　　（乾隆五十七年）闰四月二十八日祇字八十号，造办处裱作呈为挑补甲身钱粮米石事：今为正黄旗朝庆佐领下甲身裱匠毛七十儿，于五十七年闰四月初七日病故，其所遗甲缺挑补得正黄旗钱保佐领下裱匠双顶儿顶补此缺当差，相应行文都虞司转交各该佐领下，将裱匠七十儿所食三两钱粮米石裁退外，将新挑补甲身裱匠双顶应食三两钱粮米石照例得给可也。都虞司②

　　至造办处当工匠学徒对于三旗小苏拉而言，是学匠中最值得期待的途径。入匠要求勤快，不然就会被革退。

　　（乾隆二十九年）正月十七日管理养心殿造办处事务郎中寅著主事金辉为裁退匠役钱粮事，今镶黄旗明泰管领下镀金匠陈七十四，因久病滑懒并不当差相应行文贵司，将伊所食一两钱粮米石革退，仍着该管领下带苏拉几名前来，以备挑选此缺当差可也，须至咨者。右咨会计司③

　　相比于旗人，宫廷太监入匠则是延续明代宫廷的传统。珐琅处、自鸣钟处、镟作等作坊均有入匠太监分布。乾隆元年（1736）三月十五日，乾隆皇帝派何德禄、王成祥、杨加福、魏喜等四名小太监至珐琅处学习烧珐琅。④ 这些在各作坊做事的太监被称为"某匠太监"，如在镟作做事的太监张进朝就被称为"镟匠太监张进朝"⑤。

　　有一种情况特别注意，造办处在遇到特别活计时，往往会行文内务府甚至工部其他制造部门申请匠役援助。这类匠役可被称为"借用匠"或

---

① 08-255Q030728 记事录。

② 53-569Q57 各处行文档。

③ 29-227 乾隆二十九年各处行文。

④ 07-195Q010315 记事录。

⑤ 07-817W020527 镶嵌作。

"占用匠"。这类匠役在造办处中也很常见。

造办处行文药房、营造司、广储司支援做锭子药的工匠：

（乾隆二十九年）二月十二日就字五十三号管理养心殿造办处事务郎中寅著主事金辉，今为做发报锭子药事，用行药房医生八名，用行贵司雕銮匠四名、画匠四名、刷印一名，用行贵司绦儿匠四名、络丝匠一名，自二月十五日起用两个月，完时退回可也须至咨者。右咨药房、营造司、广储司用汗文三等。①

如造办处行文工部支援做腰刀的銮匠：

（乾隆五十七年）正月十四日嘉字二十三号造办处为咨行銮匠事：本初遵旨配做玉靶腰刀头十一把，于乾隆五十六年十二月初四日将做得腰刀头十一把持进呈览，奉旨：着商金银丝年款刀名图样钦此钦遵，查本处于乾隆十四年为商做刀剑，曾经行过制造库銮匠刘汗维前来商做过在案，今此次商做腰刀十一把仍用制造库銮匠四名，捡派精能手艺者，作速送赴前来，以便商做，事关钦用，勿致迟缓可也，须并咨者。右咨工部②

由于这些活计均为奉旨之作，故其他部门也会积极配合。

（二）南匠

"南匠"是由地方官员不定期选送的好手匠人。在不同历史时期，"南匠"的来源范围不同，广东和苏州工匠历代都有选送进宫。明人张瀚（1511—1593）曾言："今天下财货聚于京师，而半产于东南，故百工技艺之人亦多出于东南，江右为伙，浙、直次之，闽、粤又次之。"③ 清宫造办处所选"南匠"之地都是有悠久制器传统之地。

乾隆三年（1738），内大臣海望在奏请增添"旗匠"时，将造办处各行南匠或年老病故或告退回家名额缺失未挑补的情况也反映给乾隆皇帝，皇帝批准各地方官选送工匠入京：粤海关郑武塞负责画珐琅匠 6 名、轮子

---

① 29-230 乾隆二十九年各处行文。

② 53-561 各处行文档。

③ 张瀚. 松窗梦语［M］. 北京：中华书局，1985：76.

匠 1 名、广木匠 3 名，淮关唐英负责漆匠 2 名，苏州织造海保负责镶嵌匠 1 名、木匠 3 名、砚匠 1 名、画样人 1 名、大器匠 5 名①。这是乾隆年间第一次大规模在地方找寻选送工匠入京。

清宫造办处的南匠不仅乾隆时期有，嘉庆朝后也一直都有。光绪十年（1884）的《内务府造办处应领腰牌人名年貌清册》中记录了当时造办处全部 25 名南匠信息：

陈鸿祥：苏州吴县人，56 岁，面黄有须。

周文玉：苏州吴县人，45 岁，面黄有须。

王福兴：苏州元和县人，51 岁，面黄有须。

吴丙恒：广东顺德县人，37 岁，面黄无须。

吴丙坤：广东顺德县人，39 岁，面黄无须。

吴丙森：广东顺德县人，42 岁，面黄无须。

叶秀发：苏州元和县人，41 岁，面黄无须。

芮大顺：正黄旗钟佑佐领下，55 岁，面黄有须。

芮得玉：正黄旗钟佑佐领下，24 岁，面黄无须。

芮永安：正黄旗钟佑佐领下，21 岁，面黄无须。

杨琪：苏州元和县人，57 岁，面黄有须。

杨庆恩：苏州元和县人，25 岁，面黄无须。

陈亮：苏州吴县人，23 岁，面黄无须。

朱秀：苏州元和县人，23 岁，面黄无须。

吴伯兴：苏州吴县人，49 岁，面黄有须。

杨际春：广东新会县人，58 岁，面黄有须。

杨信芳：广东新会县人，15 岁，面黄无须。

李凌福：苏州元和县人，36 岁，面黄无须。

王德顺：顺天府宛平县人，22 岁，黄面无须。

于祥：顺天府大兴县人，47 岁，面黄有须。

于瑞：顺天府大兴县人，27 岁，面黄无须。

刘连发：直隶冀州人，41 岁，面黄无须。

---

① 08-255Q030728 记事录。

刘永兴：顺天府大兴县人，29 岁，面黄无须。

范文锦：顺天府宛平县人，34 岁，面麻无须。

甘露春：苏州吴县人，53 岁，面黄有须。①

还有一份光绪十二年（1886）的南匠数据，总数是 25 名。其中，较光绪十年（1884）新增 3 人。陈广志：苏州吴县人，25 岁，面黄无须；周崑冈：苏州吴县人，34 岁，面黄无须；冯德春：顺天府宛平县人，39 岁，面黄无须。较光绪十年（1884）3 人不在名单上。陈鸿祥：苏州吴县人，56 岁，面黄有须；周文玉：苏州吴县人，45 岁，面黄有须；王德顺：顺天府宛平县人，22 岁，黄面无须。这说明两年内有 3 名工匠变动了。②

由于南匠是地方官员选送的当地优秀工匠，因而南匠是造办处内技艺水平最高的一群人。很多时候为了实现理想的制器效果，皇帝要指定南匠来做③。由于帝王的钦点，南匠在造办处的工作被赋予了示范性。（见彩图22）

> 乾隆九年三月初十日，副催总达子来说，太监张明传旨：此画托的不好，嗣后如有画再托不好，将托画之匠役绝不轻恕，有画必着南匠托表，再不许着糊棚的匠役表画，钦此。④

但南匠的管理较麻烦。由于南匠通常由苏州织造、粤海关监督等挑选当地工匠进京工作，一方面，这些工匠需要克服南北气候与生活习惯的差异；另一方面，还得时不时告假回家，两地往返，耽误造办处的工期。

乾隆四十年（1775），发生了如意馆当差南匠朱时云私行潜逃回家的事。朱时云为刻玉字匠，江苏吴县人。他于乾隆三十九年（1774）正月，由苏州织造舒文遵旨挑选送进京当差，但按规定五年以内不得告假。乾隆四十年（1775）八月十四日，舒文的坐京家人告诉他朱时云私行潜逃，他

---

① 清代谱牒档案-A56-腰 476-《内务府造办处应领腰牌人名年貌清册》（光绪十年）。

② 清代谱牒档案-A56-腰 478-《内务府造办处应领腰牌人名年貌清册》（光绪十二年）。

③ 传旨：此画托的不好，嗣后如有画再托不好，将托画之匠役绝不轻恕，有画必着南匠托表，再不许着糊棚的匠役表画，钦此。（12-691Q090310 画作）

④ 12-691Q090310 画作。

随即派人暗访，于十九日找到朱时云，押解询问；朱时云供称，"实因思亲念切，一时糊涂并未告假私自潜出，从张家湾坐船回南方，才到家，就被拿获，并无不法情事等供"。由于不知他是否在京还有其他隐瞒，于是舒文便将朱时云押发地方官暂行取保收管①。后面不清楚朱时云挨了什么样的惩罚，但苏州织造舒文不得不另选合适的工匠进京当差。

由于家事的牵挂，影响在京"南匠"的工作投入情况，乾隆皇帝干脆下旨再在"南匠"的选送标准中增加了一条"无家累牵制者"。乾隆二十八年（1763）十月二十二日，乾隆皇帝上谕：

> 造办处工匠向令苏州织造及粤海关监督等挑选送京，乃该工匠等往往到京未久辄行藉词告假，及予假之后迟延时日不即赴工，现在苏州玉匠徐明彩因母丧呈请回籍，经造办处奏请行文本籍，令其查明后再行给假办理未尝不是，但该处行文往返未免迟缓，着传谕萨哈岱即将该匠是否母丧属实速行查明具覆。再苏州、广东工匠甚多，此后挑选时应择其手艺精工而无家累牵制者送京，何必以亲老不能久虽者充数亦可省将来告假纷纷稽查往返之烦，着将此一并传谕方体浴知之钦此。总管内务府大臣遵旨传谕苏州织造萨哈岱、粤海关监督方体浴。②

乾隆皇帝所希望的"无家累牵制"的好手"南匠"，真是从侧面体现了他对造办处制造精美器物的渴求。

（三）西洋人

和南匠一样，"西洋人"也是由地方官员引进宫廷的匠人，因此有的档案也称他们为"南匠"。早期，他们进入宫廷是主动要求的，到康熙朝后，康熙皇帝多次要求地方选会技艺的西洋人进宫当差，皇帝也要求在京当差的西洋人推荐更多的会技艺的同行到中国。

---

① 档号：04-01-14-0042-079；题名：奏为拿获潜回原籍吴县如意馆玉匠朱时云应如何处置请旨事；原纪年：乾隆四十年八月二十一日；缩微号：04-01-14-005-1687；原纪年代码：074008021。

② 军机处上谕档-造办处（447）【12】乾隆二十八年十月二十二第1条 盒号593 册号2。

清中期，位于广东的粤海关是清朝唯一的对外口岸，因而是西洋人来中国的首踏之地。那些身怀技艺的西洋人被征召进入宫廷，大多在如意馆、做钟处服务。雍正时期，服务于造办处的西洋人有巴多明①、戴进贤②、郎世宁③、迈德罗④、沙如玉⑤、苏霖⑥六人。乾隆时期，来京为清廷服务的西洋人更多。《调查在京西洋人登记簿》⑦所载有 29 名西洋人先后为清廷服务，其中有 8 名服务于造办处，他们是：

　　西安门内蚕池口内天主堂西洋人（系西堂）：蒋友仁，熟谙天文舆图，在圆明园御花园水法上行走（三十九年九月二十日病故）；汪达洪，在如意馆钟表上行走；李俊贤，熟精钟表，在如意馆行走（病故）；潘廷章，善画喜容人物山水，在如意馆行走；赫清泰，善画山水人物，在如意馆行走；李衡良，在如意馆钟表上行走。

　　东安门外乾鱼胡同天主堂西洋人（系东堂）：艾启蒙，素习丹青，在如意馆行走（病故）。

　　西直门内天主堂西洋人：安德义，素习丹青，在如意馆行走。

这些西洋人均是会技艺的传教士，他们以技艺博得在宫廷的立足之位，用其自身的学术修养与技能，将西方近代的科学与技术在传教的背景下，以宫廷宫禁服务人员的身份传至中国。西洋人所身怀的技艺是清宫造办处内的一股清泉，以其新鲜刺激着清代帝王对外域世界的认知与想象。

（四）招募匠

除了各地方官员所选送的地方工匠和外国工匠外，清宫造办处中的地方工匠还有其他来源。最典型的就是《活计清档》中反复出现的"外雇

---

①　01-566Y030916 画作。

②　03-674Y071025 杂活作。

③　01-437Y030904 画作。

④　02-569Y051207 库档。

⑤　03-468Y070309 自鸣钟。

⑥　01-465Y031019 牙作。

⑦　香港中文大学文物馆，中国第一历史档案馆. 清宫内务府造办处档案总汇 55 [G]. 北京：人民出版社，2005：827-828.

匠"和"招募匠"。所谓"外雇匠",是因某项工作需要而就近觅雇的工匠,工作结束与造办处的关系便解除。雍正九年(1731)造办处第一次出现"外雇匠"。

五月初四日这天,内务府总管海望将做好的烫胎合牌玉石《金刚经》样1件,雍正皇帝看过后让照样做,并让翰林戴临写字。海望得旨后称"造此所用玉石用银库收贮石子内选取,若全用食粮匠役砣做,惟恐一时难得,今欲用外雇匠役砣做",这次请旨得到批准。第二年九月初五日,在"外雇匠"和造办处工匠合力的情况下,终于将52片碧玉《金刚经》刻做完成①。

有了这次"外雇匠"的经历,清宫造办处便对这类临时招聘的工匠青睐有加,多次在工期紧张,家内匠不足的情况下觅雇帮手②。雍乾时期《活计清档》并未说明"外雇匠"来自哪里。根据光绪年间造办处各作匠役的来源可知,"外雇匠"应是在北京城就近觅雇,大兴和宛平两县是主要的工匠输入地。

"招募匠"是在造办处额定工匠缺额缺出时对外招聘的工匠,和"外雇匠"的临时性相比,这类工匠在造办处的工作相对长久并且有编制。乾隆二年(1737)造办处的一则文献充分说明了二者之间的区别与联系:

> 十一日,画样作呈为补放画画人事:本作原有画样人沈源、江汉、焦国谕、余秀等四人,于雍正十一年内焦国谕、余秀等二名告病回南讫,沈源于乾隆元年二月内奉旨着在内庭画画处行走,现有交画活计并各项样式甚多,独江汉一人不敷办画,查从前原系四人,现乏二缺,今看得外雇画画人卢鉴等二人屡在本作帮画,其画法清秀,人

① 05-4Y090504 玉作。

② 萨木哈为秘殿珠林处活计甚多,因家内裱匠并外雇裱匠不足使用,回明奉怡亲王谕:准添给外雇裱匠二名,此事着总管料理,遵此。(12-306Q090909 记事录)传旨:著寻商丝匠一名,送进启祥宫,或家内匠役或外边寻找,如家内、外边俱无向南边行取,钦此。于本月十四日萨木哈将外雇广木匠金松茂商得银累丝木样一件持进交胡世杰呈览奉旨:即著此人进启祥宫行走,每人给银一钱五分四厘,钦此。于本月三十日白世秀、萨木哈将拟得商丝匠金松茂每月钱粮银五两,每年衣服银十五两折片一件持进,交高玉、胡世杰呈览奉旨:知道了。(14-365Q110209 记事)

亦老实，欲将此二名顶补乏缺当差等语回明。奉内大臣海望：交准卢鉴一人召募当差，照三等南匠例给食钱粮衣服银两，记此。①

造办处画样作原有画样人沈源、江汉、焦国谕、余秀四缺，后焦国谕、余秀、沈源三人陆续因故缺出，只剩江汉一人承办画样活计，但画样作活计又多。在此情形下，画样作的"外雇匠"画画人卢鉴被招募进画样作，成为"招募匠"。因此可以简单来说，"外雇匠"是临时工，而"招募匠"是有编制的工匠。

嘉庆十七年（1812）十一月十三日，造办处玻璃厂上奏：

> 玻璃厂原有山东吹造活计招募匠役两名，每月各食钱粮银三两，今该匠等均已年逾六十，精力衰败，眼目迟钝，于吹造活计不能周准，诚恐遗误官差，理合呈明照例行文山东巡抚于该省吹造玻璃器皿匠役内拣选手艺精熟匠役两名送京顶替当差，其年老匠役两名即请裁汰等因，呈禀。②

清宫造办处内还有一类来自各地方的少数民族工匠，文献中被称为"藏里人"（又称"巴拉布佛匠"③）、"回子匠"、"厄勒忒匠"。他们均是在特定的历史背景下进入造办处，为宫廷服务。例如，乾隆二十二年（1757）清廷平定准噶尔叛乱收复新疆后，该地工匠开始进入造办处工作，他们被称为"厄勒忒匠"。

从清宫造办处工匠的几种来源中可知，第一部分匠人的构成较为简单。不论是旗匠还是太监入匠，他们都是作为宫廷技艺的基础力量而存在。第二部分匠人的构成较为复杂，有来自传统汉族地区的"南匠"，也有来自少数民族地区的"藏里人""回子匠"和"厄勒忒匠"，有来自北京周边的"外雇匠"和"招募匠"，也有来自欧洲国家的"西洋人"。这些来自五湖四海的工匠共同组成了清宫中的技艺主体。

（五）工匠规模

清宫造办处工匠来源多样，其组成的工匠规模也蔚为壮观。据《奏销

---

① 07-786Q02r0911 记事录。

② 《嘉庆十七年清档十月 十一月 十二月》卷 2904，缩微号 0004，J171113 玻璃厂。

③ 13-481Q100324 镀金作。

档》载，乾隆中期清宫造办处工匠规模达595名（包含懋勤殿部分）①。乾隆晚期清宫造办处工匠有所减少，据嘉庆四年（1799）的数据可知，包括管事人在内造办处各作工匠规模在426名上下（见表17）。

表17　各处各作各房苏拉匠役花名数目总册（1799）

作房	匠役	人数
匣裱作	裱匠、匣匠、广木匠、镟匠	61
金玉作	领催、砚匠、镀金匠、錾花匠、累丝匠、玉匠、牙匠、镶嵌匠、摆锡匠	73
油木作	领催、油匠、木匠、刻字匠、镟匠、画匠	41
灯裁作	穿珠匠、花儿匠、裁缝匠、绣匠、绦儿匠、铜匠、络丝匠、靴皮匠、刮皮匠、铁匠、裱匠、搭木匠	103
铜錽作	领催、凿匠、铜匠、锭活匠、刀子匠、发路匠、錽匠、钩花匠、锡匠、锉匠	91
做钟处	领催、钟匠、镟匠、锉匠、铜匠、索子匠、凿匠、画匠、油匠、木匠、镀金匠、焊活匠、刻字匠、炉匠	65
鞍甲作	领催、鞍匠、甲匠、缨子匠、钩花匠、押花匠、累丝匠、拴鞍匠、绦儿匠、裁缝、发路匠、铁匠	61
炮枪处	副领催、凿匠、磨匠、铁匠	99
舆图房	画匠、裱匠、磨匠	31
弓作	弹子匠、雕銮匠、拜唐阿	6
珐琅作	窑匠、大器匠、掐丝匠、镀金匠、玉匠、錽匠、画匠、锉匠、苏拉	42

---

① （乾隆二十五年十一月）十四日，奴才吉庆谨奏为请旨事，本年十月二十二日奉旨：造办处、如意馆所有匠役内有巧手勤谨者，著王大人鼓舞获添给钱粮获赏给甲之处奏明赏给，钦此钦遵，……奴才等查得懋勤殿、如意馆并造办处所属四十一作各项匠役共有五百九十五名。详见：中国第一历史档案馆藏《奏销档254-140：内务府总管吉庆奏请添给懋勤殿、如意馆、造办处能工巧匠钱粮片》。

续表

作房	匠役	人数
铸炉处	领催、大器匠、铜匠、锉匠、磨匠、银匠、凿匠、錾匠、烧古匠、画匠	61
玻璃厂	窑匠、玉匠、拉花匠、瓦匠、镟匠、木匠、锉匠、苏拉	34
如意馆	玉匠、甲身、裱匠、牙匠、铜匠、写字人、镟匠、裁缝、油画匠、苏拉	30
盔头作	裁缝、铁匠、甲身、熟皮匠、铜匠、油匠、木匠、毛毛匠、草子匠、沥粉匠、烫胎匠、带子匠、纱帽匠、盔头匠、搭材匠	30
总管房	听事人、苏拉、画匠、拉花匠	10
档房	听事人、镟匠、木匠、玉匠、裱匠、苏拉	12
钱粮库	听事人、牙匠、镶嵌匠、铜匠、玉匠、刻字匠、鞍匠、苏拉	20
本房	听事人、裱匠、牙匠、苏拉	8
查核房	领催、听事人、匣匠、苏拉	12
督催房	听事人、绣匠、苏拉	8
活计房	听事人、花儿匠、铜匠、木匠、珐琅匠	8
活计库	听事人、珐琅匠、鞍匠、苏拉	8
合计		914

以上各房、各处、各作并看守王公下处、南北门苏拉、匠役共837名，其中，同名28名，当系兼差，实有匠役、苏拉809名。属造办处的有：额缺领催20名，额缺甲身42名，苏拉36名，各行匠役285名。共426名。借用（档案为占用）制造库匠役5名，八旗左右翼匠役205名，武英殿匠役2名，煤木库苏拉4名，借用匠役、苏拉共383名

我统计了雍正元年至乾隆六十年（1723—1795）《活计清档》中出现的工匠姓名和数量（详见附录4清宫造办处署名工匠花名册），包括雍乾时期担当皇帝"艺术顾问"的西洋人，但不包括未见作坊归属的拜唐阿和从事匠事的技艺官员。

雍乾两朝姓名见诸档案的工匠人数在 468 人上下，其中，"南匠" 191 人，"旗匠" 65 人，"西洋人" 29 人，"招募匠" 21 人，"外雇匠" 9 人，"回子匠" 7 人，太监 5 人，"藏里人" 4 人，"厄勒忒匠" 1 人，未知 136 人。

根据《总汇》档案记载的特点，通常见诸姓名者为重要的工匠，因此诸如 "南匠"、"西洋人"、少数民族匠等来自地方的工匠姓名都被清楚地记载，而相反，"旗匠" "招募匠" "外雇匠" 等记载较少，甚至很多 "旗匠" 只有姓名并无工匠类别和来源等详细信息。因此可以将未知的 136 人归纳入 "旗匠" 类别。

上述数据中 "南匠" 的数量很大，原因在于 "南匠" 的更替周期短，因而纵向时间内进入造办处工作的数量就多。因此，表 17 从纵向时间上显示了几类工匠在造办处的比例情况。事实上就横向时间而言，造办处所有匠役中，"旗匠" 是基础，"南匠" 等其他匠役只是大数据中的一小部分。

另外一则档案《内务府造办处应领腰牌分发各作清册》（光绪二十二年），更加清晰列出了造办处各作工匠的构成和数量。

如意馆：领催 2 名、恩甲 4 名、占用披甲 1 名、匠役 5 名、效力匠役 5 名、苏拉 2 名、南匠 18 名，共腰牌 37 面。

做钟处：领催 2 名、恩甲 3 名、匠役 16 名、外占匠役 17 名、苏拉 2 名，共腰牌 40 面。

灯裁作：恩甲 4 名、匠役 71 名，共腰牌 75 面。

玻璃厂：恩甲 1 名、匠役 27 名，共腰牌 28 面。

油木作：恩甲 4 名、食二两钱粮匠役 2 名、食一两钱粮匠役 20 名、效力匠役 8 名、招募匠役 8 名，共腰牌 42 面。

铜鋄作：领催 3 名、恩甲 3 名、匠役 2 名、效力匠役 14 名、招募匠 5 名，共腰牌 27 面。

匣裱作：领催 3 名、恩甲 7 名、匠役 9 名、效力匠役 22 名、南匠 4 名，共腰牌 45 面。

金玉作：领催 3 名、恩甲 5 名、匠役 43 名，共腰牌 51 面。

鞍甲作：恩甲 1 名、匠役 1 名，共腰牌 2 面。

炮枪处：恩甲 1 名、匠役 17 名、效力匠役 6 名，共腰牌 24 面。

盔头作：匠役 4 名、效力匠役 6 名、南匠 2 名，共腰牌 12 面。

珐琅作：匠役 15 名、苏拉 8 名，共腰牌 23 面。

铸炉处：恩甲 4 名、匠役 2 名、南匠 1 名，共腰牌 7 面。

舆图房：匠役 1 名、效力匠役 11 名，共腰牌 12 面。

钱粮库：匠役 2 名、效力匠役 13 名、书吏 3 名，共腰牌 18 面。

活计房、活计库：恩甲 4 名、匠役 1 名、效力匠役 5 名，共腰牌 10 面。

档房：匠役 2 名、苏拉 5 名、效力匠役 17 名、书吏 2 名，共腰牌 26 面。

查核房：匠役 1 名、效力匠役 2 名，共腰牌 3 面。

本房：匠役 1 名、效力匠役 2 名，共腰牌 3 面。

大人下处：恩甲 2 名、效力匠役 2 名，共腰牌 4 面。

总管厨房：厨役 6 名、水夫 1 名，共腰牌 7 面。

值房：厨役 18 名，共腰牌 18 面。

通共腰牌 514 面。①

由此可知，光绪二十二年（1896）造办处共发放了 514 面腰牌，其中，各类匠役 410 人。光绪二十二年（1896）造办处共发放了 521 面腰牌，其中，各类匠役 420 人②。进一步的人名信息详见附录 3《内务府造办处各作匠役人名录》（光绪二十二年）。光绪三十一年（1905）造办处共发放了 263 面腰牌，其中，各类匠役 197 人③。这基本上就是清末造办处的人员规模了。

---

① 清代谱牒档案-A56-腰 479-《内务府造办处应领腰牌分发各作清册》（光绪二十二年）。

② 清代谱牒档案-A56-腰 480-《内务府造办处应领腰牌人名年貌清册》（光绪二十五年）。

③ 清代谱牒档案-A56-腰 488-《内务府造办处应领腰牌分发各作清册》（光绪三十一年 1905 年）。

（六）工匠管理

工匠是宫廷中的庞大人群，如何管理成为重要的工作。雍正四年（1726）八月初九日，雍正皇帝发布了一道上谕："夜间遇有开城门事件，令尔等传旨者，若无勘验凭据，看门人等难以凭信，著造办处制合符四件，一交乾清门该班内大臣，一交左翼，一交右翼，其一尔等收贮，凡夜间开门将符合对以为凭据。"① 自此之后，匠人出入宫廷有了合符凭证。这种凭证到后期演变成为腰牌，作为制度定了下来。

除了设置凭证外，还设专人带领造办处工匠出入宫廷工作。"造办处首领二，俱八品侍监，每月银四两，米四斤，公费银七钱三分三厘；太监二十五名，每月银二两，米一斤半，公费银六钱六分六厘，专司带领造办处外匠造办一切物件。"② 派熟悉宫廷的太监至造办处，专门负责带领造办处工匠出入宫廷，是一个适时合适的制度。然而，随着工匠人数和活计的增多，这个规定却为乾隆后期的匠役管理埋下了另一个隐患。

很早的时候，乾隆皇帝就发现了太监在传唤造办处各项匠役时，专擅径行漫无稽核，太监专权是清代帝王最为忌讳的事情。于是，乾隆四十一年（1776），皇帝专门针对该现象下了一道谕旨重振宫禁："交总管内务府大臣将太监传唤匠役进内之事严行禁止，嗣后如有必须放匠修整活计之事，俱令呈明该总管大臣派员查点，仍将某处放进次数于年底汇折具奏，钦此。"③

工匠来源的多样性保证了宫廷技艺的丰富性，与此同时也增加了工匠管理的复杂性。当管理者用心管理外加宫禁纪律严明时，尚能做好工匠管理工作。总的来说，雍乾时期工匠的管理在皇帝的几次约束下，没有出现太大的问题。但在之后的时代，工匠管理成为困扰造办处发展的阻力。这个阻力不是来自工匠，而是来自管理工匠的管理者，清宫造办处逐渐成为这些管理者的营私"肥缺"，蚕食着造办处这个庞大的制造机构。

---

① 国朝宫史卷三训谕三（清文渊阁四库全书本）。

② 国朝宫史卷二十一官制二（清文渊阁四库全书本）。

③ 中国第一历史档案馆藏：军机处上御档·乾隆四十一年二月初八第4、5条盒号658册号2。

（七）工匠待遇

清宫造办处工匠的待遇体现在钱粮、工费银、衣服银、住房、晋升等方面。"旗匠"和来自各地方的工匠待遇有所差别。

"旗匠"作为皇帝的"家内人"，其待遇只有钱粮可领。因而，相对于来自各地方的工匠而言，待遇是很低的。对于晋升这个途径，"旗匠"还是有径可循。

从理论上看，各旗中的幼丁如果进清宫造办处做活，有两条路径可以走。一条是匠役路径：各旗佐领管领下闲散人幼丁→匠役→副领催→领催→顶戴委属库掌→八品催长→委署主事→主事；另一条是文移路径：各旗佐领管领下闲散人幼丁→效力柏唐阿→柏唐阿→库守→候补笔帖式→笔帖式→六品库掌→员外郎。然而，实际是通往顶层的可能性几乎是零，匠役路径大多至八品催长，文移路径大多至笔帖式，便戛然而止。

和"旗匠"的待遇不同的是，来自地方的工匠待遇则更为多样且丰厚，尤其是"南匠"。以画画人冷枚为例，不但有钱粮、工费银和衣服银，还被赐予住房居住。

雍正初年，雍正皇帝多次下旨过问和安排"南匠"的待遇问题。

（雍正二年）八月二十一日总管太监张起麟奉旨：尔等造办处督抚进来的南匠如何养赡？钦此。随回奏：造办处各行南匠内有总督巡抚家养赡的，在本处与匠人安家，到京时一应所用工食衣服房子等项仍是本家养赡，因此南匠好手艺难得等语具奏。奉旨：若是送匠人来的官员仍命他养赡匠人如何使得？只可令该官在本处与匠人安家，至于在京所用工食衣服房子等项应如何料里之处，俟怡亲王到来时一同商议妥当明白回奏，钦此。①

十一月十九日，奉旨：所养南匠如何定夺？钦此。（怡亲王）随回奏：今造办处现有收存银两，欲将各项所养南匠钱粮俱行停止，今用造办处所收银两养赡等语具奏，奉旨：甚是，钦此。②

---

① 01-292Y020821 记事录。

② 01-303Y021119 记事录。

十二月三十日为知会事：本年十一月十九日怡亲王奏准：各督抚并三处织造所养各行南匠在京应给工钱食衣服费用房银等项，自雍正三年正月一日起俱行停止不必令该督抚织造处给发，嗣后用本造办处钱粮养赡，为此知会。随交江宁织造家人宋文魁、广东巡抚家人萨哈布、苏州织造家人周雄、原任中堂家人余敬观、杭州织造家人赵生、广东总督衙门提塘官康永太。①

雍正二年（1724）的这项规定，将南匠的钱粮由过去的地方承担转为造办处承担，这无疑减轻了地方官员的经济压力。

乾隆元年正月十二日，员外郎常保将画画人冷枚家口甚众钱粮不足支用回明内大臣海望，着画画人冷枚俟到圆明园去时除伊在本库每月所食钱粮十一两之物，再给饭银三两，俟画完时再将饭银停止，记此②。

乾隆二年四月十四日，内大臣海望传旨：将官方查几件给冷枚居住③。

钱粮、公费银、衣服银、住房这些还仅仅是"南匠"享受待遇的一部分，在"南匠"来京之时他们还会在各选送官处领到一笔大额的安家银。

从乾隆七年（1742）一则清廷对"南匠"待遇进行调整的档案可见一斑。十月二十七日这天，乾隆皇帝让造办处管事官员将造办处、启祥宫、珐琅处、画院处的"南匠"钱粮花名上呈御览。十一月初二日，司库白世秀和副催总达子将上述几处南匠钱粮名录呈上，并得到皇帝的批复：画珐琅人杨起胜、黄琛每月每人现食银八两，粤海关每年给安家银一百两，再恩赏每月加银二两；梁绍文每月现食银八两，粤海关每年给安家银九十两；伦斯立、罗福旼、李慧林、胡思明每人每月现食银六两，粤海关给安家银九十两；周岳每月现食银十两三钱三分，裁减银五两三钱三分，给钱粮银五两；胡大有每月六分，现食银八两六分钱，每月加银二两；邹文玉

---

① 01-310Y021230 记事录。

② 07-174Q010112 如意馆。

③ 07-781Q020414 记事录。

每月现食银五两，衣服银十八两，每月加银二两①。

据宋叙五的研究②，清朝当时全国地方工匠平均年收入多在三十六至四十两之间（各地区收入有所不同，奉天、北京居高，江浙次之），宫廷工匠的收入较之高出很多。相比之下，"南匠"的收入相对高。"南匠"待遇好到什么程度，看一则乾隆皇帝的反应便可了解一二。

乾隆十年（1745）三月二十一日，乾隆皇帝让海望把春雨舒和画画人、姚文瀚、画《大阅图》的人和如意馆的工匠，每月所食钱粮及两季衣服银两查明奏报。两天后，司库白世秀将查报结果上呈，皇帝看过后，发现"南匠"所食钱粮甚多，怒斥道，"海望一点闲事不管，南匠所食钱粮比官员俸禄还多"，最终裁定：姚宗仁钱粮裁减五两，添给衣服银二十四两；马图、戴洪、吴械、余穉等各裁减钱粮一两、工费一两；姚文瀚钱粮裁一两，不给衣服银，每月给公费银三两；徐焘是恩养，裁减钱粮③。

"南匠"的收入基于手艺而定，工作中还会不时得到皇帝的嘉奖。令乾隆皇帝气恼的是，内大臣海望在这个过程中并未做到臣子应替主子多方考虑的心思，以致出现了"南匠"钱粮比官员俸禄还多的情况。

对于愿意安心身处京城宫廷工作的"南匠"而言，收入丰厚仅仅是物质上的褒奖，入旗和为官对他们而言有更大的吸引力。清廷在这方面亦有考虑，"南匠"入旗即崇璋所谓的"抬旗南匠"。"南匠"原本民籍，由民籍入旗籍是清廷对那些技艺优秀、做事老实，且愿意不回南的"南匠"设定的一个制度。

工匠升任官员亦不乏例子。如画画人王幼学雍正年间为四两钱粮柏唐阿，在如意馆随"西洋人"郎世宁学习画画当差，乾隆十九年（1754）升为养心殿八品催掌，乾隆三十七年（1772）又升授六品库掌④，直至乾隆

---

① 11-158Q071027 记事录。

② 宋叙五.清初至乾嘉年间物价及工资的变动[J]. 新亚学报，1997(18)：73-85.

③ 13-530Q100321 记事录。

④ 中国第一历史档案馆藏：军机处上御档·乾隆五十三年三月初一第 2 条盒号 706 册号 3。

四十一年（1776）七月二十九日病故。同样授予职官的还有施天章①、张为邦、沈源、丁观鹏②等人，"西洋人"郎世宁亦授予了品级③。

纵然"南匠"的待遇不错，且大多时候也有"南匠"的配合，但是也会有让皇帝和工匠无可奈何的时候——工匠们的水土不服。如周鲲因为水土不服问题而回南④。"藏里人"嘉那嘎拉和巴尔兴也遇到过这种情况，刚到北京不久因湿寒伤了脾，好在雍和宫的医僧喇嘛按照"藏里之法"开了调理脾肺的汤，最终给医治好了⑤。

四、帝王与工匠之间

帝王在清宫造办处内主要扮演了设计者的角色，官员则是管理者，工匠则是具体活计的实施者。每一个群体都发挥了各自的作用，不论他们发挥的作用大小如何，其交流的两端为帝王和工匠。然而在这两端中，存在以人——官员——为中介的交流和以各种"样"和"稿"——物——为中介的交流。

（一）"帝王—官员—工匠"交流模式

和康熙时期造办处的管理方式不同，雍乾时期官员的中介作用逐渐凸显，尤其是"技艺官员"的加入，他们以其自身对技艺的热爱在帝王和匠人之间架起沟通的桥梁。

雍正时期，"帝王—官员—工匠"的交流模式开始形成（见图6）。皇帝的旨意通过各级官员传递至工匠处，各级官员又将工匠的诉求和制造情

---

① 内庭画得象牙茜红冠架样一张,序班施天章传旨:准做。（07-822Q021123 牙作）

② 太监胡世杰、萨木哈传旨：着怡亲王等将张为邦照沈源、丁观鹏一样赏官，钦此。（16-220Q13r0710 记事录）

③ 大学士傅恒、郎正培传旨：郎世宁着按品级赏给俸禄，钦此。（16-232Q131008 记事录）

④ 传旨：传旨与海望，周鲲既不伏水土肯病，叫伊回南去，赏给缎一匹，着图拉料理回去，钦此。（17-300Q150814 记事录）

⑤ 14-66Q100118 杂活作。

况反馈回皇帝，造办处的各项活计以这种方式在清廷中造办。

乾隆时期，这一模式更加完善。帝王参与的环节多了、次数多了、要求多了，因而官员在工匠与帝王之间往来的次数也频繁，一个活计数十次的来回交流意见已是常事。因而，这个时期内造办处制造的器物，制器周期长，耗时耗力多。这是繁荣时期造办处工作的情况。

至嘉道以后，虽然"帝王—官员—工匠"的交流模式得到继承，被后世遵循着，但在环节与投入上趋于简化。如：

> 嘉庆十七年九月二十七日，员外郎方检来说，太监福禄交广惠进各式瓷桌面八张，传旨：交造办处成做桌八张，务于明年二月间做得呈览，钦此。随画得雕紫檀木万福万寿桌样一张、瓜瓞绵绵桌样一张、三多吉庆桌样一张、海屋添筹桌样一张，于十月二十日随活呈览奉旨：照样每样成做一对，钦此。木作、匣作呈稿①

这是嘉庆时期的一份制造器物的流程，显然是一个简化了的流程。嘉庆以后的档案显示，"官员"的中间作用弱化了，"技艺官员"似乎在这以后出现"失语"。

到后期，皇帝制造的控制权也逐渐减少，咸丰年间出现多次旨意，并且需要经过内务府堂总管定夺后才能制造的情况。

> 咸丰二年八月二十二日，档房过稿一件内开：由堂抄来八月初八日，小太监常禄传旨：成做上用天鹅绒纱胎冠四顶，钦此。八月初八日小太监平顺传旨：成做上用天鹅绒冠一顶、片金天鹅绒冠六顶，钦此。八月初十日小太监嘤噶乍改传旨：成做上用青毡缎胎冠三顶，钦此。等因呈明总管，准行，记此。②

（二）"样"和"稿"

宫廷内廷制造中采用"样"和"稿"的方式早在宋代瓷器的制造中已出现。造办处在工作中用到多种多样的"样"。张丽端认为，"样"和

---

① 中国第一历史档案馆藏《活计档》：嘉庆十七年清档七月八月九月卷2903，缩微号0004。

② 卷3059-缩0029《咸丰二年清档七月 八月 九月》XF020822匣裱作。

"稿"是乾隆皇帝控制御制物品制造的两个机制①。雍正和乾隆皇帝在下派造办活计的过程中，也注重"样"和"稿"的制造与运用。

纸样。道光十五年闰六月十七日，库掌兴浚、太监朱来升来说，太监沈魁交紫玻璃一块、娃娃纸样一件，传旨：用紫玻璃照纸样成做娃娃一件，钦此。②

锡样。道光十七年十月二十三日，委属主事恩昌、太监朱来升来说，太监沈魁传旨：成做潮银小加剪一件，先锡样呈览，钦此。潮银小加剪一件库法平重六两九钱系七成银。③

画样。咸丰九年五月初五日，员外郎广英、太监黄永福来说，太监进喜交御笔画样一件、白玉叉子靶一件，传旨：照画样做叉子呈览，钦此。于初七日太监黄永福将叉子样持进呈览，随太监杨如意传旨：著照样打做银镀金叉子一件，钦此。④

实物样。道光八年十一月二十四日，员外郎贻兴、太监马忠来说，太监祥庆交白铜笔帽样一件，传旨：照样成做银笔帽两个，上口微小些，赶即成做，钦此。本月二十八日交进讫。⑤

嘉庆以后，作为中间环节的"技艺官员"出现了"失语"现象，各种"样"和"稿"所体现的约束地方制造的作用越发明显。尤其是在对京外制造地下达制造命令时，"样"和"稿"在技艺官员"失语"下作用更明显。

故宫博物院保存了多种画样，其中有一份为长45厘米、宽69.5厘米的葵菊花文敛口鱼缸纸本画样，右边红签为画样编号，左右黄签均为尺寸和数量要求。江西景德镇以这个图样为范本，做了不同尺寸的鱼缸8对（见彩图23）、碗150件、盘子130件、羹匙40件、爹斗40件、茶碗40

① 张丽端. 从《活计档》看清高宗直接控管御制器用的两个机制［J］. 故宫学术季刊，2006（1）：45-70.

② 卷2993-缩0019《道光十五年清档四月 五月 六月 闰六月》D15r0617 如意馆。

③ 卷3003-缩0020《道光十七年清档十月 十一月 十二月》D171023 金玉作。

④ 卷3082-缩0033《咸丰九年清档四月 五月 六月》XF090505 匣裱作、金玉作。

⑤ 卷2969-缩0015《道光八年清档十月 十一月 十二月》D081124 金玉作。

件、盖碗 40 件、盒子 8 对。这批瓷器是专为慈禧太后烧造的，其图样亦正出自慈禧太后在圆明园"天地一家春"居所的画室"大雅斋"。"宫廷样，地方匠"正是这种制造方式的概况。

雍乾时期，以官员为主的人物中介和以各种"样""稿"等为主的物质中介，在清宫造办处的制造网络中被更加有效利用。帝王通过图纸借以官员之手示意工匠，跨越了物理距离，实现了器物的制造。"帝王—官员—工匠"这一交流模式超越了地域的限制，实现了从平面到立体、从设计到实施、从理念到器物，将帝王的意志更为准确地传达到网络的任一端。

五、造办处工匠的一天

如果从造办处工匠的角度，来审视清宫造办处的活计制造，会是什么情况呢？做钟匠文联是清宫造办处档案中真实存在的一名旗匠。我们以他的视角，对造办处工匠的一天进行非虚构写作。时间设定为光绪二十二年（1896），地点在紫禁城造办处做钟处。

我叫文联，现年 39 岁，属镶黄旗全安佐领管辖，我在造办处做钟处当差①。我家住在柏林寺胡同，附近有个柏林寺。听老人说，乾隆时期，柏林寺东侧为镶黄旗炮局和正白旗炮局。

辰时在家吃过早餐，我从家里出发，往南边到紫禁城工作。路上，我遇到和我一起在做钟处当差的全顺、广志、文福和永兴。他们和我一样都是镶黄旗的，只是分属不同佐领。

我们从东华门入紫禁城，向西经过文华殿前的广场，穿过协和门，经过宽大的太和广场，再折向北来到隆宗门，在这里等待查验腰牌。负责稽查的司员只有两人，等待入宫的人又比较多，大家都自觉排成长队等待核验。

隆宗门稽查腰牌出入的制度由来已久。在造办处和内务府衙门当差的

---

① 清代谱牒档案-A56-腰 479-《内务府造办处应领腰牌分发各作清册》（光绪二十二年）。

人，都要从这里稽查腰牌后，才能入内①。由于这里是内廷与外朝的分界线，工匠的出入时间必须与内廷主位出行时间错开。② 后来，乾隆五十二年（1787），启用腰牌制度。③ 嘉庆十一年（1806），又重申了腰牌制度。腰牌成为进出紫禁城的唯一信物。

> 紫禁城门禁令：凡王公、官员、执事人等，各有限制，不得擅行。其准于应行之门出入者，由值班官军询明放进。如有无故混入及滥携入、滥纵入者，分别议处。午门右门，惟王公得行。左门，准各衙门官吏行。其内大臣、侍卫、内务府等官，及内廷有执事官与内务府各执役人等，准由禁门行者，均将姓名及所隶旗分、佐领、内管领造册咨送登籍，于经由之门各置役一通。工匠服役人等，则由该管衙门各给火烙印腰牌，书姓名、工作差役，持出入符验。以获识字者，专检门籍，稽其出入。籍内无名及不带腰牌者，不准放行。又，每门设红杖二，以获军二人更番轮执，坐门下，亲王以下经行，皆不起立。有不报姓名擅入者，挞之。④

---

① 造办处及内务府衙门，其中人役众多，往来行走，可以径至隆宗门外，应令总管内务府大臣，每日各派司员二人，稽查出入，禁止闲杂人役在门外停留坐立，以杜混淆。（《钦定大清会典事例》卷二百三十八礼部十八）。

② "康熙十九年四月二十四日，上谕：凡放匠之处，著总管用心关防，妃、嫔、贵人等不许行走，俟晚间放匠后方许行走。如有错误，必重惩尔等，毋贻后悔。"鄂尔泰，张廷玉，等. 国朝宫史［M］. 左步青，校点. 北京：北京古籍出版社，1987：7（卷之二 训谕二）.

③ 乾隆五十二年奏准：嗣后禁城以内，遇有兴作，凡用匠夫人等，责成该管官员面印图记，带领出入……各部院衙门之书吏苏拉厨役等项人役，各领腰牌，请交景运门该班军统领申饬各门严查有火印腰牌者以凭出入，无火印腰牌者立即擎究，其民夫亦不准太监人等擅行带入禁门。至各处交纳银两，恭进贡物，圆明园往返抬运什物民夫，只准抬至禁门以内，交散入仓值年内管领派领催头目率领苏拉接运，造办处交达他派匠役等接运，圆明园内交该管苑丞派苑户接运再扫雪步甲出入禁门，请照各部院衙门例一体给与火印腰牌，以凭稽查。（《钦定大清会典事例》卷八百七十四护军统领十）。

④ 庆桂，等. 国朝宫史续编：上［M］. 左步青，校点. 北京：北京古籍出版社，1994：375（卷之四十八 典礼四十二 宫规四）.

等待的人实在是太多了，想着进到里面就只能低头走路了，便无聊站在人群中，望着匾额发呆。我看到了隆宗门匾额上的箭头。听说，这是嘉庆皇帝特意留下的癸酉之变警示。

嘉庆十八年九月十五日，天理教徒突破城门防线，约四五十名直达隆宗门。好在当时智亲王英勇杀敌，用鸟枪杀敌两人，镇住了攻陷的进度。想想真是害怕，如果他们的起义得逞，那后果将不堪设想。

正当我想得入神时，听到有人声争辩。原来是灯裁作的永杰忘记带腰牌了，想让稽查司员通融一下，在喊求情。永杰和我是同一个佐领管辖，今年56岁。但宫禁森严，稽查司员并没有放他进去，没办法他只能重新回家取。

轮到我们核验腰牌。我们各自拿出自己的腰牌，上写"文联（镶黄旗全安，三十九，面黄无须）""全顺（镶黄旗安立，四十三，面黄无须）""广志（镶黄旗世序，二十六，面黄无须）""文福（镶黄旗文绅，二十九，面黄无须）""永兴（镶黄旗广润，三十，面白无须）"。

我们穿过隆宗门，向南步入造办处后门。造办处后门往南偏西的建筑就是做钟处。

辰时四刻，报时的钟声响起。领催广顺和祥泰也到了，这意味着我们今天的工作即将开始。目前，做钟处一共有40人，这个人数规模排在造办处14个作房中算人数较多的作坊。做钟处有领催广顺和祥泰2人，恩甲连贵、全志和玉林3人，匠役全顺、保福、广志、文福、连仲、寿禄、文锐、玉昌、广治、永兴、扎普占、永龄、龄成、恒瑞、德配和我16人，外占匠役广福、艾兴阿、常明、吉有、荣锦、双兴、增珠、伊兴阿、谦和、常瑞、九套、延胜、英浩、永泰、广有、文景、恒保17人，苏拉祥格和庆福2人①。

领催广顺让我们各自进行昨天的工作。做钟处许久没有收到来自光绪皇帝的新任务了。大家以收拾、清洗钟表及材料为主。我和全顺搭档，去给一个清洗好的机芯上桂花油。

---

① 清代谱牒档案-A56-腰479-《内务府造办处应领腰牌分发各作清册》（光绪二十二年）。

也不怪没有新任务，很长时间，做钟处都没有特别厉害的制造师傅，现在的师傅多以维修为主。听说最近一次计划招新，还是在同治十三年（1874）的时候。当时同治皇帝曾传旨，让粤海关招募钟表匠 10 名来做钟处当差①，但后来也不了了之。我猜测是南方的工匠不愿意北上，或者是工价太高，造办处负担不起。毕竟现在经济不景气，人们还是期望更加稳定的生活。因此，现在做钟处的工匠全部都是旗匠。

说实话，我还挺期待与南方来的钟表师傅切磋交流学习。因为我想参与一座机械钟从零到有的全过程，我经常听师傅说起造办处在顶峰时期的制造盛况。完整经历从钟表设计的理念到制作实践，这是钟表匠的梦想。

但现在，似乎只能想想了。最近几年做钟处的主要工作都是收拾宫内各处的陈设钟表。光绪八年（1882）收拾了宫内各等处陈设钟表共 3431 件，每日更换拆安需用桂花油、芜湖钢、黄铜油、丝黄铜高粮条、黄蜡、松香、羊肠弦等项②。光绪九年（1883）也收拾了宫内各等陈设钟表共 3431 件，每日上弦收拾遇有伤坏之处需用黄铜、白粗布、银朱、红木、飞金、白檀香、桂花油、芜湖钢、黄铜油、丝黄铜高粮条、黄蜡、松香、羊肠弦③。

虽然不能去感受鼎盛时期的制造活动，但通过钟表维护工作，也是可以跟前人进行对话的，尤其是当看到过去的工匠，在钟表留下的各种只有钟表匠人才能懂得的标记，那种与古人对话的激动心情，无以言表。

不知不觉就到未时，钟声响起，一般这个点是午饭时间。我今天在这里的小厨房吃饭。不能经常在这里吃，我每月的食粮钱只有 2 两，不够我天天在这里吃，大多时候都得自己从家里带饭来。今天出门晚了，没来得及带，就只能在小厨房吃了。

---

① 卷 3136-缩 0040《同治十三年旨意题头清档正月 二月 三月》同治十三年（1874）。

② 卷 3171-缩 0044（《光绪八年十月 十一月 十二月旨意题头清档》）G081213 做钟处。

③ 卷 3176-缩 0044《光绪九年十月 十一月 十二月旨意题头清档》G091129 做钟处。

未时四刻，今天的后半程工作又开始了。我和搭档全顺，低头沉默不语，做钟处的每个工匠的工作状态都是安静得出奇，偶尔能听到工具碰撞金属的声音，或者隔壁作坊的工作声。

申时始，领催祥泰带来了一个重磅消息！但，这个消息并不是好消息（新活计），而是坏消息（即将裁员）。目前造办处工匠年龄普遍偏大，各作工匠的平均年龄为：灯裁作60岁、金玉作59岁、玻璃厂56岁、铸炉处49岁、珐琅作41岁、油木作40岁、炮枪处40岁、做钟处38岁、如意馆38岁、盔头作33岁、铜錽作32岁、匣裱作28岁、鞍甲作28岁、舆图房24岁①。由于造办处工匠普遍年龄偏大，加上承办的活计量逐年减少，故内务府决定将不能胜任工作的那部分工匠裁撤，而还能胜任的那部分进行调动。

我没有听清楚领催祥说的其他作坊的裁撤情况，我只听到了他说做钟处将会裁撤大部分工匠，只留恩甲3名和匠役10名，这也意味着领催岗和苏拉岗也没有了，新的作坊会新增柏唐阿2名，只留15个腰牌②。

大家听到这个消息都无心工作了！

酉时钟声敲响，我们再也不会觉得这是欢快的下班声，而感觉是倒计时，谁也不知会被裁或换，谁也不想被裁或换。如此来看，别说新制钟表了，连维修钟表的资格，可能也会没有了。

当天晚上我做了一个美梦：梦见如意馆钟表匠西洋人巴茂正教我新技术，做钟处柏唐阿福明前来做钟处报道，他们都冲着我微笑。

本章小结

清宫造办处中三大主要群体分别扮演了不同的角色，帝王群体，尤其是雍正皇帝和乾隆皇帝，以设计师和管理者的身份，热情地参与到活计的

---

① 清代谱牒档案-A56-腰479-《内务府造办处应领腰牌分发各作清册》（光绪二十二年）。

② 清代谱牒档案-A56-腰488-《内务府造办处应领腰牌分发各作清册》（光绪三十一年）。

制造活动中，这是中国历史上少有的帝王技艺生活的呈现。皇帝的"设计师"身份是权力在技艺中的自然渗透，因此他没有表现出在"帝王"到"设计师"之间转换中的不适应，也没有出现对于设计问题的不熟悉，当然也没有如同工匠般的技艺娴熟。由于帝王的积极参与，清宫造办处在设计、管理、制造等各方面呈现出一派生机勃勃的景象，这是皇权影响技艺的一种表现。

官员作为管理者，以其个人的办事能力和技艺悟性，投入清宫造办处各个环节的管理工作中；其中，以怡亲王允祥、郎中海望、唐英等为代表的典型"技艺官员"，在清宫造办处的历史上发挥过重要作用。

工匠作为清宫中的技艺主体。在某种程度上，工匠的主体性作用并未因为皇权的限制而受到排挤，相反地在那部分以积极姿态配合帝王要求的技艺中，呈现出一些新的技艺亮点。来自各地方乃至外国的工匠和帝王所辖的"家内匠"之间的相互协作，共同形成了清代宫廷的技艺特色。

从某种角度上看，《活计清档》提供的是皇帝掌控技艺信息，技艺的开展根据皇帝的指示进行；而对于匠人掌控的技艺信息，并未能充分给出。"样"和"稿"体现了皇帝的技艺指导和匠人的技艺实施的结合，它是一种外露知识和隐晦知识的结合。

在帝王和工匠之间，存在以官员为代表的人的桥梁和以"样""稿"为中介的物的桥梁。皇帝扮演的设计师的角色和匠人扮演的实施者，通过官员和"样""稿"得以连缀起来。在技艺与皇权的两端，无疑皇权是主导。这种关系唯一有点波澜的是在造佛的规矩和对外来器物的辨别方面，匠人体现出所具有的技艺优势。

然而，从另一种角度看，《活计清档》也记载了皇帝的很多无奈，皇帝的意志与匠人的技艺之间的无奈，这也说明在经验性技术面前，权力仍然有它的设限。

第六章　皇权与技艺：
清宫造办处的器物制造

作为御制机构，清宫造办处的确得到了历代帝王异常多的关注。造办处机构设置、匠作管理、器物制造都能体现帝王意志的影响。这种影响直接体现在造办处所制之物上，今天我们能在康雍乾三个时期的器物上看到鲜明的帝王审美风格。这可能会让人认为，造办处是一个无所不能，并且随帝王之喜好办事的机构。的确，清宫造办处的技艺实践受到皇权很大的影响。造办处所制之器就是皇权对技艺的影响的结果。然而，技艺实践的完成是复杂的，影响技术结果的因素有多种。本章我们将通过具体的案例来揭示皇权与技艺之间的复杂关系。

一、皇权控制的技艺：通草花

《活计清档》记录了许多专有的器物、材料和工艺名称。其中有一个名称让人印象十分深刻——"通草"。仔细检阅清宫造办处的档案，发现里面记载了许多制造通草花的信息。

"通草"是一种植物的俗称，学名为通脱木 *Tetrapanax papyrifer* (Hook.) K. Koch，五加科通脱木属常绿灌木或小乔木。通脱木喜欢生长在温暖湿润而又有阳光照射的环境，不甚耐寒。中国古人很早就对通草有所认知，先秦著作《山海经》载"（升山）多寇脱"中"寇脱"即为通草。

将通脱木的茎髓（通草）抽取出来切成薄片制成的人造花，即为通草花，又名仿生花、像生花。至迟在秦代，已有用通草花当佩饰的习俗。目前最早的人造花出土物为绢花，出自新疆吐鲁番县阿斯塔纳唐代墓区①，并未见通草花，可能与通脱木茎髓不易长期保存有关。

本节我们关注 18 世纪清宫通草花的制造背后的皇权与技艺的关系。

（一）花儿作

18 世纪是史家眼中的"康乾盛世"，也是清代宫廷技艺最繁盛的时期。雍乾时期，清宫造办处作坊几乎囊括了当时所有材质器物的制造技艺，是中国历史上手工技艺种类最集中的工艺机构。雍正朝至宣统朝《活计清档》显示，雍乾时期清宫通草花在制造种类和数量上，均为清代宫廷之最。

雍正元年（1723），清宫造办处开始制造通草花。"雍正元年七月二十一日，郎中保德奉怡亲王谕：着做重阳节备用通草戴花十匣、娃娃二十匣，遵此。于九月初九日做得通草戴花十匣、娃娃二十匣，怡亲王呈进。"② 此时，通草花制造由造办处杂活作负责。"杂活作"诚如其名，制造项目比较杂，包括金银火链包、鼻烟壶、腰刀、盒子、笔筒、镇纸、眼镜等宫廷小物件。

为了应对宫廷对人造花的需要，雍正三年（1725），将杂活作的供花制造任务分出来，单列成"花儿作"负责人造花制造，而通草戴花和通草娃娃依旧由杂活作负责。值得注意的是，此时的花儿作并不是一个和杂活作平行的作坊，它们之间是一种作中之作的关系。比如，雍正三年（1725）十一月十九日，造办处接到了"照佛堂供花一样再做一份供花"的任务。

　　记录 A：十九日太监焦进朝来说，总管太监张起麟传：着照佛堂内供花一样再做一份，记此。（01-484Y031119 花儿作）

　　记录 B：十九日太监焦进朝来说，总管太监张起麟传：着照佛堂内供花一样再做一份，记此。于十一月二十七日做得通草供花一对，首领太监程国用持去交太监焦进朝讫。（01-641Y031119 杂活作）

这个任务先后被记录在"花儿作"（记录 A）和"杂活作"（记录 B）

---

① 王炳华. 吐鲁番新出土的唐代绢花 [J]. 文物，1975（7）：50.

② 01-138Y010721 杂活作。

名下，A、B 两条记录唯一不同的是"花儿作"名下的信息只有佛堂供花制造命令，而"杂活作"名下的信息还包括制造命令的完成情况。

A、B 两种记录是造办处《活计清档》常见的成文方式，记录 A 属于流水档，记录 B 属于归档。这种同一制造任务被记载到不同作坊名下的情况，除了作坊存在多种名称以外，往往见于作坊整合分化时期。雍正初年，花儿作和杂活作的关系体现的就是整合分化。这时期通草花制造记录，有时被载入"花儿作"，有时又被载入"杂活作"。

雍正五年（1727）正月以后的《活计清档》显示所有种类的通草花被纳入花儿作。这表明花儿作正式独立，花儿作和杂活作间的整合分化终于有了结果。通草花由于有了专业作坊专人专职负责，制造规模大增，制造数量和种类均实现最大化。

造办处到乾隆朝进入鼎盛期。为了应对宫廷大量的制器需求，雍正时期造办处作坊的专业性被打破，作坊开始兼顾多种工艺相似的制器任务。花儿作也在活计的膨胀中应接不暇，出现相同活计分由不同作坊制造的情况。从乾隆元年（1736）开始，清宫通草花由"花儿作"和"皮作"共同负责。如乾隆九年（1744）二月，花儿作制造了 40 匣通草戴花和 10 匣娃娃供端午节用，同年十月，皮作又制造了相同的活计供年节用。

乾隆初年活计膨胀带来的作坊间工作雷同现象，到乾隆中期得到遏制。乾隆二十年（1755）三月，造办处作坊发生了一次重大变化。据《钦定总管内务府现行则例》载："将本处三十余作择其作厂相类者归并五处，每作派库掌、催长、委署催总，令其专视活计、领办钱粮，使伊等互相稽查。酌定：将匣作、裱作、画作、广木作此四作归并一作；木作、漆作、雕銮作、镟作、刻字作此五作归并一作；灯作、裁作、花儿作、绦儿作、穿珠作、皮作、绣作此七作归并一作；镀金作、玉作、累丝作、錾花作、镶嵌作、牙作、砚作此七作归并一作；铜作、鋄作、杂活作、风枪作、眼镜作此五作归并一作。"[①] 花儿作和皮作在这次作坊合并中被共同编制到一处，称为"灯裁作"或"皮裁作"。

---

① 钦定总管内务府现行则例［M］//故宫博物院. 故宫珍本丛刊：第 309 册. 海口：海南出版社，2000：259.

由上可知，18 世纪清宫通草花制造作坊的变化轨迹是：雍正元年至四年（1723—1726）杂活作，雍正五年至十三年（1727—1735）花儿作，乾隆元年至十九年（1736—1754）花儿作和皮作，乾隆二十年（1755）以后灯裁作。花儿作的出现、独立、分化与合并影响着通草花的制造规模和种类，成为清宫通草花的制造中心。

（二）花儿匠

清宫中负责制造人造花的工匠被称为"花儿匠"。花儿匠的来源有两类：一类是招募匠，即造办处额定工匠缺出时对外招聘的工匠，如造办处《买办库票黄字七十五号》记载："（乾隆元年四月初六日）花儿作领四月份工食银人：小刀匠徐达子，磨匠信住儿，匣子匠达子，甲匠六狗儿，花儿匠朱鼎，铜匠七十儿、和尚，铁匠王老儿，以上八名，每名银二两共银十六两。"[1] 其中，花儿匠朱鼎就是招募匠。一类是外雇匠，即因某项工作需要而就近觅雇的工匠，工作结束便与造办处解除关系，如造办处《发用银档潜字八十一号》记载："（乾隆六年八月初九日）花儿作为做通草戴花等项用外雇花儿匠做过一百六十四工，每工银一钱五分四厘。七十五领银二十五两二钱五分六厘。"[2]

招募匠和外雇匠相比，前者在造办处的工作相对长久并且占额缺，后者是临时的；待遇上，前者按月发工食银二两，后者按工发工银一钱五分四厘。因此可以认为，招募匠是编制工，外雇匠是临时工。这种固定加临时的工匠组合模式，不但能很好应对宫廷活计突增和骤减的情况，还能最大程度降低活计制造成本，在造办处各作中十分常见。

除了朱鼎之外，雍乾时期还出现了三位署名的花儿匠，他们各自出现在《活计清档》的位置为：

（雍正七年九月）二十四日，据圆明园来帖内称，本月二十二日，首领太监萨木哈持来顶花一分随锦盒说，太监刘希文传着造办处收贮，用时再要，记此。于十一月二十三日郎中海望员外郎满毗花儿匠

---

① 07-291Q010406《买办库票黄字七十五号》。

② 10-398Q060809《发用银档潜字八十一号》。

佛保交太监吕进朝持进交太监刘希文讫。①

（雍正七年）十二月十二日，乌和里达三合来说，郎中保德传做年例圆明园九洲清晏佛堂供花一对，记此。于十二月二十八日做得供花一对，花儿匠存柱交乌合里达三合收讫。②

（雍正十年）十二月初三日，太监焦进朝传做年例圆明园九洲清晏佛堂内用玉堂富贵绫子供花一对，记此。于十二月二十八日做得玉堂富贵绫子供花一对，员外郎满毗三音保差花儿匠福寿送至圆明园九州清晏交首领彭凯昌收讫。③

根据《活计清档》的记载习惯，除了有特别说明，署名的工匠一般是工作较固定的，因此他们属于招募匠的可能性较大。

在花儿匠之上，还置"花匠头目"一职具体管理花儿作工作事宜。雍正十年（1732）二月十八日，花儿作得到皇帝旨意："着将造办处做的通草戴花、翠花多送进些来，钦此。"④ 这是一条笼统的旨意，具体做什么做多少并不清楚。当造办处各作坊遇到这种概要性旨意时，就需要各作管事人定夺。于是，当日花匠头目郭佛保草拟了制造内容：通草戴花9匣、通草娃娃3匣、合锦绒花3匣、合锦翠花3匣。该内容经员外郎满毗批复后，花儿匠开始制造。目前还不甚清楚花匠头目郭佛保的具体身份，仅知其身影最早见于雍正七年（1729）十月初四花儿作制造小盆景。⑤ 郭佛保担任花匠头目时工作应该非常勤谨，并深得造办处人事官员喜欢，至雍正十三年（1735），他已升任领催要职。

由此可见，当时清宫造办处花儿作的通草花制造团队包括：花匠头目、招募花儿匠和外雇花儿匠。其中知名的有：花匠头目郭佛保，招募匠朱鼎、佛保、存柱、福寿。

花儿匠最大的技能就是用巧手将通草片、绫绢、绒绳制成各种美丽逼

---

① 04-254Y070924 花儿作。

② 04-256Y071212 花儿作。

③ 05-543Y101203 花儿作。

④ 05-541Y100218 花儿作。

⑤ 04-254Y071004 花儿作。

真的花朵果木。根据乾隆朝物料使用档案《杂项库票》和《买办库票》可知通草花的用料细节。据《杂项库票出字一百八十七号》载：

> （乾隆四年九月二十八日）花儿作为做通草戴花二十六匣，用厚通草片十五两，西纸六十张，大红绒六钱，绿绫长六尺宽一付二块，翠三十个，菩提叶二张，厚通草片七钱五分，青绒一钱，红绒五分，西纸十张，红绫长五寸宽一付一块，外雇花儿匠翠匠共做过一百四十工，每工一钱八分，共工银二十五两二钱。十一月十四日，刘凤祥领西纸七十张。二十八日，刘凤祥领银二十五两二钱。十月初八日，刘凤祥领通草片十五两七钱五分，绫一丈二尺五寸，绒七两五分，西纸六十张，收贮翠三十个，菩提叶二张。①

通草戴花的制造材料为：厚通草片、西纸、大红绒、青绒、红绫、绿绫、翠、菩提叶。又据《买办库票位字一百九十号》记载：

> （乾隆八年四月二十一）花儿作为做大供花一对，买矾连四纸十二张银一钱五分六厘，西纸铜丝二两银一钱，蓝棉一两银五分，双红胭脂四张银五分二厘，双红花水八两银二钱，广靛花二两银六分八厘七毛五丝，铁毛丝五钱银四分，铁黄米条二两银八厘七毛五丝，薄通草片一两五钱银七分五厘，子弦五钱银一钱三分，京文纸十张银二分五厘，藤黄一两银二分一厘八毛七丝五忽，共用银十一钱二分七厘三毛七丝五忽。②

供花的制造材料为：薄通草片、矾连四纸、西纸铜丝、蓝棉、双红胭脂、双红花水、广靛花、铁毛丝、铁黄米条、子弦、京文纸、藤黄。

通草花的结构分为三部分：第一部分为用通草片制造的花体，第二部分为用各种规格铜铅丝等制造的支撑体，第三部分为用通草片或其他材料制造的叶片树皮等装饰物。清宫通草戴花的花体，应该是由素色厚通草片制成的花朵，翠是支撑体，西纸、大红绒、青绒、红绫、绿绫、菩提叶用于做装饰物。供花的花体应该是薄通草片制成的被染成红蓝黄色的花朵，铜丝和铁毛丝是支撑体，矾连四纸、西纸、蓝棉、子弦、京文纸等用于做

---

① 09-214Q040928《杂项库票出字一百八十七号》。

② 12-59Q080421《买办库票位字一百九十号》。

装饰物。

相较而言，花儿作制造的其他两类人造花（绒花和绫绢花）所用材料又有所不同。《杂项库票虞字一百八十号》①和《杂项库票鸣字一百五十四号》②分别记载了花儿作制造寿意绒花和寿意绫绢花所用的原材料：寿意绒花的花体是由蓝棉和薄通草片制成，寿意绫绢花的花体是由白素绫、白生丝、白杭细等制成。其中，寿意绒花的制造使用到了薄通草片，而绫绢花则完全不用通草片。

通过对比清宫通草花与清宫绒花、清宫绫绢花原料可知：通草花的关键部分是用通草片制造的花体，花体的主题直接代表了通草花的特色；支撑体和装饰物的材质和主题会根据需要而有所变动。

我们知道，每项技艺都具有其自身的独特性以区别于其他技艺。根据手工技艺的独特性，手工技艺可分为配方类技艺（如各类食品加工技艺、金属冶铸加工技艺）、技法类技艺（如各类织绣技艺、雕刻技艺）、材质类技艺（如手工纸加工技艺）。很显然，通草花制造技艺属于材质类技艺，其核心技艺是花儿匠对通草片的巧妙利用，将通草这一植物茎髓施以各种人工技巧，用以模拟自然花朵果木虫鸟，是一种源于自然、模拟自然又高于自然的技法。通草花这种用植物拟植物的技艺特点，和以小博大的技艺风格，在人造花制造技艺乃至整个手工技艺中都独树一帜。

（三）种类及用途

1. 通草戴花、通草娃娃

通草戴花和通草娃娃是清宫通草花中最常见的一类。档案中通草戴花又作"通草花""戴花"，通草娃娃又作"娃娃花""娃娃""通草娃娃戴花"，属于清宫中的年节活计。宫廷自古就有年节赐通草花的习俗，《梦粱录》曾载南宋宫廷遇圣节、朝会赐群臣通草花。③雍正二年（1724），清

---

① 12-167《杂项库票虞字一百八十号》。

② 14-726《杂项库票鸣字一百五十四号》。

③ 吴自牧. 梦粱录［M］//孟元老，等. 东京梦华录：外四种. 上海：上海古典文学出版社，1957：179.

宫正式将通草戴花和通草娃娃纳入年节活计定例。

（雍正二年正月）二十八日，郎中保德奉怡亲王谕：尔等将活计
预备做些端阳节呈进，嗣后中秋节、万寿节、年节下俱预备做些活计
呈进，其应做何活计，尔等酌量料理，遵此……于八月十四日做
得……通草戴花二十匣、娃娃十匣……于十二月三十日做得……通草
戴花八十匣、翎管花二十匣、娃娃四十匣……怡亲王呈进讫。①

一般来说，每逢端阳节、中秋节、重阳节或万寿节，通草戴花和通草
娃娃会与合锦翠花②、合锦绒花③、五毒翠蝠④、五毒绒蝠⑤一起，按照一
定的组合方式制造呈进。端阳节节活组合为：通草五毒戴花、通草娃娃、
合锦翠花、五毒翠蝠、五毒绒蝠。中秋节节活组合为：通草戴花、通草娃
娃、合锦翠花、合锦绒花。重阳节（雍正朝）和万寿节（乾隆朝）节活组
合为：通草戴花、通草娃娃、合锦翠花。

在雍正至乾隆朝早期，除雍正四年（1726）和乾隆二年（1737）外，
清宫年节制造通草戴花和通草娃娃的定例被严格执行。

2. 通草瓶花、供花

通草瓶花和供花用于装点室内和佛堂。一般是花儿作根据已有的各式
花瓶和花搭配通草花，很少有做好通草瓶花，再找花瓶来配的情况。如：

（雍正六年七月）二十三日，据圆明园来帖内称：本月初十日太
监于玉来说，太监刘希文传着将五月内进的仿景泰珐琅瓶上配寿意花
一束，记此。于八月十一日做得通草福寿长春瓶花一束，太监王玉持
去讫。⑥

通草瓶花的题材以福寿长春、华封三祝、岁岁长乐等颂扬福寿寓意为
主，花型以菊花居多。

---

① 01-328Y020128 杂活作。

② 合锦翠花档案又作"翠花""锦翠花""翠合锦""翠合锦戴花""合锦戴花"
"锦戴花""合锦花"。

③ 合锦绒花档案又作"绒花""绒合锦"。

④ 五毒翠蝠档案又作"翠蝠""翠符"。

⑤ 五毒绒蝠档案又作"绒蝠""绒符"。

⑥ 03-375Y060723 花儿作。

3．通草果子

通草果子用于摆设果盘，或做盆景饰物。清宫通草果子的制造分别集中在雍正三年（1725）、雍正五年（1727）和雍正八年（1730）。如，雍正三年（1725）为一尺高珐琅葫芦瓶配了十八个通草桃①，雍正五年（1727）做了福寿双圆盆景内配通草桃福一件、香圆佛手一盘各九个②，雍正八年（1730）为羊角灯内粘通草假果子③。通草果子除了外形逼真外，还有质轻的优点。这一优点还曾得到雍正皇帝的钦点。雍正五年（1727）六月初一日，雍正皇帝命造办处制造活计装饰圆明园莲花馆一号房书阁：

> 莲花馆一号房内两旁书阁上甚空大，若陈设古董惟恐沉重，尔等配做假书式匣子，其高矮随书阁隔断形式，匣内或用阿格里或用通草做花卉玩器，或用马尾织做盛香花蓝器皿，钦此。

随后，造办处制造了各种陈设261件，其中包括通草果子20件、通草花10束、通草盆景8件。④

4．通草盆景

通草盆景是通草花制造工艺中最复杂的一类，涉及树石造型、花鸟仿生、意境营造等多种制造技能。通草盆景的制造水准直接体现了花儿匠对通草片性能的把握，也体现了匠人对中国传统审美中山石树木的理解。

> （雍正五年七月）十七日，首领太监程国用来说，太监刘希文传做吉言盆景四件，记此。于八月十四日做得福寿长春通草盆景一件随绿磁盆、寿比南山通草盆景一件随白磁盒，太监王玉持去交太监刘希文讫。于九月初四日做得芝兰祝寿盆景一件随白石盆，太监王玉持去交太监刘希文讫。于十一月二十九日做得寿山福海盆景一件随白石盆，首领太监李久明持去交太监王太平收讫。⑤

通草盆景因其形象逼真和质轻的优点，一般用于书阁等室内陈设。通

---

① 01-672Y030911 珐琅作。

② 02-782Y050912 花儿作。

③ 04-561Y080924 铜作。

④ 02-724Y050912 花儿作。

⑤ 02-781Y050912 花儿作。

草盆景的题材同通草瓶花一样，以福寿为主。

5. 其他

以上几类是比较常见的通草花，除此之外，清宫中还存在少量的其他种类，如金累丝通草点翠顶花①、通草百福玻璃镜帽架②、装饰宫灯的通草花③等。故宫博物院还保藏了少量的通草压鬓花④、通草花卉扇子，应是清末宫廷流行的簪花样式。

（四）"雍兴乾衰"

为明确雍乾时期清宫造办处通草花制造概况，分别统计了雍正元年至乾隆六十年（1723—1795）造办处四大类通草花制造数量（见图17）和承办通草花的工作量（见图18）。

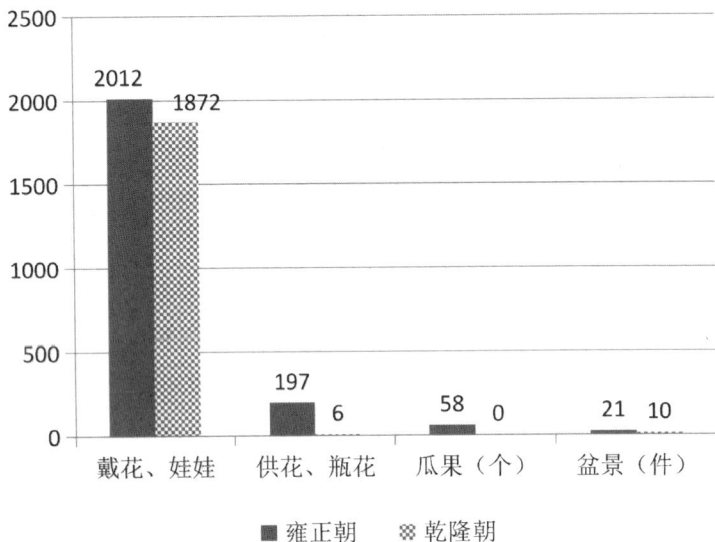

图 17　清宫造办处四大类通草花制造数量统计图（1723—1795）

---

① 04-155Y071127 匣作。

② 05-99Y090305 杂活作。

③ 10-144Q061114 皮作。

④ 付超. 清宫后妃的头花［J］. 收藏家，2012（11）：33-36.

工作量（回）

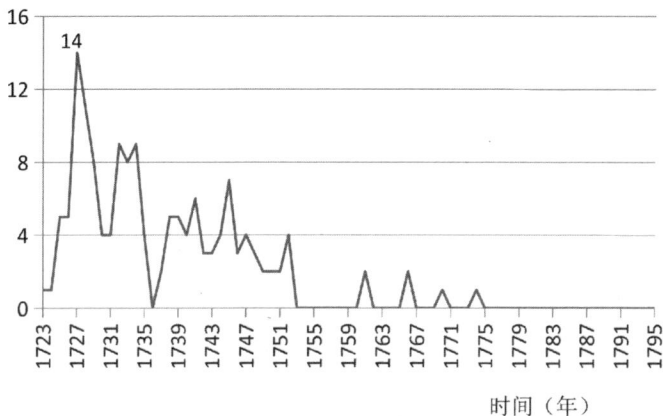

图 18　清宫造办处通草花承办工作量统计图（1723—1795）

图 17 显示，雍乾两朝一共制造通草戴花和通草娃娃 3884 匣、通草瓶花和供花 203 枝、通草果子 58 个、通草盆景 31 件。除了图 17 反映的四大类通草花外，还有其他类通草花若干，包括金累丝通草点翠顶花 2 个、通草百福玻璃镜帽架 1 件、宫灯上的通草花 1 份、鳌山灯上的绢通草花树竹子 100 颗和通草地景 1000 攒。以上就是雍乾时期清宫造办处制造的通草花总数量。

图 18 显示，造办处承办通草花的工作量总体上呈现由多到少，最后至无的下降趋势。结合图 17 可知，雍正朝制造的通草花不论是数量还是种类上均多于乾隆朝，乾隆朝制造的通草花主要是通草戴花和通草娃娃。

又据图 19 知，乾隆朝通草戴花和通草娃娃的制造集中于乾隆早期（即 1736—1752 年间），乾隆十七年（1752）以后趋于零。为了验证乾隆朝的变化趋势，统计了乾隆朝造办处通草片实用量做参照（见图 20）。图 20 显示，乾隆朝通草片实用量集中在乾隆元年至乾隆十九年间（1736—1754 年间），其中，乾隆六年（1741）通草片实用量最多（294.5 两）。[1]乾隆朝通草片实用量在乾隆十九年（1754）后趋于零。图 20 反映的趋势和图 19 基本相符，这说明乾隆朝通草花存在于乾隆早期。

----

[1]　乾隆六年宫廷做了两架大型鳌山灯，每架鳌山灯高达一丈二尺、面宽一丈、进深五尺，通草片主要用于制作绫绢通草花树竹子一百棵、通草地景一千攒。（详见 10-305Q060719 记事录）

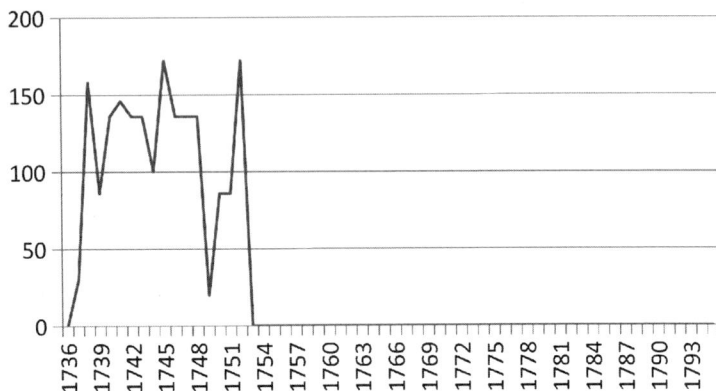

— 戴花、娃娃（匣）

图 19　清宫造办处通草戴花、娃娃制造数量图（1736—1795）

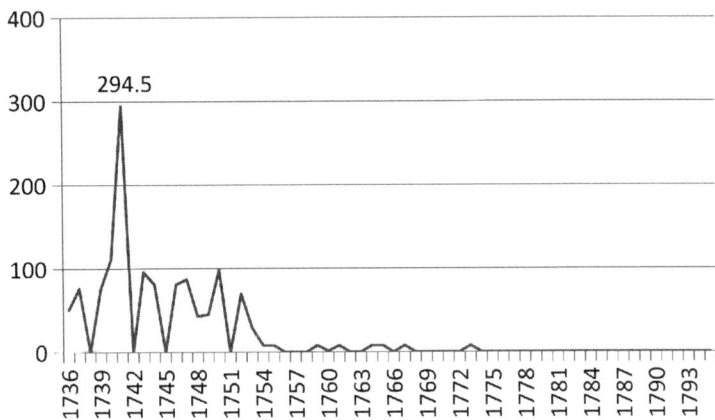

— 实用（两）

图 20　清宫造办处通草片实用数量图（1736—1795）①

　　综合以上通草花制造数量、承办工作量、通草片实用数量统计分析，以及花儿作在清宫造办处内出现、独立、分化与合并的历史，可清楚地看到 18 世纪清宫通草花制造的确存在"雍兴乾衰"现象。

　　然而，值得关注的是：乾隆朝（1736—1796）是清宫造办处发展历史

————————

①　图 17-20 数据来源：乾隆朝《造办处行取物料清册》。换算原则：一斤＝十六两，一两＝十钱，一钱＝十分。

的鼎盛期，造办处承办的工作量达历史之最（2267 回）（见图 4），乾隆中期还出现了又一个制造高峰（2119 回）；而图 18 所示通草花的承办工作量与之相反，乾隆初期出现衰减，到中期甚至没落。如何理解这种反差？或者说清宫通草花制造为什么会出现"雍兴乾衰"阶梯式下降趋势？

18 世纪清宫通草花的盛衰与三个人密不可分。一位是雍正皇帝。他是中国古代帝王中少有的对宫廷技艺上心、关注并参与的人。他一上任就对宫廷的御制机构进行大刀阔斧的改革，不但在宫廷内建立"内庭恭造之式"的制器标准，还身体力行进行制器实践。由于他的参与，雍正时期御制器物整体呈现出"文雅精细"的风格。通草花作品形象逼真、原料便宜等优点和雍正时期倡导的雅致节俭之风不谋而合。因此，通草盆景、果子质轻的优点会被雍正皇帝发掘作为廷园陈设，通草戴花、通草娃娃会被纳入年节定例得到大量制造。

另一位是孝贤纯皇后。孝贤纯皇后是乾隆皇帝的原配妻子（见彩图25），以生活恭俭出名。据《清史稿》载："高宗孝贤纯皇后，富察氏，察哈尔总管李荣保女。高宗为皇子，雍正五年，世宗册后为嫡福晋。乾隆二年，册为皇后。后恭俭，平居以通草绒花为饰，不御珠翠。"① 饰通草绒花不饰珠翠是清代百姓女子的常见打扮，富察氏被册封为皇后之后仍以通草绒花为饰，表明她的恭俭态度。皇后的恭俭态度在宫廷中得到响应，册封皇后当年，清宫恢复了通草花的制造。然而，这位恭俭的皇后英年早逝，乾隆十三年（1748），孝贤纯皇后因病逝于随驾东巡回程的途中，年仅三十七岁。档案显示，乾隆中后期以后，清宫通草花制造也戛然而止。

清宫通草花的衰败与乾隆皇帝直接相关。相比雍正皇帝和孝贤纯皇后对通草花的偏爱，乾隆皇帝似乎有了另外的兴趣。乾隆皇帝上任后，陆续对不同种类的通草花制造进行削减。乾隆二年（1737）下令通草盆景以后"不必做"。② 乾隆四年（1739）改自鸣钟上通草花为绫绢花。③ 乾隆十二

---

① 赵尔巽，等. 清史稿：第 30 册 ［M］. 北京：中华书局，1976：8916.

② 07-816Q020411 镶嵌作。

③ 09-64Q041213 皮作。

年（1747）明确下令地方进贡宫灯饰样"俱要绫绢堆做，不要通草做"。①
这一时期，乾隆皇帝多次下令表明不必做通草花，用绫绢花替代。造办处
也多次出现通草和绫绢两种材质选择时，最终选定绫绢的情况。通草花的
命运在乾隆皇帝兴趣转移的过程中变得孱弱。随着孝贤纯皇后的逝世，清
宫端阳节进通草制戴花和娃娃的习俗，最终也迎来了被绫绢制替代的
命运。②

总的来看，乾隆中后期通草花在造办处中全面消失，一方面与乾隆皇
帝的个人审美有关。通草花既不"贵"又不"重"，传统审美中代表真和
雅，这与乾隆时期崇尚"繁复""华丽"的制器风格不相符。相比而言，
乾隆皇帝更偏爱绫绢、珠宝玉石之类的盆景、瓶花等陈设。乾隆年间出现
了大量的宝石绫绢，像生盆景和象牙瓶花正是这种繁复华丽风格的体现。
另一方面，也可能与乾隆皇帝对孝贤纯皇后的感情有关。孝贤纯皇后是乾
隆皇帝最为深爱的皇后，皇后的逝世对他打击很大。或许为了避免睹物思
人，通草戴花在宫廷的制造也受到了限制。

嘉庆朝直至清末，清宫通草花制造再也没有回到雍正朝至乾隆初期的
高度，除了做一些较为简单的通草制品（如通草团扇）或以通草为饰的制
品（如通草画)③，通草盆景、果子、瓶花之类的复杂工艺品亦是风光难
在。清宫通草花的繁盛景象也只能到18世纪中期去寻找。

二、皇权之外的技艺：钟表

皇帝对技艺的追求有时候也并不是有求必应。例如自然环境对技术有影
响，这是非人力可以改变的。张琼对内织染局的考察发现，明清两代皇帝对
内织染局经营都不成功，蚕桑之事并不适宜于北方的自然环境。物质技艺的

---

① 15-88Q120112 行文。

② 26-605Q260202 记事录。

③ 故宫博物院收藏了一些通草制品，推测为清末制。据《故宫博物院藏品总目》
知，包括绢贴通草花卉团扇 52 份、绿漆荷叶式洗通草桃实盆景 1 份、通草画片 1 份。

产生、发展在很大程度上依赖并受制于自然资源、地方环境和人文传统。①
清宫机械钟表则体现了社会环境对技术的影响。

清宫中从不缺乏西洋趣味，如西洋画、画珐琅、铜版画、西洋钟表、
西洋玻璃、西洋科学仪器等，但西洋钟表最为特殊。这体现在以下三个方
面：首先，它是具有计时功能的仪器，不同规格的钟表可分别作为"礼
器""重器"与日用陈设出现在宫廷；其次，它体现了近代西方科学技术
的发展成果；最后，它还是近代西方社会时尚与中国宫廷审美结合的样
本。因此，清宫西洋钟表得到了学界的极大关注，研究成果也颇丰。

本节从技术传播的角度，在学界已有研究基础上，将针对乾隆朝中后
期在华西洋钟表的三种来源与技术传播相结合，试图探讨西洋机械钟表技
术在清宫的传播，以此认识皇权与西洋钟表技术之间的关系。

（一）呈进

1580 年，传教士罗明坚到广州，向两广总督陈文峰"献礼"自鸣钟。
罗明坚成了第一个携带机械时钟等礼物进入中国内地传教的人。1601 年，
利玛窦和罗明坚面见明万历皇帝，"献礼"铁质自鸣钟，用钟表叩开了宫
廷的大门。后继的传教士们，沿着利玛窦的步子，走上了科学传教、上层
传教、贡品传教的道路。

西洋人呈进钟表成为清宫最早认识西洋钟表的方式。传教士们发现，
机械钟表成为最受宫廷喜爱的西洋方物之一。在京服务的传教士也常常借
机呈进钟表等贡物给乾隆皇帝，以求获得皇帝对传教活动的庇护。乾隆十
六年（1751）十一月十六日，值皇太后六旬大寿，郎世宁等 22 名在京西
洋人向乾隆皇帝进贡物品 9 种。据董建中统计，乾隆朝《宫中进单》中共
有西洋人进单 13 件。②

---

① 张琼. 皇权与技艺：清代内织染局考察 ［M］//故宫博物院，柏林马普学会
科学史所. 宫廷与地方：十七至十八世纪的技术交流. 北京：紫禁城出版社，2010：
77-122.

② 董建中. 清乾隆朝王公大臣官员进贡问题初探 ［J］. 清史研究，1996（1）：
40-50，66.

与此同时，欧洲贸易船只也时常携带钟表等物来华"献礼"，以求开辟在华贸易。《粤海关志》记载了荷兰和英国呈进钟表的情况。康熙六年（1667），荷兰贡使到北京呈递贡物：大尚马、珊瑚珠、照身镜、琥珀、丁香、檀香、冰片、鸟枪、火石、哆啰绒、哔叽缎、织金毡、自鸣钟13种。康熙二十五年（1686）六月，又来表献方物，内包括自鸣钟一座。乾隆五十九年（1794），即乾隆皇帝六十大寿之前，荷兰贡使到京，贡了万年如意八音乐钟一对、时刻报喜各式金表四对。① 英国在乾隆二十二年（1757）入贡大小绒哔叽、羽纱、紫檀、火石，及所制玻璃镜、时辰钟表等物，乾隆五十八年（1793）入贡方物有天文、地理、音乐、大表等29种。②

广州因其地理位置和贸易传统，18世纪后逐渐形成了独特的"广州体制"③，更多的钟表等西洋商品跟随贸易船只销往中国。

随着传教和贸易活动的深入，西洋机械钟表的魅力被更多的中国人认识。清朝的王公大臣们也注意到帝王的钟表爱好。他们则以进贡的形式向帝王呈进钟表，表忠心。据统计，李侍尧在乾隆十九年至乾隆五十四年间（1754—1789）进贡155次，其中，李侍尧在广东任职17年，进贡达107次（其中，他与粤海关监督一同进贡40次），这占全部进贡总数的69%。④

由西洋人开启的钟表进贡之路成为其在华传教和贸易的新手段，也成为清朝王公大臣们向上表忠心的新手段，并丰富了清宫的制器种类。雍正时期，呈进钟表贡的大臣身份较多。如，雍正五年（1727），福建巡抚常赉进乐钟一件、大日晷一件⑤；雍正十一年（1733），粤海关监督毛克明、郑武塞进镶嵌蜜蜡玻璃时钟乐钟一座⑥。乾隆时期，钟表贡则主要集中在

---

① 梁廷枏. 粤海关志［M］. 袁钟仁，点校. 岭南文库编辑委员会，广东中华民族文化促进会，合编. 广州：广东人民出版社，2014：445-451.

② 梁廷枏. 粤海关志［M］. 袁钟仁，点校. 岭南文库编辑委员会，广东中华民族文化促进会，合编. 广州：广东人民出版社，2014：458-459.

③ 范岱克. 广州贸易：中国沿海的生活与事业：1700—1845［M］. 江滢河、黄超，译. 北京：社会科学文献出版社，2018：5.

④ 董建中. 李侍尧进贡简论［J］. 清史研究，2006（2）：111-116.

⑤ 02-552Y051014 自鸣钟。

⑥ 06-19Y110927 自鸣钟。

广东巡抚、都督和粤海关监督等广东官员。其间的变化，应与粤海关监督一职的固定设置有关。

（二）采办

粤海关监督一职设立于康熙二十四年（1685），负责"征收海上出入洋船之货税"，或由北京选派专人担任，或由地方都督、巡抚兼任。乾隆十五年（1750），唐英上任后，粤海关监督一职较为固定（见表18）。

表18　粤海关监督任职情况表（1750—1795）①

姓名	任职时间	姓名	任职时间
唐英	乾隆十五年	伊龄阿	乾隆四十六年
李永标	乾隆十六至十九年	李质颖	乾隆四十六至四十八年
杨应琚*	乾隆二十至二十二年	穆腾额	乾隆四十九至五十一年
陈宏谋*	乾隆二十三年	佛宁	乾隆五十一至五十四年
尤拔世	乾隆二十四至二十七年	额尔登布	乾隆五十四至五十六年
方体浴	乾隆二十八至三十年	盛住	乾隆五十六至五十八年
德魁	乾隆三十一至四十二年	苏楞额	乾隆五十八至五十九年
李文照	乾隆三十九年	舒玺	乾隆五十九年至嘉庆一年
图明阿	乾隆四十三至四十五年		

注：*总督署任。

粤海关监督虽然主要是为国家收关税，但实际上还肩负了为皇帝采办器物的任务。粤海关监督衙门设有"贡房案书一名，月支银六两，岁共支银七十二两"②。贡房应是专门负责办贡一事之所。粤海关监督所采办的器

①　梁廷枏. 粤海关志［M］. 袁钟仁点校. 岭南文库编辑委员会，广东中华民族文化促进会合编. 广州：广东人民出版社，2014：131-141.

②　梁廷枏. 粤海关志［M］. 袁钟仁点校. 岭南文库编辑委员会，广东中华民族文化促进会合编. 广州：广东人民出版社，2014：330.

物以"贡"的形式进入宫廷，供皇帝赏玩发落。乾隆皇帝曾言："盖进贡之意，不过曰借此以联上下之情耳。"①

粤海关每年例贡四次，即年贡、灯贡、端贡与万寿贡。② 当然，有时候也出现暂停某例贡的情况。如乾隆十二年（1747），皇帝就曾下旨："粤海关准泰所进之年贡灯贡今年不必呈进，其万寿端阳节之贡仍旧呈进。"③

清宫自雍正时期，御制器物的风格就有了定制，即需符合"内庭恭造之式"。乾隆时期的"内庭恭造之式"主要指"秀气""文雅""精巧""巧""大"等。粤海关监督采办贡物，也得符合宫廷的器物制造标准。具体到钟表，乾隆皇帝有他自己的要求。

乾隆十六年（1751），粤海关监督唐英在办理万寿贡时，所进四件西洋表为三等货，不符合宫廷要求的头等，乾隆皇帝要求唐英自行赔补这部分开销，不准他报销。从《粤海关志》记载的税则可知，西洋钟表类货物的税普遍高于其他，小银自鸣钟每个税一两，中自鸣钟每个税五两、大自鸣钟每个税十两，而大自鸣钟的估价为每个五百两。④ 这么贵的大钟，难怪唐英"不肯买上好物件"。为此，乾隆皇帝特意嘱咐唐英"嗣后务必着采买些西洋上好大钟大表、金线、银线并京内少有西洋希奇物件买些恭进，不可存心少费钱粮"⑤。"上好"和"大"成为采办西洋钟表的重要标准。

乾隆二十二年（1757），乾隆皇帝在给粤海关监督李永标和广州将军

① 本书编者. 清实录：第10册 高宗纯皇帝实录（二）：卷60至卷157 乾隆三年至六年［M］. 影印本. 北京：中华书局，1985：8993.

② 董建中. 清乾隆朝王公大臣官员进贡问题初探［J］. 清史研究，1996（1）：40-50，66.

③ 15-100Q120127 粤海（关）。

④ 梁廷枏. 粤海关志［M］. 袁钟仁，点校. 岭南文库编辑委员会，广东中华民族文化促进会，合编. 广州：广东人民出版社，2014：179-180、196.

⑤ 18-387Q160706 记事录。相关研究可参见：黄超. 乾隆年间粤海关监督唐英研究：以新发现的中西史料为中心［M］//李庆新. 海洋史研究：第11辑. 北京：社会科学文献出版社，2017：183-203.

李侍尧的谕旨中更加明确了他的采办要求——"大而好"。这年十二月十一日，李永标和李侍尧进贡，计开："紫檀镶楠木宝座一尊，紫檀镶楠木御案一张，紫檀镶楠木五屏风一座，紫檀天香几二对，镶玻璃洋自鸣乐钟一座，镀金洋金表亭一座，镶玛瑙时辰表二元，黄猩猩毡五匹。"乾隆皇帝御览过后认为："此次所进镀金洋景表亭一座，甚好，嗣后似此样好得多觅几件，再有此大而好者亦觅几件，不必惜价，如觅得时于端阳贡进几样来，钦此。"第二年的端阳贡，李永标和李侍尧进了"洋漆盒一个、推钟一匣计七员、表一匣计七员、洋规矩一匣计六件、洋烟壶盒一匣计八个、珍珠一匣计大小颗"。①

乾隆朝后期，随着西洋贸易船只来华的减少，可能"大而好"钟表并不好寻了，开始舍"大"保"好"。乾隆四十八年（1783），粤海关监督李质颖置办的年贡内一对洋水法自行人物四面乐钟样款和形式都不好，轮齿还是四等，遭到了皇帝的申饬，并下令"嗣后办进洋钟或大或小俱要好样款，似此等粗糙洋钟不必呈进"②。

粤海关税收作为国之税收理应由户部支度，但乾隆三年（1737），皇帝曾下谕拨一部分给内务府采办贡物用，"惟织造、关差、盐差等官，进贡物件，向系动用公项制买，以备赏赐之用"③。因此，户部每年拨银四十五万两给江南三织造，拨银五万五千两给粤海关。粤海关拨出的这部分经费来自杂项收入，称为"备贡银"，专门负责为皇帝采办贡物。乾隆十五年（1750）重设粤海关监督一职时，"备贡银"事先裁存（保留不用）二万五千两，只留下三万两作为办理贡物的预备金。④

粤海关监督"岁支养廉银三千两。内应归查口委员廉银五百两，汇入

① 董建中. 清乾隆朝王公大臣官员进贡问题初探［J］. 清史研究，1996（1）：40-50，66.

② 46-661Q481213 行文。

③ 本书编者. 清实录：第 10 册 高宗纯皇帝实录（二）：卷 60 至卷 157 乾隆三年至六年［M］. 影印本. 北京：中华书局，1985：8993.

④ 陈国栋. 清代前期的粤海关与十三行［M］. 广州：广东人民出版社，2014：106.

截旷顶下报解"①。也就是说，粤海关监督每年的养廉银有两千五百两。以上就是粤海关监督承办贡品时可支用的银两。粤海关监督采办贡品主要有两种形式：一是托广州的行商买办，一是召募广匠就地造办。

粤海关监督通常会从行商处购觅西洋物件。一般是将购觅清单直接给行商，令其购买。两广总督李侍尧曾设立办贡取物循环二簿，让行商将各衙门吏役所取物件，填注簿内，以杜官吏的滥取。而实际上，在买办的过程中商人不堪办贡官员的无声压榨。②

由于海上贸易的不确定性因素，为了确保购买到心仪的钟表等西洋物件，采办官员也是煞费苦心，两广总督阿里衮曾对此有所考虑，上奏皇帝：

> 臣与李永标商酌，以臣等愚见，嗣后可否于年额办贡之外，如遇洋船进口，择其佳品，即动项预为置买，以备下次之用；而木器等项，亦先期制造，则为日从容，工作亦不至于草率，而总于三万两内，不过先后通融办理，帑项亦无多费。是否有当，理合据实奏恳皇上训示。③

阿里衮希望在"备贡银"中提前预备办贡经费，遇到有洋船抵港，就动用预备经费置买，而不是要到办贡时节先置买后报销。乾隆皇帝如何处置这个建议不得而知。但它涉及办贡经费的使用原则，应该是慎之又慎。

组织广东匠役就地制造钟表，也是官员采取的另一个办贡方法。乾隆皇帝对于"广作"也有过旨意。一天，太监胡世杰持来西洋珐琅表套一件，乾隆皇帝说："此珐琅表套做法不像西洋做法，像广东做法，广东既做得来，为何不做大瓶大罐呈进。"④

陈国栋认为，粤海关监督衙门并没有像养心殿造办处那样设有匠役，

---

① 梁廷枏. 粤海关志［M］. 袁钟仁，点校. 岭南文库编辑委员会，广东中华民族文化促进会，合编. 广州：广东人民出版社，2014：328.

② 陈国栋. 清代前期的粤海关与十三行［M］. 广州：广东人民出版社，2014：333.

③ 陈国栋. 清代前期的粤海关与十三行［M］. 广州：广东人民出版社，2014：328-330.

④ 16-170Q131226 粤海关。

因此，贡品若须成造，当然是就地觅匠制造。① 目前的文献还不能还原更多粤海关监督如何组织匠人制造的情况，但有一点却十分清晰：粤海关组织的广匠依据清宫造办处的"样"制造。乾隆十七年（1752），粤海关监督李永标向乾隆皇帝呈递了一份折子：

> 至恭办贡物，广东匠作看去尚可用得，但须指授做法，方能照办。监督臣李永标向未承办，多所未谙，而臣初办，恐裂造未能合式，徒费工料银两。仰恳天恩，应造器皿赏发式样，以便敬谨制办，庶无错误。

皇帝朱批说：有应需用，即从造办处陆续发去；若无发去式样，仿照旧例柜样之类制来，不必过多，不可新巧，返致俗耳。②

如果没有颁发式样，又不根据旧例式样制造，很容易出现制造不得圣意的情况。每每这时，皇帝便让不准报销办贡经费。粤海关监督唐英就为此赔补过经费：

> （乾隆十六年）传旨：（乾隆）十三年内曾降谕旨如无颁发式样不许将俗气活计做来呈进，今唐英进来紫檀木桄榔书架三项活计俗巧者，将原物驳回，钦此。③

经造办处的查核：这批器物中的自鸣钟、推钟、桄榔竹式玻璃灯、古铜鎏金玻璃灯等四项所用工料银两比较相符，而紫檀木锦地博古大柜、番草书桌、椅子、海棠式香几、插丝小香几、玻璃小插屏、洋表、洋油画等八项，所用工料和运费，应减银四百二十八两九钱五分三厘，这些钱皇帝让唐英照数赔补，不予报销。

采办贡品是件"烫手活儿"，而采办钟表尤甚，既考验办贡官员的办事能力，又考验情商。但由于这是同皇帝"联系上下之情"的重要手段，因此乾隆朝的办贡官员们乐此不疲。

---

① 陈国栋. 清代前期的粤海关与十三行 [M]. 广州：广东人民出版社，2014：368.

② 陈国栋. 清代前期的粤海关与十三行 [M]. 广州：广东人民出版社，2014：328-330.

③ 18-405Q161222 记事录。

造
办
处
紫禁城里的技术史

（三）造办

与远在广东采办相比，在京造办更能得圣意。清宫造办处的钟表作坊即承担了宫廷钟表的制造、维修、保养、存贮和陈设等任务。清宫钟表作坊源于康熙朝，其后经历了变动。

最初称"自鸣钟处"，位于端凝殿南三楹，"其地向贮藏香及西洋钟表，沿称为自鸣钟，实仍统于端凝殿"①。这时的"自鸣钟处"以存贮钟表为主。雍正十年（1732）的档案始见"做钟处"② 一名，刘月芳认为，这是把自鸣钟处在造办处内的钟表作坊称之为做钟处之故。③ 乾隆时期，自鸣钟首领太监的职掌是"专司近御随侍赏用银两，验自鸣钟时刻及陈设、洒扫、御前坐更等事"④。乾隆二十六（1761）年，将造办处太监二十五人移十五人另设做钟处。⑤

总的来看，雍正年间，"自鸣钟处"承担存贮、修造自鸣钟等钟表的任务。乾隆年间，宫廷钟表增多，"自鸣钟处"逐渐转变为存贮钟表和发布钟表添减的命令、钟表匠人的管理沟通的作坊；"做钟处"承担钟表的存贮、修造任务。

造办处负责钟表制造的工匠主要分三类：西洋人、旗匠、做钟太监。他们散落分布于如意馆、做钟处和自鸣钟处。其中，西洋人是钟表核心技术持有者。在皇帝眼中，这些西洋人是钟表工匠，在他们心里，他们是以技艺服务宫廷以求换得帝王对在华传教事业庇护的传教士。雍乾时期，造办处档案记录在案制造维修钟表的西洋人有：

巴多明（Dominique Parrenin，1665—1741）：法国人，雍正四年（1726）

---

① 章乃炜，王蔼人. 清宫述闻：初续编合编本下 ［M］. 北京：紫禁城出版社，2009：423.

② 档案又做"作钟处""造钟处"。

③ 刘月芳. 清宫做钟处 ［J］. 故宫博物院院刊，1989（4）：49-54，99.

④ 鄂尔泰，张廷玉，等. 国朝宫史 ［M］. 左步青，校点. 北京：北京古籍出版社，1987：449（卷之二十一 官制二）.

⑤ 庆桂，等. 国朝宫史续编：上 ［M］. 左步青，校点. 北京：北京古籍出版社，1994：692（卷之七十四 官制三）.

认看过交通天气表（温度计）一件①、步行日晷一件②。

巴茂正（Charles Paris，1738—1804）：法国人，乾隆五十四年（1789）与德天赐一起仿照宁寿宫乐寿堂写"八方向化九土来王"西洋人陈设钟做写四样字陈设钟一件③。

德里格（T. Pedrinco，1671—1746）：意大利人，乾隆二年（1737）收拾过造办处库存贮的崇文门奏准交来风琴八架。④

德天赐（Santo Agostino Adeodato）：意大利人，乾隆五十四年（1789）与巴茂正一起仿做写字陈设钟一件。

李衡良（Archangelo-Maria di Sant´Anna，1729—1784）：法国人，"在如意馆钟表上行走"⑤。

李俊贤（Hubert Cousin de Mericourt）：法国人，"熟精钟表，在如意馆行走（病故）"⑥。

沙如玉（Valentin Chalier，1697—1747）：档案又作"佘如玉"，法国人，雍正七年（1729）始"在造办处做自鸣钟活计"⑦，雍正十二年

---

① "五月初六日，据圆明园来帖内称太监杜寿交通天气表一件，传旨：交给海望同西洋人认看，是何用法，认看准时，着海望面奏钦此。于初六日，据西洋人巴多明、宋君荣认看得系红毛国的，上头玻璃管内水银天气热往上走，天气寒往下走，中间玻璃管内红天气热上走，天气寒往下走等语，于初七日海望将通天气表呈览奉旨：着问西洋人做得来照样做一件，不必写西洋字，写汉字，钦此。于五月十一日将通天气表一件首领赵进忠呈进讫。"（02-306Y040506 自鸣钟）

② "首领太监王进玉持来步行表一件，传旨：着认看。本日据西洋人巴多明认看得系步行日晷等语，仍交首领太监王进玉持去讫。"（01-692Y040111 自鸣钟）

③ "十二一日，接得员外郎福庆等押帖一件内开：五月十八日鄂鲁里传旨：宁寿宫乐寿堂现设写八方向化九土来王西洋人陈设钟一件，着如意馆西洋人德天赐、巴茂正照样成做陈设钟一件，西洋人要写四样字，钦此。"（51-509Q54r0521 如意馆）

④ 07-793Q021018 自鸣钟。

⑤ 香港中文大学文物馆，中国第一历史档案馆. 清宫内务府造办处档案总汇 55[M]. 北京：人民出版社，2005：828.

⑥ 香港中文大学文物馆，中国第一历史档案馆. 清宫内务府造办处档案总汇 55[M]. 北京：人民出版社，2005：827.

⑦ 03-468Y070309 自鸣钟。

（1734）画过架子时钟样一份并照样做两份①。

宋君荣（A. Gauibl, 1689—1759）：法国人，雍正四年（1726）同巴多明一起认看过交通天气表一件。

汪达洪（Jean Matthieu de Ventavon, 1735—1787）：法国人，"在如意馆钟表上行走"②。

席澄源（Adeodat 或 Sigismond de San Nicola, 1713—1767）：档案又作"习澄源""席澄元"，法国人，乾隆十三年（1748）"在做钟处行走"③，乾隆十年（1745）收拾过木胎假青绿瓶（内插灵芝铜磬内安钟）一件④。

杨自新（Fr Gilles Thebault, 1703—1766）：法国人，乾隆四年（1739）"在做钟处行走"⑤。

做钟旗匠姓名见诸档案不多，仅有做钟处柏唐阿福明一人记载在案：

> 太监刘沧洲、司库白世秀传旨：查收贮有用处的香几座一件，交做钟处配做钟用，钦此。

> 于本年正月初十日将活计库收贮香几座一件交做钟处柏唐阿福明持去讫。⑥

做钟太监来源于明代旧例，而造办处各作坊里太监入匠仅见于做钟处和自鸣钟处。《活计清档》有载："太监毛团、赵进忠传旨：着做钟处太监等做玩意两件，先画样呈览，准时再做，钦此。"⑦ "首领赵进忠：学手太监六名，欲同伊等成做表六份呈进沈嵛、满毗：准行。"⑧

雍乾年间宫廷钟表制造匠人以西洋人为主，他们掌握着宫廷钟表制造和维修的主要任务。乾隆八年（1743）十二月初四日，造办处的西洋人因

---

① 06-316Y120121 自鸣钟。

② 香港中文大学文物馆，中国第一历史档案馆. 清宫内务府造办处档案总汇55 [M]. 北京：人民出版社，2005：827.

③ 16-269Q130507 自鸣钟。

④ 13-578Q101210 记事录。

⑤ 08-813Q040612 自鸣钟。

⑥ 16-604Q140109 自鸣钟。

⑦ 07-210Q011117 自鸣钟。

⑧ 08-263Q030215 自鸣钟。

为活计做得好，得到乾隆皇帝缎子两匹、银五十两的赏赐。乾隆皇帝下旨："着西洋人照做过作房钟样式，另想法急速做有玩意钟一件，钦此。"乾隆九年（1744）十二月初二日，西洋人想法画得八仙庆寿海屋添寿山子楼台玩意纸样一张呈进，乾隆皇帝指示："外面楼做杉木彩漆，棚杆做木头扫金，再里面山子树木楼台交造办处做，着造办处再画样呈览，准时再做，钦此。"乾隆十四年（1749）十月初七日，首领孙祥将做好的八仙庆寿海屋添寿时刻乐钟一座持进，乾隆皇帝又下旨："将此钟里面山子树木用交出本处收贮寿山石景象牙人物楼亭树木玩意，其表盘屉板烧珐琅，钟楼座子交造办处彩棚栏杆扫金，人头手做象牙衣纹，另做鲜明，里面安设玻璃镜四块，门上玻璃三块，后面俱贴画，再将此钟上有添做活计所少之处俱向造办处要，钦此。"①

这件钟活计前后收到两道谕旨，乾隆皇帝详细指示了钟的外观装饰做法。机械的部分归西洋人负责，非机械的装饰部分皇帝要指示，这就是造办处钟表制造的常见情况。这件号称"急活计"的钟不知何故，耗时将近六年，如此"急活计"也真是够让人着急的。这也从侧面反映了乾隆皇帝兴致的随意性。

乾隆末年，西洋人来华减少，随着会做钟表的西洋人自然老去和离去，做钟处的钟表制造水准和数量均下降。据王津等人的查证，现留下来的御制钟"乾隆年制"居多。嘉庆以后，做钟处逐渐衰落，制钟较少。道光三十年（1850），有匠役六十三，光绪年间做钟处有孔、蒋二位师傅，光绪三十四年（1908）有匠役何广志。②

　　　道光十九年五月初四日，员外郎兴浚、首领武进忠来说，太监鞬可交厢珠口表一对（随钥匙一对、绦随珠子一颗、红皮匣一件）传旨：表一对停摆，着交总管内务府大臣敬征、裕诚传交粤海关监督豫堃收拾妥协，得时呈进，钦此。于本日粤海坐京家人周锜将表一对并

---

① 11-730Q081204 自鸣钟。

② 王津，秦世明，亓昊楠. 清代御制钟表探微［J］. 中国历史文物，2008（2）：34-42，94-96.

什物一并持去。于十二月十九日随贡交进讫。①

此时，在维修钟表这件事上，宫廷真是无能为力了，不然不会费劲将钟表交到粤海关负责收拾。

做钟处制造的钟表种类繁多，有问钟、乐钟、更钟、表，以及其他自行机械设备。钟表的内部结构分两大部分：动力及转动装置和擒纵装置，后者是区分机械钟表和其他计时工具的标志。有关做钟处钟表的制造细节并未有更多的档案可寻，仅在《如意馆自鸣钟暂领档》中看到当时制造时刻钟、更钟穰、自行人、自行鹅等设备所需要的部分原料：

文献1：乾隆三十一年（1766）四月十九日为做时刻钟一座（三十年七月十九日安太）领黄铜二十四斤、黄铜叶五十二斤、香羊皮一张、粗布一丈一尺、铅五十斤、焊药银一两八钱、买办银九两二钱、紫檀木一百六十斤。②

文献2：乾隆三十一年（1766）六月十九日为做风琴时刻镶（三十年七月十九日安太）领黄铜叶三十八斤、焊药银六钱、粗布四尺、红铜条四斤、锡一斤、象牙三斤、买办银二两九钱。③

文献3：乾隆五十七年（1792）八月十一日为做五更钟穰黄铜十七斤一两、黄铜四十四斤十二两、红铜五斤一两、硼砂一两七钱、官用纱六寸、丝线六钱五分、锡二两、椴木四尺、工料银五两八钱五分二厘。④

文献4：乾隆二十八年（1763）七月十九日为做自行人二件（二十八年五月初六日 六十一）领黄铜叶一百二十一斤、焊药银一两八钱、料银十二两。⑤

文献5：乾隆三十四年（1769）九月十五日为做自行鹅一件（三十四年六月十三日李文照）领红铜叶七斤四两四钱、黄铜十二斤三两、黄铜叶三十二斤、粗布五尺、焊药银一两二钱、西纸五十张、买办银三两五钱。⑥

---

① 卷3009-缩0021《道光十九年清档四月 五月 六月》D190504档房、粤海。

② 33-67如意馆自鸣钟暂领档。

③ 33-67如意馆自鸣钟暂领档。

④ 55-436如意馆自鸣钟暂领档。

⑤ 33-65如意馆自鸣钟暂领档。

⑥ 33-72如意馆自鸣钟暂领档。

从上面的物料领取情况来看，黄铜是钟表制造中用到的最主要的原料，其他金属用到了红铜、铅、锡等，焊药为硼砂，以及皮料、布料和木料等材料。清初，宫中主要制造以重锤驱动的钟，重锤以铜皮灌铅制成，用羊肠线或丝绳吊起。① 因此，文献1所制的钟很可能是一座重锤驱动钟。

根据《活计清档》的记载，做钟处钟表的制造方式较为多样，有新做（照实物样做、照烫样做、照画样做）、改做、配做、换做和收拾等。

照实物样做（仿做）。九月十九日，首领赵进忠、领催王吉祥来说，太监毛团、胡世杰交镶嵌银母花杏木八角亭架内忽悠悠钟一件，传旨：着赵进忠照此样式做二份，钦此。②

照烫样做。三月二十五日，员外郎常保持来合牌胎假盒一件、合牌胎假珐琅钟一件、合牌胎假螭虎玻璃瓶一件，传旨：交造办处照样做真的三件，钦此。③

照画样做。三月初三日，副催总王吉祥持来帖一件，为初四日员外郎常保来说太监高玉传旨：着赵进忠做墙表一件，安在建福宫，钦此。于本月二十六日首领赵进忠画得墙表纸样一张持进交太监高玉等呈览，奉旨：照样准做，钦此。④

改做。三月初八日，七品首领萨木哈来说，太监毛团、胡世杰交珐琅表壳十三件（内一件两面珐琅片）、玳瑁墙镶珐琅片盒一件，传旨：将表壳上珐琅片取下，照玳瑁墙镶珐琅片盒样镶做金墙玳瑁墙十四件，钦此。⑤

配做。正月初五日，首领赵进忠来说，太监毛团传旨：将库内收贮西洋风琴木架内配做珐琅表盘长悠子时刻钟一份，钦此。⑥

换做。九月二十七日，首领翟进朝、赵进忠来说，交泰殿大自鸣钟一

---

① 陈美东. 中国科学技术史：天文学卷［M］. 北京：科学出版社，2003：675.
② 08-266Q030919 自鸣钟。
③ 08-790Q040325 镶嵌作。
④ 11-1Q070303 做钟处。
⑤ 07-722Q020308 杂活作。
⑥ 08-811Q040105 自鸣钟。

座丝弦绳三根俱已糙旧，欲换新弦三根回明郎中苏和纳、员外郎李英准行，记此。①

收拾。十二月十四日，首领赵进忠、领催白老格来说，今为库内收贮圆明园陈设钟表四十二件欲粘补收拾以备陈设应用等语回明监察御史沈嵛、员外郎满毗准行，记此。②

这些钟表活计表明，造办处已经实现了对西洋机械钟表的仿制和本土化。根据现存的钟表来看，做钟处制造的钟表还有很多创新样式，比如更钟。它是西洋钟表本土化的典型代表。故宫博物院现藏有一架乾隆年制的紫檀重檐楼阁式嵌珐琅更钟（见彩图28），钟盘上方有两个小盘，分别是定更盘和节气盘，它有五组发条动力源，分别带动走时、打时、打刻、发更、打更五套齿轮传动联动系统。将中国传统的夜间计时方法应用在钟表上，这是清宫造办处的创造，也是清宫做钟处的代表作。③ 另外，迎手钟、冠帽钟、轿上表等符合宫廷生活习惯的钟表，也是清宫"御制"钟表的一个特色。

做钟处制造了很多钟表，我统计了乾隆二十二年至二十五年间（1757—1760）做钟处新收钟表的情况，见表19。四年新收钟表合计为234个/座，大致反映了这一时期钟表制造的情况。

表19　做钟处新收钟表统计表（1757—1760）④

时间（年月）	数量（个/座）	时间（年月）	数量（个/座）	时间（年月）	数量（个/座）
Q2201	2	Q2206	1	Q2209	9
Q2204	2	Q2207	8	Q2210	2

① 08-814Q040927 做钟处。

② 07-794Q021214 自鸣钟。

③ 刘潞. 清宫西洋仪器［M］. 北京：商务印书馆，1998：205.

④ 资料来源：23-111~116 做钟处新收钟表等项档（Q21~22）；24-8~16 做钟处收钟表等项档（Q22~23）；24-713~722 做钟处新收钟表杂项档（Q23~24）；25-710~719 做钟处新收钟表等项档（Q24~25）。

续表

时间 （年月）	数量 （个/座）	时间 （年月）	数量 （个/座）	时间 （年月）	数量 （个/座）
Q2205	6	Q2208	1	Q2212	11
Q2303	4	Q2404	4	Q2502	5
Q2304	26	Q2405	2	Q2504	9
Q2305	3	Q2406	1	Q2507	23
Q2306	2	Q24r06	14	Q2508	8
Q2307	16	Q2407	8	Q2509	1
Q2312	30	Q2409	12	Q2510	2
Q2402	2	Q24r12	13	Q2511	2
Q2403	4	Q2501	1	合计	234

（四）陈设

做钟处存贮的钟表主要用于陈设，据《乾隆二十一年做钟处宫内陈设钟表档》载，紫禁城、瀛台、永安寺、雍和宫、圆明园、长春园、清漪园、静明园、静宜园、盘山、热河等处均有陈设，合计 271 件钟表。除了这些陈设妥当的钟表外，还有一部分未陈设钟表 38 件和临时陈设钟表 35 件。① 由此可见宫廷用钟表数量之大。

雍乾时期，随着皇家造园运动的开展，宫廷陈设也大增，乾隆朝造办处的活计量处于历史最高。做钟处的钟表活计也十分繁忙。这些陈设在各处宫廷苑囿的钟表，基本上是一屋一件，部分房间还出现一屋多件的情况。设想一下：当这些钟表同时奏响时，这"万钟齐鸣"之势似乎象征了

---

① 陈设详情：做钟处，宫内等处 42 件，瀛台等处 9 件，永安寺 3 件，雍和宫 3 件，圆明园等处 90 件，长春园等处 49 件，清漪园等处 21 件，静明园等处 6 件，静宜园等处 27 件，盘山 3 件，热河 18 件，未陈设钟表 38 件，逢节陈设钟表 14 件，随侍钟表等大小 5 件，马鞍钟 6 件，对差表 10 件，合计 344 件，参见 22-312~358 乾隆二十一年做钟处宫内陈设钟表档。

盛世之声。

西洋机械钟表在清宫经历了从呈进到采办再到造办的过程。张柏春认为，实物输入和人才引进是古代技术传播的两种重要方式。① 因此，"呈进—采办—造办"也是西洋机械钟表技术在清宫的传播路径。包含三个内容：

首先，就传播方式而言，包括器物传播和工匠传播两种。器物是凝固的技术，是仿制的标本。西洋人首先将钟表呈进宫廷，使得帝王有机会窥探这一技术。工匠是技术的实施者，是动态的技术。郭福祥认为，西洋钟表匠师服务于清代宫廷，实际上是一场持续一百五十余年历史的技术引进过程。② 清宫造办处这一御制提供了技术实施的可能。商芝楠认为，做钟处的建立，标志着康熙对西洋钟表的认识，已从欣赏、收集藏品，发展到引进技术，引进人才，进行独立生产的阶段。③ 西洋机械钟表技术在清宫的输入经历了从器物到工匠，最终在造办处实现技术转移。

其次，就传播动力而言，对于宫廷一方来说是被动接受与主动需求共同驱动的。西洋钟表初次进入宫廷是一个被动行为，钟表在诸多礼物中被"发现"可能是一件十分偶然的事；粤海关采办和造办处造办钟表都是宫廷的主动行为，皇帝主导下宫廷主动寻找、制造西洋机械钟表。西洋人为了寻求在华贸易和传教活动向清宫呈进钟表，粤海关监督为了"联系上下之情"采办钟表，造办处履行本职工作而造办钟表。在西洋机械钟表进入清宫的过程中，虽然不同人群有着不同目的，但客观上促成了西洋机械钟表技术在清宫的传播。

再次，就传播结果而言，形成了"御制"钟表。宫廷在这一技术传播过程中，最终形成了自己的风格——"御制"钟。除少数零部件需进口，其他设备清宫造办处完全可以自行制造，而装饰部分更是因为帝王的细致

① 张柏春. 明清时期欧洲机械钟表技术的传入及有关问题［J］. 自然辩证法通讯，1995（2）：38-47.
② 郭福祥. 清宫造办处里的西洋钟表匠师［J］. 故宫学刊，2012（1）：171-203.
③ 商芝楠. 清宫作钟处在康、乾两代的变迁［J］. 故宫博物院院刊，1986（1）：19-21.

要求而实现了本土化。然而，随着技术传播的主导者——皇帝——需求的变化，技术主体——西洋人的离开与去世，宫廷西洋钟表制造技术的延续成了问题，西洋机械钟表技术由制造转为维护。

本章小结

技艺与皇权的关系较为复杂，它涉及不同皇帝的参与深度，涉及不同技艺的难易程度。清宫通草花和钟表代表了两种典型的皇权对技艺的影响。作为御制机构，清宫造办处是帝王对技艺追求的执行者。帝王对技艺的控制建立在帝王兴趣、地方支持、国家经济、对外关系的前提上，因此在康雍乾时期，掀起了一股宫廷技艺的热潮，对地方和欧洲社会产生了巨大的吸引力。18世纪，在欧洲掀起的"中国热"可以看作是中国宫廷技艺对外的潜在影响。

从技艺的角度来看，这种控制显然并非"随心所欲"，而是有所限制的。自然因素（气候）、人力因素（钟表，大而好，好）、匠人因素（工匠的水土不服）、社会环境（海外贸易）都是影响技艺实施的因素。

皇权对技艺的追求与控制，让"外部"技艺变为"内部"技艺，对"外部"技艺的追求，也让清代宫廷技艺充满活力。

第七章　家事与国事：
清宫造办处的双重职能

　　清代档案对造办处的定位非常明确。"造办处官员专司内庭交发造办等事。"①（《钦定总管内务府现行则例》）"内务府造办处掌成造诸器用之物。"（《内务府册》）"造办处预备工作，以成造内庭交办什件。"（《钦定大清会典事例》）包括《清通典》《清通志》《钦定历代职官表》等典籍所记录不出其右。可见，为深居内廷的皇家制造生活器物，是清宫造办处最基本的职能。

　　然而，如果仔细考察清宫造办处的历史可知，清宫造办处的职能远非为内廷造办这么简单。"内廷造办"只是从活计的下发者来定位造办处的职能。如果从器物的使用者角度，清宫造办处的职能除了内廷造办以外，更包含了深远的政治意蕴。

　　我们将清宫造办处制造器物用在帝王日用、陈设等方面的制造称为"皇家生活制造"，这是传统意义上人们认识到的清宫造办处的职能；将器物用在国家政治、礼仪上的制造称为"国事公用制造"，这是清宫造办处事实上所肩负着的但被人所忽略的职能。清宫造办处实际上承担了"皇家生活制造"和"国事公用制造"的双重职能。

---

① 故宫博物院. 故宫珍本丛刊：第 310 册［M］. 海口：海南出版社，2000：206.

一、皇家生活制造

皇家生活制造是清宫造办处的基本职能，主要表现为穿戴日用、廷园陈设、文玩雅器、陵寝祭祀、科学仪器等用度的修造。

（一）穿戴日用

穿戴日用是造办处最典型的御用制造，从帝王身上的服饰纽带，到随身小件小刀耳挖，再到伞轿车椅无一不包。如"海望传做备用上用全带一副、钮带一条"，"海望、沈嵛传做上用天宝九如带一副"[①]；"太监王永祥持来桦木鞘花羊角靶镀金活束上用单小刀一把、新黄绦子一根，传着将此新绦换在小刀上"[②]；"着做上用八人黑漆轿杆一对"，"奉旨：嗣后朕所乘车轿并仪仗内所用轿俱交养心殿成造，钦此"[③]。造办处各作包办了皇帝除了食物以外的随身大小一切物件，当然所有的用度都需遵循章法礼制。

（二）廷园陈设

包括京内外各大宫廷苑囿的陈设。清代的皇家园林数量众多，不同时代均有廷园的建设，如康熙朝的畅春园，雍正朝的圆明园，乾隆朝的长春园、清漪园、静宜园、静明园，嘉庆朝的绮春园，光绪朝的颐和园，等等。

清代统治者源自东北的"白山黑水"之间，但这并未阻止清代帝王们的山水园林想象。清宫造办处的工作负责为这个想象增添廷园情趣。比如，制造了20对西瓜灯分别悬挂在天穹宝殿、钦安殿、中正殿、畅春园、慈宁宫、旃坛寺、嵩竺寺、圆明园、养心殿、佛堂等处[④]；新做供器放在圆明园佛楼内陈设[⑤]；将御笔绢字匾文"自得轩"和"一堂和气"做成匾

---

① 02-546Y051005 皮作，02-570Y051208 皮作。

② 02-574Y051224 炮枪作。

③ 04-458Y080826 木作，07-677Q020403 油漆作。

④ 01-55Y010704 雕銮作。

⑤ 01-273Y020410 铜作。

挂在西峰秀色东边新添盖的房屋处①；把乌木架风琴时钟问钟一座收拾妥当安设在圆明园四宜堂②；收拾圆明园西峰秀色的 7 个水法使之运转自如③。挂灯、佛器、匾额、时钟、水法，万花筒式的器物让书房更添书香，佛堂更增庄严，寝殿更加舒适，御园更具生趣。

（三）文玩雅器

和穿戴日用相比，文玩雅器制造最具皇帝个人特色。比如，康熙年间，造办处制造了许多玻璃制文房物件。（见彩图 26）康熙皇帝用尽心力让造办处制造松花石砚。这一造物背后与康熙皇帝学习儒家文化以及治国方略由武功转向文治有关。④

雍正年间则做了大量眼镜、宝册⑤，还改做了大量的古玉。乾隆时期，制造了大量的"百什件""多宝格""宝贝格""博古格"等雅玩。造办处制造的文玩雅器充分满足了清帝王的文人气质想象。

（四）陵寝祭祀

主要是清代历代帝王陵寝的供器、碑文及陵墓建设用物。雍正八年（1730）八月十九日，北京郊区圆明园玉泉山一带发生了强烈的地震。据

---

① 03-142Y061019 表作。

② 02-4Y040709 自鸣钟。

③ 雍正七年十月二十三日，海望、刘三九传：圆明园西峰秀色高水瀑布处安的水法七分下身水筒系打料红铜成造，但高水瀑布处水势浩大，不知力量，红铜水筒软薄，不时长坏，今改换做铸料铜水筒七分，再水法上铁轴销子护眼戳铁压杆箍等件，俱已磨细，亦换做七分，记此。（03-673Y071023 杂活作）

④ 常建华. 康熙制作、赏赐松花石砚考［J］. 故宫博物院院刊，2012（2）：6-20. 高彦颐. 砚史：清初社会的工匠与士人［M］. 詹镇鹏，译. 北京：商务印书馆，2022：16-18.

⑤ 雍正元年正月二十三日，怡亲王持来白玉双蟠龙钮宝一方，王谕：砣做"雍正御笔之宝"。于四月初八日砣做得白玉"雍正御笔"之宝。（01-94Y010123 玉作）

环文林等人研究，这次地震震级达 6.5 级①。地震给北京城带来了严重破坏，经过一个月的抢灾救险，九月十八日，雍正皇帝开始命人整理因地震而受损的景山寿皇殿等坛庙陵寝和怡亲王寝园的供器，重新做了香炉、蜡台、花瓶等宣铜仿古供器②。

这次地震事件使帝王更加认识到，平稳坚固对于陵寝祭祀用器物的重要性。因此，永固不变为制器原则，那些金石类材质为制器首选。雍正时期，珐琅材质的供器深受皇帝的钟爱，和金石材质一样，金属胎的珐琅依然坚固易存，除此之外，珐琅在色彩上变化多样，但一般为小型器物。雍正皇帝曾多次下旨，让养心殿造办处制造珐琅香炉，以供昭陵（皇太极陵寝）、福陵（努尔哈赤陵寝）和景陵（康熙皇帝陵寝）陈设③。乾隆七年（1742），曾以景陵旧供西洋珐琅杯盘为样仿制新品④。

（五）科学仪器

主要是指康雍乾时期修造的各类西洋仪器。由于康熙皇帝对西方科学和艺术的浓厚兴趣，传教士带来的西洋仪器成为清宫造办处辨识、收贮、维修、仿制的新项目。（见彩图 27）雍正和乾隆时期，亦秉承了这一传统。如：

> 雍正四年七月初九日，据圆明园来帖内称：郎中海望持出铜扇面式日晷一件，传旨：着西洋人认看，照样做二件，钦此。⑤
>
> 雍正五年十月二十日，太监王太平、李久明持来仪器一件、日晷

---

① 环文林，时振梁，杨玉林. 1730 年北京圆明园地震［J］. 地震研究，1996（3）：265.

② 04-579Y080918 炉作。

③ 雍正四年十二月十二日，掌仪司送来礼部来文一张，随木香炉样一件，咨称议政王大臣议准，奏明，奉旨：昭陵、福陵供珐琅香炉二座交养心殿造办处成造，俟造成时着内务府派官二员送至关东，着本处该管大臣官员等同看安供。（02-111Y041212 珐琅作）

④ 奉旨：着海望派人将景陵奠酒西洋珐琅盃盘取来。……奉旨：其杯盘花样虽糙，颜色甚好，着交邓八格照此样勉力烧造几分。（10-645Q071012 珐琅作）

⑤ 02-4Y040709 自鸣钟。

一件、乐钟一件、玻璃挂镜一件、紫檀木边玻璃高桌一张（系年希尧进），传旨：仪器、日晷着认看，乐钟着收拾，玻璃挂镜、玻璃高桌着交造办处收着，钦此。①

历史文献表明，康熙时期造办处维修和仿制的科学仪器，很大部分是供康熙皇帝学习之用，除此之外，便提供给钦天监等相关部门使用。雍乾时期的科学仪器帝王使用的记录并不多见，以供给廷园陈设和相关部门使用为主。这些科学仪器是清廷与西方文明来往的物证。

二、国事公用制造

国事公用制造主要体现在典章礼器、赏赐美器、宗教法器、军工兵器等方面的修造。

（一）典章礼器

主要涉及王公大臣的帽顶制式、册封庆典、帝王国祭用品等。清代礼制规定，不同品级的王公大臣戴不同材质帽顶的帽子：王以下八分公以上用红宝石顶，八分公以下一品以上用素珊瑚帽顶，辅国将军以下三品以上用花珊瑚帽顶②。

一般来说，典章礼器的制造均是礼部会同工部等相关部门请旨后与清宫造办处一同办置的器物。如，乾隆十三年（1748）册封皇贵妃、贵妃、妃嫔等所需宝印即是造办处与礼部和工部一同画样制造③。乾隆十四年（1749），造办处会同工部制造了各庙坛祭器（铜器、仪尊、象尊、著尊、壶尊各38件，山尊23件，铜尊45件，簠、簋各183件，铏196件，登18件，豆810件，爵558支）④。典章礼器所涉事项攸关重大，且"工部匠役粗糙，司员亦不谙造作"，往往在制造这类器物时各部都会申请由造办处

---

① 02-555Y051020 自鸣钟、库档。

② 02-568Y051203 玉作。

③ 16-227Q130914 记事录。

④ 17-184Q140411 记事录。

负责制造其中精细活计。最终，礼部给制式，造办处出精工，工部做基础，成就了清廷的典章礼器。

值得注意的是，《皇朝礼器图式》将自鸣钟和西洋科学仪器当作典章礼器的一类。这表明，康熙年间基于学习"西学"的科学仪器到雍乾时期已经成为宫廷礼制中的一类重要器物。

（二）赏赐美器

指《活计清档》所载的以赏用形式颁发于宫廷内外的器物。雍正八至九年（1730—1731）之前，宫廷内主要是小量的赏赐，以造办处官员和工匠的赏赐为主，如怡亲王先后得到花梨木竖柜1对、填漆竖柜1对、螺钿竖柜1对、黑漆堆金龙竖柜1对、黄铜锁18把、白铜锁8把①、三四十岁眼镜1副②、洋漆桌2张、花梨木小架洋金边玻璃插屏1件③等赏赐。而大量的赏赐用于边疆、朝贡国家和外邦，如雍正二年（1724）赏赐琉球国王大小物品167件④；雍正五年（1727）赏赐达赖喇嘛和班禅额尔德尼珐琅轮杵各1件、掐丝珐琅花瓶各1对、有盖白玻璃碗各1对和那尔堂庙内佛前用七宝八宝银满达1份⑤，赏赐蒙古王金珀色玻璃杯18件、刻花白玻璃杯14件、刻花蓝玻璃杯25件⑥，以及赏赐各蒙古王以下公额驸以上135

---

① 01-302Y021105 木作、油漆作、铜作。

② 01-781Y040611 杂活作。

③ 02-75Y041024 木作、漆作。

④ 赏赐琉球国物品详单：御笔"辑瑞球汤"匾1面、珐琅炉瓶盒1分、白玉盒2件、汉玉玦1件、白玉镇纸2件、三喜酒杯1件、青玉炉1件、青玉三喜花插1件、白玻璃大碗4件、白玻璃盖钟1件、磁胎烧金珐琅有盖靶碗6件、青花白地龙凤盖碗12件、青花白地龙凤盖钟10件、霁红碟12件、蓝磁碟12件、霁红碗10件、甜白8寸盘12件、绿龙6寸盘20件、青花如意5寸盘20件、青龙大碗12件、五彩万寿宫碗14件、绿龙紫云茶碗10件、紫檀木盒绿端石砚1方、棕根盒绿端砚1方。（01-307Y021205 木作）

⑤ 02-431Y050208 珐琅作。

⑥ 02-423Y050116 玻璃作。

名官员假红宝石帽顶各 1 个①。

雍正八至九年之后，皇帝开始用造办处的器物大量赏赐京外诸路将领及降清官兵。其中，赏赐给军营驻兵的锭子药和平安丸最具有意思。雍正十三年（1735）就曾赏过诸路军营锭子药和平安丸：赏巴尔仲造办处各色锭子药 3 大匣、药房平安丸 3000 丸、人马平安散 3 斤、紫金锭盐水锭各 8 两，乌里雅苏台造办处各色锭子药 5 大匣、药房平安丸 5000 丸、人马平安散 5 斤、紫金锭盐水锭各 10 两，红郎尔鄂隆造办处各色锭子药 1 大匣、药房平安丸 500 丸、人马平安散 2 斤、紫金锭盐水锭各 2 斤，扎克拜达里克推河 2 处造办处锭子药各 1 中匣、药房平安丸每处 200 丸、人马平安散每处 1 斤、紫金锭盐水锭各 1 斤②。这些具有驱虫消炎的药料被装入精致的小盒套内，再放入塞满棉花的杉木箱内，箱外包裹防水黑毡，由军需处发往各地，将远在京城的皇帝的问候带至战事前线。

除了锭子药、平安散之外，荷包、眼镜、火链包等小物件亦是朝廷的赏赐选项。这种京城对前方的赏赐成为定例，尤其在嘉庆以后成为朝廷屡试不爽的赏赐内容。

（三）宗教法器

以宗教用器为主，清廷内的宗教器物主要涉及藏传佛教、萨满教、道教相关器用。（见彩图 24）清代是一个多宗教纷争的时代，佛教、道教、萨满教、基督教以及民间宗教等并存。而清廷由于统治者推崇藏传佛教，加上满族原有的萨满教，以及部分统治者推崇的道教（如雍正晚年宫廷内兴盛的道教活动）等，宫廷内宗教用器的制造频繁且多样。最典型的例子就是乾隆九年（1744），清廷专门从西藏聘请工匠至造办处，参与雍和宫和宫廷藏式法器的制造。但目前并未见和基督教有关的器用制造。

（四）军工兵器

这类器物的制造从康熙朝已有。康熙四十六年（1707）议定："箭支

---

① 03-46Y060309 玉作。

② 06-685Y13r0421 木作。

撒袋腰刀均系紧要器械，向由外雇匠役成造，难免生疏，嗣后八旗及各省驻防，凡遇有行取箭枝撒袋腰刀等项请交造办处、武备院制造，以期妥协。"① 此后，清宫造办处开始同武备院，共同承担箭支撒袋腰刀的制造任务。在清代的兵器制造中，武备院是内务府下属的另一个重要制造机构。通常冷兵器的制造由武备院负责，时常辅以造办处的合作。至清中期，造办处的兵器制造主要在鸟枪和火炮这类热兵器上，如"公马尔赛传旨与海望，将鸟枪量力多打造些，其鸟枪俱要精细"②。热兵器的制造为深居紫禁城的清宫造办处，蒙上了一层神秘的军事面纱，成为清宫乃至国家各部器物制造机构中最独特的制造部门。

三、"家"与"国"的权衡

从上面对清宫造办处职能的分类认识中可以发现，清宫造办处皇家生活制造主要在帝王和帝室日用方面，国事公用制造主要用于国家政治与军事上面。清宫造办处的制造职能具有"家国二象性"的特点。皇家生活制造和国事公用制造，分别在"家"和"国"的意义上，承担着御用器物的制造。李志超认为，秦代之后的社会是一种与资本主义可以平列的社会制度，他称之为"家国主义"③。

然而，"家"与"国"是如何被赋予在清宫造办处的制器之中的？器用又是如何在"家"与"国"之间变化的？清廷对千里眼的运用，可以很好地说明这个问题。

清廷早期的千里眼大多由进贡得来，或由地方官员进贡④，或由传教士带入。造办处收贮过许多进贡的千里眼，雍正七年（1729）还仿做过西式

① 《清文献通考》卷一百九十四兵考（清文渊阁四库全书本）。

② 05-41Y090105 记事录。

③ 李志超. 国学薪火 [M]. 合肥：中国科学技术大学出版社，2002：61-62.

④ 铜嘴子千里眼大小四件、千里眼水平仪器一件（系毛克明、郑五赛进）。（05-772Y111027 库贮）太监张玉柱、王常贵交来镶绿皮大千里眼 2 件（系孔毓珣进），传旨：着试看，若好圆明园应陈设处陈设。（03-663Y071008 库贮档）

千里眼，"郎中海望持出镶象牙藤桶千里眼一件，传旨：照此千里眼整桶式样或放长些或放粗些，外面或用香羊皮鞑套或用西洋纸鞑套，仿西洋样式做几件"①。雍正十年（1732），清廷第一次将千里眼在军营中的利害告知部下，并以皇帝旨意形式通晓造办处内外。五月二十日，圆明园来帖传雍正皇帝旨意："千里眼于军营甚属有益，可挑选数件顺便发给西路将军营。"②

在此之前，千里眼以收藏和陈设形式存于清廷。收藏是宫廷各库的主要职责，造办处活计库亦收藏了大量进贡器物。进贡的千里眼大多先收在造办处库，等有需要时再领取使用。而清廷大多时候将千里眼陈设于廷园间，圆明园万字房、莲花馆、一号房抱厦、蓬莱洲③、竹子院④等地均陈设有千里眼。

比较有意思的是，这些千里眼被陈设的真正目的，竟然是用来看山水！那种认为雍正皇帝不知道千里眼在军营中利用的认识是错误的。他并非不知道千里眼对于军营的好处，早在雍正四年（1726），出兵的官员就在造办处领过千里眼⑤。

但，事实上许多由地方进贡的千里眼，的确就这样被陈设在了圆明园诸处廷园内，成为供皇室消遣的工具。

雍正十年（1732），皇帝发布了一道千里眼"于军营甚属有益"的谕旨后，千里眼才开始在造办处大量制造，并被送往各地的军营中。

从千里眼在清廷的使用可以看到，早期的运用属于典型的皇家生活制造，而后期被帝王推广后又服务于战争，造办处开始为军营制造千里眼。再从清宫造办处这一机构的产生、发展轨迹可以看到，造办处的职能亦是遵循先有皇家生活制造，再及国事公用制造，由御用至国用，由"家"至"国"的发展路径。皇家生活制造是清宫造办处的设置初衷，是基本职能；而国事公用制造是帝王赋予造办处的"野心"，是根本职能。

事实上，在对待清宫造办处的器物之用时，这种君临在上的政治意蕴

---

① 03-629Y07r0721 眼镜作。

② 05-578Y100520 记事杂录。

③ 02-492Y050710 库档。

④ 03-584Y070608 杂活作。

⑤ 02-110Y041207 杂活作。

表露无遗。清人高士奇《蓬山密记》一书中记载了这个细节："上（康熙皇帝）命近榻前，观新造玻璃器具，精莹端好。臣云：'此虽陶器，其成否有关政治。今中国所造，远胜西洋矣。'"看似说的是陶器，实则关心的是政治。许晓东说，这是一种典型的"你能我也能"① 的大国心态。

在有别于他国的"大国心态"以外，皇帝的意志还加强了清宫造办处所制造的器物的"御制"身份。雍正皇帝曾对内务府大臣海望说："养心殿造办处所制珐琅物件，均系上用、赏用之项。内外臣工蒙皇上施恩赏赐外，诸人不可滥用。"② 不论是皇家生活制造还是国事公用制造，清宫造办处所造之物均是上用、赏用之项，因此不能滥用。

中国的传统工艺讲究"器以载道"。因此，是何器载何道，御制之器所载之道即为帝王之道。清宫造办处的这种国事公用制造职能，是皇帝意志加强的结果，亦是国力昌盛在器用上的反映。

本章小结

清宫造办处的制造职能具有"家国二象性"的特点。帝王通过清宫造办处这个制器机构，满足了他们具有威严的、生活情调的、文人气质的和孝道的等多种帝王形象的塑造。同时，也是通过清宫造办处的器物，将帝国的礼制、亲切、信仰、力量和威严由宫廷传递至国内外。

在"家"与"国"之间，并没有实际的规章与制度进行区分，就如同在清帝王口中"家即是国"一样。但是否"家"真是"国"，不同的历史时期不同的清帝王对此的认识是不一样的。这也正是清宫造办处双重职能中"家"与"国"会有不同的权衡，而这种权衡不是大而化之的，它是可以小而确之的，甚至通过一件器物就能看到"家""国"之间的转换。

---

① 许晓东. 康熙、雍正时期宫廷与地方画珐琅技术的互动［M］//故宫博物院，柏林马普学会科学史所. 宫廷与地方：十七至十八世纪的技术交流. 北京：紫禁城出版社，2010：284，333.

② 章乃炜，王蔼人. 清宫述闻：初续编合编本上［M］. 北京：紫禁城出版社，2009：301.

值得注意的是，"家"和"国"这两个意义，正是清宫造办处，这一御制机构所肩负的两种职能。但通常后者"国"这一意义被世人忽略。清宫造办处职能中所表现的"家国二象性"的特点，正是它在历史中不受社会经济或帝王个人修为所影响，而一直从清康熙时期正式成立至清王朝灭亡，乃至"小朝廷"时期残存的主要原因，也是民国时期有关清宫旧藏是皇家私产还是国家文物大争论的主要原因。

第八章　历史的余响：
清宫造办处的技术遗产

20 世纪的时代车轮，似乎不受人的控制。两次世界大战和多个区域战争、科学技术的进步、国际贸易等一系列全球性活动，带来了社会文化的急速变化，国际社会逐渐打破国别和行业的限制形成"人类共同遗产"理念。

1972 年，联合国教科文组织在巴黎举行的第 17 届会议上，通过了《保护世界文化和自然遗产公约》（即《世界遗产公约》），成为"文化遗产"理念在缔约国间进行保护的国际法律文书。1985 年，中国加入《世界遗产公约》，"文化遗产"的概念逐渐引起中国社会的广泛关注和普遍接受。

2020 年，潜伟在"文化遗产"大背景下提出"技术遗产"的基本概念。技术遗产包括有形的物质文化遗产，也包括无形的非物质文化遗产。前者为一般意义上的文物，后者主要是传统工艺①。

紫禁城也在这个急速向前的历史车轮中，从王朝历史的黄昏走向开放博物馆的黎明。其间，清宫器物的文化意义多次得到不同定义：由器物转化为"古物"，"古物"与宫廷建筑一起构成"文物"，"文物"与宫廷技艺一起构成"文化遗产"。清宫造办处为清廷制造与守护的各种器物，连同它所代表的宫廷技艺，在 20 世纪逐渐转变为国家文物和国家非物质文化遗产，成为今天的技术遗产。清宫器物文化意义的转变是紧随着社会的转变一起的，这一切始于 1911 年湖北武昌的一声枪响。

---

① 潜伟. 技术遗产论纲［J］. 中国科技史杂志，2020（3）：463.

一、从清宫器物到国家文物

1911 年 10 月 10 日晚，湖北武昌新军工程兵第八营士兵程正瀛的一枪打响了武昌起义，各省纷纷响应，宣布独立。

清廷派掌握北洋军大权的袁世凯南下，与革命派进行多次谈判，僵持不下。革命派为了尽快推进"共和"，酝酿产生统一的中央政府，12 月 3 日，各省代表会议通过《中华民国临时政府组织大纲》，规定临时政府由临时大总统、参议院和行政各部组成。12 月 29 日，刚回国的孙中山被各省都督府代表联合会推选为中华民国临时大总统，并于元旦在南京宣誓就职，标志着中华民国临时政府成立。

1912 年 1 月 28 日，中华民国临时参议院成立，提出优待清室和满蒙回藏各族的条件。最终，南北和谈的结果是：清帝同意退位，民国临时政府优待清室及各族；孙中山辞去临时大总统，由袁世凯接任，民国临时政府由南京迁都北京。

1912 年 2 月 12 日（宣统三年十二月二十五日），紫禁城养心殿东暖阁，清朝最后一位皇帝，时年 5 岁的爱新觉罗·溥仪奉隆裕皇太后懿旨，连续颁布了三道诏书。

第一道诏书为《退位诏》：

奉旨：朕钦奉隆裕皇太后懿旨：前因民军起事，各省响应，九夏沸腾，生灵涂炭，特命袁世凯遣员与民军代表讨论大局，议开国会，公决国体。两月以来，尚无确当办法，南北暌隔，彼此相持，商辍于途，士露于野。徒以国体一日不决，故民生一日不安。今全国人民心理多倾向共和，南中各省既倡议于前，北方诸将亦主张于后，人心所向，天命可知。予亦何忍因一姓之尊荣，拂兆民之好恶。是用外观大势，内审舆情，特率皇帝将统治权公诸全国，定为共和立宪国体，近慰海内压乱望治之心，远协古圣天下为公之义。袁世凯前经资政院选举为总理大臣。当兹新旧代谢之际，宜有南北统一之方，即由袁世凯以全权组织临时共和政府，与民军协商统一办法。总期人民安堵，海宇乂安，仍合满汉蒙回藏五族完全领土为一大中华民国，予与皇帝得

以退处宽闲，优游岁月，长受国民之优礼，亲见邮治之告成，岂不懿
欤。钦此。①

第二道诏书为《劝谕臣民诏》（略）。

第三道诏书为《清室优待条件诏》，包括优待皇室八条、优待皇族四
条、优待满蒙回藏七条。其中，《关于大清皇帝辞位之后优待之条件》
如下：

今因大清皇帝宣布赞成共和国体，中华民国于大清皇帝辞退之后
优待条件如左：

第一款

大清皇帝辞位之后，尊号仍存不废，中华民国以待各外国君主之
礼相待。

第二款

大清皇帝辞位之后，岁用四百万两，俟改铸新币后改为四百万
元，此款由中华民国拨用。

第三款

大清皇帝辞位之后，暂居宫禁，日后移居颐和园，侍卫人等照常
留用。

第四款

大清皇帝辞位之后，其宗庙陵寝永远奉祀，由中华民国酌设卫兵
妥慎保护。

第五款

德宗崇陵未完工程如制妥修，其奉安典礼仍如旧制，所有实用经
费均由中华民国支出。

第六款

以前宫内所用各项执事人员可照常留用；惟以后不得再招阉人。

第七款

大清皇帝辞位之后，其原有之私产由中华民国特别保护。

---

① 中国社科院近现代史研究所. 中国近代史：第 5 卷［M］. 南京：江苏人民出
版社，2009：451.

第八款

原有之禁卫军归中华民国陆军部编制，额数俸饷仍如其旧。[1]

罗澍伟评价道，优待清室是革命党人"速定共和"的必要手段。[2]

清帝宣布退位的第二天，孙中山践约辞去临时大总统职务；第四天，南京临时参议院选举袁世凯为第二任临时大总统。3 月 10 日，袁世凯在北京宣誓就职。4 月 3 日，临时参议院议决政府迁至北京，南京临时政府至此结束。

《退位诏》宣告清朝正式灭亡，也标志着统治中国两千多年的封建帝制结束。1913 年 10 月 6 日，袁世凯在北京当选正式大总统，北洋政府成立，这也意味着辛亥革命的果实被袁世凯窃取。

宣统帝颁布《退位诏》和袁世凯当选大总统，在一年多的时间内，治国之权由君主专制的皇帝，转移到总统制共和制的总统，北洋政府成为中国历史上第一个以和平的方式完整继承前朝疆域的政权。

依据民国政府《关于大清皇帝辞位之后优待之条件》第三款，宣统皇帝退位后"暂居宫禁"，逊帝溥仪的活动范围从前朝退居至内廷。政权的变更，让"皇帝"从一种权力象征转变为一种"尊号"，也带来紫禁城内器物文化意义的变化。偏居紫禁城外西路的造办处作房和宫苑陈设，也跟随偌大的宫殿一起进入新的历史时期。

（一）位于外朝的古物陈列所（1914—1948）

清帝退位后，紫禁城内的乾清门广场成为重要的分界线，乾清门广场以北的内廷居住着溥仪"小朝廷"，乾清门广场以南的外朝由北洋政府接管。紫禁城外的天安门也由政府接手，中南海成为大总统的办公地。

1913 年，北洋政府内务总长朱启钤（1872—1964）呈明大总统袁世凯，决定将盛京故宫、热河离宫两处所藏各种宝器陆续运至北京。虽然先

---

① 中国第二历史档案馆. 中华民国史档案资料汇编：第 2 辑［M］. 南京：江苏人民出版社，1991：73-74.

② 罗澍伟. 辛亥革命时期优待清室条件的产生及其评价［J］. 天津社会科学，1985（4）：75-79，93.

农坛已有"古物保存所"，但无法容纳这批文物。① 于是，内务部决定将紫禁城外朝部分仿效外国先例，改为面向公众展示皇家艺术品的古物陈列所。

1913 年 11 月 18 日至 1914 年 10 月 28 日，民国政府内务部派杨乃庚、赵秋山偕同随员十余人，与清室内务府所派文绮、曾广龄等赴热河，清理避暑山庄各宫殿、景点内陈设物品。在都统姜桂题的协助下，先设立起运处，经过水运转火车，先后分七次将 1949 箱又 1877 件共计 119500 余件家具、陈设、铜器、玉器、书画、钟表、书籍、毡毯及其他杂物（其中还包括 43 只活鹿）运到北京。1914 年 1 月 23 日至 3 月 24 日，内务部派治格、沈国钧偕随员十余人，与清室内务府所派福子昆等前往沈阳，在都督张锡銮的协助下，先后分六次将 1201 箱共 114600 余件铜器、瓷器、书画、书籍、珠宝、文房用品等运到北京。② 热河、盛京的文物陆续到达后，堆放在武英殿。内务部向清室借用武英殿西配殿的北边两间，作为古物陈列所筹备处。

1914 年 2 月 4 日，古物陈列所成立，启用内务部所刊木质印章："内务部古物陈列所之章"。3 月 27 日，古物陈列所所长由原清室护军都统治格担任，副所长是王曾俊。

1914 年 10 月 10 日，古物陈列所正式对外开放③，参观者甚众。为了收藏和陈列文物，又将武英殿、敬思殿改造为陈列室，在两殿间修建过廊，形成今天所见的工字形布局，于 1914 年 11 月底竣工。还在已毁的咸安宫基础上建文物库房——宝蕴楼，于 1915 年 6 月竣工。又仿照武英殿工字形布局改造文华殿，于 1916 年 10 月竣工。④ 太和殿、中和殿、保和殿三大殿逐步移交给古物陈列所。1915 年 12 月 12 日，袁世凯在中南海居仁

---

① 杭春晓. 绘画资源：由"秘藏"走向"开放"——古物陈列所的成立与民国初期中国画［J］. 文艺研究，2005（12）：121.

② 姜舜源. 古物陈列所成立前后［J］. 紫禁城，1988（5）：47. 段勇. 古物陈列所的兴衰及其历史地位述评［J］. 故宫博物院院刊，2004（5）：20.

③ 李文儒，故宫博物院. 故宫博物院八十年［M］. 北京：紫禁城出版社，2005：346.

④ 姜舜源. 古物陈列所成立前后［J］. 紫禁城，1988（5）：48.

堂宣布复辟帝制，改民国五年为洪宪元年，之后三大殿作库房使用，主要存放书籍。①

古物陈列所的成立，标志着在紫禁城的同一时空内，出现"一城两制"局面。乾清门广场以北的内廷为逊清"小朝廷"，溥仪依旧享用大清皇帝"尊号"，使用宣统年号，享受中华民国对待外国君主之礼，有宫女太监供皇室差遣，清朝遗老旧臣向溥仪行跪拜礼，由内务府和宗人府等机构继续维持"小朝廷"运转。② 乾清门广场以南的外朝为古物陈列所，由民国政府管理，采用公元纪年，开放售票，接待国内外游客。

如此，紫禁城的南北空间在清朝时是皇家与天下的内外之别，到民国时成了家天下与民天下的新旧政权之别。同一个紫禁城物理空间内并行着三套纪年系统：公元 1914 年，既是民国三年，也是宣统五年。

古物陈列所的成立与民国初年皇家宫苑国民化的趋势是一致的。民国初年，朱启钤除了担任内务总长外，还兼任京都市政公所督办，他主持开启了"公园开放运动"。民国三年（1914），北京内城明清帝王祭祀社稷神的社稷坛改建为中央公园，民国十七年（1928）改称中山公园，这是北京第一座公园。民国四年（1915），北京南城明清帝王祭祀山川和神农的先农坛、内城的皇家宫苑北海辟为公园。民国七年（1918），明清帝王祭天、祈谷和祈雨之地的天坛正式对外开放。民国十四年（1925），明清帝王祭祀地神的地坛被开辟为"京兆公园"。民国十七年（1928），北洋政府内政部收管颐和园及静明园、圆明园，并改为公园。③

姜舜源指出，古物陈列所是北洋政府与逊清皇室合作的产物。从起运文物、腾退房屋、领导人员都由双方合作。所长为清室官员，副所长为政府官员。

古物陈列所的建成让曾经的"皇家禁地"转变为公共空间，是中国历

① 段勇. 古物陈列所的兴衰及其历史地位述评［J］. 故宫博物院院刊，2004（5）：25.

② 王树卿，邓文林. 故宫博物院历程：1925-1995［M］. 北京：紫禁城出版社，1995：2.

③ 郑欣淼."完整故宫"保护的理念与实践［J］. 故宫博物院院刊，2012(5)：8.

史上第一家宫廷博物馆和艺术博物馆，是近代民主革命的重要成果。段勇认为，在1914—1924年逊帝溥仪仍居后宫，封建复辟阴影几度笼罩下，古物陈列所犹如一面共和大旗，在封建堡垒的中心猎猎飘扬。①

1928年，蒋介石改组成立的新南京国民政府第二次北伐成功，北洋政府垮台。古物陈列所划归南京国民政府内政部北平档案保管处管理。1930年、1935年、1946年民国政府多次提议将之并入故宫博物院。1948年3月1日，古物陈列所归并入故宫博物院。1949年底，全部交接完毕②。

（二）位于内廷的故宫博物院（1925—1948）

有关政权变更的两份重要文件《退位诏》和《关于大清皇帝辞位之后优待之条件》均提到"共和立宪国体""赞成共和国体"。为什么"君主立宪"在中国走不通呢？这要从溥仪"小朝廷"期间，先后发生的两次"复辟"事件和一次"复辟"密谋说起。

1915年12月12日，袁世凯宣布恢复帝制，自称"中华帝国皇帝"，准备在新年元旦举行"登极"大典，改民国纪元为洪宪元年。袁世凯的倒行逆施，激起全国人民的愤怒与反对。在众叛亲离的情况下，袁世凯被迫于1916年3月22日取消帝制，恢复中华民国。

1917年6月30日，张勋在清宫召开"御前会议"，于7月1日撵走黎元洪，把12岁的溥仪抬出来宣布复辟，改称此年为宣统九年，通电全国改挂龙旗，自任首席内阁议政大臣，兼直隶总督、北洋大臣。7月12日，段祺瑞组成讨逆军讨伐，"辫子兵"战败，张勋逃入东交民巷荷兰使馆。溥仪再次宣告退位，复辟仅12天即宣告破产。

诸多复辟事件充分表明，"皇帝"身份在中国并不单纯是一种精神象征，有很强的政治诉求。优待条件实则为一种革命派对清廷的妥协，也体现了资产阶级革命的不彻底性。优待条件在当时的中国社会打造了一个尴

---

① 段勇. 古物陈列所的兴衰及其历史地位述评［J］. 故宫博物院院刊，2004（5）：36.

② 李文儒，故宫博物院. 故宫博物院八十年［M］. 北京：紫禁城出版社，2005：351.

尬的身份：一个身居紫禁城的，由民国政府提供岁用、保障安全和保护私产的，以外国君主之礼相待的逊帝。

1924 年 10 月 22 日夜，冯玉祥发动"北京政变"。北京政变成功后，冯玉祥将军被推为国民军总司令，成立了中华民国临时执政府。11 月 4 日晚，召开临时执政府摄政内阁会议并通过了《修正清室优待条件》：

第一条　大清宣统帝从即日起，永远废除皇帝尊号，与中华民国国民在法律上享有同等一切之权利。

第二条　自本条件修改后，民国政府每年补助清室家用五十万元，并特支出二百万元，开办北京贫民工厂，尽先收容旗籍贫民。

第三条　清室应按照原优待条件第三条，即日移出宫禁，以后得自由选择住居，但民国政府仍负保护责任。

第四条　清室之宗庙、陵寝永远奉祀，由民国酌设卫兵，妥为保护。

第五条　清室私产归清室完全享有，民国政府当为特别保护。其一切公产，应归民国政府所有。①

《修正清室优待条件》虽然是民国政府单方面制定的，清室不予承认，许多条款也没被履行，但将溥仪"移出宫禁"被强制执行。

11 月 5 日上午 10 时，京畿卫戍总司令鹿钟麟等与溥仪方面接洽，经反复协商，最后不得不采取果断措施，强行责令溥仪出宫。溥仪出宫也意味着《关于大清皇帝辞位之后优待之条件》实际上已被废止。

鹿钟麟"逼宫"事件是在军阀混战的情况中发生的，时人对此评价不一。直到后期清室善后委员会在整理故宫文物的时候，发现了溥仪与内务府大臣金梁等密谋溥仪复辟的文件②，这让"逼宫"事件具有了某种合理性。溥仪在他的回忆录中说："复辟——用紫禁城里的话说，也叫做'恢复祖业'，用遗老和旧臣们的话说，这是'光复故物'、'还政于清'——这种活动并不始于尽人皆知的'丁巳事件'，也并不终于民国十三年被揭

---

① 章宏伟. 紫禁城：从皇宫到博物院——故宫博物院的前世今生［J］. 江南大学学报（人文社会科学版），2016（2）：53-54.

② 吴瀛. 故宫尘梦录［M］. 北京：紫禁城出版社，2005：69-87.

发过的'甲子阴谋'。可以说从颁布退位诏起到'满洲帝国'成立止，没有一天停顿过。"①

如果"皇帝"不再具有政治权威了，那是否能够成为宫廷物质文化的守护人呢？事实上，当时的溥仪"小朝廷"无力保护清宫珍藏。20世纪20年代初，清宫珍藏遭受了厄运，逊清皇室对清宫珍藏的大量抵押、拍卖活动，引起社会的关注和谴责。1923年6月26日晚9点多钟，紫禁城建福宫发生大火，更加点燃了社会对清室的不满。

清宫珍藏到底是"皇室私产"还是"国产"曾引起过广大争论。溥仪认为清宫珍藏是他的私人财产，当时的中华民国政府也认为这些文物产权属于皇室。皇室的财产不只在紫禁城，还包括沈阳奉天行宫和热河避暑山庄的珍藏。因此，1914年古物陈列所展陈的从沈阳和承德运回的珍宝，是被当作民国政府借自皇室的债款，由清室派员约同古玩商家逐件审定估价，共计3511476元，原本由民国政府按价收购，但因财力问题无法支付购买，故这些珍藏暂被当作民国借自皇室的债款处理。②

1924年5月5日，在时任内务部总长程克的宅中，召开保存国有古物讨论会，讨论保管办法，议定"凡系我国历代相传之物，皆应属于国有，其无历史可言者之金银宝石等物件，则可作为私有。属国有者，即由保管人员议定保管条例，呈由政府批准颁布，即日实行。其属于私有者，则准其自由变卖，此项保管条例已在起草中，大约明后日即可提出讨论，俟通过后，即呈由政府颁布"③。11月7日，中华民国临时执政府发布命令，组织成立办理清室善后委员会，负责清理清室公私产及一切善后事宜。14日又在政府公报上公布了《清室善后委员会组织条例》，聘请李煜瀛（1881—1973）为清室善后委员会委员长。经过将近一年的时间，清宫中大多地方的物品得到初步的点查。

---

① 溥仪. 我的前半生［M］. 北京：中国言实出版社，2019：83.

② 庄士敦. 紫禁城的黄昏［M］. 陈时伟，等译. 济南：山东画报出版社，2007：230.

③ 《清室古物仍难自由拍卖》，《申报》1924年5月8日. 转引自：郑欣淼. 故宫博物院与辛亥革命［J］. 故宫博物院院刊，2011（5）：15.

1925 年 3 月，善后委员会编辑出版《清室善后委员会点查报告》，这意味着将紫禁城乾清门以北的内廷"家底"公之于众，受公众监督。9 月 29 日，清室善后委员会通过了《故宫博物院临时组织大纲》，决定在紫禁城内廷设立故宫博物院。10 月 10 日，故宫博物院正式成立开幕。前摄政内阁总理、理事黄郛（1880—1936）发言说："今日开院为双十节，此后是日为国庆与博物院之两层纪念，如有破坏博物院者，即为破坏民国之佳节，吾人宜共保卫之。"①

故宫博物院的成立使清宫珍藏的身份、性质发生了根本变化，它们已不再是封建帝王权威和财富的象征，也不再是皇帝个人的珍玩，它们与中华民族的历史文化联系起来，成为人民共享的文化财产，且被赋予中华文明血脉的意义。② 这就明确地昭告世人，封建君主制度在中国大地上已真正地被推翻了、结束了，任何企图恢复帝制的行为都是倒行逆施，都是不能得逞的。③ 徐贲认为，故宫博物院"标志着博物馆在中国的社会化，也标志着博物馆的国家体制化。博物馆的社会化表现为博物馆塑造民族国家群体身份，吸引广大民众的参与"④。

故宫博物院的成立真正标志着清宫器物，由"小朝廷"私产变为国家所有，让清宫器物成为国家文物。紫禁城终于得到全面开放（见图 21）。

值得注意的是，此时紫禁城乾清门广场南北，是两个不同性质的开放空间。乾清门广场以南的外廷⑥是古物陈列所，乾清门广场以北的内廷是

---

① 故宫博物院. 故宫博物院早期院史：1925—1949 年［M］. 北京：故宫出版社，2016：38.

② 《清室古物仍难自由拍卖》，《申报》1924 年 5 月 8 日。转引自：郑欣淼. 故宫博物院与辛亥革命［J］. 故宫博物院院刊，2011（5）：16-17.

③ 郑欣淼. 故宫博物院与辛亥革命［J］. 故宫博物院院刊，2011（5）：12.

④ 徐贲. 全球化、博物馆和民族国家［J］. 文艺研究，2005（5）：49.

⑤ 北平古物陈列所. 古物陈列所廿周年纪念专刊［M］//民国时期文献保护中心，中国社会科学院近代史研究所. 民国文献类编：文化艺术卷 891. 北京：国家图书馆出版社，2015：74.

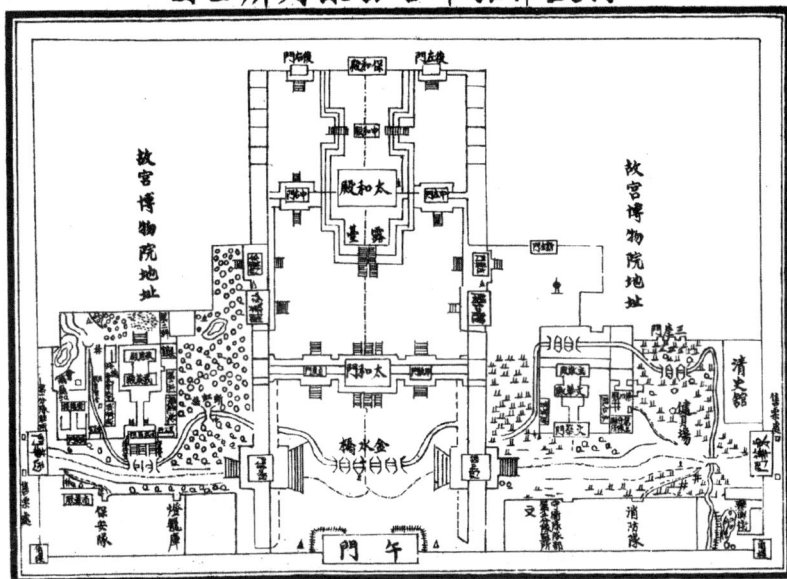

图 21　紫禁城南北区域全部开放（1925）①

故宫博物院。造办处位于乾清门内西路慈宁宫以南的区域，在此时被划分为内廷范围，由新成立的故宫博物院接管。在内廷而非外朝成立故宫博物院，这本身就是重要隐喻：帝王内廷空间公之于众，内廷之物转换为国民之物。

　　1928 年 6 月，第二次北伐战争结束，南京国民政府改北京市为北平特别市，接管故宫博物院②，并改名"北平故宫博物院"，各项工作开始走向正常发展。

　　1925—1949 年 20 余年时间里，故宫博物院筚路蓝缕，先后经历了曲折建院、短暂发展、文物南迁、两岸分治多个阶段，以及我国政体变化、世界大战等诸多历史大事，既有形成"完整故宫"的宏伟规划，也有文物

---

　　①　溥仪出宫，"小朝廷"解散，许多书籍文件对乾清门广场以南的区域描述由过去的"外朝"变为"外廷"。

　　②　故宫博物院. 故宫博物院档案汇编·工作报告：1928—1949（第 1 册）［M］. 北京：故宫出版社，2015：前言 15.

南迁、成立南京分院和驻沪办事处等临时机构、合并古物陈列所的壮阔历程和故宫分隔两岸的现实,其间机构变化、人事变动复杂异常。①

郑欣淼从世界反法西斯战争和抗日战争的背景认为,故宫文物南迁是人类保护文化遗产的壮举,其历时之久、迁徙地域之广、任务之艰巨均为世界罕见。故宫南迁文物得以完整保存是中国抗日战争在文化领域的一大胜利,其艰辛的播迁历程也使故宫文物与国家命运、民族精神紧密联系。②

中国社会的南北统一,将南北各自开放的紫禁城真正转换为南北一体的紫禁城。

(三)"完整故宫"理念(1930年至今)

物的所有权与收藏权,需要各种力量来支持。溥仪"小朝廷"没有能力拥有清宫器物。那志良细数了宫廷文物外流的多种形式。以赏赐、借去为名运出宫,以书画账簿为主;抵押至四大银行(金城、大陆、盐业、中南银行),但到期未还被拍卖,以瓷器、金器为主;赏赐;太监偷窃、抵换,如1924年中正殿大火,疑似为有人故意销毁偷盗罪行而发生。③清室无力保护清宫器物的历史可以追溯到咸丰时期。咸丰十年(1860)八月,英法联军焚毁圆明园,光绪二十六年(1900)六月,英、俄、法、日等国联军攻陷北京,皆给皇室收藏带来了巨大损失。

早在1924年,逊清内部也出现一些主动开放的声音。曾任末代皇帝溥仪的内务府大臣金梁(1878—1962)在《金梁奏请"密图恢复"五折》中提出设立"皇室博物馆"保存清室古物,"并约东西各国博物馆借赠古物,联络办理,中外一家,古物公有,自可绝人干涉"。在金梁的计划中,清理皇产以自养,保护宫廷旧殿与古物以自保,然后可"密图恢复"大业。④

---

① 故宫博物院. 故宫博物院档案汇编·工作报告:1928—1949(第1册)[M].
北京:故宫出版社,2015:19.

② 郑欣淼. 故宫文物南迁及其意义[J]. 华中师范大学学报(人文社会科学版),2010(5):1-13.

③ 那志良. 典守故宫国宝七十年[M]. 北京:紫禁城出版社,2004:25-27.

④ 吴景洲. 故宫五年记[M]. 上海:上海书店出版社,2000:109.

　　各方军阀也没有能力保护清宫器物。清宫器物的物权很多时候成为军阀夺取政权的一种平衡或棋子。

　　在清宫器物无稳定政权保护时期，故宫博物院的工作人员及社会有识之士，成为国宝的真正保护者。故宫博物院的成立，标志着清宫器物物权的完整移交。清宫物权的转移与世界皇宫博物馆的建立趋势是一致的。段勇发现，俄罗斯的国立莫斯科克里姆林宫历史文化博物馆，是由沙皇的武备馆于1814 年主动开放而形成。法国的凡尔赛宫博物馆、土耳其的托普卡匹宫博物馆和贝宁的阿波美王宫博物馆，是被动开放而形成。法国的卢浮宫博物馆和俄罗斯的艾尔米塔什国家博物馆的开放，夹杂着主动和被动的多重因素。①总的来说，清宫物权的转移是在稳定的情况下开展，没有经历战争。

　　溥仪的帝师庄士敦（Reginald Fleming Johnston，1874—1938）回到英国后，回忆他在紫禁城的生活时写道："从前被包围在紫禁城内的一部分重要宫宇，如今也已丧失了它颇富于传奇色彩的权力。南面用围墙围起来的很大一部分（虽然没有东西大门的守护），在皇帝退位后，即被民国当局占据。两个最大的宫殿建筑（武英殿和文华殿）变成了博物馆，收藏了部分以前用来装饰热河和沈阳行宫的精美艺术品。这些艺术品现在是被民国政府'借'来而尚待其购买的皇室藏品。"②

　　1930 年春，发生华北军事当局脱离中央领导事变，古物陈列所受到严重威胁。为了保护整个故宫，事变平息后，故宫博物院院长易培基（1880—1937）提出《完整故宫保管计划》的议案，将乾清门以外的古物陈列所和乾清门以内的故宫博物院合并，将中华门（即大清门，在天安门外，今已拆除）以北各宫殿，直至景山，以及大高殿、太庙、皇史宬、堂子一并归入故宫博物院。（见彩图 29）该提案以理事蒋介石领衔，呈送国民政府。10 月 25 日，国民政府批准了这一提案。11 月 15 日，故宫博物院的工作档案中记录了，故宫博物院会同内政部及卫戍司令公安局各机关接

---

　　①　段勇. 皇宫博物馆概说：兼谈故宫博物院在世界皇宫博物馆中的地位［J］.
故宫学刊，2008（1）：490-504.

　　②　庄士敦. 紫禁城的黄昏［M］. 陈时伟，等译. 济南：山东画报出版社，
2007：119.

受古物陈列所，而招待平市新闻界参观内外廷之事。① 11 月 21 日，古物陈列所、故宫博物院、北平市政府等有关部门，办理古物陈列所并入故宫博物院事宜。由于时局动荡及内政部的阻力，此案未能立即实现。②

两个机构有许多本质不同。曾经参加过押运故宫文物南迁的刘承琮（1918—2012）在 2011 年的访谈中，提到古物陈列所与故宫博物院的区别："（新成立的故宫博物院）与古物陈列所鸡犬相闻，老死不相往来。古物陈列所的人员都是满清民国的遗老遗少，略显腐朽。反观故宫博物院，从上到下一律都是拥有新思想的北大的教授和学生，从李石曾、易培基、张继都是南京国民政府的元老政要。故宫博物院成立的理事会都是以蒋介石为首的国民党大佬，后来成立基金会，蒋介石还带头捐款。故宫博物院成立后，直接隶属行政院，属当时部级单位，而古物陈列所为内务部下属单位。"它们用"前宫"和"后宫"称呼彼此。③

1948 年 3 月 1 日，古物陈列所合并至故宫博物院。从此，故宫博物院与皇宫紫禁城完全融为一体，故宫博物院首任院长易培基早年提出的"完整故宫保管计划"得以实现。这也意味着，清宫物权实现了管辖权的统一和空间上的完整。

1949 年 11 月 9 日，故宫博物院改由中央人民政府文物局领导。1950 年 2 月，北平市改称北京市，故宫博物院也更名为"国立北京故宫博物院"，后于 1951 年 6 月改名"故宫博物院"。

1961 年，故宫被国务院认定为首批全国重点文物保护单位。1987 年，联合国教科文组织《保护世界文化和自然遗产公约》世界遗产委员会召开的第 11 届全体会议，正式批准北京故宫列入《世界遗产清单》。2003 年，沈阳故宫作为扩展项目列入。世界文化遗产的视野，拓宽了故宫的文化价

① 故宫博物院. 故宫博物院档案汇编·工作报告：1928—1949（第 1 册）［M］.北京：故宫出版社，2015：119.

② 梁丹. 北京博物馆工作纪事（1905 年—1948 年）［J］. 中国博物馆，1992（3）：89.

③ 刘源隆. 刘承琮：我所经历的故宫古文物南迁：刘承琮 93 岁口述于北京方庄［EB/OL］. https://collection.sina.com.cn/cqyw/20121011/165988047.shtml，2012 年 10 月 11 日发布于环球网.

值与意义，让一度淡化的"完整故宫"理念得以获得新阐释。

2003 年 10 月，故宫博物院院长郑欣淼，在庆祝南京博物院成立 70 周年举办的馆长论坛上，首提"故宫学"概念。"故宫学"以其综合的视角观察和研究"完整故宫"。郑院长认为，文化遗产的完整性，不只是空间范围上、组成部分和结构上的完整，还包括文化概念或文化精神上的完整。故宫的价值既有熟知的物质遗产（文物），也有非物质文化遗产（如传统的文物修复技术和故宫官式建筑修造技艺）。这些非物质遗产既是保护故宫及其文物藏品的重要手段，也是故宫文化的重要组成部分。故宫珍视这些工艺技术，对其进行着有效保护，并重视传统工艺与现代技术的结合。[①]

目前，故宫博物院拥有 6 项国家级非物质文化遗产代表性项目和 3 项市级非物质文化遗产代表性项目。前者分别为 2008 年获批的官式古建筑营造技艺（北京故宫）、古字画装裱修复技艺，2011 年获批的青铜器修复及复制技艺、古书画临摹复制技艺，2014 年获批的古钟表修复技艺和 2021 年获批的宫廷传统囊匣制作技艺；后者分别为入选的 2021 年传统百宝镶嵌制作与修复技艺、传统木器制作与修复技艺、传统漆器修复技艺。

从技术的角度来看，"完整故宫"理念包含三层内容：技术物（文物）所有权的完整性、文物所在的历史空间的完整性、文物修复技艺的完整性。

二、从清宫技艺到国家非物质文化遗产

1911—1924 年，清王朝覆灭至"小朝廷"解散期间，造办处工匠陆续散落民间，一部分人受雇于达官显贵之家，一部分人自立门户传艺授徒。如木器制作工匠，流落至崇文门外东晓市街的鲁班胡同内，开设木器作坊[②]；裱匠刘永祥在西四牌楼开设冥衣铺。[③] 大多昔日造办处工匠流动至地方成为民间手艺人，用宫廷技艺服务新的客户。仅有个别工匠，在政权

① 郑欣淼．"完整故宫"保护的理念与实践［J］．故宫博物院院刊，2012（5）：23-24.

② 波音．大国工匠［M］．北京：北京出版社，2020：52.

③ 王添艺．官式建筑内檐棚壁糊饰技艺和它的传人们［M］．北京：北京美术摄影出版社，2022：56.

转变中从造办处工匠转为古物陈列所或故宫博物院的技工。如木匠高春秀被请入故宫修复木器文物，他还找来一些过去清宫造办处工匠的弟子，组建了故宫最早的木器修复团队。①

20 世纪 20—30 年代，形成了中国现代意义上的文物保护工作。若干标志性事件有：1922 年，成立中国最早的文物保护研究机构北京大学考古学研究室；1928 年，国家设立第一个专门保护管理文物的机构"中央古物保管委员会"；1930 年，国家公布第一个文物保护法规《古物保存法》。②

清宫器物的维护主要由古物陈列所和故宫博物院负责。1929 年，《故宫博物院组织法》规定，故宫博物院设秘书处、总务处、古物馆、图书馆、文献馆共五馆（处）。秘书处负责机要、物品簿册保管、扩充、理事会议、职员进退等事。总务处负责典守印信、选拟保存文件、征集统计材料及刊行出版物、工程修缮、庶务、会计、开放、稽查、警卫以及其他不属于各馆负责的事。古物馆负责古物保管、陈列、传拓、摄影、鉴定、展览。图书馆负责图书编目、分类、收藏、版本考订、影印、阅览。文献馆负责档案及清代历史物品的编目、陈列、储藏、展览、编印。③

（一）民国时期古物馆的文物整理

在 1949 年以前，故宫博物院的主要工作集中在文物的保管和维持工作，部分文物因保管和展陈的需求进行了修复。这期间，文物修复被称为"整理"或"装修"。多个部门均进行了文物修复。

图书馆涉及书籍装裱和小器作工作。1929 年 4 月起，图书馆有装订匠6 人，手艺好者修善本，手艺普通者修普通书，修补了 610 册，装订成册45 种；雇用小器作匠 1 人，专门修理书库的木匣，共修理 86 件、新做 32

---

① 波音. 大国工匠 [M]. 北京：北京出版社，2020：52，55.

② 单霁翔. "从文物保护"走向"文化遗产保护" [M]. 天津：天津大学出版社，2008：33.

③ 故宫博物院. 故宫博物院档案汇编·工作报告：1928—1949（第 1 册）[M]. 北京：故宫出版社，2015：15-18.

件；此外，还雇用修补锦缎书套工匠 1 名，共修补 105 件，补做 51 件。①
但故宫博物院图书馆的文物修复记录不见于 20 世纪 30 年代，应该是将修
复事宜调整至古物馆的缘故。

1931 年，古物馆设立裱画室，修复受损书画。1935 年，古物馆的装修工
作有两件，其一是"装裱画轴、拓扇、书架等共三十六件"，其二"修理钟
表等共二十七件"②。古物馆的修复工作较连续，1931 年至 1949 年 19 年间，
只有 1947 年不见修复记录，其他年份都有进行文物修复。可以说古物馆是民
国时期故宫博物院文物修复的中心，主要的修复领域为书画、小器作、钟表
相关。"新提各项物品损坏者，均择要装修，以便保管或陈列。书画类雇用
良工遵照修裱规则从事装裱。钟表之类则由专门技术人员从事修理。"

1931 年 7 月，古物馆裱画室雇用大树斋工匠，在古物馆监督指导之
下，开始分别刷洗、补缮、修裱、托褙、胶黏等工作。7—12 月共计修理
或装裱大小横直卷轴 239 件、旧成扇 17 柄。雇用复盛斋小器作工匠修补瓷
铜玉等各器之木座木匣等，年内修补约 300 余件。③

民国时期，造办处相关旧址建筑也得到修整。1929 年 3 月，故宫博物
院成立总务处，负责有关开放参观、工程修缮、照相、测绘、出版物刊
行、发行等事④。总务处下设的测绘室完成旧内务府及造办处分图的测
绘⑤。今天故宫博物院收藏的两份未标注绘制日期的造办处地盘图，应当
是由此时绘制。（见彩图 14）总务处还先后修理了造办处多处毁坏建筑。

---

① 故宫博物院. 故宫博物院档案汇编·工作报告：1928—1949（第 1 册）［M］.
北京：故宫出版社，2015：76.

② 故宫博物院. 故宫博物院档案汇编·工作报告：1928—1949（第 2 册）［M］.
北京：故宫出版社，2015：587.

③ 故宫博物院. 故宫博物院档案汇编·工作报告：1928—1949（第 1 册）［M］.
北京：故宫出版社，2015：255.

④ 故宫博物院. 故宫博物院档案汇编·工作报告：1928—1949（第 1 册）［M］.
北京：故宫出版社，2015：38.

⑤ 故宫博物院. 故宫博物院档案汇编·工作报告：1928—1949（第 1 册）［M］.
北京：故宫出版社，2015：63.

1936 年，修理造办处后墙支戗，修砌造办处大墙安门。① 1941 年，修砌古物馆摄影室及造办处大库后墙并院内南北大墙。② 1943 年，如意馆后院、造办处钱粮库、做钟处均坍塌，照原样修复。③（见彩图 30）1949 年，造办处钱粮库被拆除。④ 1948 年，造办处内西小院北房、裱作、大库房顶坍塌，各有一部木架糟闪，照旧修复；做钟处房顶生有草树，间多塌落，木架糟闪不堪，照旧修复。⑤

1949 年十一月二日，故宫博物院成立文物整理委员会代办工程事项，造办处大库由大业营造厂负责修缮。（见彩图 31）大业营造厂是当时北京的一家建筑公司，工作内容包括修缮瓦顶 600 平方米、拆砌砖墙 45 平方米，计划分别用 60 个工作日完成，共花费 10348300 元。⑥

总的来说，民国时期故宫博物院，还没有设立专门机构负责文物修复，少量的文物整理工作由古物馆的裱画室负责，有少数几个人从事裱画与钟表、小件硬木器的修复工作，还有少量牙器、漆器和铜器。文物修复人员为在京聘任的相关领域的行家进故宫博物院当技工。

（二）20 世纪 50 年代保管部文物修整组

中华人民共和国成立后，国家投入了大量的资金到故宫。故宫博物院陆续接收多种渠道征集和捐赠的文物，文物的修复工作开始增加。1951 年

① 故宫博物院. 故宫博物院档案汇编·工作报告：1928—1949（第 2 册）[M].
北京：故宫出版社，2015：687-688.

② 故宫博物院. 故宫博物院档案汇编·工作报告：1928—1949（第 3 册）[M].
北京：故宫出版社，2015：951.

③ 故宫博物院. 故宫博物院档案汇编·工作报告：1928—1949（第 3 册）[M].
北京：故宫出版社，2015：1019-1020.

④ 故宫博物院. 故宫博物院档案汇编·工作报告：1928—1949（第 4 册）[M].
北京：故宫出版社，2015：1329.

⑤ 故宫博物院. 故宫博物院档案汇编·工作报告：1928—1949（第 4 册）[M].
北京：故宫出版社，2015：1262.

⑥ 故宫博物院. 故宫博物院档案汇编·工作报告：1928—1949（第 4 册）[M].
北京：故宫出版社，2015：1332.

上半年，故宫博物院在保管部下成立了文物修整组，制定了相关工作的办事细则。当时的修复门类大致有钟表、木器、照相、漆器、裱画几个专项，裱画只是北派的京裱。

1954 年后，故宫博物院院长吴仲超着手扩充修整组，先后从上海、北京等地招收一批书画、铜器、漆器、木雕、镶嵌等修复技术人员，充实修整组的力量。吴仲超院长亲赴上海，为故宫挑选古书画装裱修复专家，张耀选、杨文彬、孙承枝、孙孝江、江绍大、洪秋生、华风笙等"苏裱"大师进入故宫。扬州的张兴顺、北京大树斋的张有年和鼓楼裱画铺的柴启斌也被请到故宫。成立了裱画室，"苏裱""扬裱""北裱"大师齐聚故宫，张耀选担任组长。① 其间，还有重点地扩大书画临摹复制技术队伍。1957年，故宫与上海书画装裱合作社经过长时间的磋商，最终调入郑竹友、金仲鱼等一批专门临摹复制书画的人才。金仲鱼画画，郑竹友写字。后来又吸收了原在荣宝斋的冯忠莲、陈林斋。②

青铜器修复及复制师傅赵同仁、赵振茂、李会生、孟海泉等相继进入故宫。他们都师承自光绪年间造办处负责修复青铜器的于姓太监。辛亥革命后，于师傅出宫在北京前门开设"万龙合"古铜局，从事修复古代青铜器工作，所收徒弟中以郭树根和张泰恩最为出名。张泰恩继承师父衣钵，改"万龙合"为"万隆合"，为琉璃厂古玩商修复青铜器。张泰恩有名气的徒弟有赵同仁、张文普和贡茂林。赵振茂和李会生为张文普的徒弟，孟海泉为贡茂林的徒弟。③ 木器修复大师胡秀峰、王吉友、王庆华、白锡来、史建春、赵福水等人相继调入故宫，成立木器修复组。④ 百宝嵌制作与修复师傅郝玉昆和张文庆师徒进入故宫从事镶嵌文物修复工作。郝玉昆师承自造办处镶嵌作的师傅，在南池子大街开设镶嵌小厂。

---

① 沈子怡，顾军. 故宫古字画装裱修复技艺和它的传人们 [M]. 北京：北京美术摄影出版社，2022：22，28-29.

② 王树卿，邓文林. 故宫博物院历程：1925—1995 [M]. 北京：紫禁城出版社，1995：79. 朱传荣. 国之良干：有关吴仲超院长的记闻 [J]. 故宫学刊，2015（3）：90.

③ 波音. 大国工匠 [M]. 北京：北京出版社，2020：29-30.

④ 波音. 大国工匠 [M]. 北京：北京出版社，2020：52，55.

同时，又从院内选调一批青年职工，跟随老师傅学习文物修复技术。初步形成了一支包括书画、铜器、漆器、钟表、木雕、镶嵌等文物修复与囊匣制作的多工种、近数十人的专业技术队伍。1956 年底，故宫文物修复工种已达 12 种，人员近 50 人。

1957 年，先后修复书画、铜器、漆器、钟表、木器家具等各类文物近4000 件。在修复工作中，保证了文物的安全与修复质量，并建立了文物修复档案，记录文物修复前后的情况与修复计划，并定期归档，为今后查考保存证据。①

（三）20 世纪 60—70 年代文物修复厂

1960 年后，在文物修整组基础上，故宫博物院成立"文物修理厂"，位于西三所，后改名"文物修复厂"。文物修复厂的任务有三个：一是为本院藏品保管与陈列展览工作服务；二是协助全国文物、博物馆等兄弟单位，修复重要文物；三是培训文物修复技术人员。② 该厂隶属保管部领导，下设有硬木桌椅、小器作、镶嵌、象牙雕刻、古铜、新铜、雕漆、彩漆、糊匣、钟表、裱画、摹画、书法篆刻和照相等 14 个行当。③

文物修复厂聘请金仲鱼、冯忠莲、陈林斋及金禹民等人组，建书画临摹组。这时一批年轻的高中毕业生走进故宫学艺，张金英、纪秀文、沈洪彩三人先后被分配到了裱画室。张金英拜在杨文彬门下。纪秀文先被分配到故宫的钟表室学习，随后被分配到裱画室，先跟随孙孝江学习基本功，后改拜江绍大为师。沈洪彩师从孙承枝。

70 年代，又有一批年轻人进入故宫。1972 年，高骏进入裱画室跟随孙承枝学习古字画装裱修复技艺。1974 年，徐建华复员后被分配到故宫文物修复厂。因为有在南方当兵的经历，徐建华听得懂无锡话，就跟杨文彬学艺。李寅、侯元丽进入裱画室，师从张耀选。1976 年，王克微和王岩青进

① 王树卿，邓文林. 故宫博物院历程：1925—1995［M］. 北京：紫禁城出版社，1995：77.

② 朱传荣. 国之良干：有关吴仲超院长的记闻［J］. 故宫学刊，2015（3）：90.

③ 保管部. 认真做好百万件文物藏品保管工作［J］. 故宫博物院院刊，1985（3）：29.

入裱画室，分别师从孙孝江和孙承枝。1978 年，单嘉玖被分配到故宫裱画室，先跟随孙孝江学艺，后改拜孙承枝为师。尚力进入故宫，师从孙承枝。1979 年，吴钟和常洁先后进入故宫裱画室，分别师从张耀选和孙承枝。10 月，张志虹（张耀选长女）进入故宫，师从张耀选。①

1975 年，李永革进入故宫博物院工作，师从戴季秋、赵崇茂学习中国古代建筑木作技术。1979 年，郭文林进入故宫博物院从事古书画临摹复制工作；同年，王金生进入故宫博物院从事宫廷传统囊匣制作。

1979—1980 年间，故宫开展"企业化"的经营活动，文物修复厂单独核算。文物修复厂被分成两个部分，即"东修复厂"和"西修复厂"。前者设在院内南三所，主要承担文物复制工作，复制品送到外宾服务部进行售卖创汇。"西修复厂"在西三所区域，它是承担文物修复工作的主力，大部分修复人员都留在"西修复厂"工作。②

（四）20 世纪 80 年代以来文保科技部

1982 年，故宫博物院成立了文物保护实验室。1988 年，文物保护实验室与东、西文物修复厂合并，成立科学技术部，简称科技部。1997 年，故宫博物院机构改革时，科技部更名为文物保护科学技术部，简称文保科技部。③

1981 年，故宫与英国有一项合作复制古代青铜器的项目，为此招了一批年轻人，杨泽华和周海宽进入故宫。杨泽华先跟着赵振茂学了三年青铜器复制技艺，后和周海宽一同被分到裱画室，分别拜徐建华、张金英为师。1986 年，张旭光进入故宫，师从张耀选。1990 年，毕业于北京城市学院文物鉴赏与保护专业的侯雁进入故宫裱画室，师从张旭光师傅。④

---

① 沈子怡，顾军. 故宫古字画装裱修复技艺和它的传人们［M］. 北京：北京美术摄影出版社，2022：30-39.

② 沈子怡，顾军. 故宫古字画装裱修复技艺和它的传人们［M］. 北京：北京美术摄影出版社，2022：30-39.

③ 李文儒，故宫博物院. 故宫博物院八十年［M］. 北京：紫禁城出版社，2005：254.

④ 沈子怡，顾军. 故宫古字画装裱修复技艺和它的传人们［M］. 北京：北京美术摄影出版社，2022：30-39.

进入 21 世纪，故宫博物院多项文物修复和复制技艺，成功申报为非物质文化遗产代表性项目。2008 年，装裱修复技艺（古字画装裱修复技艺）和官式古建筑营造技艺（北京故宫），列入第二批国家级非物质文化遗产代表性项目名录。徐建华、杨泽华、周海宽、单嘉玖、张旭光为国家级非物质文化遗产代表性项目装裱修复技艺（古字画装裱修复技艺）代表性传承人。李永革、刘增玉、李增林、吴生茂、李建国、白福春为国家级非物质文化遗产代表性项目官式古建筑营造技艺（北京故宫）代表性传承人。

2011 年，古书画临摹复制技艺和青铜器修复及复制技艺，列入第三批国家级非物质文化遗产代表性项目名录。祖莪、郭文林为国家级非物质文化遗产代表性项目古书画临摹复制技艺代表性传承人。王有亮、恽小钢、吕团结为国家级非物质文化遗产代表性项目青铜器修复及复制技艺代表性传承人。

2014 年，古代钟表修复技艺，列入第四批国家级非物质文化遗产代表性项目名录。王津为国家级非物质文化遗产代表性项目古代钟表修复技艺代表性传承人。

2021 年，宫廷传统囊匣制作技艺，列入第五批国家级非物质文化遗产代表性项目名录。王金生、乔秋云为国家级非物质文化遗产代表性项目宫廷传统囊匣制作技艺代表性传承人。

2021 年，传统百宝镶嵌制作与修复技艺、传统木器制作与修复技艺、传统漆器修复技艺，入选北京市第五批市级非物质文化遗产代表性项目。

随着故宫博物院陆续获批非物质文化遗产代表性项目，相关技艺的传承谱系得到整理，将长期以来在故宫文物修复个人或师门的技艺在代际传承间转化为国家文化遗产，极大地激发了修复技艺背后的文化解释力。

三、紫禁城唯一连续传承的宫廷技艺：钟表修复

在故宫博物院所有的非物质文化遗产代表性项目中，古代钟表修复技术源于清宫造办处，是唯一一项从清宫流传至今，且在紫禁城内传承未间断的宫廷技艺。清帝退位后的"小朝廷"时期（1911—1924），依然保留了造办处的若干匠人在宫中供职，其中应当就有钟表维修匠人徐文璘。秦世明和王津《皇家做钟处的延续》一文，讲述了徐文璘作为清宫造办处做

钟处与故宫博物院钟表维修"桥梁者"的意义。

"小朝廷"期间每年依然"随传随修"相当数量的钟表。如民国元年（1912）修理 378 件，民国二年（1913）修理 372 件，直到民国十三年（1924），溥仪出宫前的十几年间，共修钟表、机械玩具 3638 件（次）。修理工作具体有：刷新外套，彩画花活，配做花牙，补全所缺，修钟瓢、乐箱，更换发条，恢复固有机能及配钟罩、表蒙、钟座等活计。1924 年，溥仪出宫后，做钟处不复存在，徐文璘依然供职于紫禁城。①

关于徐文璘还有很多疑问。首先是他的名字，多个文献使用了不同写法，有"徐文璘""徐文磷""徐文麟"②。后文依据他与李文光合写的《谈清代苏州钟表》一文的署名，统一用"徐文璘"③。其次是他的工作单位。刘承琮在回忆时任古物陈列所陈设科任科员的父亲时，讲到他的父亲与原宫廷造办处钟表世家出身的徐佩辰是古物陈列所的好朋友。④ 这里的"徐佩辰"应该就是徐文璘。吴十洲在考证古物陈列所的专职人员时，也将徐文璘归为该所专职人员。⑤ 而朱家溍等学者在提到徐文璘时说，他是故宫博物院的技师。很有可能，徐文璘在紫禁城内廷和外朝还没有统一的时候，既服务于古物陈列所又服务于故宫博物院。

朱家溍提供了有关徐文璘在清末时期的活动情况。光绪年间，徐文璘在造钟处当"柏唐阿"（满语，工匠的意思），除修理钟表外，还负责到皇帝屋中给钟上弦（即发条）。徐文璘回忆说："光绪住南海的日子，李莲英住中海的'福禄居'。光绪常带着随侍太监到'福禄居'找李莲英聊天。每次去的时候，李莲英出门跪接，然后跟着进屋。光绪坐在前檐炕上，赏

---

① 秦世明，王津. 皇家做钟处的延续 [J]. 紫禁城，2007（7）：110.

② 王津，亓昊楠. 我在故宫修钟表·英国钟表 [M]. 北京：故宫出版社，2017：序 6-7.

③ 徐文璘，李文光. 谈清代的钟表制造 [J]. 文物，1959（2）：34-35.

④ 刘源隆. 刘承琮：我所经历的故宫古文物南迁：刘承琮 93 岁口述于北京方庄 [EB/OL]. https://collection.sina.com.cn/cqyw/20121011/165988047.shtml，2012 年 10 月 11 日发布于环球网.

⑤ 吴十洲. 1925 年前古物陈列所的属性与专职人员构成：纪念古物陈列所成立 100 周年 [J]. 故宫博物院院刊，2014（5）：13.

李莲英坐，他叩过头就坐在炕前脚踏上，陪着说话。光绪喜欢西洋钟表，李莲英也爱摆弄钟表，有时拆卸了装不上，就叫我去。"①

根据民国时期《故宫博物院档案汇编·工作报告》记录，故宫博物院开始的钟表修理记录始于 1935 年，一直到 1949 年。其间除 1947 年和 1948 年没有维修记录外，近乎每年都会开展维修工作，其钟表维修的数量达 233 件或 370 件。②

徐文璘的大儿子名徐芳洲。1943 年《故宫博物院职员录》记载：徐芳洲，别名显瀛，1906 年生，家住地安门内景山前街六号，为古物馆第一科助理员③。据王津回忆，徐芳洲在东华门开了一个修表铺，中华人民共和国成立后跟着父亲徐文璘进宫，加上白金栋、马玉良、陈贺然，一共四位学生跟随徐文璘学习古钟表修复。他们成为故宫古钟表修复技艺第二代传人。

1977 年，时年 16 岁的王津进入故宫，接爷爷的班。他没有去爷爷生前的故宫图书馆的岗位，而是来到故宫博物院文物修复厂钟表室。当时钟表室没有年轻人，只有两个岁数比较大的人，他被马玉良选中当徒弟。马玉良 1932 年出生，是从故宫警卫队转过来跟徐文璘当学徒的。④ 秦世明和齐钢（女）与王津一样，也师从马玉良⑤。他们成为故宫古钟表修复技艺的第三代传人。

2005 年，亓昊楠大学毕业进入故宫钟表室工作，师从王津，从事钟表修复工作。2017 年底，陈明轩、刘潇雨和杨晓晨拜王津为师。他们成为故宫古钟表修复技艺的第四代传人。

2018 年，向琬、刘瀛潞拜亓昊楠为师，成为故宫古钟表修复技艺的第五代传人。⑥

① 朱家溍. 北京闻见录［M］. 北京：北京出版社，2020：60、62-63.

② 故宫博物院. 故宫博物院档案汇编·工作报告：1928—1949（第 2—4 册）［M］. 北京：故宫出版社，2015.

③ 民国时期文献保护中心，中国社会科学院近代史研究所. 民国文献类编：文化艺术卷 891［M］. 北京：国家图书馆出版社，2015：30.

④ 萧寒. 我在故宫修文物［M］. 北京：北京十月文艺出版社，2022：10-11.

⑤ 秦世明，王津. 皇家做钟处的延续［J］. 紫禁城，2007（7）：110.

⑥ 亓昊楠，王津. 我在故宫修钟表·瑞士钟表［M］. 北京：故宫出版社，2018：32-33. 王津. 我在故宫修钟表·广州钟表［M］. 北京：故宫出版社，2021：序.

故宫古钟表修复技艺一直延续着传统的师徒制，代代心手相传。故宫古钟表修复技艺与古钟表一样，见证了时代的变迁，也见证了不同时代修复师们的智慧和心血。

本章小结

进入 20 世纪，在紫禁城的第五个百年之际，中国迎来了翻天覆地的变化。紫禁城经历从明清皇宫到博物院的转变，这个过程伴随着中国社会现代化的历程，紫禁城的空间也经历了先南北分管的阶段，包括古物陈列所与逊清"小朝廷"并置时期、古物陈列所与故宫博物院并置时期；而后南北统一，由故宫博物院统一管理。在近半个世纪的峥嵘岁月里，紫禁城的建筑和器物之物权，从皇家私产转变成为国家文物，物的新的文化意义在不同阶段的政治与社会巨变中逐渐被阐释。

清宫器物的物权变更开始于 20 世纪 20 年代。宫廷技艺的转换较之晚了近一个世纪。这是因为，长期以来技术是与工匠紧密联系在一起的。清末民初之际，大部分造办处工匠流落民间，或转行或以开店收徒为生，仅有极少数清宫造办处工匠变为博物馆文物修复师。直到 20 世纪 50 年代开始，故宫博物院的文物修复工作才得以系统开展，全国多地的各领域大师来到故宫博物院，传艺授徒。在现代文物修复理念影响下，修复大师们利用传统工艺为维护国之文物贡献智慧。其中有些修复技艺逐渐形成传承谱系，成为 21 世纪的非物质文化遗产，如古字画装裱修复技艺、官式古建筑营造技艺（北京故宫）、古书画临摹复制技艺、青铜器修复及复制技艺、古代钟表修复技艺、宫廷传统囊匣制作技艺、传统百宝镶嵌制作与修复技艺、传统木器制作与修复技艺、传统漆器修复技艺。在故宫博物院众多文物修复技艺中，古钟表修复技艺是紫禁城内唯一连续传承的宫廷技艺。

从清宫器物和宫廷技艺的角度看，故宫博物院文物保护的历史是清宫器物修复历史的当代延续。曾经的皇家清宫造办处到今天变成为故宫博物院的"文物医院"，他们在不同时代共同创造和维护着紫禁城的物。

结　语

　　清宫造办处自康熙二十八年（1689）建制化开始，直至 1924 年逊清"小朝廷"消亡，历时 236 年，其间承接了明代以来的养心殿御制传统、清中期的西学制器传统、各地方制造传统，以及民国时期的制器传统，成为中国近代技术历史的见证者。

　　作为受帝王关注的御制器用制造机构，清宫造办处成为中国历史上最集中的技艺交流平台。清宫造办处的建立与发展过程，即是技艺平台搭建的过程，乾隆时期清宫造办处发展至鼎盛，标志着技艺交流平台的完成。作为一个御制机构，清宫造办处无时无刻不展示着它作为技艺平台的姿态，为帝王呈现所需的器物。

　　首先，清宫造办处技术来源多元化。作为帝王的"百工"，这里长期汇集了来自全国多地工匠、国外多国的工匠，与"旗匠"共同为帝王服务，他们将各自地域文化中形成的技术基因，携带进宫廷，并融入进清宫帝王的御制系统。鼎盛时期的清宫造办处，同时存在的作坊数量达 60 余个。这种同时包含了多个民族技艺和地域技艺的手工技艺制造机构，在中国内廷制造的历史中独树一帜，在中国历史上亦十分罕见。

　　其次，清宫造办处制器标准内庭化。帝王始终没有放弃对清宫造办处制器的要求，这是历代清帝王对清宫造办处的态度。雍乾时期成型的"内庭恭造之式"和各种"官样"的运用是这种制器标准内庭化的具体体现。清宫造办处也因此获得了有别于工部制造库、内务府营造司等机构的"御制"身份，在庞大的清代制造体系中占据了特殊地位。清宫造办处成为清代精美手工艺品的代名词。另外，"内庭恭造之式"所体现的制器标准，不单是传统中国帝王审美需求的一种表现，更是在满洲贵族统治阶级崇尚武士精神的背景下对"文化治国"的一种软性回归。因此，清宫造办处的制器还被赋予了浓厚的政治色彩，承担着"治家理国"的任务。

再次，清宫造办处的技艺交流被动化。雍乾时期，技艺与皇权的关系是吸引与控制。技艺以其独特的技术优势吸引着帝王的目光，帝王用其远近可达的政治权威，在帝国范围内外搜寻优秀的技艺进入宫廷，为之服务。深居宫廷中的帝王，在地方进贡的器物中，感受地方制器的智慧与力量，在地方选送的工匠中，感受地方技艺的新奇与巧妙。宫廷中的各种官员和匠人，都可以成为帝王认识这些陌生技艺的顾问；很多时候，帝王也以积极的姿态投入制器过程中，地方技艺成为帝王宫禁生活的新鲜血液。

然而，在皇权与技艺关系中，控制才是核心。受到皇权控制的需要，地方技艺在宫廷审美的约束下进行合作。这是一种奇妙的合作过程。在传统手工技艺的发展轨迹中，受到外来因素的刺激而形成一种新的技艺形式的情形十分常见。而在清宫造办处中，帝王意志成为这种"外来因素"，刺激着来自各地的具有悠久制器传统的技艺，让这些优秀技艺之间得以重新认识、合作，以至妥协、融合。这种刺激，有时可以激发工匠产生新的独立的艺术形式；而有时会造成审美的繁复与工匠自我审美意识的退位。不论是哪种情况，在清宫造办处历史上均有所体现。

受技术来源多元化、制器标准内庭化和技艺交流被动化的影响，造办处各作坊间的跨媒材尝试，一个器物集合多种工艺的现象非常常见。

清宫造办处这一中国历史上最集中的技艺交流平台，在雍正乾隆时期形成了一种有别于地方的"宫廷技艺"。18世纪的中国皇权面对的世界形势是：内部来说，皇权达到中国历史的最高峰，以至对技艺产生了控制的倾向，形成了具有宫廷特点的宫廷技艺；外部来说，消费主义的兴起使得皇权对技艺控制显得势单力薄，后期造办处的历史充分地表明，宫廷技艺对地方技艺的引领逐渐消逝。清宫造办处的历史正是清代宫廷技艺的历史。

"宫廷技艺"是相对于"地方技艺""民间技艺"而言的。宫廷技艺是各地技艺与皇权角逐与影响的结果。在技艺从地方到宫廷的转换过程中，帝王和工匠发挥了不同的作用。

帝王意志是技艺从地方到宫廷转换的内在路径。清朝建国之初，御制器用的使用延循前朝，宫廷造物的标准不甚明晰。至康熙朝开始建立御制机构，雍正时期明确提出"内庭恭造之式"的制造标准，到乾隆时期大加应用，清宫特色的御制器用所体现的宫廷风格正式形成，而这种风格被后代继承。

地方工匠身份和意识的变化，是技艺从地方到宫廷转换的外部路径。"旗匠"在进入宫廷时间和数量上，终是宫廷技艺的主体。部分"南匠"以"入旗"的形式脱离民籍加入旗籍，成为"旗匠"中的一员；部分"西洋人"以终身服务宫廷的形式加入宫廷社会。这些变化表明，地方工匠不单在制器过程中表示对宫廷意志的遵循，而且以身份的转变行为表示他们对宫廷意志的认同。

这种技艺从地方到宫廷的过程，"技"的核心在地方，"艺"的核心在宫廷。因而，若地方对宫廷"技"的支持出现断裂，皇帝对制器过程"艺"的需求降低，则宫廷技艺在长时间内会走向枯竭。这种"技"断"艺"低的情况正是清末清宫造办处技艺的整体情况。大体来说就是，造办处的创制新技艺和新器物的能力退位，整体上从一个制新器物的机构，转向器物维护的机构。清末的宫廷技艺虽然在政治需求中仍旧有要求，但在审美中没有新鲜血液注入；同时外来工匠的减少，使得宫廷技艺中"技"的创新来源减少。因此，清末的宫廷技艺只能稳中前进，维持自保，并未在更大程度上发展。反观雍乾时期，宫廷技艺良性发展，宫廷技艺所体现的技艺自信，也是后世望尘莫及的。18世纪，欧洲掀起的"中国热"，和中国宫廷技艺高度发展密不可分。

清代，宫廷技艺的形成是由地方技艺走向宫廷，与帝王意志结合的结果。清末民国时期，宫廷技艺因造办处的解散，随着造办处工匠散落在地方。中华人民共和国成立之后，随着故宫博物院文物保护工作的开展，宫廷器物在来自各地的修复大师手里得以修复，在这个过程中逐渐形成新的技艺传承。其中，古钟表修复技艺从清末至今，造办处的修复传统一直有人传承，是今人还能看到的"活着的"宫廷技艺。

清宫造办处提供了一个全新的中国近现代技术史研究案例。宫廷技艺是在近代宫廷社会中形成的，它在社会变迁、政治制度转换的过程中以工匠传承和器物的形式保留着技艺基因。现代社会一旦有合适的土壤，它们又会在新的时代下吸收新时代的讯息，重新焕发生机。大多宫廷技艺在清末民国流向了地方，"燕京八绝"可以被认为是这种代表。只有古钟表修复技艺依然在紫禁城内没有断代，有序传承着。技术与社会相互之间的作用结果，形成了中国技术历史的延续或断裂。

尾 声

今天的人们如何"看到"清代宫廷技艺？惯常的方式，就是通过博物馆展出的静态清宫文物。故宫博物院在玻璃器领域的两个展览，提供了一种新的观看角度。2005 年 4 月 13 日，"光凝秋水——清宫造办处玻璃展"在故宫博物院内西路永寿宫区域隆重开幕①。这是首个以清宫造办处之物为主题的文物展。它让公众有机会从过去的物品层面，走向物品的制造机构层面去认识历史文化。2023 年 12 月 23 日，故宫博物院与嘉德艺术中心合作的"澄凝琼英——故宫博物院藏玻璃精品展"，进一步强化了这种观看方式。展览紧密围绕清宫玻璃制造，用文物、档案和工艺流程视频结合的形式，展示了清宫玻璃的色彩、器型、纹样、工艺和使用，是目前公众能够"看到"宫廷技艺最近的方式。能否还再进一步观看呢？

如果还想再近一步观看，可能就得走向历史现场或技艺实践。自 2020 年造办处遗址被发掘以来，考古工作依然继续着。造办处旧址是一处典型的元明清三代重叠型建筑考古遗址。造办处遗址对于理解紫禁城而言究竟意味着什么呢？考古专家们多倾向希望它有利于揭开元代的宫城之谜，认为需要全面提取田野信息。但早期遗址位于底层最下面，势必要揭掉晚期遗址才能看到。如何处理位于上层的清代造办处的遗迹，专家们持有不同意见。有专家认为，可换一个空间位置，把清宫造办处时期的遗迹原样恢

① 故宫博物院. 光凝秋水：清宫造办处玻璃器 [M]. 北京：紫禁城出版社，2005.

复出来。①

如果我们从宫廷器物的角度来看，可能会得到不一样的认识。晋宏逵指出，今天造办处遗址的位置与清乾隆十五年内府绘制的《京城全图》相吻合，为清乾隆时期造办处各作坊的旧址。而《京城全图》显示这里曾有做钟处，这与遗址出土的钟表零件相吻合。这表明，这里有乾隆时期的做钟处作坊。

于是，我们将这些信息连缀起来：紫禁城的古钟表在故宫博物院钟表馆陈列、在文保科技部钟表室维修，造办处做钟处旧址依然存在。这不就是能看到宫廷技艺的不二之地么！

2024 年 7 月 27 日，故宫与其他 14 个"北京中轴线"遗址被列入《世界遗产名录》，中国古人对空间建构的秩序之美即将以新的方式，面向更广大的公众。

历史无法假设，但未来可以畅想。在极具空间秩序象征意义的紫禁城内，假如在复原的造办处做钟处作坊——这一古钟表诞生和维修的地方，轻轻拨动刚刚修复好的古钟表发条。那一刻，时间是流逝的还是静止的呢？

---

① 李季，晋宏逵，朱岩石，等. 对谈：紫禁城考古的理念、方法与实践——以故宫造办处旧址考古发现为例［J］. 故宫博物院院刊，2021（10）：132-142.

附录1 清宫造办处大事记

顺治十二年（1655），养心殿东暖阁设裱作。

康熙十五年（1676），刻书匠梅玉峰等人在养心殿当差。

康熙十七年（1678），养心殿工匠对《赐辅国将军俄启诗》进行装潢。

康熙十九年（1680），养心殿工匠为大臣觉罗武默讷绘像。

康熙二十八年（1689），养心殿设立印刷"造办处"字样红票，作为行取物料凭证。

康熙二十九年（1690），养心殿造办处增设笔帖式一人。

徐日升神甫、安多神甫和张诚进宫廷参观养心殿的造办活动。

康熙三十年（1691），养心殿东暖阁裱作移往南裱房，满洲弓箭匠留在内，其余匠作全部移出在慈宁宫茶饭房。

康熙三十二年（1693），造办处设立作坊。

康熙三十五年（1696），设立玻璃厂，隶于养心殿造办处。

设兼管司员一人。

康熙三十六年（1697），增设监造二人。

康熙四十二年（1703），增设笔帖式一人。

康熙四十四年（1705），武英殿砚作改归养心殿，增设监造二人。

康熙四十七年（1708），养心殿匠役人等全部移至造办处。

康熙四十八年（1709），裁监造二人。

康熙四十九年（1710），设玻璃厂监造二人，增设笔帖式一人。

康熙五十六年（1717），增设监造二人。

康熙五十七年（1718），武英殿珐琅作改归养心殿，增设监造一人。

雍正元年（1723），设六品库掌一人。

造办处立库，将炮枪处、珐琅处、舆图处、自鸣钟处俱归并造办处，增设六品库掌三人、八品催总九人、笔帖式八人。

雍正二年（1724），圆明园设造办处。

雍正三年（1725），增设六品库掌二人。

雍正四年（1726），白虎殿新盖房数间，并将景山内造枪炮处的红炉并诸样家伙等件挪在白虎殿。

雍正五年（1727），雍正皇帝定内廷恭造之制。

雍正七年（1729），铸给图记，并规定添裁钱粮、取送物料、出入禁门等事要钤押图记自行，每月查核。

雍正十一年（1733），设委署库掌一人。

又增设委署库掌一人。

玻璃厂监造内，设委署库掌一人。

雍正十二年（1734），增设委署主事一人。后又规定：停委署主事一职。

乾隆元年（1736），增设委署库掌一人。

乾隆二年（1737），增设八品催总四人。

乾隆三年（1738），增设委署库掌二人。

盔头作改归养心殿造办处。

乾隆五年（1740），玻璃厂于拜唐阿内，设委署催总一人。

设专管库务官一人，造办事务官一人。

增设委署催总一人，委署库掌一人。

增设委署库掌一人，委署催总七人。

准六品库掌挂朝珠。

乾隆六年（1741），玻璃厂于柏唐阿内，增设委署催总一人。

增设委署库掌二人。

增设委署库掌一人，委署催总六人。

乾隆十一年（1746），于内务府郎中员外郎内，拣选二人到造办处行走，专管造办工作事务。

乾隆十三年（1748），造办处设立督催房、查核房，各增设笔帖式二人。

乾隆二十年（1755），将造办处三十余作中作坊相似的归并为五处，每作派库掌、催长、委署催总。将匣作、裱作、画作、广木作此四作归并一作，木作、漆作、雕銮作、镟作、刻字作此五作归并一作，灯作、裁作、花儿作、绦儿作、穿珠作、皮作、绣作此七作归并一作，镀金作、玉作、累丝作、錾花作、镶嵌作、牙作、砚作此七作归并一作，铜作、鋄作、杂活作、风枪作、眼镜作此五作归并一作。其余如意馆、做钟处、玻璃厂、铸炉处、炮枪处、舆图房、弓作、鞍甲作、珐琅作、画院处等十作仍各为一作。

乾隆二十二年（1757），复设委署主事一人。

乾隆二十三年（1758），额定郎中三人、员外郎二人，以郎中二人管理造办事务，一人管理库务；以员外郎一人管理铸炉处事务，一人接办成造差务，俱定为专管额缺。

乾隆二十四年（1759），管辖匠役之催总，改为司匠。

乾隆五十七年（1792），裁给庆丰司郎中一人。

嘉庆四年（1799），增设六品库掌四人。

嘉庆七年（1802），增设八品司匠一人。

嘉庆十一年（1806），造办处虚衔顶戴共五十八人，留内活计库并所属圆明园活计库顶戴委署库掌各四人；活计房、金玉作、匣裱作、灯裁作、油木作、铜鋄作、鞍甲作、珐琅作、做钟处、如意馆各留顶戴副司匠一人；铸炉处留顶戴副司匠一人，顶戴委署库掌二人；盔头作留顶戴副司匠二人，顶戴委署库掌二人；玻璃厂留顶戴副司匠一人，顶戴委署库掌一人；炮枪处留顶戴委署库掌二人；共留三十人，其余全部裁汰。

道光十八年（1838），造办处额设公缺郎中二缺内，裁汰一缺，其公缺郎中一缺、题缺郎中一缺均作为总管郎中。

道光二十三年（1843），裁撤南匠十一名。

道光二十六年（1846），裁撤匠役五十二名。

咸丰十年（1860），圆明园被烧，如意馆内迁入紫禁城北五所。

光绪三十年（1904），原设造办处六品库掌十员，于雍正年间原设六员，嘉庆年间增设四员，今拟裁撤四员。

1913年，造办处铸炉处倾倒存房十余间，其地被辟为菜园瓜圃。玻璃厂房舍约四十间，用于安置贫户居住。

1914 年，造办处六品库掌六员，裁四员。

1924 年，溥仪"小朝廷"解散，清宫造办处的历史正式结束。

附录2 《各作成做活计清档》各条目分类标准

	常设作坊类	临时作坊类	记事库贮类	行文类
雍正朝	［灯裁作］花儿作、皮作、绣作；［金玉作］镀金作、累丝作、镶嵌作、砚牙作（砚作、牙作）、玉作；［铜錽作］铜作、錽作、眼镜作、杂活作；［匣裱作］裱作、匣作、画作；［油木作］油漆作（油作、漆作）、镟作、木作、刻字作、雕銮作；鞍作、甲作、玻璃厂（玻璃作、烧造玻璃厂）、大器作、锭子药作（锭子作）、珐琅作（珐琅处）、弓作、炉作（铸炉作）、炮枪处（炮枪作、枪炮作、枪炮处）、撒花作、香袋作、舆图处（舆图作）、自鸣钟处（自鸣钟）	圆明园头所档、圆明园四所档（四所等处档）、圆明园六所档（六所、六所档）、圆明园接秀山房档、南熏殿档	记事录（记事档、记事杂录、杂录、杂录档）、库贮（库档、库、库贮档、库贮材料、交库存收档、交库存材料）	一

续表

	常设作坊类	临时作坊类	记事库贮类	行文类
乾隆朝	灯裁作（灯裁皮作、灯皮作、灯作、皮作、裁作、皮裁作、绦儿作、绦作、花儿作、绣作）；金玉作（玉作、镀玉作、金玉镀金作、镀金作、累丝作、镶嵌作、牙作、砚作、摆锡作、錾花作）；铜镀作（铜作、镀金作、镀作、杂活作〈杂锡作〉、眼镜作、刀儿作）；匣裱作（匣裱广木作、表匣作、匣裱作〈画裱作〉、匣子作、匣作、裱作、广木作、画作）；油木作（油漆作、木作、油作、镟作、镟床作、镟床、刻字作、漆作、雕銮作、雕作）；鞍甲作（鞍作）、玻璃厂（玻璃作）、大器作、锭子作（锭作）、珐琅作（珐琅处）、画院处（画院）、盔头作、炮枪处（弓作）、如意馆（启祥宫）、撒花作、舆图房（舆图）、铸炉处（铸炉作、炉作）、装修处、做钟处、座子作、铜版处、五辂处、造经处、成衣作	大玉甕、古玩档、秘殿珠林、重华宫、乾清宫（乾清宫配匣瓷器）	活计库、崇文门、记事录、记事档、库贮、钱粮库（钱库）、杂录、百什件、自鸣钟处（自鸣钟）	淮关、江南、江宁、江宁织造、江西、江西烧瓷器处、九江、九江关、苏州、苏州织造、粤海、粤海关、织造处、杭州；木兰随围、南巡随围、盘山、盘山随围、盘山信帖、热河、热河随围、热河随围寄京信帖、热河信帖、山东随围、山东随围寄京信帖、盛京随围、随围、随围进哨、随围信帖、天津随围、五台随围、西陵随围、信帖、行文、行文处、行文房、行文（旨意题头档）

续表

	常设作坊类	临时作坊类	记事库贮类	行文类
嘉庆朝	灯裁作（灯作、裁作）；金玉作（镀金作）；铜錽作（铜作、錽作）；匣裱作（画作、广木作、匣作、裱作）；油木作（镟作、木作）；鞍甲作（鞍作）、玻璃厂（玻璃作）、珐琅作、炮枪处（炮枪作、弓作）、如意馆、舆图房、做钟处、铸炉处（铸炉作、炉作）、盔头作、锭子药、铜板处	—	活计库、钱粮库、记事录	档房行文、热河随围、乾清宫、交泰殿、弘德殿、昭仁殿、长春仙馆、毓庆宫.
道光朝	灯裁作（灯作、裁作）；金玉作（镀作、镀金作）；铜錽作（铜镀作、铜作、錽作）；匣裱作（广木作、匣作、裱作）；油木作（木作）；鞍甲作（鞍作）、玻璃厂、珐琅作、炮枪处、如意馆、做钟处、铸炉处（炉作）、盔头作、舆图房	—	活计库、钱粮库、本房	档房行文、衣库、织染局、御枪处、绣活处
咸丰朝	灯裁作（裁作）；金玉作；铜錽作（铜作）；匣裱作（匣作、裱作、广木作）；油木作（木作）；鞍甲作、玻璃厂、珐琅作、炮枪处、如意馆、做钟处、铸炉处、盔头作	—	活计库、钱粮库	档房行文、缎库、衣库、武备院、武英殿、买办达、绣活处

续表

	常设作坊类	临时作坊类	记事库贮类	行文类
同治朝	灯裁作（灯作、裁作）；金玉作；铜鋄作（铜作、鋄作）；匣裱作（画作、广木作、匣作、裱作）；油木作（木作）；鞍甲作、玻璃厂、珐琅作、炮枪处、如意馆、做钟处、铸炉处、盔头作	—	活计库、钱粮库	档房行文、衣库、绣活处
光绪朝	灯裁作（裁作）；金玉作；铜鋄作（铜作）；匣裱作（画作、广木作、匣作）；油木作（镟作、木作）；鞍甲作、玻璃厂、珐琅作、炮枪处、如意馆、做钟处、铸炉处、盔头作、舆图房	—	活计库、钱粮库、查核房、本房	档房行文、绣活处
宣统朝	灯裁作；金玉作；铜鋄作；匣裱作（画作、广木作）；油木作；鞍甲作、玻璃厂、珐琅作、炮枪处、如意馆、做钟处、铸炉处、盔头作、舆图房	—	活计库	档房行文、绣活处

注：1. 方括号［ ］中内容表示类别名称，是为了统计之便而设定的，并非档案中存在。如雍正朝"［灯裁作］花儿作、皮作、绣作"，表示雍正时期"花儿作""皮作"和"绣作"可以分类为灯裁作。

2. 圆括号（ ）中内容表示归类。如雍正朝"油漆作（油作、漆作）"，表示雍正时期"油作"和"漆作"的记载可归类到"油漆作"记载中。

3. 尖括号〈 〉中内外表示等同。如乾隆朝"杂活作〈杂锡作〉"，表示乾隆时期的"杂锡作"等同于"杂活作"。

附录3 《内务府造办处各作匠役人名录》（光绪二十二年）

作坊名称	匠役类别	数量	人名、旗民、年龄
如意馆	领催	2	广琪（镶黄旗鄂麟管领下，26岁）、崇恩（镶黄旗广润管领下，28岁）
	恩甲	4	祥泰（镶黄旗文龄管领下，38岁）、百寿（正白旗常瑞管领下，50岁）、常山（正白旗恒宽管领下，53岁）、永福（镶黄旗文绅佐领下，53岁）
	占用披甲	1	文玉（正黄旗五套管领下，56岁）
	匠役	5	恩喜（正黄旗三保管领下，43岁）、荣昌（正黄旗祥煜，43岁）、斌瑞（正黄旗常山佐领下，47岁）、明志（正白旗常瑞管领下，52岁）、延耀（镶黄旗文绅佐领，32岁）
	效力匠役	5	祥立（镶黄旗全安管领下，41岁）、祥泰（正黄旗五套，31岁）、林瑞（正白旗常瑞管领下，45岁）、永庆（镶黄旗贺震管领下，32岁）、吉福（正白旗恒宽管领下，20岁）
	苏拉	2	恩启（镶黄旗贺震，46岁）、德宝（正白旗恒宽，27岁）

续表

作坊名称	匠役类别	数量	人名、旗民、年龄
如意馆	南匠	18	陈广志（苏州吴县人，25 岁）、周崑冈（苏州吴县人，34 岁）、王福兴（苏州元和县人，63 岁）、吴丙恒（广东顺德县人，49 岁）、吴丙坤（广东顺德县人，51 岁）、吴丙森（广东顺德县人，54 岁）、叶秀发（苏州元和县人，53 岁）、芮大顺（正黄旗钟佑佐领下，67 岁）、芮得玉（正黄旗钟佑佐领下，36 岁）、芮永安（正黄旗钟佑佐领下，33 岁）、杨琪（苏州元和县人，69 岁）、杨庆恩（苏州元和县人，37 岁）、陈亮（苏州吴县人，35 岁）、朱秀（苏州元和县人，35 岁）、吴伯兴（苏州吴县人，61 岁）、杨际春（广东新会县人，70 岁）、杨信芳（广东新会县人，27 岁）、李凌福（苏州元和县人，48 岁）
做钟处	领催	2	广顺（镶黄旗世序佐领下，35 岁）、祥泰（正黄旗庄山佐领下，31 岁）
	恩甲	3	连贵（正黄旗广定管领下，40 岁）、全志（镶黄旗安立管领下，35 岁）、玉林（正白旗海丰佐领下，32 岁）
	匠役	16	全顺（镶黄旗安立，43 岁）、保福（正白旗庄健，27 岁）、广志（镶黄旗世序，26 岁）、文福（镶黄旗文绅，29 岁）、连仲（正黄旗广定，23 岁）、寿禄（正白旗花连布，25 岁）、文锐（正白旗英麟佐领下，37 岁）、玉昌（正白旗海丰，24 岁）、广治（正白旗世纲佐领下，24 岁）、永兴（镶黄旗广润，30 岁）、扎普占（正白旗恒宽，31 岁）、永龄（正黄旗扎拉芬，31 岁）、龄成（正白旗恒宽，33 岁）、恒瑞（正白旗恒宽，25 岁）、文联（镶黄旗全安，39 岁）、德配（正白旗花连布，33 岁）

作坊名称	匠役类别	数量	人名、旗民、年龄
做钟处	外占匠役	17	广福（镶黄旗文绅，52岁）、艾兴阿（镶黄旗文绅，67岁）、常明（正黄旗三保，46岁）、吉有（正白旗海丰，55岁）、荣锦（镶黄旗常贵，45岁）、双兴（镶黄旗钟福佐领下，54岁）、增珠（镶黄旗钟福，54岁）、伊兴阿（镶黄旗鄂麟，53岁）、谦和（镶黄旗安立，31岁）、常瑞（镶黄旗文绅，53岁）、九套（正黄旗扎拉芬，51岁）、延胜（正白旗海丰，28岁）、英浩（正白旗常瑞管领下，40岁）、永泰（镶黄旗明勋，53岁）、广有（镶黄旗世序，39岁）、文景（正白旗海丰，48岁）、恒保（镶黄旗钟福佐领下，45岁）
	苏拉	2	祥格（正白旗常瑞，24岁）、庆福（正白旗恒宽，34岁）
玻璃厂	恩甲	1	春生（正白旗英麟，51岁）
	匠役	27	永成（镶黄旗延祥，44岁）、文杰（正白旗文瑞，56岁）、文贞（正白旗文瑞，54岁）、常儿（镶黄旗钟福，55岁）、春和（正白旗英麟，41岁）、英贤（正黄旗斌成，51岁）、七达子（正黄旗斌成，83岁）、兆元（正黄旗祥煜，57岁）、大保（正黄旗达桑阿，45岁）、金柱（正黄旗世奎，78岁）、德成（正黄旗世奎，74岁）、恒植（正白旗全瑞，71岁）、长赞（正白旗全福，50岁）、瑞安（镶黄旗全声，77岁）、五十八（正黄旗广厚，82岁）、连顺（正黄旗奎昌，50岁）、四玉（正黄旗奎昌，46岁）、永福（正黄旗钟需，72岁）、永兴（镶黄旗文龄，57岁）、吉寿（正黄旗常贵，54岁）、保林（正白旗延照佐领下，62岁）、玉龄（正黄旗全福，55岁）、德祥（镶黄旗文绅，50岁）、广麟（镶黄旗全安，42岁）、常恩（正黄旗全福，56岁）、柏荣（正白旗庄健，30岁）、来增（镶黄旗双顺，30岁）

续表

作坊名称	匠役类别	数量	人名、旗民、年龄
	恩甲	4	启亮（镶黄旗金声佐领下，35岁）、志安（镶黄旗文绅，54岁）、锡元（正白旗英麟，28岁）、百昌（正白旗恒启佐领下，58岁）
灯裁作	匠役	71	荣启（正白旗都庆佐领下，31岁）、成儿（镶黄旗椿寿，45岁）、普涟（正白旗锡庆，67岁）、百福（正白旗恒宽，65岁）、四辈（镶黄旗文绅，62岁）、五成（镶黄旗文绅，55岁）、百福（正白旗恒启，67岁）、志荣（镶黄旗文绅，43岁）、达启（正白旗文辉，22岁）、景玉（正黄旗常贵，25岁）、英环（正白旗花连布，19岁）、桂升（正白旗文昭管领下，21岁）、春泉（正白旗恒启，29岁）、文光（正白旗恒启，29岁）、文山（正黄旗达桑阿佐领下，18岁）、常禄（正黄旗常山，27岁）、全立（正白旗海丰，24岁）、常瑞（正白旗花连布，54岁）、常禄（正白旗花连布，61岁）、恒立（镶黄旗安立，64岁）、嵩桂（镶黄旗，74岁）、扎拉丰阿（正白旗恒宽，76岁）、德茂（镶黄旗文绅，75岁）、儒恒（正黄旗斌成佐领下，78岁）、连魁（镶黄旗鄂麟，79岁）、成儿（正黄旗斌成，48岁）、德顺（正白旗庄健，81岁）、祥禄（正黄旗五套，69岁）、永年（正黄旗五套，59岁）、常魁（镶黄旗鄂麟，68岁）、永林（镶黄旗全声佐领下，48岁）、连福（镶黄旗双顺，67岁）、常贵（正白旗世纲佐领下，45岁）、永顺（正黄旗达桑阿，83岁，新高）、英福（镶黄旗椿寿，39岁）、四套（镶黄旗鄂麟，72岁）、德寿（正黄旗恒玲管领下，59岁）、玉明（正黄旗达桑阿，72岁）、松山（镶黄旗振喜管领下，75岁）、永恩（镶黄旗双顺，74岁）、德海（镶黄旗延祥，72岁）、多英（镶黄旗双顺，75岁）、庆林（正白旗英麟，75岁）、存生（正黄旗常山，69岁）、桂昌（正白旗恒启，58岁）、瑞林（正白旗文德佐领下，56岁）、富凌阿（正黄旗祥贵管领下，55岁）、志恒（镶黄旗椿寿，65岁）、荣连（镶黄旗椿寿，73岁）、广亮（镶黄旗明勋，72岁）、富俊（正黄旗恩璘佐领下，72岁）、文玉（正白旗海丰，80岁）、祥茂（正白旗文耀，80岁）、广泰（正黄旗奎昌，79岁）、景海（镶黄旗世序，67岁）、广森（正黄旗奎昌，52岁）

续表

作坊名称	匠役类别	数量	人名、旗民、年龄
灯裁作	匠役	71	连璧（正黄旗奎昌，69 岁）、永杰（镶黄旗全安，56 岁）、继昌（正白旗恒宽，67 岁）、福明（正黄旗广定，81 岁）、嵩和（镶黄旗世序，70 岁）、万福（正黄旗祥煜，68 岁）、禄儿（正黄旗长垲，85 岁，新高）、观海（镶黄旗常贵，51 岁）、暇瑞（镶黄旗世序，69 岁）、明德（镶黄旗延祥，71 岁）、永喜（正白旗恒启，58 岁）、德昌（镶黄旗椿寿，67 岁）、广存（正白旗恒宽，70 岁）、吉祥（正白旗海丰，71 岁）、福喜（正白旗海丰，73 岁）
盔头作	匠役	4	永恒（正黄旗常山，34 岁）、郁彬（正黄旗常山，63 岁）、永顺（正黄旗安存，55 岁）、德禄（正白旗锡庆，33 岁）
	效力匠役	6	广德（正黄旗常山，24 岁）、钟龄（张保庆锡庆，22 岁）、忠永（正黄旗荣兴，26 岁）、德保（镶黄旗钟福，23 岁）、广焴（正黄旗钟需，22 岁）、福寿（正白旗恒宽，22 岁）
	南匠	2	刘永兴（顺天府大兴县人，22 岁）、范文锦（顺天府宛平县人，51 岁）
玻璃厂	恩甲	1	春生（正白旗英麟，51 岁）
	匠役	27	永成（镶黄旗延祥，44 岁）、文杰（正白旗文瑞，56 岁）、文贞（正白旗文瑞，54 岁）、常儿（镶黄旗钟福，55 岁）、春和（正白旗英麟，41 岁）、英贤（正黄旗斌成，51 岁）、七达子（正黄旗斌成，83 岁）、兆元（正黄旗祥煜，57 岁）、大保（正黄旗达桑阿，45 岁）、金柱（正黄旗世奎，78 岁）、德成（正黄旗世奎，74 岁）、恒植（正白旗全瑞，71 岁）、长赞（正白旗全福，50 岁）、瑞安（镶黄旗全声，77 岁）、五十八（正黄旗广厚，82 岁）、连顺（正黄旗奎昌，50 岁）、四玉（正黄旗奎昌，46 岁）、永福（正黄旗钟需，72 岁）、永兴（镶黄旗文龄，57 岁）、吉寿（正黄旗常贵，54 岁）、保林（正白旗延照佐领下，62 岁）、玉龄（正黄旗全福，55 岁）、德祥（镶黄旗文绅，50 岁）、广麟（镶黄旗全安，42 岁）、常恩（正黄旗全福，56 岁）、栢荣（正白旗庄健，30 岁）、来增（镶黄旗双顺，30 岁）

续表

作坊名称	匠役类别	数量	人名、旗民、年龄
油木作	恩甲	4	全顺（正黄旗恒玲，48 岁）、庆福（正黄旗常山，58 岁）、恩铨（正白旗文瑞，27 岁）、熙俊（正黄旗恒玲，38 岁）
	食一两钱粮匠役	20	玉琳（镶黄旗安立，56 岁）、秀禄（正白旗海丰，52 岁）、庆瑞（镶黄旗全声，58 岁）、荣光（正白旗锡庆，26 岁）、常寿（镶黄旗文绅，69 岁）、瑞全（镶黄旗钟福，62 岁）、富亮（镶黄旗全声，32 岁）、元存（正黄旗祥煜，52 岁）、百镇（正黄旗祥煜，69 岁）、裕恒（镶黄旗广润，51 岁）、海宽（镶黄旗安立，63 岁）、恒惠（镶黄旗安立，58 岁）、文光（正白旗恩库管理下，62 岁）、恺年（镶黄旗全安，52 岁）、荣禄（正白旗常瑞，21 岁）、广秀（正白旗锡庆，43 岁）、四庆（正黄旗五套，42 岁）、春浦（正白旗恒启，32 岁）、文禄（正白旗文昭，39 岁）、钟敏（正白旗恩库，20 岁）
	效力匠役	8	德库（正白旗锡庆，27 岁）、荣泰（正白旗文德佐领下，25 岁）、永顺（正白旗恒宽，23 岁）、文立（正黄旗恒玲，20 岁）、德彬（镶黄旗延祥，20 岁）、英海（正黄旗恒玲，26 岁）、恒山（镶黄旗广润，22 岁）、英秀（镶黄旗钟福，22 岁）
	招募匠役	8	薛凤（顺天府大兴县人，34 岁）、孙永顺（顺天府大兴县人，42 岁）、高永泰（顺天府宛平县人，34 岁）、韩明德（顺天府大兴县人，59 岁）、方长泰（顺天府宛平县人，49 岁）、魏兴（顺天府大兴县人，43 岁）、刘永顺（顺天府宛平县人，30 岁）、魏德顺（顺天府大兴县人，27 岁）
铜錽作	领催	3	玉山（正黄旗长垲，26 岁）、保玉（正白旗庄健，59 岁）、舒铭（正黄旗祥贵，22 岁）
	恩甲	3	常全（正黄旗世奎，58 岁）、恒裕（镶黄旗承泽，41 岁）、松连（正黄旗广厚，49 岁）
	匠役	2	百康（正白旗庄健，48 岁）、文裕（正白旗花连布，49 岁）

续表

作坊名称	匠役类别	数量	人名、旗民、年龄
铜錽作	效力匠役	14	文祥（正黄旗庄山佐领下，36 岁）、德福（正白旗文昭，42 岁）、普恩（正黄旗恩麟，23 岁）、永常（镶黄旗椿寿，18 岁）、松海（正黄旗广厚，39 岁）、延拴（镶黄旗金声，23 岁）、钟辉（正白旗海丰，36 岁）、瑞龄（正白旗庄健，16 岁）、恩佑（正黄旗恒玲，24 岁）、英福（镶黄旗鄂麟，26 岁）、世彬（正白旗花连布，30 岁）、文治（镶黄旗文龄，31 岁）、德山（镶黄旗鄂麟，49 岁）、荣寿（正白旗花连布，30 岁）
	招募匠	5	张懋（顺天府大兴县人，39 岁）、张桓（顺天府大兴县人，36 岁）、庆勋（顺天府大兴县人，37 岁）、庆福（顺天府大兴县人，39 岁）、庆铨（顺天府大兴县人，41 岁）
匣裱作	领催	3	彬贵（正黄旗常山，44 岁）、宝麒（镶黄旗广润，26 岁）、恩诚（正白旗恒启，26 岁）
	恩甲	7	广兴（正白旗锡庆，52 岁）、成山（正白旗曾颐管领下，48 岁）、吉顺（镶黄旗安立，48 岁）、保禄（正白旗庄健，48 岁）、常禄（正黄旗常山，35 岁）、恩庆（镶黄旗宝震管领下，32 岁）、永禄（正白旗花连布，33 岁）
	匠役	9	广志（镶黄旗连荣，31 岁）、文炳（镶黄旗明勋，31 岁）、永福（镶黄旗钟需，38 岁）、兴泰（镶黄旗崇康佐领下，38 岁）、吉瑞（正白旗常瑞管领下，31 岁）、广龄（正白旗庄健，38 岁）、庆喜（正白旗锡庆，49 岁）、富昌（正黄旗祥煜，37 岁）、德通（正黄旗扎拉芬，37 岁）

续表

作坊名称	匠役类别	数量	人名、旗民、年龄
匣裱作	效力匠役	22	恒山（镶黄旗钟福，21 岁）、恩瑞（镶黄旗钟福，25 岁）、全英（正白旗荣启，22 岁）、德山（镶黄旗振喜佐领下，22 岁）、乌云珠（镶黄旗钟福，20 岁）、大顺（镶黄旗常贵，18 岁）、松年（正白旗锡庆，20 岁）、恩启（正黄旗三保，19 岁）、恩春（正白旗锡庆，24 岁）、秀山（正白旗花连布，33 岁）、文瑞（正白旗花连布，19 岁）、常海（正黄旗祥贵，21 岁）、福禄（正白旗恒宽，21 岁）、吉永（正白旗花连布，18 岁）、瑞元（镶黄旗常贵，40 岁）、文喜（正黄旗祥煜，24 岁）、兴永（镶黄旗全安管领下，27 岁）、福庆（正黄旗常山，28 岁）、连善（正白旗锡庆，24 岁）、吉诚（镶黄旗安立，23 岁）、恒山（正黄旗三保，24 岁）、德寿（正黄旗常山，31 岁）
	南匠	4	于瑞（顺天府大兴县人，41 岁）、于璞（顺天府大兴县人，39 岁）、冯德春（顺天府大兴县人，39 岁）、刘连发（顺天府蓟州人，49 岁）
金玉作	领催	3	四儿（正白旗曾颐，42 岁）、松年（正白旗常瑞，29 岁）、锡荣（正黄旗恒玲，49 岁）
	恩甲	5	文祥（镶黄旗椿寿，41 岁）、缝润（正黄旗长垲，24 岁）、常庆（正黄旗全安，62 岁）、四庆（正黄旗广定，61 岁）、德年（正白旗花连布，44 岁）

续表

作坊名称	匠役类别	数量	人名、旗民、年龄
金玉作	匠役	43	光瑞（正白旗恒宽，75 岁）、锐年（恒斌强花连布，65 岁）、三立（镶黄旗明勋，45 岁）、辰贵（正白旗花连布，72 岁）、广顺（镶黄旗双顺，52 岁）、成林（正白旗花连布，62 岁）、海兴（正白旗庄健，62 岁）、顺昌（镶黄旗常贵，24 岁）、恒明（正白旗恒启，62 岁）、立儿（正白旗花连布，75 岁）、松元（镶黄旗全安，61 岁）、德英（正白旗常瑞，52 岁）、恩全（镶黄旗双顺，42 岁）、全福（正黄旗桑拿板，61 岁）、皂保（镶黄旗文龄，69 岁）、明顺（正白旗英麟，50 岁）、桂英（正白旗花连布，68 岁）、永儿（正白旗庄健，53 岁）、松桂（镶黄旗钟福，62 岁）、德善（正白旗庄健，60 岁）、四辈（镶黄旗鄂麟，54 岁）、桂林（正白旗锡庆，27 岁）、连吉（正黄旗三保，69 岁）、大德（正黄旗世奎，67 岁）、文会（正白旗庄健，65 岁）、英龄（镶黄旗全安，67 岁）、永林（正白旗庄健，60 岁）、奎安（正黄旗世奎，69 岁）、吉顺（镶黄旗椿寿，62 岁）、福寿（正白旗常瑞，65 岁）、德春（正黄旗扎拉芬，66 岁）、禄儿（正白旗常瑞，68 岁）、永贵（正白旗英麟，55 岁）、舒玺（镶黄旗宝震管领下，62 岁）、全山（正白旗花连布，52 岁）、保儿（正白旗花连布，62 岁）、长兴（镶黄旗文龄，70 岁）、穆荫（镶黄旗宝震，62 岁）、吉顺（正白旗花连布，60 岁）、萨炳阿（镶黄旗双顺，55 岁）、四辈（正白旗莊健，52 岁）、长山（镶黄旗崇康佐领下，27 岁）、松云（镶黄旗振喜管领下，42 岁）
鞍甲作	恩甲	1	长海（正白旗钟吉，42 岁）
	匠役	1	文保（正白旗花连布，28 岁）

续表

作坊名称	匠役类别	数量	人名、旗民、年龄
炮枪处	恩甲	1	文玉（正黄旗祥煜，61 岁）
	匠役	17	福寿（正黄旗常山，52 岁）、来富（镶黄旗钟福，32 岁）、文厚（正黄旗钟霂，46 岁）、德山（正白旗锡庆，36 岁）、荣昌（正黄旗文炘佐领下，38 岁）、文广（镶黄旗钟福，40 岁）、文明（正黄旗安存佐领下，46 岁）、常存（镶黄旗全声，50 岁）、顺海（正黄旗荣兴佐领下，43 岁）、福连（正黄旗常山，51 岁）、恩越（正白旗恒宽，48 岁）、常保（正白旗恒宽，58 岁）、熙来（正白旗文耀，50 岁）、彭彧（正黄旗安存，48 岁）、连成（正白旗文耀，58 岁）、德荣（正黄旗文文炘佐领下，39 岁）、德顺（正白旗文耀，48 岁）
	效力匠役	6	德立（正黄旗安存，30 岁）、连登（正黄旗文炘，24 岁）、庆奎（正黄旗荣兴，21 岁）、庆桂（正白旗锡庆，20 岁）、文森（正黄旗祥煜，18 岁）、保安（正黄旗荣兴，16 岁）
珐琅作	匠役	15	霖奎（镶黄旗文绅，55 岁）、文喜（镶黄旗钟福，27 岁）、五虎（镶黄旗常贵，45 岁）、恒英（正白旗庄健，17 岁）、文祥（镶黄旗椿寿，31 岁）、福禄（正黄旗斌成，51 岁）、广志（镶黄旗文绅，35 岁）、达冲阿（正白旗庄健41 岁）、八十七（正白旗世纲，65 岁）、三格（镶黄旗安立，70 岁）、英奎（镶黄旗安立，35 岁）、奎海（正白旗锡庆，25 岁）、常安（镶黄旗鄂麟管领下，55 岁）、八十儿（正黄旗钟霂，35 岁）、明亮（正黄旗常贵，30 岁）
	苏拉	8	十儿（镇南关恒启祥贵，45 岁）、多隆武（正黄旗常贵，65 岁）、同贵（正黄旗常贵，68 岁）、常英（镶黄旗安立，70 岁）、岐山（正白旗世纲，62 岁）、满禄（镇南关恒启广厚，44 岁）、福玉（正黄旗广厚，46 岁）、明奎（镶黄旗延祥，45 岁）

续表

作坊名称	匠役类别	数量	人名、旗民、年龄
铸炉处	恩甲	4	来安（镶黄旗钟福，44岁）、英魁（正黄旗安存，32岁）、索柱（正黄旗常山，61岁）、连贵（正黄旗祥煜，60岁）
	匠役	2	福瑞（正白旗花连布，35岁）、春顺（正黄旗常贵，48岁）
	南匠	1	甘露春（苏州吴县人，64岁）
舆图房	匠役	1	禄康（正白旗崇启佐领下，31岁）
	效力匠役	11	福禄（正黄旗崇兴佐领下，21岁）、景秀（正黄旗安存，34岁）、广煜（正白旗恒宽，21岁）、钟海（正白旗恒宽，18岁）、德保（正黄旗常山，19岁）、福祥（正黄旗文炘，30岁）、永升（正黄旗祥煜，28岁）、保成（正黄旗文炘，26岁）、德福（正黄旗崇兴，21岁）、广炜（正白旗花连布，18岁）、文顺（正黄旗祥煜，20岁）
钱粮库	匠役	2	扎伦布（镶黄旗春顺，75岁）、大立（镶黄旗椿寿，62岁）
	效力匠役	13	庆连（正白旗花连布，55岁）、德立（镶黄旗椿寿，42岁）、恒吉（正白旗文耀，37岁）、文征（正白旗世纲，37岁）、文玉（正白旗恩库，30岁）、成儿（镶黄旗椿寿，40岁）、三元（正黄旗钟霈，40岁）、福顺（正白旗常瑞，43岁）、诚桢（正白旗常瑞，22岁）、赓元（正白旗花连布22岁）、增年（正白旗花连布，28岁）、德庆（镶黄旗振喜，24岁）、松裕（正黄旗崇兴，23岁）
	书吏	3	徐淇然（顺天府宛平县人，41岁）、徐焕然（顺天府宛平县人，61岁）、徐荣桂（顺天府宛平县人，53岁）
活计房活计库	恩甲	4	文玉（正白旗海丰，46岁）、永和（正黄旗长垲，45岁）、连增（正黄旗祥煜，35岁）、祥和（正黄旗恒玲，28岁）
	匠役	1	林瑞（正白旗常瑞，43岁）
	效力匠役	5	连保（正黄旗祥煜，31岁）、恩连（镶黄旗文绅，30岁）、荣寿（正白旗花连布，31岁）、来寿（镶黄旗双顺，18岁）、恒林（正黄旗常贵，16岁）

续表

作坊 名称	匠役 类别	数量	人名、旗民、年龄
档房	匠役	2	连铎（镶黄旗安立，60 岁）、连奎（镶黄旗安立，52 岁）
	苏拉	5	文庆（镶黄旗椿寿，39 岁）、善贵（镶黄旗鄂麟，60 岁）、德隆（正白旗海丰，62 岁）、秀山（正黄旗常贵，40 岁）、福祥（正白旗锡庆，50 岁）
	效力匠役	17	吉立（镶黄旗双顺，51 岁）、玉凤（正黄旗钟霈，38 岁）、连存（正黄旗恒玲，36 岁）、广铨（正黄旗崇兴，37 岁）、富顺（正白旗文德佐领下，37 岁）、来顺（镶黄旗双顺，27 岁）、铁山（正黄旗钟霈，25 岁）、锡忠（正黄旗世奎，23 岁）、祥全（正黄旗崇兴，26 岁）、永全（正黄旗钟霈，60 岁）、恒泰（正白旗庄健，24 岁）、奎珍（正黄旗安存，49 岁）、延年（正黄旗常贵，54 岁）、贵英（正黄旗荣兴，39 岁）、文元（正黄旗五套，45 岁）、德海（镶黄旗明勋，30 岁）、永福（镶黄旗宝震，40 岁）
	书吏	2	程贻桢（顺天府大兴县人，41 岁）、程宗潘（顺天府大兴县人，21 岁）
查核房	匠役	1	文奎（镶黄旗椿寿，34 岁）
	效力匠役	2	广林（镶黄旗椿寿，23 岁）、立套（正白旗常瑞，37 岁）
本房	匠役	1	纯祥（正黄旗五套，27 岁）
	效力匠役	2	文达（正黄旗常山，21 岁）、文明（镶黄旗椿寿，18 岁）
大人下处	恩甲	2	吉仓（镶黄旗文龄，64 岁）、春裕（镶黄旗文龄，76 岁）
	效力匠役	2	松印（镶黄旗文龄，20 岁）、惇裕（镶黄旗崇康，36 岁）

续表

作坊 名称	匠役 类别	数量	人名、旗民、年龄
总管厨房	厨役	6	何庆林（顺天府大兴县人，53 岁）、王春芳（顺天府大兴县人，44 岁）、王春山（顺天府大兴县人，46 岁）、王立祥（顺天府大兴县人，19 岁）、王立福（顺天府大兴县人，18 岁）、田永治（顺天府大兴县人，63 岁）
	水夫	1	秦九尔（顺天府大兴县人，37 岁）
值房	厨役	18	刘万祥（顺天府大兴县人，56 岁）、潘广盛（顺天府宛平县人，58 岁）、闫升（顺天府大兴县人，51 岁）、许忠（顺天府宛平县人，50 岁）、杜长顺（顺天府大兴县人，39 岁）、魏都恒（顺天府宛平县人，56 岁）、刘春兴（顺天府大兴县人，26 岁）、刘都文（顺天府宛平县二年，26 岁）、潘永志（顺天府大兴县人，36 岁）、李永兴（顺天府宛平县人，24 岁）、吴双贵（顺天府大兴县人，27 岁）、张锡惠（顺天府宛平县人，36 岁）、张锡元（顺天府大兴县人，39 岁）、李永和（顺天府宛平县人，38 岁）、刘福（顺天府大兴县人，36 岁）、刘长有（顺天府大兴县人，31 岁）、宋保泰（顺天府大兴县人，31 岁）、王来保（顺天府大兴县人，42 岁）
合计			共 514 人

资料来源：据《内务府造办处应领腰牌分发各作清册》（光绪二十二年）统计。清代谱牒档案-56-内务府堂人事类（A 字号）

附录4 清宫造办处署名工匠花名册
（雍正元年至乾隆六十年）

序号	姓名	工匠类别	工匠来源	备注
1	阿克章阿	画画柏唐阿	旗匠	
2	艾保	裱匠	旗匠	
3	艾起蒙	画匠	西洋人	
4	安德义	画匠	西洋人	
5	八儿			
6	八十	画画柏唐阿	旗匠	郎世宁徒弟
7	八十儿	裱匠		
8	巴多明		西洋人	艺术顾问
9	巴罗兴	藏里佛匠	藏里人	又作巴尔兴
10	巴茂正	如意馆钟表匠	西洋人	
11	白虎	裁缝		
12	白子	木匠		
13	白子	裱匠		
14	班达里沙	油画房柏唐阿	旗匠	郎世宁徒弟
15	鲍德文	玉匠	南匠	
16	鲍友文		南匠	
17	鲍有信	玉匠	南匠	又作鲍友新

续表

序号	姓名	工匠类别	工匠来源	备注
18	毕宪章		南匠	
19	曹福	裱匠		
20	曹夒音	画画人		
21	岑泰泓	广木匠	南匠	又作岑太洪
22	查达马	藏里佛匠	藏里人	
23	查景明	裁缝		
24	查什巴		旗匠	
25	常保柱	雕銮匠		
26	常海	玻璃厂柏唐阿	旗匠	
27	常昇	画画柏唐阿	旗匠	
28	绰奇	弓匠	旗匠	
29	陈得	烧珐琅匠		
30	陈德		南匠	
31	陈基	画画人		
32	陈君宪		南匠	
33	陈老格		南匠	
34	陈六	做眼镜柏唐阿	旗匠	
35	陈枚	画画人		
36	陈敏	画画人		
37	陈齐公	木匠	南匠	
38	陈三	铜匠	外雇匠	
39	陈善	画画人		
40	陈士后			
41	陈廷秀	玉匠	南匠	
42	陈五	牙匠		

续表

序号	姓名	工匠类别	工匠来源	备注
43	陈玺	画画人	旗匠	
44	陈兴邦	刻字匠		
45	陈宜嘉	玉匠	南匠	又作陈宜加
46	陈住	裁缝		
47	陈祖章	牙匠	南匠	
48	程断阳	匣子匠	南匠	
49	程梁	画画人	南匠	金昆徒弟
50	程向贵	玉匠	南匠	
51	程志道	画画人	南匠	
52	仇忠信	广木匠	南匠	
53	存住	匣匠		
54	达子	漆匠	旗匠	
55	达子	匣子匠	招募匠	
56	戴贵		南匠	
57	戴恒	画珐琅人	南匠	
58	戴洪	画画人	南匠	
59	戴进贤		西洋人	
60	戴有德	油匠		
61	戴越	画画人		
62	戴正	画画人		
63	丹丢	藏里佛匠	藏里人	
64	党应时	珐琅匠	南匠	
65	党智忠	烧珐琅匠	西洋人	
66	得圆达密特苏		回子匠	
67	德昌	画画柏唐阿	旗匠	

续表

序号	姓名	工匠类别	工匠来源	备注
68	德舒	如意馆画画柏唐阿	旗匠	
69	德天赐	如意馆钟表匠	西洋人	
70	邓安太		旗匠	
71	邓联芳	木匠	南匠	又作邓连芳
72	狄七儿	拧枪膛匠	旗匠	
73	丁观鹏	画画人	南匠	
74	丁裕	画画人	南匠	
75	定住	弹子匠	旗匠	
76	董邦显	漆匠	旗匠	
77	都志通	玉匠	南匠	
78	窦国雄	绣匠		
79	杜志通	广木匠	南匠	
80	迈吗		回子匠	
81	二保	镀金匠		
82	二丫头	裁缝		
83	方琼	画画人		张宗苍徒弟
84	方西华	刻字匠	南匠	
85	方亦瓒	刻板匠	招募匠	
86	封镐	雕竹匠	南匠	
87	封岐	雕竹匠	南匠	
88	冯弼华	鳌山灯匠		又作冯必华
89	冯杜寿	做眼镜柏唐阿	旗匠	
90	冯国柱	广木匠	南匠	
91	冯举	珐琅匠	南匠	
92	冯云	漆匠	招募匠	

294

续表

序号	姓名	工匠类别	工匠来源	备注
93	冯振德	广木匠	南匠	
94	冯宗彦	广木匠	南匠	
95	佛保	刻字柏唐阿	旗匠	
96	佛延	画画人		
97	福贵	如意馆画画柏唐阿	旗匠	
98	福海	如意馆画画柏唐阿	旗匠	
99	福明	做钟处柏唐阿	旗匠	
100	傅大保	雕銮匠	南匠	傅起龙之子
101	傅弘	画画人		
102	傅起龙	雕銮匠	南匠	
103	傅文斌	雕銮匠	南匠	傅大保之子
104	傅雯	画画人		
105	嘎胡里	錾匠	旗匠	
106	甘耀成	烧古匠	南匠	
107	葛曙	画画人		郎世宁徒弟
108	顾继臣	牙砚匠	南匠	又作顾继成
109	顾觐光	刻字匠	南匠	又作顾观光
110	顾彭年			
111	顾铨	画画人	南匠	
112	顾耀宗		南匠	顾继臣之子
113	关仲如	雕刻匠	南匠	
114	管昱	裱匠	南匠	又作管玉
115	郭佛保	花儿匠		
116	郭自厚	镟匠	招募匠	
117	哈儿扣	锉匠		

序号	姓名	工匠类别	工匠来源	备注
118	韩起龙	商丝匠		
119	翰士良	玉匠	南匠	
120	和尚	铜匠	招募匠	
121	贺金昆	画画人		
122	贺永清	画画人	南匠	
123	赫清泰	画匠	西洋人	
124	胡保住	烧珐琅匠		
125	胡大有	炼珐琅匠	南匠	
126	胡德成	玉匠	南匠	
127	胡鈜	錾花匠	南匠	
128	胡礼运	珐琅匠	南匠	
129	胡思明	珐琅匠	南匠	
130	胡信侯	烧珐琅人	南匠	
131	胡璋		南匠	
132	黄福		南匠	
133	黄国茂	珐琅匠	南匠	
134	黄国住	玉匠		
135	黄进孝	牙匠		
136	黄明询	画画人	旗匠	
137	黄念	珐琅匠	南匠	
138	黄深	画珐琅人	南匠	又作黄琛
139	黄声远	砚匠	南匠	
140	黄天元	画画人	南匠	
141	黄兆	牙匠	南匠	
142	黄振效	牙匠	南匠	

续表

序号	姓名	工匠类别	工匠来源	备注
143	会琏	画珐琅人	南匠	
144	霍五	广木匠	南匠	
145	纪文	玻璃匠	西洋人	
146	嘉那嘎拉	藏里佛匠	藏里人	又作甲那噶拉
147	叚六	漆匠	旗匠	
148	江汉	画样人	南匠	
149	蒋均德	玉匠	南匠	
150	蒋友仁	水法匠	西洋人	
151	焦国谕	画画人	南匠	
152	金国利	裱匠		
153	金汉如		南匠	
154	金玠	画画人	南匠	又作金价
155	金昆	画画人	南匠	
156	金松茂	广木匠/商丝匠	外雇匠	
157	金廷镖	画画人	南匠	
158	金震寰	刻字人	南匠	又作金振寰
159	金尊年	画画人	南匠	
160	靳达子	錾匠锉匠	旗匠	
161	邝丽南	画珐琅人	南匠	
162	拉道	填金匠		
163	拉哈里	弓作柏唐阿	旗匠	
164	郎世宁		西洋人	
165	雷永书	玉匠		
166	冷鉴		南匠	
167	冷枚		南匠	

续表

序号	姓名	工匠类别	工匠来源	备注
168	黎经客	广木匠	南匠	
169	黎明	画珐琅匠	南匠	
170	黎荣燕	广木匠	南匠	
171	李秉德	画画人	南匠	
172	李成德	绣匠		
173	李成龙	錾匠	旗匠	
174	李衡良	钟表匠	西洋人	
175	李慧林	画珐琅人	南匠	
176	李近仁	钩枪炮匠	旗匠	
177	李爵禄	牙匠	南匠	
178	李俊贤	钟表匠	西洋人	
179	李茂先	画佛像人		
180	李懋德	牙匠	旗匠	
181	李世金	刻字人		
182	李五	铜匠	外雇匠	
183	李贤	漆匠	南匠	
184	李裔唐	牙匠	南匠	
185	李毅	裱匠	南匠	
186	立柱			
187	梁观	珐琅匠	南匠	
188	梁鸿泰	珐琅匠	南匠	
189	梁绍文	画珐琅人	南匠	
190	梁义	广木匠	南匠	
191	林彩	广木匠	南匠	
192	林朝秸		南匠	

续表

序号	姓名	工匠类别	工匠来源	备注
193	林朝志	广木匠	南匠	
194	林大	木匠	南匠	
195	林芳贵	镟匠	南匠	又作林方贵
196	林士魁	镟匠	南匠	
197	林文魁		南匠	
198	刘进德	画珐琅	太监	
199	刘进贤	画匠		
200	刘景贤	玉匠		
201	刘迁贵	玉匠		
202	刘松年		西洋人	
203	刘五儿	皮匠	旗匠	
204	刘智	木匠		
205	柳邦显	漆匠	旗匠	
206	六达子	漆作柏唐阿	旗匠	
207	六狗儿	甲匠	招募匠	
208	六十三	弓匠柏唐阿	旗匠	
209	六十三	刻字匠		
210	六十一	绣匠		
211	六十一	油匠		
212	龙呈瑞	烧古	招募匠	
213	龙正义	烧古匠	南匠	
214	娄金垣	画匠		
215	卢鉴	画画人	外雇匠	
216	卢玉	木匠	南匠	
217	卢湛	画画人		

续表

序号	姓名	工匠类别	工匠来源	备注
218	掳子苏丕		回子匠	
219	鲁国兴	镟床	太监	
220	鲁仲贤		西洋人	
221	陆登科	画画人		
222	陆曙明	牙匠	南匠	
223	伦斯立	画珐琅人	南匠	
224	罗福旼	珐琅匠	南匠	
225	罗胡子	木匠	南匠	
226	罗理拔	广木匠		
227	罗元	广木匠	南匠	
228	吕山	磨枪炮匠	旗匠	
229	马得昭		西洋人	
230	马图	画画人		
231	马遵仪	裱匠	南匠	
232	迈德罗		西洋人	
233	满斗	画画柏唐阿	旗匠	
234	毛和尚	錽匠		
235	梅士学	大器匠	南匠	
236	梅士玉		南匠	
237	密山苏丕阿布都列		回子匠	
238	面达密特		回子匠	
239	那永福		西洋人	
240	呢吗		厄勒忒匠	
241	倪秉南	玉匠	南匠	又作倪炳南
242	乜苏丕		回子匠	

续表

序号	姓名	工匠类别	工匠来源	备注
243	潘其位	写宋字人		
244	潘廷章	画匠	西洋人	
245	庞近仁		西洋人	
246	彭达子			
247	彭鹤	画画人		
248	平七	镟玉匠	南匠	
249	七达子	绣匠		
250	七达子	裱匠		
251	七十八	鋄匠		
252	七十儿	刻字匠		
253	七十儿	铜匠	招募匠	又作七十
254	七十三		旗匠	
255	七十一	裱匠	旗匠	
256	钱惟城	画匠		
257	秦景严	彩漆匠	南匠	
258	屈柱	做眼镜柏唐阿	旗匠	
259	仁佛保	刻字匠		
260	阮成宗	广木匠	南匠	
261	三全	画匠		
262	沙如玉		西洋人	又作余如玉
263	沈斌			沈源之子
264	沈璞		南匠	
265	沈映晖	画画人	南匠	
266	沈源	画画人	南匠	又作沈元
267	施潮	画画人		

续表

序号	姓名	工匠类别	工匠来源	备注
268	施仁正	玉匠	南匠	
269	施天章	牙匠	南匠	
270	十八	做眼镜柏唐阿	旗匠	
271	石六	珐琅匠	旗匠	
272	石美玉	玻璃厂柏唐阿	旗匠	
273	双柱	珐琅处柏唐阿	旗匠	
274	司徒胜	牙匠	南匠	
275	四儿	牙匠		
276	宋三吉	画瓷器人	南匠	又作宋三佶
277	苏弘文	玉匠		
278	苏霖		西洋人	
279	苏文孝	玉匠		
280	速应龙	匣子匠	南匠	
281	孙祜	画画人		
282	孙盛宇	彩漆匠	南匠	
283	孙威凤	画画人		郎世宁徒弟
284	孙祐	画画人		
285	孙章	烧珐琅匠	西洋人	
286	索塞	珐琅处柏唐阿	旗匠	
287	谭官保	画匠	招募匠	又作谈官保
288	谭荣	画珐琅人	南匠	
289	谭远韬	轮子匠	南匠	又作谈远韬
290	汤褚冈	砚匠	南匠	又作汤褚纲
291	汤褚绬		南匠	
292	汤振基	画画人	南匠	

续表

序号	姓名	工匠类别	工匠来源	备注
293	汤执中	玻璃匠	西洋人	
294	唐岱			
295	唐国忠	绣匠		
296	唐金堂	画珐琅人	南匠	
297	滕继祖	刻字匠		
298	童尔金	裁缝	外雇匠	
299	屠魁胜	雕刻匠	南匠	
300	汪国兴	木匠		
301	汪国玉		南匠	
302	汪达洪	钟表匠	西洋人	
303	汪元	楠木匠	招募匠	
304	王斌	玉匠	南匠	
305	王炳	画画柏唐阿	旗匠	
306	王常存	广木匠	南匠	
307	王成	锁眼匠		
308	王德盛	镟匠	外雇匠	
309	王二	宝石匠	招募匠	
310	王二格	烧珐琅匠		
311	王方岳	画画人		
312	王恒	画画人	南匠	
313	王玠	画画人	南匠	郎世宁徒弟
314	王九	铜匠	旗匠	
315	王均	画画人		
316	王老儿	铁匠	招募匠	
317	王老格	镀金匠	旗匠	

续表

序号	姓名	工匠类别	工匠来源	备注
318	王起凤	穿丝匠	招募匠	
319	王儒学	画画柏唐阿	旗匠	王幼学兄弟
320	王澍	捏泥人匠	南匠	
321	王四	漆匠	旗匠	
322	王四儿	锉匠	旗匠	
323	王天爵	砚匠	南匠	
324	王维新	彩漆匠	南匠	
325	王文志	画画人		
326	王文忠	匣匠		
327	王五	画匠	招募匠	
328	王幼学	画画人	南匠	郎世宁徒弟
329	王玉	镟床	太监	
330	王长意	广木匠	南匠	
331	王振鹏	画匠		
332	魏花子	锉匠	旗匠	
333	文保	珐琅处柏唐阿	旗匠	
334	吴臣江	广木匠	南匠	
335	吴得洪	画匠		
336	吴登云	錾匠	旗匠	
337	吴桂	画画人	南匠	
338	吴珩	牙匠		
339	吴候明	广木匠	南匠	
340	吴士琦	画珐琅人	南匠	
341	吴相仁	漆匠	外雇匠	
342	吴域	画画人		又作吴械

续表

序号	姓名	工匠类别	工匠来源	备注
343	吴云章	漆匠	南匠	
344	吴璋	画画人		
345	吴自德	刻字匠		
346	五达子	花儿匠	旗匠	
347	五儿	玉匠		
348	五十八	皮作柏唐阿	旗匠	
349	五十九	玻璃厂柏唐阿	旗匠	
350	武通	杂活匠		
351	西廊阿			唐侃之子
352	西平	粘杆处柏唐阿	旗匠	
353	席澄元	钟表匠	西洋人	又作习澄源
354	萧广茂	广木匠	南匠	
355	萧汉振	牙匠	南匠	
356	小梁	木匠	南匠	
357	信住	磨匠	招募匠	又作信住儿
358	徐八格	洋金匠	外雇匠	
359	徐达子	小刀匠	招募匠	
360	徐国政	写宋字人	南匠	
361	徐国佐	画画人		
362	徐懋德		西洋人	
363	徐玫	画画人		
364	徐明	镞匠	招募匠	
365	徐溥	画画人	南匠	
366	徐尚英	烧珐琅匠		
367	徐焘	画画人		

续表

序号	姓名	工匠类别	工匠来源	备注
368	徐杨	画画人		
369	许国政	玉匠	南匠	
370	薛永武	画画人		
371	杨二格	铜匠		
372	杨国斌	磨眼镜柏唐阿	旗匠	
373	杨七			
374	杨起胜		南匠	
375	杨迁	雕刻匠	南匠	
376	杨维占	牙匠	南匠	
377	杨秀	牙匠	南匠	杨有庆之子
378	杨永庚	画画人		
379	杨有庆	牙匠	南匠	
380	杨玉	玉匠	南匠	
381	杨圆	裁缝		
382	杨自新	钟表匠	西洋人	
383	姚汉文	玉匠		
384	姚文汉	画画人		又作姚文瀚，冷枚徒弟
385	姚宗仁	玉匠	南匠	
386	叶鼎新	牙匠	南匠	
387	叶礼风	画画人	南匠	
388	叶履丰	画画人		
389	叶玙	裱匠	南匠	又作叶与
390	伊兰太	如意馆画画柏唐阿	旗匠	
391	于世烈	画画人	旗匠	
392	于寿白	画画人	南匠	

续表

序号	姓名	工匠类别	工匠来源	备注
393	余节公	细木匠	南匠	
394	余君万	细木匠	南匠	
395	余省	画画人	南匠	
396	余熙璋		南匠	又作余熙章
397	余秀	画画人	南匠	
398	余穉	画画人		
399	榆永全	木匠	招募匠	
400	袁景邵	刻字匠	南匠	
401	袁逵		南匠	
402	袁四	裱匠		
403	袁瑛	画画人	南匠	
404	约尔达史		回子匠	又作约里达什
405	詹熹	画画人		
406	张八	鋄匠		
407	张保	额金匠		
408	张炳文			
409	张成彦	画画人	旗匠	
410	张纯一	画匠	西洋人	
411	张德绍	玉匠	南匠	
412	张镐	画画人		
413	张进朝	镟匠	太监	
414	张进忠	烧珐琅匠/大器匠		
415	张九儿	雕銮匠		
416	张君选	玉匠	南匠	
417	张恺	裱匠	南匠	

续表

序号	姓名	工匠类别	工匠来源	备注
418	张魁	刻字匠		
419	张廉	画画柏唐阿	旗匠	
420	张霖	画画人		
421	张琪	珐琅匠	南匠	
422	张三	錾花匠	旗匠	
423	张昇	画珐琅	太监	
424	张世绪		南匠	
425	张天禧	画匠		吴德洪之徒
426	张廷彦	画画人		张为邦之子
427	张为邦	画画人	南匠	
428	张维琦	画珐琅人	南匠	
429	张象贤	玉匠	南匠	
430	张孝儿			
431	张旭升	编纸条画人	招募匠	又作张栩昇
432	张旭升	裱匠	南匠	
433	张雨森	画画人		
434	张震	画画人	南匠	
435	张宗苍	画画人		
436	赵世恒	画画人	旗匠	
437	赵祥	牙匠	外雇匠	
438	郑子玉	彩漆匠	南匠	
439	周本	画画人	南匠	
440	周公冶	南木匠	南匠	又作周公也
441	周俊	玉匠	旗匠	
442	周鲲	画画人		
443	周七十			

续表

序号	姓名	工匠类别	工匠来源	备注
444	周世泽	轮子匠		
445	周有德	镶嵌匠		
446	周有忠	镶嵌匠		
447	周岳	画珐琅人	南匠	
448	周云章	刻字匠	南匠	
449	朱彩	刻字人	南匠	
450	朱朝英	广木匠	南匠	
451	朱鼎	花儿匠	招募匠	
452	朱进发	广木匠	南匠	
453	朱伦瀚			
454	朱时云	刻字玉匠	南匠	
455	朱栻	牙匠	南匠	
456	朱文炳	广木匠	南匠	
457	朱宪章	画画人	招募匠	
458	朱彦柄	广木匠	南匠	
459	朱永瑞	刻字玉匠	南匠	
460	朱永泰	刻字匠		
461	朱云昇	木匠		
462	朱云章	镟玉匠	南匠	
463	朱湛端	广木匠	南匠	
464	邹景德	玉匠		
465	邹文玉	画珐琅人	南匠	
466	邹学文	玉匠	南匠	
467	邹一桂	画匠		
468	永泰	画画人		郎世宁徒弟

附录 5 清内务府三院等处公题额缺统计表（道光二十年）

部门名称

职务	题缺名称	堂	广储司	都虞司	会计司	掌仪司	庆丰司	慎刑司	营造司	三旗庄头处	掌关防处	官房租库	造办处	宁寿宫	雍和宫	咸安宫	武英殿	中正殿	御茶膳房	御药房	上驷院	武备院	奉宸苑	昇平署	南苑	圆明园	绮春园	长春园	清漪园	镶黄旗	正黄旗	正白旗	监察御史衙门
郎中	公缺	1	6*	2	2	2	2	2	2	1			1	2												1			1				
郎中	题缺																																
员外郎	公缺		12*	5	6	8	5	8	8	4			2	2							1	1	1		1		1	1	1				
员外郎	题缺		1	1	1	1	1	1	1				1	1			1*	2		1	4	8	4		2								
主事	公缺		1	1	1	1	1	1	1										1*	1	1												
主事	题缺	2																			3*	2	1		1	1							

310

续表

职务名称	题缺名称	堂	广储司	都虞司	会计司	掌仪司	庆丰司	慎刑司	营造司	三旗庄头处	掌关防处	官房租库	造办处	宁寿宫	雍和宫	咸安宫	武英殿	中正殿	御茶膳房	御药房	上驷院	武备院	奉宸苑	昇平署	南苑	圆明园	绮春园	长春园	清漪园	镶黄旗	正黄旗	正白旗	监察御史衙门
委属主事	公缺		1	1	1	1	1	1	1	1			1	1					1*	1	1												
委属主事	题缺	2					1*										1				2	1	1		1*	1							
六品司库	公缺		12*																														
八品司匠	公缺		6*																														
六品库掌	题缺												10				1					8	1			1							
六品衔库掌	题缺																																
六品虚衔委署库掌	题缺																					4											
七品库掌	题缺																									1							
七品衔库掌	题缺																3			2						1							

续表

部门名称

职务名称	题缺	堂	广储司	都虞司	会计司	掌仪司	庆丰司	慎刑司	营造司	三旗庄头处	掌关防处	官房租库	造办处	宁寿宫	雍和宫	咸安宫	武英殿	中正殿	御茶膳房	御药房	上驷院	武备院	奉宸苑	昇平署	南苑	圆明园	绮春园	长春园	清漪园	镶黄旗	正黄旗	正白旗	监察御史衙门
八品催长	题缺												13											1									
六品苑丞	题缺																						3			8			9				
六品虚衔苑丞	题缺																						11		7								
七品苑丞	题缺																									1			4				
七品苑副	题缺																									8			10				
八品苑副	题缺																									13			10				
委属苑副	题缺																									11			15				
无品级苑副	题缺																						17		13								
各项达他	题缺																				20*	39*											

续表

部门名称 \ 职务题缺名称	笔帖式·制补	笔帖式·调补	笔帖式·选缺	笔帖式·间缺	笔帖式·轮补	笔帖式·题缺	笔帖式·选缺	库使	内管领	副内管领	赞礼郎	学习赞礼郎	司俎官
监察御史衙门			8										
正白旗									10	10*			
正黄旗									10	10*			
镶黄旗									10	10*			
清漪园						11							
长春园													
绮春园													
圆明园						14							
南苑					5								
昇平署				2									
奉宸苑					18								
武备院						28	59*						
上驷院					20								
御药房			14*										
御茶膳房					11								
中正殿						2*							
武英殿													
咸安宫				1									
雍和宫				3									
宁寿宫				3									
造办处						15							
官房租库			6*										
掌关防处			8*										
三旗庄头处			11*										
营造司			25*				60*						
慎刑司			19*										
庆丰司			14*										
掌仪司			21*					12			17	7	5
会计司			25*										
都虞司			27*										
广储司			26*				90*						
堂	64*												

续表

职务题缺名称	部门名称																															
	堂	广储司	都虞司	会计司	掌仪司	庆丰司	慎刑司	营造司	三旗庄头处	掌关防处	官房租库	造办处	宁寿宫	雍和宫	咸安宫	武英殿	中正殿	御茶膳房	御药房	上驷院	武备院	奉宸苑	昇平署	南苑	圆明园	绮春园	长春园	清漪园	镶黄旗	正黄旗	正白旗	监察御史衙门
无品级司库		12*																														
合计	69	166	36	35	74	24	31	97	17	8	6	44	9	3	1	6	4	13	18	52	150	57	3	30	60	1	1	61	20	20	20	8

注:

堂掌补笔帖式 64 缺分别为堂 36 缺，堂占各司处 28 缺。

广储司公缺郎中 6 缺分别为广储司六库 2 缺，银库 2 缺，缎库 2 缺，公缺六品司库 12 缺分别为银库 2 缺，皮库 2 缺，磁库 2 缺，公缺八品司匠 6 缺、衣库 2 缺、茶库 2 缺，公缺六品司库 12 缺分别为银库 2 缺，皮库 2 缺，磁库 2 缺，逃缺库使 90 缺分别为银库 16 缺、皮库 13 缺、磁库 13 缺、衣库 22 缺、茶库 13 缺，无品级司库 12 缺分别为银库 2 缺、缎库 2 缺、皮库 2 缺、磁库 2 缺、衣库 2 缺、茶库 2 缺。

都虞司逃缺笔帖式 27 缺内堂占 3 缺。

会计司逃缺笔帖式 25 缺内堂占 3 缺。

掌仪司逃缺笔帖式 21 缺内堂占 3 缺。

营造司逃缺笔帖式 25 缺内堂占 5 缺，逃缺库使 60 缺分别为木库 10 缺、房库 10 缺、器皿库 8 缺、铁库 5 缺、炭库 8 缺、柴库 7 缺，圆明园柴库炭库 7 缺，官房租库 5 缺。

庆丰司题缺委属主事 1 缺为庆丰司牛羊群值车 1 缺，逃缺笔帖式 14 缺内堂占 3 缺。

镇刑司选缺老帖式19缺内堂占2缺。

三旗庄头处，全称管理三旗银两庄头处，选缺老帖式11缺内堂占2缺。

掌关防处，全称掌关防管理内务管领事务处，选缺老帖式8缺内堂占1缺。

官房租库选缺老帖式6缺内堂占2缺。

武英殿题缺员外郎1缺为占庆丰司领缺。

中正殿题缺老帖式2缺内六品庭衔1缺，入品庭衔1缺。

御茶膳房公缺主事1缺与本府人员轮用，委属主事1缺与本府人员轮用。

御药房选缺老帖式14缺内堂占1缺。

上驷院题缺主事3缺分别为上驷院2缺，上驷院马群值年1缺，题缺各项达他20缺分别为收长5缺、厩长15缺。

武备院题缺各项达他39缺分别为上驷院3缺、副司喔3缺、掌伞总领3缺、委属掌伞总领3缺、弓匠固山达3缺、备前固山达3缺、委属备前固山达3缺、入品催总6缺、入品骟头匠头目1缺、无品级库掌8缺、委属弓匠固山达3缺、选缺库使59缺分别为吗，甲库14缺、毡库14缺、北鞍库14缺、南鞍库14缺、沙河起作3缺。

镶黄旗副内管领10缺内中正殿额占1缺。

正黄旗副内管领10缺内武英殿雍和宫额占1缺。

正白旗副内管领10缺内武英殿额占1缺、中正殿额占1缺。

数据来源：《钦定总管内务府现行则例》清内务府编，《清道光二十年武英殿续刻本——故宫博物院》，《故宫珍本丛刊》第310册，海口：海南出版社，2000年，第271－276页。

附录 6 清代皇帝年表

年号	庙号	谥号	名字	出生日期及地点	死亡日期及地点	享年	登基日期	称帝年龄	在位时间 公元	年数
天命	太祖	高皇帝	努尔哈赤	1559年明嘉靖三十八年己未	1626年天命十一年丙寅八月十一日未刻 叆鸡堡	68	天命元年 正月初一日	58	1616—1626	11
天聪 崇德	太宗	文皇帝	皇太极	1592年明万历二十年壬辰十月二十五日申时 赫图阿拉城	1643年崇德八年癸未八月初九日亥刻 盛京清宁宫	52	天命十一年 九月初一日	35	1627—1643	17
顺治	世祖	章皇帝	福临	1638年崇德三年戊寅正月三十日戌时 盛京永福宫	1661年顺治十八年辛丑正月初七日子刻 养心殿	24	崇德八年 八月二十六日	6	1644—1661	18

续表

年号	庙号	谥号	名字	出生日期及地点	死亡日期及地点	享年	登基日期	称帝年龄	在位时间 公元	年数
康熙	圣祖	仁皇帝	玄烨	1654年顺治十一年甲午三月十八日巳时 景仁宫	1722年康熙六十一年壬寅十一月十三日戌刻 畅春园	69	顺治十八年正月十九日	8	1662—1722	61
雍正	世宗	宪皇帝	胤禛	1678年康熙十七年戊午十月三十日寅时	1735年雍正十三年乙卯八月二十三日子刻 圆明园	58	康熙六十一年十一月二十日	45	1723—1735	13
乾隆	高宗	纯皇帝	弘历	1711年康熙五十年辛卯八月十三日子时 雍亲藩邸	1799年嘉庆四年己未正月初三日辰刻 养心殿	89	雍正十三年九月初三日	25	1736—1795	60
嘉庆	仁宗	睿皇帝	颙琰	1760年乾隆二十五年庚辰十月初六日丑时 圆明园天地一家春	1820年嘉庆二十五年庚辰七月二十五日戌刻 热河行宫	61	嘉庆元年正月初一日	37	1796—1820	25
道光	宣宗	成皇帝	旻宁	1782年乾隆四十七年壬寅八月初十日寅时 擷芳殿中所	1850年道光三十年庚戌正月十四日午刻 圆明园慎德堂	69	嘉庆二十五年八月二十七日	39	1821—1850	30

续表

年号	庙号	谥号	名字	出生日期及地点	死亡日期及地点	享年	登基日期	称帝年龄	在位时间 公元	年数
咸丰	文宗	显皇帝	奕詝	1831年道光十一年辛卯六月初九日丑时 圆明园澄静斋	1861年咸丰十一年辛酉七月十七日黄刻 热河行宫烟波致爽殿	31	道光三十年正月二十六日	20	1851—1861	11
同治	穆宗	毅皇帝	载淳	1856年咸丰六年丙辰三月二十三日未时 储秀宫	1874年同治十三年甲戌十二月初五日酉刻 养心殿	19	咸丰十一年十月九日	6	1862—1874	13
光绪	德宗	景皇帝	载湉	1871年同治十年辛未六月二十六日子时 太平湖藩邸槐荫斋	1908年光绪三十四年戊申十月二十一日酉刻 瀛台涵元殿	38	光绪元年正月二十日	4	1875—1908	34
宣统			溥仪	1906年光绪三十二年丙午正月十四日午时 什刹海醇王藩邸	1967年10月17日2时30分首都医院	62	光绪三十四年十一月初九日	3	1909—1911	3

附录7 清代纪年表

公元	干支	清·年号	公元	干支	清·年号
1644	甲申	顺治元年	1662	壬寅	康熙元年
1645	乙酉	顺治二年	1663	癸卯	康熙二年
1646	丙戌	顺治三年	1664	甲辰	康熙三年
1647	丁亥	顺治四年	1665	乙巳	康熙四年
1648	戊子	顺治五年	1666	丙午	康熙五年
1649	己丑	顺治六年	1667	丁未	康熙六年
1650	庚寅	顺治七年	1668	戊申	康熙七年
1651	辛卯	顺治八年	1669	己酉	康熙八年
1652	壬辰	顺治九年	1670	庚戌	康熙九年
1653	癸巳	顺治十年	1671	辛亥	康熙十年
1654	甲午	顺治十一年	1672	壬子	康熙十一年
1655	乙未	顺治十二年	1673	癸丑	康熙十二年
1656	丙申	顺治十三年	1674	甲寅	康熙十三年
1657	丁酉	顺治十四年	1675	乙卯	康熙十四年
1658	戊戌	顺治十五年	1676	丙辰	康熙十五年
1659	己亥	顺治十六年	1677	丁巳	康熙十六年
1660	庚子	顺治十七年	1678	戊午	康熙十七年
1661	辛丑	顺治十八年	1679	己未	康熙十八年

续表

公元	干支	清·年号	公元	干支	清·年号
1680	庚申	康熙十九年	1705	乙酉	康熙四十四年
1681	辛酉	康熙二十年	1706	丙戌	康熙四十五年
1682	壬戌	康熙二十一年	1707	丁亥	康熙四十六年
1683	癸亥	康熙二十二年	1708	戊子	康熙四十七年
1684	甲子	康熙二十三年	1709	己丑	康熙四十八年
1685	乙丑	康熙二十四年	1710	庚寅	康熙四十九年
1686	丙寅	康熙二十五年	1711	辛卯	康熙五十年
1687	丁卯	康熙二十六年	1712	壬辰	康熙五十一年
1688	戊辰	康熙二十七年	1713	癸巳	康熙五十二年
1689	己巳	康熙二十八年	1714	甲午	康熙五十三年
1690	庚午	康熙二十九年	1715	乙未	康熙五十四年
1691	辛未	康熙三十年	1716	丙申	康熙五十五年
1692	壬申	康熙三十一年	1717	丁酉	康熙五十六年
1693	癸酉	康熙三十二年	1718	戊戌	康熙五十七年
1694	甲戌	康熙三十三年	1719	己亥	康熙五十八年
1695	乙亥	康熙三十四年	1720	庚子	康熙五十九年
1696	丙子	康熙三十五年	1721	辛丑	康熙六十年
1697	丁丑	康熙三十六年	1722	壬寅	康熙六十一年
1698	戊寅	康熙三十七年	1723	癸卯	雍正元年
1699	己卯	康熙三十八年	1724	甲辰	雍正二年
1700	庚辰	康熙三十九年	1725	乙巳	雍正三年
1701	辛巳	康熙四十年	1726	丙午	雍正四年
1702	壬午	康熙四十一年	1727	丁未	雍正五年
1703	癸未	康熙四十二年	1728	戊申	雍正六年
1704	甲申	康熙四十三年	1729	己酉	雍正七年

续表

公元	干支	清·年号	公元	干支	清·年号
公元	干支	清·年号	1754	甲戌	乾隆十九年
1730	庚戌	雍正八年	1755	乙亥	乾隆二十年
1731	辛亥	雍正九年	1756	丙子	乾隆二十一年
1732	壬子	雍正十年	1757	丁丑	乾隆二十二年
1733	癸丑	雍正十一年	1758	戊寅	乾隆二十三年
1734	甲寅	雍正十二年	1759	己卯	乾隆二十四年
1735	乙卯	雍正十三年	1760	庚辰	乾隆二十五年
1736	丙辰	乾隆元年	1761	辛巳	乾隆二十六年
1737	丁巳	乾隆二年	1762	壬午	乾隆二十七年
1738	戊午	乾隆三年	1763	癸未	乾隆二十八年
1739	己未	乾隆四年	1764	甲申	乾隆二十九年
1740	庚申	乾隆五年	1765	乙酉	乾隆三十年
1741	辛酉	乾隆六年	1766	丙戌	乾隆三十一年
1742	壬戌	乾隆七年	1767	丁亥	乾隆三十二年
1743	癸亥	乾隆八年	1768	戊子	乾隆三十三年
1744	甲子	乾隆九年	1769	己丑	乾隆三十四年
1745	乙丑	乾隆十年	1770	庚寅	乾隆三十五年
1746	丙寅	乾隆十一年	1771	辛卯	乾隆三十六年
1747	丁卯	乾隆十二年	1772	壬辰	乾隆三十七年
1748	戊辰	乾隆十三年	1773	癸巳	乾隆三十八年
1749	己巳	乾隆十四年	1774	甲午	乾隆三十九年
1750	庚午	乾隆十五年	1775	乙未	乾隆四十年
1751	辛未	乾隆十六年	1776	丙申	乾隆四十一年
1752	壬申	乾隆十七年	1777	丁酉	乾隆四十二年
1753	癸酉	乾隆十八年	1778	戊戌	乾隆四十三年

续表

公元	干支	清·年号	公元	干支	清·年号
1779	己亥	乾隆四十四年	1804	甲子	嘉庆九年
1780	庚子	乾隆四十五年	1805	乙丑	嘉庆十年
1781	辛丑	乾隆四十六年	1806	丙寅	嘉庆十一年
1782	壬寅	乾隆四十七年	1807	丁卯	嘉庆十二年
1783	癸卯	乾隆四十八年	1808	戊辰	嘉庆十三年
1784	甲辰	乾隆四十九年	1809	己巳	嘉庆十四年
1785	乙巳	乾隆五十年	1810	庚午	嘉庆十五年
1786	丙午	乾隆五十一年	1811	辛未	嘉庆十六年
1787	丁未	乾隆五十二年	1812	壬申	嘉庆十七年
1788	戊申	乾隆五十三年	1813	癸酉	嘉庆十八年
1789	己酉	乾隆五十四年	1814	甲戌	嘉庆十九年
1790	庚戌	乾隆五十五年	1815	乙亥	嘉庆二十年
1791	辛亥	乾隆五十六年	1816	丙子	嘉庆二十一年
1792	壬子	乾隆五十七年	1817	丁丑	嘉庆二十二年
1793	癸丑	乾隆五十八年	1818	戊寅	嘉庆二十三年
1794	甲寅	乾隆五十九年	1819	己卯	嘉庆二十四年
1795	乙卯	乾隆六十年	1820	庚辰	嘉庆二十五年
1796	丙辰	嘉庆元年	1821	辛巳	道光元年
1797	丁巳	嘉庆二年	1822	壬午	道光二年
1798	戊午	嘉庆三年	1823	癸未	道光三年
1799	己未	嘉庆四年	1824	甲申	道光四年
1800	庚申	嘉庆五年	1825	乙酉	道光五年
1801	辛酉	嘉庆六年	1826	丙戌	道光六年
1802	壬戌	嘉庆七年	1827	丁亥	道光七年
1803	癸亥	嘉庆八年	1828	戊子	道光八年

续表

公元	干支	清·年号	公元	干支	清·年号
1829	己丑	道光九年	1854	甲寅	咸丰四年
1830	庚寅	道光十年	1855	乙卯（荣）	咸丰五年
1831	辛卯	道光十一年	1856	丙辰	咸丰六年
1832	壬辰	道光十二年	1857	丁巳	咸丰七年
1833	癸巳	道光十三年	1858	戊午	咸丰八年
1834	甲午	道光十四年	1859	己未	咸丰九年
1835	乙未	道光十五年	1860	庚申	咸丰十年
1836	丙申	道光十六年	1861	辛酉	咸丰十一年
1837	丁酉	道光十七年	1862	壬戌	同治元年
1838	戊戌	道光十八年	1863	癸亥（开）	同治二年
1839	己亥	道光十九年	1864	甲子	同治三年
1840	庚子	道光二十年	1865	乙丑	同治四年
1841	辛丑	道光二十一年	1866	丙寅	同治五年
1842	壬寅	道光二十二年	1867	丁卯	同治六年
1843	癸卯	道光二十三年	1868	戊辰	同治七年
1844	甲辰	道光二十四年	1869	己巳	同治八年
1845	乙巳	道光二十五年	1870	庚午	同治九年
1846	丙午	道光二十六年	1871	辛未	同治十年
1847	丁未	道光二十七年	1872	壬申	同治十一年
1848	戊申	道光二十八年	1873	癸酉	同治十二年
1849	己酉	道光二十九年	1874	甲戌	同治十三年
1850	庚戌	道光三十年	1875	乙亥	光绪元年
1851	辛亥（开）	咸丰元年	1876	丙子	光绪二年
1852	壬子	咸丰二年	1877	丁丑	光绪三年
1853	癸丑（好）	咸丰三年	1878	戊寅	光绪四年

续表

公元	干支	清·年号	公元	干支	清·年号
1879	己卯	光绪五年	1896	丙申	光绪二十二年
1880	庚辰	光绪六年	1897	丁酉	光绪二十三年
1881	辛巳	光绪七年	1898	戊戌	光绪二十四年
1882	壬午	光绪八年	1899	己亥	光绪二十五年
1883	癸未	光绪九年	1900	庚子	光绪二十六年
1884	甲申	光绪十年	1901	辛丑	光绪二十七年
1885	乙酉	光绪十一年	1902	壬寅	光绪二十八年
1886	丙戌	光绪十二年	1903	癸卯	光绪二十九年
1887	丁亥	光绪十三年	1904	甲辰	光绪三十年
1888	戊子	光绪十四年	1905	乙巳	光绪三十一年
1889	己丑	光绪十五年	1906	丙午	光绪三十二年
1890	庚寅	光绪十六年	1907	丁未	光绪三十三年
1891	辛卯	光绪十七年	1908	戊申	光绪三十四年
1892	壬辰	光绪十八年	1909	己酉	宣统元年
1893	癸巳	光绪十九年	1910	庚戌	宣统二年
1894	甲午	光绪二十年	1911	辛亥	宣统三年
1895	乙未	光绪二十一年			

后　记

　　博士论文如何脱胎成为一部学术专著？这是我学生阶段从未考虑过的问题。的确，紧张又短暂的学生时代训练的重心是学习撰写符合标准的学位论文。博士毕业后，这个问题时不时进入大脑，挥之不去。慢慢意识到，当自己能回答下面三个问题了，它就能变成一部学术专著：我"看到"了什么研究对象 A？我从什么角度"看到"了 A？我为什么从这个角度"看到"了 A？

　　我将上述三个问题对应的文本特点总结为"精度""气势""神韵"三种层面。"精度"要求对 A 极度熟悉。虽然一篇学位论文的结果是必须到达"精度"的层面，但对我而言这个过程其实有点偶然。我误打误撞有机会，对雍正和乾隆朝《清宫内务府造办处档案总汇》，进行多次物理和电子拆卸组装，光目录就打印了 10 厘米厚。我在中国第一历史档案馆内伏案查看嘉庆至宣统时期的缩微胶卷档案，整理的统计数据打印出来竟也厚达 10 厘米。这些经历让我有机会掌握最全的造办处史料。"气势"是指自己用什么研究视角去看 A。我选择从技术社会史的角度研究清宫造办处。博士期间发表了一篇技术社会史初步探索小文，5 年后又发表了一篇小文推进。"神韵"指研究视角背后的学术关怀。回答 A 为什么是某个领域内的必要对象，于我而言，就是回答造办处为什么是技术史研究绕不过去的对象。好在，现在我能够坦然回应上述三个问题了。借书稿付梓之际，回顾一下我是如何一步一步获得答案的，为身处同样写作困惑的人提供实例，也向帮助我寻找到答案的师友表达谢意。

　　我认为自己的博士论文在"精度"和"气势"层面是成立的，欠缺"神韵"层面。所以，博士毕业后很长一段时间有着强烈的"逃离"造办处的心态，想让自己跳出煞费苦心在档案之山蹚出来的这条精细的史料之径，从别的山或到山顶去思考造办处。博士后阶段，我迅速又很幸运地开启了全新的研究对象 A——西南少数民族火草纺织技术史，从宫廷技术转向民间技术。更加幸运的是，我还在文本上找到了深居宫廷内部的造办处与来自边疆山野的火草纺织的交集：《皇清职贡图》相关图册的绘制和收藏。它体现了两种技术知识的相遇。当然，它们更重要的共性是：它们都是不同社会文化背景（宫廷或民间）的产物。

现在回想，我能遇到清宫造办处作为我的博士论文选题，是一件十分幸运的事。在我 2012 年进入北京科技大学读博之初，苦苦找寻论文选题的时候，我的博士生导师李晓岑教授给了我造办处研究的选项。那时我还不清楚造办处选题对于科技史研究的意义。我只发现，造办处研究的现状和技术史研究的现状如出一辙，都是对单一作坊/技术的研究，没有综合研究。因此，我将研究定位为综合造办处/技术史研究。而造办处选题对于当时的科技史研究而言，还相当新。"新"就意味着从理论到实践都需要自己摸索，也就意味着机遇与挑战。

选题头两年，我遇到的全是挑战。有档案查找、整理、利用方面的，如原始档案的查阅，档案出版物的借取、扫描与装订。也有档案解读方面的，因为我面对的档案是海量的。如何在积简充栋的档案之山中踏出一条小路，而不至于如堕烟海或一叶障目，的确需要苦思冥想。档案数据化是我最早想到的应对之道，但数据背后全是"人工智能"（全手工操作）。更大的挑战来自理论困惑：清宫造办处这一古代技艺机构如何谱入技术史的研究路径。我清晰记得 2013 年 12 月 19 日论文开题会上，潜伟老师的提问："为什么造办处很重要？"这是一个十分重要的技术史学问题。虽然潜老师不只对我问了这个问题，但为了回答它，我花了 11 年的时间。北京科技大学真是一个思想的熔炉！

感谢在论文写作"精度"和"气势"层面给予帮助的师友，他们让我能全身心投入档案之山，又能较清醒认识自己前行的路。感谢恩师李晓岑教授以敏锐的选题眼光，让我与造办处相遇！时至今日，我才意识到老师不仅给了我一个选题，更是为我指明了一片广阔的研究领域。

感谢北京科技大学李延祥研究员、陈坤龙教授，中国人民大学魏坚教授、张永江教授相助搜寻造办处档案！感谢中国第一历史档案馆利用科的老师提供便利的查询服务！

师兄黄兴和黄超在英国和德国期间，帮我搜集了国外研究内务府和造办处玻璃厂资料，李约瑟研究所图书馆馆长莫弗特（John Moffett）先生、吴蕙仪老师帮我提供了法国耶稣会传教士有关研究信息，时为普林斯顿大学博士生苏阳扬帮我搜寻了国外工匠研究文献和内务府档案，故宫博物院曲亮老师在我考察造办处文物时提供了帮助。他们的帮助，有效推动了我的文献收集工作！

北京科技大学科技史团队的老师为我的研究提供了诸多宝贵建议：韩汝玢老师提醒思考清宫造办处的史学意义，李延祥、李秀辉、陈坤龙老师提示应对造办处的历史做重点时间段研究，梅建军、潜伟、章梅芳老师提醒技艺与皇权、宫廷与地方、双重制造职能等方面应有所深入。魏书亚老师、马泓蛟老师、程瑜老师、李建西师兄在培养各个环节提供了帮助。感谢上述建议和帮助，它们是我攀爬档案之山时的动力！感谢资料室赵维利老师在查阅文献时提供了方便！

感谢论文外审匿名评审专家和答辩专家香港理工大学中国历史与文化学系韩琦教授、故宫博物院宋玲平研究馆员、北京科技大学韩汝玢教授、李延祥研究员、潜伟教授提出了宝贵的修改意见！感谢师弟邹桂森帮我校对论文！感谢同窗崔春鹏、张登毅、陈虹利、董国豪、罗敏、王力丹的陪伴！

诚实地说，博士阶段只有赶路、补课，没有收获的喜悦，哪怕是答辩结束后。造办处研究真正的收获感，是到了毕业之后才感受到的。在这漫长的反射弧里，我体会到了导师当年选题的前瞻性。清宫造办处对于科技史研究而言的确是一个宝库，它在工艺美术史、宫廷史、故宫学、博物馆学、物质文化研究等领域亦有重要的学术价值。

2017 年博士毕业后，我对造办处处于"脱敏"状态。其间有机会参加了多个专题会议，结识了过去只曾阅读过的论著作者本人，让我能从多个角度思考造办处。2019 年 5 月 21—22 日，有幸参加由伦敦科学博物馆主办的"时间、文化与民族特征知识交流研讨会"，增加了我理解清宫西洋机械钟表的物质文化意义。同年 10 月 31 日—11 月 1 日，有幸参加由故宫博物院故宫学研究所主办的清代内务府造办处学术研讨会，了解了造办处档案的出版经过。由此，收到香港故宫文化博物馆周维强研究员"赶紧向前行动"的鼓励，聆听故宫博物院张荣研究馆员讲造办处玻璃展背后的故事，看到故宫出版社朱传荣老师每日分享的"微北京"，跟故宫博物院陶晓姗研究馆员交流雍正皇帝与造办处、滕德永研究馆员交流造办处经费来源。2021 年 7 月 23 日—8 月 6 日，有幸参加故宫博物院故宫学研究所举办的第九届故宫学高校教师讲习班，走进造办处考古现场、观摩造办处所制器物、参观文物修复室，每天从东华门步行进入紫禁城，仿佛再现了造办处工匠的上班情景。故宫学研究所三位所长章宏伟研究馆员、周乾研究馆员、李文君研究馆员在紫禁城里，给讲习班学人讲紫禁城的故事，声情并茂，仿佛历史就发生在昨天。2022 年 3 月 25—26 日，有幸线上参加在台湾省"国立清华大学"召开的"制造：全球视野下近代早期生产的知识与知识的生产国际学术会议"，这是我参加的首个能囊括造办处和火草纺织研究的专题会。2023 年 11 月 3—5 日，有幸参加清华大学美术学院艺术史论系成立 40 周年系列学术活动之"无名的艺术史——2023 首届物质文化与设计研究学术研讨会"，让我对造办处中大量的无名工匠有了新的认识。

同时，我也在更大范围的学习活动里理解造办处。2020 年秋季学期开始，我在广西民族大学科技史与科技文化研究院开设"技术史通论"必修课，体会到了教学相长。2021 年 1 月 24 日和 10 月 3 日，参与吴国盛教授主持的科学通史课程联盟读书会，重点领读了董光璧《中国近现代科学技术史论纲》和罗伯特·金·默顿《十七世纪英格兰的科学、技术与社会》。2021—2023 年间，带领广西民族大学科学技术史专业的研究生研读查尔斯·辛格等主编的《技术史》。

还非常幸运的是，朋友们在不同场合友情荐书和提供学术资讯，扩大我的知识范围。中山大学历史学系（珠海）的同事黄丽君、叶毅均、詹镇鹏、梁跃天、胡胜源向我推荐了彭盈真、大卫·艾杰顿、高彦颐等教授和英国工艺美术运动的著作，与罗伊、何程、吕双、张妍妍的日常讨论让我连缀了很多未曾留意的线索。中国科学院自然科学史研究所周文丽研究员、陈巍副研究员向我推荐技术史和传统工艺相关的著作。暨南大学黄超教授向我推荐工艺史相关的各种书和会讯。其间，还有机会参与万辅彬教授、戴吾三教授的书稿写作项目，也有幸向姜振寰教授、潘涛老师请教学习，让我对技术史研究和文字表达有了新的认识。

2024 年上半年，有幸受广西壮族自治区教育厅"千名中青年骨干教师培训计划"资助，前往中国科学院大学人文学院科学史系进行学术访问。感谢合作导师王扬宗教授提供了一个理想的学习平台，让我能回到造办处所在之地修改书稿，王老师对中国近现代科学史的见解让人备受启发。

读博时是在北京城看紫禁城，故宫讲习班期间有机会在紫禁城看紫禁城，工作后则是在地方看紫禁城。我在与上述师友的相遇、相知和相处中获得启发、帮助与支持，让我能从不同角度观察造办处，不知不觉间也将研究逐渐推进"神韵"的层面，再次感恩！

感谢暨南大学黄超教授第一时间帮忙联系出版社。出版是一个要学习的新领域。一本书在作者、读者、编辑眼中的意义是不同的。南京信息工程大学李晓岑教授、英国剑桥李约瑟研究所梅建军教授在百忙之中作序，为大众读者提供了一个专业视角，于我而言这既是勉励也是鞭策，心怀感恩。广东人民出版社黎捷副主任与梁晖编辑的细致工作，修正了诸多语言表达问题，甚至史料别字，极大提高了书稿质量。

十分幸运有机会参与到本书的封面设计。从去年腊月起，多次与设计师李桢涛老师、黎捷主任进行高效沟通，当拿不定主意时，从师友们的及时反馈意见中删除了设计中的干扰要素，保留了重要信息。一个完整的封面设计思路逐渐浮现：黄色边框代表有形的紫禁城，红色暗龙纹代表无形的皇权，钟表代表造办处（具体含义有三层：表盘指针指代时间，外框建筑代表造办处作坊，钟表整体代表造办处的器物），整体表达出造办处醒目的包含在紫禁城内这一主旨。事实上，封面是集思广益的结果：深色主色调和钟表图案来自我的建议，暗纹龙纹来自戴吾三教授的建议，红色背景、黄色边框、钟表阴影来自黎捷主任的建议，字体来自李桢涛老师的建议，钟表的第二层含义来自好友罗伊博士的启发。十分欣喜，最终封面与主题相得益彰。我的学生蓝芳逸、黄丹、王春蓬帮忙校对文字。最终，呈现到读者面前的是一本精美的"小红书"。

将《清宫内务府造办处档案总汇》这部"大红书"和造办处的缩微胶卷"炼化"成这部"小红书"，我用了13年。感恩拙著能在母校北京科技大学科技史与文化遗产研究院50周年院庆、李约瑟逝世30周年和故宫博物院100周年院庆前后出版！

最后感谢我的家人，他们或多或少都被我拉进清代宫廷的世界：姐姐帮我转录过档案，老公帮我绘制过示意图，宸宸看个故宫童书也被我夹带造办处的知识，还帮我选封面。双方父母帮助接送宸宸上学，承担了大量家务。我在北京访学期间，年近七旬的妈妈一个人照顾宸宸整个学期。在人生的道路上，希望自己也能早日获得父母身上的包容与坚韧。家人的陪伴、分担与支持，让我在无尽的研究工作中备感温暖。

博士论文完成以来，陆续收到许多相识和未相识朋友的研究咨询，他们期待在我的研究中为他们的研究找到线索或突破口。拙著的出版算是对帮助过的师友、期待造办处研究的师友和广大读者一个交代；于我而言，则是有机会接受更多人的批评指正。本着文责自负的原则，书中的任何失误由本人承担。

最后，我想将本书献给造办处有名和无名的工匠与记录者，他们在帝王的光芒下默默打工，创造出璀璨的技术文明。

张学渝

一个做文献研究的工学博士

于 2024 年 5 月 31 日北京玉泉路四公寓雅居

修改于 2025 年 3 月 24 日南宁相思湖畔邑苑